Excel VBA für Dummies

Schummelseite

Dank der Excel-Tastenkombinationen können Sie bestimmte Aktionen direkt mit der Tastatur auslösen. Sie können so schneller arbeiten, da Sie viel weniger zur Maus greifen müssen, um einen bestimmten Befehl auszuwählen. Wenn Sie sich angewöhnen, diese Tastenkombinationen zu verwenden, können Sie auch im Visual Basic Editor effizienter arbeiten.

STANDARDTASTENKOMBINATIONEN FÜR DEN VISUAL BASIC EDITOR

Mit den folgenden Tastenkombinationen können Sie schnell im Visual Basic Editor navigieren.

Drücken Sie	Um diese Aktion auszulösen
Alt + F11	Zwischen Excel-Fenster und Visual Basic Editor wechseln
⇧ + F10	Kontextmenü des aktiven Fensters anzeigen (entspricht einem Rechtsklick mit der Maus)
Strg + R	Projekt-Explorer öffnen
F4	Eigenschaftenfenster öffnen
F2	Objekt-Browser öffnen
F1	VBA-Hilfe öffnen
F7	Geöffnetes Modul-Fenster aktivieren

D1725121

Excel VBA für Dummies

Schummelseite

Excel VBA für Dummies

Schummelseite

TASTENKOMBINATIONEN FÜR DAS DEBUGGEN VON CODE IM VISUAL BASIC EDITOR

Das Debuggen Ihres Codes ist ein wichtiger Aspekt bei der Programmierung von Excel-Makros. Sie können auf die Debugging-Features zwar auch über das Menü des Visual Basic Editors zugreifen, jedoch kommen Sie mit den folgenden Tastenkombinationen schneller zum Ziel.

Drücken Sie	Um diese Aktion auszulösen
F5	Aktuelle Prozedur ausführen oder deren Ausführung fortsetzen, falls sie unterbrochen wurde
Strg + Untbr	Ausführung der aktuell laufenden Prozedur unterbrechen
F8	Debug-Modus aktivieren und Code zeilenweise ausführen
Strg + F8	Code bis zur aktuellen Cursorposition ausführen
⇧ + F8	Im Debug-Modus die aktuelle Zeile überspringen
F9	Haltepunkt für die aktuelle Zeile ein- beziehungsweise ausschalten
Strg + ⇧ + F9	Alle Haltepunkte entfernen
Alt + D + L	Aktuelles Visual-Basic-Projekt kompilieren

TASTENKOMBINATIONEN ZUR NAVIGATION IM PROJEKT-EXPLORER DES VISUAL BASIC EDITORS

Wollen Sie in Ihren Visual-Basic-Projekten navigieren, ohne dazu die Maus zu verwenden? Excel stellt Ihnen genau diese Möglichkeit zur Verfügung. Probieren Sie die folgenden Tastenkombinationen aus, um zwischen Projekten und Modulen zu navigieren.

Drücken Sie	Um diese Aktion auszulösen
↑	Voriges Element in der Projektliste auswählen
↓	Nächstes Element in der Projektliste auswählen
Pos1	Zur ersten Datei in der Projektliste springen
Ende	Zur letzten Datei in der Projektliste springen
→	Ausgewählten Ordner erweitern
←	Ausgewählten Ordner reduzieren
F7	Codefenster für die ausgewählte Datei öffnen

Excel-VBA für Dummies

John Walkenbach

Excel-VBA

für dummies®

Übersetzung aus dem Amerikanischen von Rainer G. Haselier

3. Auflage

WILEY

WILEY-VCH Verlag GmbH & Co. KGaA

Excel-VBA für Dummies

Bibliografische Information der Deutschen Nationalbibliothek

Die Deutsche Nationalbibliothek verzeichnet diese Publikation in der Deutschen Nationalbibliografie; detaillierte bibliografische Daten sind im Internet über http://dnb.d-nb.de abrufbar.

3. Auflage 2019

© 2019 WILEY-VCH Verlag GmbH & Co. KGaA, Weinheim

Coverfoto: © kenkuza – stock-adobe.com
Korrektur: Harriet Gehring
Satz: SPi Global, Chennai
Druck und Bindung: CPI books GmbH, Leck

Print ISBN: 978-3-527-71548-0
ePub ISBN: 978-3-527-81898-3

10 9 8 7 6 5 4 3 2 1

Auf einen Blick

Inhaltsverzeichnis

Kapitel 8
Mit Range-Objekten arbeiten **135**

Kapitel 9
VBA- und Arbeitsblattfunktionen **149**

Kapitel 13
Techniken, mit denen Sie Fehler loswerden 215

Kapitel 14
VBA-Programmierbeispiele 229

TEIL IV
KOMMUNIKATION MIT IHREN BENUTZERN 251

Kapitel 15
Einfache Dialogfelder. **253**

Kapitel 16
UserForm-Grundlagen **269**

Kapitel 19
Zugriff auf Ihre Makros über die Benutzeroberfläche 335

TEIL V
DAS GROßE GANZE 347

Kapitel 20
Eigene Funktionen für Arbeitsblätter erstellen 349

Kapitel 21
Add-Ins in Excel erstellen 369

Einführung

Herzlich willkommen, angehender Excel-Programmierer ...

Sie haben zweifellos gute Gründe, ein Buch über VBA-Programmierung zu lesen. Vielleicht haben Sie einen neuen Job bekommen (herzlichen Glückwunsch). Vielleicht versuchen Sie, einige der sich wiederholenden Datenverarbeitungsaufgaben, die Sie erledigen müssen zu automatisieren. Vielleicht sind Sie tief im Herzen ein Computerfreak. Was auch immer der Grund ist, danke, dass Sie sich für dieses Buch entschieden haben.

In diesem Buch finden Sie alle Informationen, um schnell mit VBA loslegen zu können. Und selbst wenn Sie noch keinerlei Programmiererfahrung besitzen, wird Ihnen dieses Buch helfen. Anders als in den meisten anderen Programmierbüchern finden Sie hier genau die Fakten, die Sie benötigen, um schnell Ihre Fähigkeiten bei der VBA-Programmierung mit Excel auszubauen.

Haben Sie das richtige Buch gewählt?

In jeder größeren Buchhandlung (sei es in Ihrem Städtchen oder online) finden Sie eine Vielzahl an Excel-Büchern. Anhand einer schnellen Übersicht können Sie entscheiden, ob dieses Buch wirklich für Sie geeignet ist. Dieses Buch

✔ ist für durchschnittliche bis fortgeschrittene Excel-Benutzer gedacht, die durch die Programmierung mit Visual Basic for Applications (VBA) ihre Arbeit beschleunigen wollen.

✔ bedingt keine Vorkenntnisse der Programmierung.

✔ deckt die am häufigsten verwendeten Befehle ab.

✔ ist für Excel 2013, Excel 2016, Excel 2019 sowie die Excel-Desktop-Anwendung in Office 365 geeignet.

✔ könnte Ihnen bisweilen ein Lächeln ablocken – es gibt hier sogar Cartoons!

Falls Sie mit Excel 2003 arbeiten, ist dieses Buch nicht für Sie geeignet. Wenn Sie mit Excel 2007 oder 2010 arbeiten, *könnte* es infrage kommen, aber einige Dinge haben sich geändert. Wahrscheinlich kommen Sie mit einer Vorauflage besser zurecht.

Und ja, dies ist *kein* Excel-Buch für Einsteiger. Wenn Sie nach einem allgemeinen Excel-Buch suchen, sehen Sie sich das folgende Buch an, das ebenfalls bei Wiley-VCH erschienen ist:

✔ *Excel 2019 für Dummies* von Greg Harvey

Dieses Buch gibt es auch zu früheren Excel-Versionen.

Beachten Sie, dass dieses Buch nicht *Das vollständige Handbuch für die Excel-VBA-Programmierung für Dummies* heißt. Dieses Buch deckt nicht alle Aspekte der Excel-Programmierung ab – aber man kann davon ausgehen, dass Sie wahrscheinlich nicht *alle* Informationen zu diesem Thema brauchen. Wenn Sie dieses Buch gelesen haben und glauben, Sie brauchen ein umfassenderes Buch zur Excel-Programmierung, empfehle ich Ihnen *Microsoft Excel 2019 Power Programming with VBA*, ebenfalls bei Wiley-VCH erschienen. Und auch zu diesem Buch gibt es Auflagen zu älteren Excel-Versionen.

Konventionen in diesem Buch

In allen Computerbüchern gibt es einen solchen Abschnitt. (Ich glaube, das ist gesetzlich so geregelt.) Sie können ihn lesen, aber auch weiterblättern.

Manchmal spreche ich über Tastenkombinationen – das bedeutet, Sie halten die eine Taste gedrückt, während Sie die andere drücken. Strg + Z bedeutet, dass Sie die Strg -Taste gedrückt halten, während Sie Z drücken.

Für andere Befehle benutze ich ein spezielles Zeichen, um Elemente des Menübands darzustellen. Beispielsweise verwenden Sie den folgenden Befehl, um innerhalb einer Arbeitsmappe einen benannten Bereich zu erstellen:

FORMELN | NAMEN DEFINIEREN | NAMEN DEFINIEREN

FORMELN ist die Registerkarte oben im Menüband. NAMEN DEFINIEREN ist die Gruppe innerhalb des Menübands und das zweite NAMEN DEFINIEREN ist der eigentliche Befehl.

Der Visual Basic Editor verwendet immer noch die alten Menüs und Menüleisten. Falls Sie also die Anweisung lesen, dass Sie EXTRAS | OPTIONEN wählen sollen, bedeutet dies, öffnen Sie das Menü EXTRAS und wählen Sie dort den Menübefehl OPTIONEN aus.

Bei der Programmierung mit Excel entwickeln Sie *Code* – das sind die Anweisungen, die Excel ausführt. Code in diesem Buch wird in nichtproportionaler Schrift dargestellt, etwa wie folgt:

```
Range("A1:A12").Select
```

Einige lange Codezeilen passen nicht in eine Zeile auf einer Buchseite. In diesem Fall verwende ich das Standardtrennzeichen von VBA, ein Leerzeichen gefolgt von einem Unterstrich. Ein Beispiel:

```
Selection.PasteSpecial Paste:=xlValues, _
    Operation:=xlNone, SkipBlanks:=False, _
    Transpose:=False
```

Diesen Code können Sie genau so eingeben, aber auch innerhalb einer Zeile (dann lassen Sie das Leerzeichen und den Unterstrich weg).

Überprüfen Sie Ihre Sicherheitseinstellungen

Es gibt nicht nur gute Menschen. Man hat den Eindruck, es gibt immer irgendeinen findigen Betrüger, der versucht, Sie auszunutzen oder irgendwelche Probleme zu verursachen. In der Programmierwelt ist das nicht anders. Vielleicht haben Sie schon von Computerviren gehört, die recht unangenehme Dinge mit Ihrem System veranstalten. Aber wussten Sie auch, dass sich Computerviren auch in einer Excel-Datei befinden können? Ganz recht. Es ist sogar ziemlich einfach, mit VBA einen Computervirus zu schreiben. Ein unbedarfter Benutzer kann eine Excel-Datei öffnen und den Virus auf andere Excel-Arbeitsmappen übertragen und sogar andere Systeme damit infizieren.

Im Laufe der Jahre hat sich Microsoft immer mehr Gedanken über Sicherheitsaspekte gemacht. Das ist nicht schlecht, bedeutet aber auch, dass die Excel-Benutzer wissen müssen, was passiert. Über den Befehl DATEI | OPTIONEN | TRUST CENTER erreichen Sie die Sicherheitseinstellungen von Excel. Hier gibt es unzählige Optionen. Man erzählt sich, dass es schon Benutzer gegeben haben soll, die dieses Dialogfeld geöffnet haben und nie wieder gesehen wurden.

Klicken Sie auf die Registerkarte MAKROEINSTELLUNGEN (links im Dialogfeld TRUST CENTER). Die folgenden Optionen werden angezeigt:

✔ ALLE MAKROS OHNE BENACHRICHTIGUNG DEAKTIVIEREN: Es werden keine Makros ausgeführt, unabhängig davon, was Sie machen.

✔ ALLE MAKROS MIT BENACHRICHTIGUNG DEAKTIVIEREN: Wenn Sie eine Arbeitsmappe mit Makros öffnen, wird entweder die Nachrichtenleiste mit der Option geöffnet, die Sie anklicken können, um Makros zu aktivieren, oder Sie erhalten (wenn das Fenster mit dem Visual Basic Editor geöffnet ist) eine Nachricht, in der Sie gefragt werden, ob Sie Makros aktivieren wollen.

✔ ALLE MAKROS AUSSER DIGITAL SIGNIERTEN MAKROS DEAKTIVIEREN: Nur Makros mit einer digitalen Signatur dürfen ausgeführt werden (aber für Signaturen, die Sie als nicht vertrauenswürdig markiert haben, erhalten Sie weiterhin Sicherheitswarnungen).

✔ ALLE MAKROS AKTIVIEREN: Alle Makros ohne Warnungen ausführen. Diese Option wird nicht empfohlen, weil möglicherweise gefährlicher Code ausgeführt werden kann.

Überlegen Sie sich das folgende Szenario: Sie schreiben eine Woche lang an einem genialen VBA-Programm, das Ihr Unternehmen völlig revolutionieren wird. Sie testen es sorgfältig und senden es an Ihren Chef. Er ruft Sie zu sich ins Büro und teilt Ihnen mit, dass Ihr Makro überhaupt nichts bewerkstelligt. Was ist passiert? Wahrscheinlich gestatten die Sicherheitseinstellungen Ihres Chefs nicht, das Makro auszuführen. Oder er verwendet die Standardeinstellung von Microsoft und deaktiviert beim Öffnen einer Datei alle Makros.

Was lernen wir daraus? Nur weil eine Excel-Arbeitsmappe ein Makro enthält, gibt es keine Garantie dafür, dass das Makro je ausgeführt wird. Es hängt alles von den Sicherheitseinstellungen ab und ob der Benutzer Makros für diese Datei aktiviert oder deaktiviert.

Für die Arbeit mit diesem Buch müssen Sie Makros für die Dateien aktivieren, mit denen Sie arbeiten. Ich empfehle Ihnen, die zweite Sicherheitsstufe zu verwenden. Wenn Sie eine von Ihnen angelegte Datei öffnen, können Sie die Makros einfach aktivieren. Wenn Sie eine Datei von jemandem öffnen, den Sie nicht kennen, sollten Sie die Makros deaktivieren und den VBA-Code daraufhin überprüfen, ob er gefährliche oder böswillige Dinge enthält. In der Regel ist verdächtiger VBA-Code leicht zu erkennen.

Eine weitere Option ist es, einen vertrauenswürdigen Ordner einzurichten. Wählen Sie DATEI | OPTIONEN | TRUST CENTER | EINSTELLUNGEN FÜR DAS TRUST CENTER. Wählen Sie die Option VERTRAUENSWÜRDIGE SPEICHERORTE und wählen Sie dann einen Ordner aus, der als vertrauenswürdiger Ort gelten soll. Speichern Sie hier Ihre vertrauenswürdigen Arbeitsmappen, für die Excel Sie nicht mehr fragt, ob Sie die Makros aktivieren wollen. Wenn Sie etwa die Beispieldateien für dieses Buch herunterladen, können Sie sie in einem vertrauenswürdigen Ordner ablegen.

Törichte Annahmen über die Leser

Menschen, die Bücher schreiben, zielen in der Regel auf einen bestimmten Leserkreis ab. Die folgenden Punkte beschreiben den hypothetischen Leser für dieses Buch:

✔ Sie haben bei Ihrem Job Zugang zu einem Computer – und vielleicht auch zu Hause. Diese Computer sind mit dem Internet verbunden.

✔ Sie verwenden Excel 2013, Excel 2016, Excel 2019 oder die Excel-Desktop-Anwendung aus Office 365.

✔ Sie arbeiten schon seit mehreren Jahren mit dem Computer.

✔ Sie verwenden Excel häufig bei der Arbeit, und Sie wollen sich mehr Wissen über Excel aneignen, als es der Durchschnittsbenutzer besitzt.

✔ Sie wollen mit Excel Dinge erledigen, die Sie momentan nicht damit erledigen können.

✔ Sie haben wenig oder keine Programmiererfahrung.

✔ Sie wissen, dass das Hilfesystem von Excel ganz praktisch ist. Daran sollten Sie sich immer erinnern, wenn Sie eine Information nicht in diesem Buch finden. Wenn Sie das Hilfesystem gut beherrschen, können Sie alle Wissenslücken füllen.

✔ Sie müssen arbeiten und wollen sich nicht mit dicken, langweiligen Computerbüchern herumschlagen.

Symbole, die in diesem Buch verwendet werden

Informationen, die mit diesem Symbol markiert sind, sollten Sie nicht überblättern. Es kennzeichnet Abkürzungen, die Ihnen viel Zeit ersparen können (sodass Sie Ihr Büro möglicherweise zu einer vernünftigen Zeit verlassen können).

Es zeigt außerdem an, dass der im Buch beschriebene Code im Web zur Verfügung steht. Laden Sie die Beispieldateien herunter, um sich Schreibarbeit zu ersparen.

Dieses Symbol teilt Ihnen mit, dass Sie sich die beschriebenen Informationen wirklich gut merken sollten.

Dieses Symbol kennzeichnet Stoff, der Ihnen vielleicht zu technisch erscheint. Möglicherweise bietet er interessante Informationen für Sie, aber Sie können ihn ohne Weiteres überblättern, wenn Sie keine Zeit dafür haben.

Alles, was mit diesem Symbol gekennzeichnet ist, sollten Sie unbedingt lesen. Andernfalls werden Sie Ihre Daten verlieren, Ihren Computer in die Luft sprengen, eine nukleare Kernschmelze verursachen – oder sich den ganzen Tag verderben.

Beispieldateien herunterladen

✔ **Beispieldateien**: Für dieses Buch gibt es eine eigene Website, von der Sie die Beispieldateien herunterladen können. Dazu öffnen Sie in Ihrem Browser die folgende Seite:

```
www.downloads.fuer-dummies.de
```

Bitte beachten Sie, dass bei der Eingabe dieser URL die Groß-/Kleinschreibung berücksichtigt wird. Verwenden Sie nur Kleinbuchstaben. Wenn Sie die URL nicht genau so schreiben, wie hier gezeigt, funktioniert sie nicht.

Diese Beispieldateien sparen Ihnen eine Menge Schreibarbeit. Außerdem können Sie damit spielen und mit verschiedenen Änderungen experimentieren. Experimentieren ist die beste Methode, VBA zu beherrschen.

Wie es weitergeht

Dieses Buch enthält alles, was Sie benötigen, um VBA-Programmierung auf einem fortgeschrittenen Niveau zu erlernen. Das Buch beginnt mit den Grundlagen der Aufzeichnung von Makros und steigt dann Kapitel für Kapitel tiefer in die Materie ein.

Wenn Excel-Makros völliges Neuland für Sie sind, beginnen Sie mit Teil I, damit Sie sich mit den Grundlagen der Makro-Aufzeichnung vertraut machen. Falls Sie Erfahrungen mit der Aufzeichnung von Makros besitzen, aber die dahinterstehenden VBA-Konzepte besser verstehen möchten, lesen Sie Teil II. Dort werden Sie genau erfahren, wie VBA funktioniert; außerdem lernen Sie dort die Grundlagen kennen, die Sie für die Implementierung Ihres eigenen Codes benötigen.

Wenn Sie mit Programmierkonzepten vertraut sind und nur einen schnellen Überblick über einige der fortgeschritteneren Techniken wie die Erstellung Ihrer benutzerdefinierten Funktionen und Add-Ins erhalten möchten, können Sie gerne sofort zu Teil IV springen: Es gibt auch eine Schummelseite voller praktischer Tipps. Diese finden Sie am Anfang des Buches.

Teil I
Excel VBA – die ersten Schritte

IN DIESEM TEIL ...

Visual Basic for Applications kennenlernen.

Anhand von Beispielen erkennen, was mit VBA alles möglich ist.

Ein Excel-Programmierbeispiel aus der Praxis durcharbeiten.

Einschätzen können, wie Excel mit der Makro-Sicherheit umgeht.

IN DIESEM KAPITEL

Einen allgemeinen Überblick über VBA gewinnen

Herausfinden, was mit VBA möglich ist

Die Vorteile und Nachteile bei der Verwendung von VBA kennenlernen

Die Fakten über VBA erfahren

Kompatibilitätsaspekte

Kapitel 1
Was ist VBA?

F alls Sie Angst davor haben, sofort mit der VBA-Programmierung zu beginnen, bleiben Sie ganz ruhig. Dieses Kapitel ist völlig frei von Schulungsmaterial aus der Praxis. Es enthält jedoch wichtige Hintergrundinformationen, die Ihnen dabei helfen, Excel-Programmierer zu werden. Mit anderen Worten, dieses Kapitel ebnet Ihnen den Weg für alles Folgende und verschafft Ihnen ein Gefühl dafür, wie sich die Excel-Programmierung in das Weltbild einfügt. Das ist nicht so langweilig, wie Sie vielleicht denken. Versuchen Sie also, das dringende Verlangen zu unterdrücken, zu Kapitel 2 weiterzublättern.

Was also ist VBA?

VBA steht für *Visual Basic for Applications*. Das ist eine Programmiersprache, die von Microsoft entwickelt wurde – Sie wissen schon, das ist das Unternehmen, das Ihnen alle paar Jahre eine neue Windows-Version verkauft. Excel und die anderen Komponenten von Microsoft Office beinhalten die Sprache VBA (ohne zusätzliche Kosten). Kurz gesagt, VBA ist das Tool, das Menschen verwenden, um Programme zur Steuerung von Excel zu entwickeln.

Stellen Sie sich einen intelligenten Roboter vor, der alles über Excel weiß. Dieser Roboter kann Anweisungen lesen, und er kann Excel sehr schnell und sehr präzise bedienen. Wenn Sie wollen, dass der Roboter in Excel etwas erledigt, schreiben Sie unter Verwendung spezieller Codes Anweisungen für ihn. Anschließend weisen Sie den Roboter an, Ihre Anweisungen abzuarbeiten, während Sie sich zurücklehnen und eine Tasse Kaffee trinken. Mit VBA verhält es sich nicht anders. Letztlich ist es eine Codesprache für Roboter. Beachten Sie jedoch, dass es in Excel keine Roboter und keinen Kaffee gibt.

Ein paar Worte zur Terminologie

Die Terminologie für die Excel-Programmierung kann bisweilen verwirrend sein. Beispielsweise ist VBA eine Programmiersprache, dient aber gleichzeitig als Makro-Sprache. In diesem Kontext ist ein Makro eine Reihe von Anweisungen, die Excel ausführt, um Tastatureingaben und Mausaktionen zu simulieren. Wie nennt man etwas, das in VBA geschrieben und in Excel ausgeführt wird? Ist es ein *Makro* oder ist es ein *Programm*? Im Hilfesystem von Excel werden VBA-Prozeduren häufig als *Makros* bezeichnet, deswegen wird in diesem Buch diese Terminologie verwendet. Sie können das Ganze auch ein *Programm* nennen.

Im gesamten Buch werden Sie dem Begriff *automatisieren* begegnen. Dieser Begriff bedeutet, dass mehrere Schritte automatisch ausgeführt werden. Wenn Sie beispielsweise ein Makro schreiben, das mehrere Zellen farbig unterlegt, das Arbeitsblatt ausdruckt und dann die Farbe wieder entfernt, haben Sie diese drei Schritte *automatisiert*.

Das Wort *Makro* ist übrigens kein Produkt des Abkürzungsfimmels, sondern kommt aus dem Griechischen: *Makros* bedeutet *groß* – was auch Ihren Gehaltsscheck beschreibt, den Sie erhalten, sobald Sie Profi in der Makro-Programmierung geworden sind.

Was ist mit VBA möglich?

Wahrscheinlich wissen Sie, dass die Benutzer Excel für die unterschiedlichsten Aufgaben einsetzen. Hier einige Beispiele:

✔ Analyse wissenschaftlicher Daten

✔ Budgetberechnung und Prognosen

✔ Erstellen von Rechnungen und anderen Formularen

✔ Entwicklung von Diagrammen aus Daten

✔ Verwaltung von Listen mit Kundennamen, Studentenbenotungen oder Ideen für Weihnachtsgeschenke (ein hübscher Obstkuchen wäre nicht schlecht)

✔ und so weiter und so fort

Diese Liste lässt sich endlos fortsetzen, aber ich glaube, Sie haben das Prinzip verstanden. Der entscheidende Punkt ist, dass Excel für die unterschiedlichsten Aufgaben genutzt werden kann und dass jeder, der dieses Buch liest, unterschiedliche Bedürfnisse und Erwartungen im Hinblick auf Excel hat. Aber fast alle Leser haben gemeinsam, dass sie *irgendeinen Aspekt von Excel automatisieren wollen*. Und genau das leistet VBA.

Beispielsweise können Sie ein VBA-Programm schreiben, das verschiedene Zahlen importiert, diese formatiert und zum Monatsende Ihren Umsatzbericht ausdruckt. Nachdem Sie das Programm entwickelt und getestet haben, können Sie das Makro mit einem einzigen Befehl ausführen, sodass Excel automatisch viele zeitaufwendige Prozeduren für Sie ausführt. Statt sich durch eine mühselige Folge von Befehlen quälen zu müssen, klicken Sie einfach auf eine Schaltfläche und wechseln dann zu Facebook, um sich die Zeit zu vertreiben, während Ihr Makro die Arbeit erledigt.

Die folgenden Abschnitte beschreiben kurz einige gebräuchliche Verwendungszwecke für VBA-Makros. Vielleicht gibt es Beispiele, die genau Ihren Vorstellungen entsprechen.

Text einfügen

Wenn Sie in Ihren Arbeitsblättern häufig Ihren Firmennamen, die Adresse und die Telefonnummer einfügen müssen, können Sie ein Makro erstellen, das Ihnen diese Schreibarbeit abnimmt. Dieses Konzept können Sie beliebig erweitern. Beispielsweise könnten Sie ein Makro entwickeln, das automatisch eine Liste aller Vertriebsmitarbeiter erstellt, die für Ihr Unternehmen arbeiten.

Eine häufig ausgeführte Aufgabe automatisieren

Angenommen, Sie sind Vertriebsleiter und wollen jeweils zum Monatsende einen Umsatzbericht aufbereiten, den Ihr Chef dringend braucht. Wenn diese Aufgabe einfach zu bewerkstelligen ist, können Sie auch ein VBA-Programm schreiben, das diese Aufgabe für Sie erledigt. Ihr Chef wird von der durchgängig hohen Qualität Ihrer Berichte beeindruckt sein, und Sie werden befördert bis zu einer Stelle, für die Sie höchst unqualifiziert sind.

Automatisierung wiederholter Operationen

Wenn Sie dieselbe Operation beispielsweise für zwölf verschiedene Excel-Arbeitsmappen ausführen müssen, können Sie ein Makro aufzeichnen, während Sie die Aufgabe in der ersten Arbeitsmappe ausführen, und es anschließend dem Makro überlassen, diese Aufgabe für die anderen Arbeitsmappen auszuführen. Das Schöne daran ist, dass sich Excel nie beschwert, dass es ihm langweilig wird. Der Makro-Recorder von Excel ist vergleichbar mit einer Videokamera, die Liveaktionen aufzeichnet. Aber man benötigt dafür keine Kamera, und die Batterie ist nie gerade leer.

Einen benutzerdefinierten Befehl anlegen

Führen Sie häufig dieselbe Folge an Excel-Befehlen aus? In diesem Fall sparen Sie sich ein paar Sekunden, indem Sie ein Makro entwickeln, das diese Befehle zu einem einzigen benutzerdefinierten Befehl zusammenfasst, den Sie mit einem einzigen Tastendruck oder über einen Klick aktivieren können. Damit sparen Sie vielleicht nicht *so* viel Zeit, aber Sie arbeiten möglicherweise präziser. Und Ihr Büronachbar wird beeindruckt sein.

Eine benutzerdefinierte Schaltfläche erstellen

Sie können in der Schnellzugriffsleiste eigene Schaltflächen anlegen, die die von Ihnen geschriebenen Makros ausführen. Büromenschen sind immer sehr beeindruckt von Schaltflächen, die zaubern können. Und wenn Sie Ihre Kollegen *wirklich* beeindrucken wollen, können Sie sogar neue Schaltflächen in das Menüband einfügen.

Neue Funktionen für die Arbeitsmappe entwickeln

Obwohl es in Excel Hunderte eingebauter Funktionen gibt (wie beispielsweise SUMME oder MITTELWERT), können Sie *benutzerdefinierte* Funktionen für Ihre Arbeitsmappen entwickeln, die Ihre Formeln wesentlich vereinfachen. Sie werden überrascht sein, wie einfach das ist. (Wie das geht beschreibt Kapitel 20.) Und noch besser ist, dass im Dialogfeld FUNKTION EINFÜGEN Ihre benutzerdefinierten Funktionen angezeigt werden, sodass es noch mehr danach aussieht, als wären sie eingebaut. Sehr interessant!

Benutzerdefinierte Add-Ins für Excel erstellen

Wahrscheinlich sind Sie schon mit einigen der Add-Ins für Excel vertraut. Beispielsweise ist das Add-In Analysis ToolPak sehr gebräuchlich. Mit VBA können Sie Ihre eigenen, spezifischen Add-Ins erstellen.

Vorteile und Nachteile von VBA

Dieser Abschnitt beschreibt kurz die Vorteile von VBA – aber auch die dunkle Seite wird nicht vergessen.

Vorteile von VBA

In Excel kann fast alles automatisiert werden. Dazu schreiben Sie Anweisungen, die Excel ausführt. Die Automatisierung einer Aufgabe unter Verwendung von VBA bringt mehrere Vorteile mit sich:

✔ Excel führt die Aufgabe immer auf dieselbe Weise aus. (Meistens ist diese Konsistenz von Vorteil.)

✔ Excel führt die Aufgabe sehr viel schneller aus, als Sie sie manuell erledigen können (es sei denn natürlich, Sie sind Superman).

✔ Wenn Sie ein guter Makro-Programmierer sind, führt Excel die Aufgabe immer fehlerfrei aus (was Sie und ich nicht immer von uns behaupten können, unabhängig davon, wie sorgfältig wir arbeiten).

✔ Wenn Sie alles korrekt eingerichtet haben, kann auch eine Person, die nicht gut mit Excel umgehen kann, die Aufgabe ausführen.

✔ Sie können Dinge in Excel erledigen, die andernfalls unmöglich sind, was Sie im Büro sehr beliebt machen wird.

✔ Für lange, zeitaufwendige Arbeiten müssen Sie nicht mehr vor Ihrem Computer sitzen und sich langweilen. Excel erledigt für Sie die Arbeit, während Sie Kaffeetrinken gehen können.

Nachteile von VBA

Es ist nur gerecht, jetzt auch die Nachteile von VBA zu erwähnen (jedenfalls *potenzielle* Nachteile):

✔ Sie müssen wissen, wie man in VBA programmiert (aber dafür haben Sie ja jetzt dieses Buch). Glücklicherweise ist das nicht so schwierig, wie Sie vielleicht annehmen.

✔ Andere Anwender, die Ihre VBA-Programme benutzen wollen, brauchen ebenfalls Excel. Es wäre praktisch, wenn man eine Schaltfläche drücken könnte, die Ihre Excel-VBA-Anwendung zu einem eigenständigen Programm macht, aber das ist nicht möglich (und wird es wahrscheinlich nie sein).

✔ Manchmal läuft etwas schief. Mit anderen Worten, Sie können nicht blind darauf vertrauen, dass Ihr VBA-Programm immer und unter allen Umständen korrekt funktioniert. Willkommen in der Welt des Debuggings und (falls andere Ihre Makros verwenden) des technischen Supports.

✔ VBA ist ein bewegliches Ziel. Wie Sie wissen, gibt Microsoft ständig Upgrades für Excel heraus. Und obwohl man sich größte Mühe gibt, Kompatibilität zwischen den Versionen zu gewährleisten, werden Sie immer wieder feststellen, dass der von Ihnen für ältere Versionen geschriebene VBA-Code bei neueren Excel-Versionen nicht mehr fehlerfrei funktioniert.

VBA in Kürze

Hier folgt ein kurzer und grober Überblick über VBA, nur damit Sie wissen, was Sie erwartet.

✔ **Sie führen Aktionen in VBA aus, indem Sie Code in einem VBA-Modul schreiben (oder aufzeichnen).** VBA-Module werden im Visual Basic Editor (VBE) angezeigt und bearbeitet.

✔ **Ein VBA-Modul besteht aus Sub-Prozeduren.** Eine Sub-Prozedur hat überhaupt nichts mit U-Booten oder belegten Broten zu tun. Stattdessen handelt es sich dabei um Computercode, der irgendwelche Aktionen für irgendwelche Objekte ausführt (wie Sie gleich genauer erfahren werden). Das folgende Beispiel zeigt eine einfache Sub-Prozedur mit dem Namen ADDEMUP. Dieses bemerkenswerte Programm zeigt das Ergebnis von 1 plus 1 an.

```
Sub AddEmUp()
    Sum = 1 + 1
    MsgBox "Die Lösung ist " & Sum
End Sub
```

Eine Sub-Prozedur, die nicht fehlerfrei arbeitet, wird als suboptimal bezeichnet.

✔ **Ein VBA-Modul kann auch Funktionsprozeduren enthalten.** Eine Funktionsprozedur gibt einen einzigen Wert zurück. Sie können sie von einer anderen VBA-Prozedur aus aufrufen oder sie sogar als Funktion in einer Formel auf einem Arbeitsblatt verwenden. Nachfolgend finden Sie ein Beispiel für eine Funktionsprozedur: ADDTWO. Diese Funktion nimmt zwei Zahlen entgegen und gibt die Summe ihrer Werte aus:

```
Function AddTwo(arg1, arg2)
    AddTwo = arg1 + arg2
End Function
```

Eine Funktionsprozedur, die nicht ordnungsgemäß funktioniert, wird als dysfunktional bezeichnet.

✔ **VBA manipuliert Objekte.** Excel enthält Dutzende von Objekten, die Sie manipulieren können. Beispiele für Objekte sind unter anderem Arbeitsmappen, Tabellen, Zellenbereiche, Diagramme oder Formen. Möglicherweise stehen Ihnen aber noch sehr viel mehr Objekte zur Verfügung, die Sie mit Ihrem VBA-Code manipulieren können.

✔ **Objekte sind hierarchisch angeordnet.** Objekte können als Container für andere Objekte dienen. Ganz oben in der Objekthierarchie steht Excel. Excel selbst ist ein Objekt namens APPLICATION. Das Objekt APPLICATION enthält weitere Objekte, wie beispielsweise WORKBOOK-Objekte und ADD-IN-Objekte. Das WORKBOOK-Objekt kann weitere Objekte enthalten, beispielsweise WORKSHEET-Objekte und CHART-Objekte. Ein WORKSHEET-Objekt kann beispielsweise RANGE-Objekte und PIVOTTABLE-Objekte enthalten. Der Begriff *Objektmodell* bezieht sich auf die Anordnung dieser Objekte. (Weitere Informationen über Objektmodelle finden Sie in Kapitel 4.)

✔ **Objekte desselben Typs bilden eine Collection.** Die WORKSHEETS-Collection beispielsweise besteht aus allen Arbeitsblättern einer bestimmten Arbeitsmappe. Die CHARTS-Collection besteht aus allen CHART-Objekten in einer Arbeitsmappe. Collections sind ebenfalls Objekte.

✔ **Der Verweis auf ein Objekt erfolgt durch die Angabe seiner Position innerhalb der Objekthierarchie und unter Verwendung eines Punkts als Trennzeichen.** Beispielsweise verweisen Sie auf die Arbeitsmappe ARBEITSMAPPE1.XLSX wie folgt:

```
Application.Workbooks("Arbeitsmappe1.xlsx")
```

Damit verweisen Sie auf die Arbeitsmappe ARBEITSMAPPE1.XLSX in der WORKBOOKS-Collection. Die WORKBOOKS-Collection ist im APPLICATION-Objekt enthalten (das heißt Excel). Durch Erweiterung auf die nächste Ebene können Sie auf Arbeitsblatt 1 in ARBEITSMAPPE1.XLSX verweisen:

```
Application.Workbooks("Arbeitsmappe1.xlsx").Worksheets("Tabelle1")
```

Sie können dies auf eine weitere Ebene ausdehnen und auf eine bestimmte Zelle verweisen (in diesem Fall ist das Zelle A1):

```
Application.Workbooks("Arbeitsmappe1.xlsx").Worksheets("Tabelle1").
Range("A1")
```

✔ **Falls Sie keine speziellen Verweise (auch als Referenzen bezeichnet) angeben, verwendet Excel die** *aktiven* **Objekte.** Wenn BOOK1.XLSX die aktive Arbeitsmappe ist, können Sie den oben gezeigten Verweis wie folgt vereinfachen:

```
Worksheets("Tabelle1").Range("A1")
```

Wenn Sie wissen, dass Arbeitsblatt 1 das aktive Arbeitsblatt ist, können Sie den Verweis noch weiter vereinfachen:

```
Range("A1")
```

✔ **Objekte haben Eigenschaften.** Sie können sich eine Eigenschaft als *Einstellung* für ein Objekt vorstellen. Beispielsweise hat ein RANGE-Objekt Eigenschaften wie VALUE (Wert) und ADDRESS (Adresse). Ein CHART-Objekt hat Eigenschaften wie HASTITLE (Hat einen Titel) und TYPE (Typ). Mithilfe von VBA können Sie Objekteigenschaften ermitteln und diese auch ändern.

✔ **Der Verweis auf eine Eigenschaft eines Objekts erfolgt durch Kombination des Objektnamens mit dem Eigenschaftsnamen, durch einen Punkt voneinander getrennt.** Beispielsweise verweisen Sie wie folgt auf die VALUE-Eigenschaft in Zelle A1 auf Blatt 1:

```
Worksheets("Tabelle1").Range("A1").Value
```

✔ **Sie können Variablen Werte zuweisen.** Eine Variable ist ein benanntes Element, das Informationen speichert. Sie können Variablen in Ihrem VBA-Code verwenden, um beispielsweise Werte, Text oder Eigenschaftseinstellungen zu speichern. Um der Variablen *Zins* den Wert aus Zelle A1 auf Arbeitsblatt 1 zuzuweisen, verwenden Sie die folgende VBA-Anweisung:

```
Zins = Worksheets("Tabelle1").Range("A1").Value
```

✔ **Objekte haben Methoden.** Eine Methode ist eine Aktion, die Excel für ein Objekt ausführt. Ein Beispiel für eine Methode für ein RANGE-Objekt ist CLEARCONTENTS. Wie der Name schon sagt, löscht die Methode den Inhalt des Bereichs.

✔ Die Angabe einer Methode erfolgt durch Kombination des Objekts mit der Methode, durch einen Punkt voneinander getrennt. Beispielsweise löscht die folgende Anweisung den Inhalt von Zelle A1:

```
Worksheets("Tabelle1").Range("A1").ClearContents
```

✔ **VBA enthält alle Konstrukte einer modernen Programmiersprache, einschließlich Variablen, Arrays und Schleifen.** Mit anderen Worten, wenn Sie sich ein wenig Zeit nehmen, um das Ganze zu sortieren, können Sie Code schreiben, der unglaubliche Dinge erledigt.

Ob Sie es glauben oder nicht, die obige Liste beschreibt VBA in Kurzform komplett. Jetzt sehen wir uns noch die Details an. Deshalb hat dieses Buch mehrere Seiten.

Excel-Kompatibilität

 Dieses Buch wurde für die Desktop-Versionen von Excel 2016 und Excel 2019 entwickelt. Wenn Sie andere Versionen einsetzen, kann es sein, dass die hier gezeigten Beschreibungen an manchen Stellen nicht mit Ihrer Benutzeroberfläche übereinstimmen.

Wenn Sie vorhaben, Ihre Excel-VBA-Dateien an andere Benutzer weiterzugeben, müssen Sie unbedingt wissen, welche Version diese benutzen. Anwender mit einer älteren Version können neue Funktionen aus neueren Versionen nicht nutzen. Wenn Sie beispielsweise VBA-Code schreiben, der auf Zelle XFD1048567 verweist (die letzte Zelle in einer Arbeitsmappe), erhalten alle Anwender mit Excel-Versionen vor 2007 eine Fehlermeldung, weil dort die Arbeitsblätter nur 65.536 Zeilen und 255 Spalten unterstützen (die letzte Zelle ist damit IV65536).

In Excel 2010 und später gibt es außerdem einige neue Objekte, Methoden und Eigenschaften. Wenn Sie diese in Ihrem Code verwenden, erhalten Benutzer mit einer älteren Excel-Version eine Fehlermeldung, wenn sie Ihr Makro ausführen, und beschweren sich möglicherweise bei Ihnen.

Kapitel 2
Ein Sprung ins kalte Wasser

E s ist am besten, schnell in kaltes Wasser zu springen. In diesem Kapitel können Sie Ihre Füße sofort ins Wasser stecken, tauchen aber nicht gleich mit dem Kopf unter.

Wenn Sie das Ende dieses Kapitels erreicht haben, werden Sie schon sehr viel mehr über die Excel-Programmierung wissen, und Sie werden froh sein, dass Sie diesen Sprung gewagt haben. Dieses Kapitel zeigt Ihnen Schritt für Schritt, wie Sie ein einfaches, aber doch praktisches VBA-Makro entwickeln.

Das Erste zuerst

Damit Sie von sich sagen können, ein Excel-Programmierer zu sein, müssen Sie eine erste Maßnahme durchführen. Sie müssen Excel so einstellen, dass oben am Bildschirm eine neue Registerkarte angezeigt wird: ENTWICKLERTOOLS. Die Anzeige der Registerkarte ENTWICKLER-TOOLS ist ganz einfach (und Sie müssen es nur ein einziges Mal machen). Gehen Sie einfach nach den folgenden Schritten vor:

1. **Klicken Sie mit der rechten Maustaste irgendwo in das Menüband und wählen Sie den Befehl MENÜBAND ANPASSEN.**

2. **Suchen Sie auf der Registerkarte MENÜBAND ANPASSEN im Dialogfeld EXCEL-OPTIONEN den Eintrag ENTWICKLERTOOLS im Kästchen auf der rechten Seite.**

3. **Schalten Sie das Kontrollkästchen vor Entwicklertools ein.**

4. **Klicken Sie auf OK. Sie gelangen zurück zu Excel, wo eine neue Registerkarte angezeigt wird: Entwicklertools.**

Wenn Sie auf die Registerkarte Entwicklertools klicken, zeigt das Menüband Informationen an (siehe Abbildung 2.1), die für einen Programmierer von Interesse sein könnten (also für Sie!).

Abbildung 2.1: Die Registerkarte Entwicklertools ist normalerweise ausgeblendet, kann aber ganz einfach eingeblendet werden.

Was auf Sie zukommt

In diesem Abschnitt werden Sie Ihr erstes Makro erstellen. Dieses Makro soll die folgenden Dinge erledigen:

✔ Ihren Namen in eine Zelle eintragen

✔ Das aktuelle Datum und die aktuelle Zeit in die darunterliegende Zelle eintragen

✔ Beide Zellen fett formatieren

✔ Die Schriftgröße beider Zellen auf 16 Punkt ändern

Dieses Makro wird vielleicht nicht gerade einen Preis beim Jahreswettbewerb der VBA-Programmierer erhalten, aber irgendwo müssen wir anfangen. Das Makro bewerkstelligt all diese Schritte innerhalb eines einzigen Durchgangs. Wie in den folgenden Abschnitten beschrieben, beginnen Sie mit der Aufzeichnung Ihrer Aktionen, während Sie diese Schritte durchlaufen. Anschließend testen Sie das Makro, um festzustellen, ob es funktioniert. Zum Schluss bearbeiten Sie das Makro, um ihm den letzten Schliff zu geben. Fertig?

Die ersten Schritte

Dieser Abschnitt beschreibt, was Sie vor der Aufzeichnung des Makros erledigen müssen. Mit anderen Worten, Sie müssen ein paar Vorbereitungen treffen, bevor der eigentliche Spaß beginnt.

1. **Starten Sie Excel, falls es nicht schon läuft.**

2. **Erstellen Sie gegebenenfalls eine neue leere Arbeitsmappe.**

   Am schnellsten geht dies mit dem beliebten Tastenkürzel `Strg` + `N`.

3. **Klicken Sie auf die Registerkarte** Entwicklertools **und sehen Sie sich die Schaltfläche** Relative Verweise verwenden **in der Gruppe** Code **genauer an.**

   Falls diese Schaltfläche eine andere Farbe hat als die anderen Schaltflächen, brauchen Sie nichts weiter zu unternehmen. Falls die Schaltfläche Relative Verweise verwenden dieselbe Farbe wie die anderen Schaltflächen hat, müssen Sie sie anklicken.

   Weitere Informationen über die Schaltfläche Relative Verweise verwenden finden Sie in Kapitel 6. Hier sollten Sie nur sicherstellen, dass diese Option aktiviert ist. Wenn sie aktiviert ist, hat die Schaltfläche eine andere Farbe.

Das Makro aufzeichnen

Und jetzt kommen wir zur Praxis. Befolgen Sie sorgfältig die folgenden Schritte:

1. **Wählen Sie eine Zelle aus.**

   Es ist egal, um welche Zelle es sich dabei handelt.

2. **Wählen Sie** Entwicklertools | Code | Makro aufzeichnen **oder klicken Sie auf die Schaltfläche zur Makro-Aufzeichnung in der Statusleiste.**

   Das Dialogfeld Makro aufzeichnen wird geöffnet, wie in Abbildung 2.2 dargestellt.

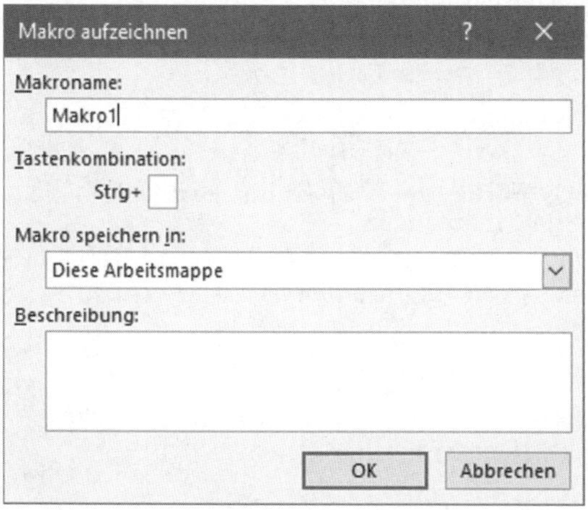

Abbildung 2.2: Wenn Sie ein Makro aufzeichnen, wird das Dialogfeld Makro aufzeichnen angezeigt.

3. **Geben Sie einen Namen für das Makro ein.**

   Excel gibt einen Standardnamen vor (beispielsweise *Makro1*), aber Sie sollten besser einen aussagekräftigeren Namen verwenden. Für dieses Makro bietet sich der Name *NameUnd-Zeit* (ohne Leerzeichen) an.

4. **Klicken Sie in das Feld** TASTENKOMBINATION **und geben Sie** ⌂+N **(für ein großes N) als Tastenkombination ein.**

Die Angabe einer Tastenkombination ist optional. Wenn Sie eine angeben, können Sie das Makro durch Drücken dieser Tastenkombination ausführen, in diesem Fall mit Strg+⌂+N. Bitte beachten Sie, dass, wenn Sie eine der Standardtastenkombinationen zuweisen, wie beispielsweise Strg+C, die normale Funktionalität dieser Tastenkombination nicht mehr zur Verfügung steht; wenn Sie diese Tastenkombination eingeben, startet Excel das betreffende Makro.

5. **Kontrollieren Sie, dass im Feld** MAKRO SPEICHERN IN **der Eintrag** DIESE ARBEITSMAPPE **steht.**

6. **Wenn Sie möchten, können Sie in das Feld** BESCHREIBUNG **Text eingeben.**

Dieser Schritt ist optional. Einige Anwender finden es praktisch, hier einzutragen, was das Makro macht (oder machen *soll*).

7. **Klicken Sie auf OK.**

Das Dialogfeld MAKRO AUFZEICHNEN wird geschlossen und der Makro-Recorder von Excel wird aktiviert. Von jetzt ab überwacht Excel alle Ihre Schritte und wandelt sie in VBA-Code um.

8. **Geben Sie Ihren Namen in die aktive Zelle ein.**

9. **Bewegen Sie den Zellenzeiger in die Zelle darunter und geben Sie die folgende Formel ein:**

```
=JETZT( )
```

Die Formel zeigt das aktuelle Datum und die Zeit an.

10. **Wählen Sie die Zelle mit der Formel aus und drücken Sie** Strg+C, **um diese Zelle in die Zwischenablage zu kopieren.**

11. **Wählen Sie** START | ZWISCHENABLAGE | EINFÜGEN | WERTE EINFÜGEN **(W).**

Dieser Befehl wandelt die Formel in ihren Wert um.

12. **Wählen Sie die Zelle mit dem Datum aus, drücken Sie** ⌂+↑, **um diese Zelle und die darüberliegende Zelle (in der Ihr Name enthalten ist) auszuwählen.**

13. **Verwenden Sie die Steuerelemente in der Gruppe** START | SCHRIFTART, **um den Text fett auszuzeichnen und die Schriftgröße auf 16 Punkt zu setzen.**

14. **Wählen Sie** ENTWICKLERTOOLS | CODE | AUFZEICHNUNG BEENDEN.

Der Makro-Recorder wird abgeschaltet.

Herzlichen Glückwunsch! Damit haben Sie Ihr erstes Excel-VBA-Makro erstellt. Rufen Sie sofort Ihre Mutter an und erzählen Sie ihr von der guten Nachricht!

Das Makro testen

Jetzt können Sie dieses Makro ausprobieren und prüfen, ob es korrekt funktioniert. Um Ihr Makro zu testen, gehen Sie in eine leere Zelle und drücken `Strg`+`⇧`+`N` oder die Tastenkombination, die Sie bei der Aufzeichnung des Makros festgelegt haben.

Excel führt Ihr Makro blitzschnell aus. Ihr Name und das aktuelle Datum sowie die Zeit werden in großen, fetten Buchstaben ausgegeben.

Sie können das Makro auch ausführen, indem Sie ENTWICKLERTOOLS | CODE | MAKROS wählen (oder `Alt`+`F8` drücken), um das Dialogfeld MAKRO anzuzeigen. Wählen Sie Ihr Makro aus der Liste aus (in diesem Fall *NameUndZeit*) und klicken Sie auf AUSFÜHREN. Achten Sie darauf, dass Sie die Zelle auswählen, in der Ihr Name ausgegeben werden soll, bevor Sie das Makro ausführen.

Das Makro überprüfen

Sie haben ein Makro aufgezeichnet und getestet. Wenn Sie neugierig sind, dann fragen Sie sich vielleicht, wie dieses Makro eigentlich aussieht. Und womöglich wollen Sie auch wissen, wo es gespeichert ist.

Erinnern Sie sich noch an die Aufzeichnung des Makros? Sie haben zu Beginn der Aufzeichnung festgelegt, dass Excel das Makro in DIESE ARBEITSMAPPE speichern soll. Das Makro ist in der Arbeitsmappe gespeichert, aber Sie müssen den Visual Basic Editor starten (kurz VBE), um es ansehen zu können.

Gehen Sie wie folgt vor, um das Makro anzuzeigen:

1. **Wählen Sie ENTWICKLERTOOLS | CODE | VISUAL BASIC (oder drücken Sie `Alt`+`F11`).**

   Das Programmfenster von Visual Basic Editor wird geöffnet, wie in Abbildung 2.3 gezeigt. Dieses Fenster kann weitgehend vom Benutzer angepasst werden, deshalb kann es sein, dass Ihr VBE-Fenster etwas anders aussieht. Das VBE-Fenster enthält weitere Fenster und ist vermutlich auf den ersten Blick sehr unübersichtlich. Aber keine Angst, Sie werden sich daran gewöhnen.

2. **Suchen Sie im VBE-Fenster nach dem Fenster PROJEKT.**

   Das PROJEKT-Fenster (auch als PROJEKT EXPLORER-Fenster bezeichnet) enthält eine Liste aller aktuell geöffneten Arbeitsmappen und Add-Ins. Alle Projekte sind in *Baumstrukturen* angeordnet und können ausgeklappt werden (um mehr Informationen anzuzeigen) oder zusammengeklappt werden (um weniger Informationen anzuzeigen).

Der VBE verwendet relativ viele Fenster, die geöffnet oder geschlossen sein können. Wenn ein Fenster im VBE nicht sofort sichtbar ist, können Sie es über eine Option im ANSICHT-Menü öffnen. Wird beispielsweise das Projektfenster nicht angezeigt, wählen Sie ANSICHT | PROJEKT-EXPLORER (oder Sie drücken `Strg`+`R`),

um es anzuzeigen. Die anderen VBE-Fenster werden auf ähnliche Weise angezeigt. Weitere Informationen über die Komponenten des Visual Basic Editors finden Sie in Kapitel 3.

3. **Wählen Sie das Projekt aus, das der Arbeitsmappe entspricht, in der Sie das Makro aufgezeichnet haben.**

   Falls Sie die Arbeitsmappe nicht gespeichert haben, heißt das Projekt möglicherweise
   VBAPROJECT (MAPPE 1).

4. **Klicken Sie links neben dem Ordner MODULE auf das Plussymbol (+).**

   Die Baumstruktur wird expandiert und zeigt MODUL1 an, das einzige Modul im Projekt.

5. **Doppelklicken Sie auf MODUL1.**

   Der VBA-Code in diesem Modul wird in einem Codefenster angezeigt (siehe
   Abbildung 2.3). Ihr Bildschirm sieht möglicherweise etwas anders aus. Der aufgezeichnete
   Code ist von den einzelnen Schritten abhängig, die Sie ausgeführt haben, während das
   Makro aufgezeichnet wurde.

```
Mappe1 - Modul1 (Code)
(Allgemein)                                          NameUndZeit

Sub NameUndZeit()
'
' NameUndZeit Makro
'
' Tastenkombination: Strg+Umschalt+N
'
    ActiveCell.FormulaR1C1 = "Mike"
    Range("A2").Select
    ActiveCell.FormulaR1C1 = "=NOW()"
    Range("A2").Select
    Selection.Copy
    Selection.PasteSpecial Paste:=xlPasteValues, Operation:=xlNone, SkipBlanks _
        :=False, Transpose:=False
    ActiveSheet.Paste
    Application.CutCopyMode = False
    Range("A1:A2").Select
    Range("A2").Activate
    With Selection.Font
        .Name = "Calibri"
        .Size = 16
        .Strikethrough = False
        .Superscript = False
        .Subscript = False
        .OutlineFont = False
        .Shadow = False
        .Underline = xlUnderlineStyleNone
        .ThemeColor = xlThemeColorLight1
        .TintAndShade = 0
        .ThemeFont = xlThemeFontMinor
    End With
    Selection.Font.Bold = True
End Sub
```

Abbildung 2.3: Der VBE zeigt den VBA-Code in Modul1 von Mappe1 an.

Vermutlich sieht das Makro jetzt völlig unverständlich für Sie aus. Keine Sorge – ein paar
Kapitel weiter hinten wird Ihnen alles völlig klar sein.

Das Makro *NameUndZeit* besteht aus mehreren Anweisungen. Excel führt die Anweisungen
nacheinander einzeln von oben nach unten aus. Eine Anweisung, vor der ein Apostroph (')

steht, ist ein Kommentar. Kommentare dienen nur Ihrer Information und werden von Excel ignoriert. Mit anderen Worten, Excel überspringt Kommentare einfach.

Die erste VBA-Anweisung (die mit dem Wort *Sub* beginnt), identifiziert das Makro als Sub-Prozedur und gibt ihm seinen Namen. Dies ist der Name, den Sie eingegeben haben, bevor Sie mit der Aufzeichnung des Makros begonnen haben. Wenn Sie sich den Code durchlesen, können Sie vielleicht an manchen Stellen sogar erkennen, was er bewerkstelligt. Sie sehen Ihren Namen, die von Ihnen eingegebene Formel und eine Menge weiterer Code, der die Schriftart ändert.

Hey, das habe ich nicht aufgezeichnet!

An einer früheren Stelle in diesem Kapitel habe ich erklärt, dass sich der Makro-Recorder wie ein Recorder verhält, der Ton aufzeichnet. Wenn Sie eine Aufzeichnung abspielen und Ihre eigene Stimme hören, sagen Sie wahrscheinlich: »Aber so höre ich mich doch gar nicht an!« Und wenn Sie Ihr aufgezeichnetes Makro ansehen, sehen Sie möglicherweise Aktionen, von denen Sie denken, Sie hätten sie nicht aufgezeichnet.

Bei der Aufzeichnung des *NameUndZeit*-Beispiels haben Sie nur die Schriftgröße geändert, aber der aufgezeichnete Code zeigt alle möglichen Anweisungen zur Änderung der Schriftart (`Strikethrough`, `Superscript`, `Shadow` und so weiter). Keine Sorge. Das passiert ständig. Excel zeichnet häufig sehr viel scheinbar nutzlosen Code auf. In späteren Kapiteln erfahren Sie, wie Sie diese überflüssigen Anweisungen aus einem Makro entfernen können.

Das Makro abändern

Wie Sie vielleicht schon erwartet haben, können Sie Ihr Makro im VBE nicht nur anzeigen, sondern auch abändern. Und auch wenn Sie sich noch keine rechte Vorstellung davon machen können, lassen sich die folgenden Änderungen einfach vornehmen:

✔ Den in die aktive Zelle eingegebenen Namen ändern. Geben Sie doch einfach einmal den Namen Ihres Hundes oder Ihrer Katze ein.

✔ Den Schriftnamen oder die Schriftgröße ändern

✔ Eine geeignete Position für die folgende Anweisung suchen, die die Zellen kursiv formatiert:

```
Selection.Font.Italic = True
```

 Die Arbeit in einem VBA-Codemodul ist vergleichbar mit der Arbeit in einem Dokument einer Textverarbeitung (außer, dass es hier keine Wörtertrennung gibt und Sie den Text nicht formatieren können). Auf den zweiten Blick ist es eher wie die Arbeit im Windows Editor. Sie können die ⏎-Taste drücken, um in eine neue Zeile zu gelangen, und die bekannten Bearbeitungstasten funktionieren wie gewohnt.

Nachdem Sie Ihre Änderungen vorgenommen haben, springen Sie zurück in Excel und probieren das geänderte Makro aus, um zu sehen, ob es funktioniert. So wie Sie mit [Alt]+[F11] von Excel aus in den VBE springen, gelangen Sie mit [Alt]+[F11] vom VBE auch wieder zurück in Excel.

Arbeitsmappen speichern, die Makros enthalten

Wenn Sie ein oder mehrere Makros in einer Arbeitsmappe speichern, muss die Datei mit dem Dateityp EXCEL-ARBEITSMAPPE MIT MAKROS gespeichert werden. Mit anderen Worten, die Datei muss die Dateinamenerweiterung XLSM statt der üblichen Dateinamenerweiterung XLSX erhalten.

Wenn Sie beispielsweise die Arbeitsmappe speichern, die Ihr Makro *NameUndZeit* enthält, wird als Dateiformat im Dialogfeld SPEICHERN UNTER standardmäßig XLSX angezeigt (ein Format, das keine Makros enthalten kann). Wenn Sie das Dateiformat nicht in XLSM ändern, zeigt Excel die in Abbildung 2.4 gezeigte Warnung an. Sie müssen auf NEIN klicken und dann in der Drop-down-Liste DATEITYP im Dialogfeld SPEICHERN UNTER den Eintrag EXCEL-ARBEITSMAPPE MIT MAKROS auswählen.

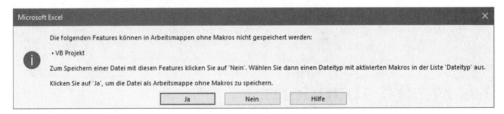

Abbildung 2.4: Wenn Ihre Arbeitsmappe Makros enthält und Sie sie in einem Format speichern wollen, das keine Makros unterstützt, weist Excel Sie darauf hin.

Makro-Sicherheit

Die Makro-Sicherheit ist eine Schlüsselfunktion in Excel. Der Grund dafür ist, dass VBA eine sehr mächtige Sprache ist. So mächtig, dass es möglich ist, ein Makro zu schreiben, das ernsthafte Schäden an Ihrem Computer verursacht. Ein Makro kann Dateien löschen, Informationen an andere Computer senden und sogar Windows so beschädigen, dass Sie Ihr System nicht mehr starten können.

Die Sicherheitsfunktionen für Makros, die in Excel 2007 eingeführt wurden, wurden geschaffen, um diese Art von Problemen zu verhindern.

Abbildung 2.5 zeigt den Abschnitt MAKROEINSTELLUNGEN im Dialogfeld TRUST CENTER. Um dieses Dialogfeld anzuzeigen, wählen Sie ENTWICKLERTOOLS | CODE | MAKROSICHERHEIT.

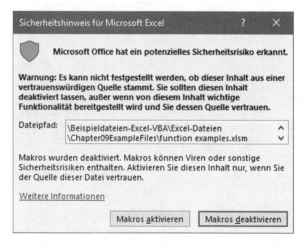

Abbildung 2.5: Der Abschnitt Makroeinstellungen im Dialogfeld Trust Center

Standardmäßig verwendet Excel die Option Alle Makros ohne Benachrichtigung deaktivieren. Wenn diese Einstellung gilt und Sie eine Arbeitsmappe mit Makros öffnen (und die Datei nicht digital »signiert« ist oder an einer vertrauenswürdigen Position gespeichert ist), zeigt Excel eine Warnung an, wie in Abbildung 2.6 gezeigt. Wenn Sie sicher sind, dass die Arbeitsmappe aus einer zuverlässigen Quelle stammt, klicken Sie auf Makros aktivieren, sodass die Makros aktiviert werden.

Die Meldung in Abbildung 2.6 wird nur angezeigt, wenn der VBE geöffnet ist. Andernfalls zeigt Excel eine auffällige Sicherheitswarnung oberhalb der Formelleiste an, wie in Abbildung 2.7 gezeigt. Wenn Sie wissen, dass die Arbeitsmappe sicher ist, klicken Sie auf die Schaltfläche Inhalt aktivieren, um die Makros zu aktivieren. Um die Arbeitsmappe ohne Makros zu verwenden, klicken Sie auf das X, um die Warnung zu schließen.

Abbildung 2.6: Warnung von Excel, dass die zu öffnende Datei Makros enthält

Excel merkt sich, dass Sie eine Arbeitsmappe als sicher erklärt haben. Wenn Sie sie beim nächsten Mal öffnen, wird die Sicherheitswarnung nicht mehr angezeigt.

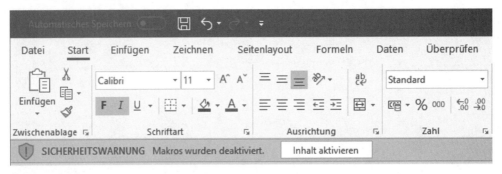

Abbildung 2.7: Die Warnung von Excel, dass die gerade geöffnete Arbeitsmappe Makros enthält. Diese Warnung wird nur angezeigt, wenn der VBE nicht geöffnet ist.

Am besten legt man für die Makrosicherheit einen oder mehrere Ordner als *vertrauenswürdige Speicherorte* an. Alle Arbeitsmappen an einem vertrauenswürdigen Speicherort werden ohne Makro-Warnung geöffnet. Vertrauenswürdige Ordner werden im Abschnitt VERTRAUENSWÜRDIGE SPEICHERORTE im Dialogfeld TRUST CENTER festgelegt.

Wenn es Sie interessiert, was die anderen Einstellungen für die Makro-Sicherheit bedeuten, drücken Sie ⌜F1⌝, während der Abschnitt MAKROEINSTELLUNGEN im Dialogfeld TRUST CENTER angezeigt wird. Ein Hilfebildschirm beschreibt alle Sicherheitseinstellungen.

Weitere Informationen über das Makro NameUndZeit

Wenn Sie das Buch durchgelesen haben, sollten Sie verstehen, wie das Makro *NameUndZeit* funktioniert – und Sie können dann sehr viel komplexere Makros entwickeln. Hier schließe ich das Kapitel mit einigen weiteren Informationen über das Makro ab:

✔ Damit dieses Makro funktioniert, muss seine Arbeitsmappe geöffnet sein. Wenn Sie die Arbeitsmappe schließen, steht das Makro nicht zur Verfügung (und die Tastenkombination ⌜Strg⌝+⌜⇧⌝+⌜N⌝ hat keine Wirkung).

✔ Solange die Arbeitsmappe mit dem Makro geöffnet ist, können Sie das Makro ausführen, während eine andere Arbeitsmappe aktiv ist. Mit anderen Worten, die eigene Arbeitsmappe des Makros muss nicht die aktive Arbeitsmappe sein.

✔ Das Makro ist kein »hochqualitativer« Code. Es überschreibt jeden bereits vorhandenen Code, ohne dass es eine Warnung ausgibt. Und diese Wirkung kann nicht rückgängig gemacht werden.

✔ Bevor Sie mit der Aufzeichnung des Makros begonnen haben, haben Sie ihm eine neue Tastenkombination zugewiesen. Diese stellt eine von mehreren Möglichkeiten dar, das Makro auszuführen. (Weitere Methoden lernen Sie in Kapitel 5 kennen.)

✔ Sie können dieses Makro auch manuell erstellen, statt es aufzuzeichnen. Dazu müssen Sie aber VBA bereits gut kennen. (Geduld, das wird bald der Fall sein.)

✔ Sie können dieses Makro in Ihrer *persönlichen Makro-Arbeitsmappe* speichern. In diesem Fall steht das Makro automatisch zur Verfügung, sobald Sie Excel starten. (Weitere Informationen über Ihre persönliche Makro-Arbeitsmappe finden Sie in Kapitel 6.)

✔ Sie können die Arbeitsmappe auch in eine Add-In-Datei umwandeln. (Weitere Informationen hierzu finden Sie in Kapitel 21.)

Herzlichen Glückwunsch. Sie sind in die Welt der Excel-Programmierung eingetreten. (Leider gibt es keinen geheimen Gruß oder Siegelring.)

Teil II
Die Zusammenarbeit von VBA und Excel

IN DIESEM TEIL ...

Auf den wichtigsten Teil des Visual Basic Editors zugreifen.

VBA-Codemodule kennenlernen (wo Ihr VBA-Code gespeichert ist).

Einen Überblick über das Objektmodell von Excel erhalten.

Mehr über zwei Schlüsselkonzepte erfahren: Objekteigenschaften und Methoden.

Den Unterschied zwischen Sub-Routinen und Funktionen verstehen.

Den Makro-Recorder von Excel auf die Schnelle kennenlernen.

IN DIESEM KAPITEL

Den Visual Basic Editor verstehen

Die Komponenten des Visual Basic Editors
kennenlernen

Wissen, was in ein VBA-Modul gehört

Drei Methoden verstehen, VBA-Code in ein
Modul zu bringen

Die VBA-Umgebung anpassen

Kapitel 3
Der Visual Basic Editor

Als überdurchschnittlich erfahrener Excel-Benutzer wissen Sie wahrscheinlich eine Menge über Arbeitsmappen, Formeln, Diagramme und andere praktische Funktionen von Excel. Jetzt wollen wir Ihren Horizont erweitern und einen völlig neuen Aspekt von Excel erkunden: den Visual Basic Editor. In diesem Kapitel erfahren Sie, wie Sie mit dem Visual Basic Editor arbeiten. Außerdem werden Sie die wichtigsten Informationen erhalten, wie Sie VBA-Code schreiben können.

Was ist der Visual Basic Editor?

Der Visual Basic Editor (VBE oder VBA-Editor) ist eine separate Applikation, in der Sie Ihre VBA-Makros schreiben und bearbeiten können.

Seit Excel 2013 wird jede Arbeitsmappe in einem separaten Fenster angezeigt. Es gibt jedoch nur ein VBE-Fenster, das für alle offenen Excel-Fenster zuständig ist.

 Der VBE kann nicht eigenständig ausgeführt werden. Excel muss geöffnet sein, damit der VBE ausgeführt werden kann.

Den VBE aktivieren

Am schnellsten aktivieren Sie den VBE, indem Sie [Alt]+[F11] drücken, während Excel aktiv ist. Um zu Excel zurückzukehren, drücken Sie erneut [Alt]+[F11]. Sie können aber auch auf die

SCHLIESSEN-Schaltfläche in der Titelleiste des VBE klicken. Wenn das VBE-Fenster geschlossen wird, ist Excel wieder aktiv.

Sie können den VBE auch über den Befehl ENTWICKLERTOOLS | CODE | VISUAL BASIC aktivieren. Falls oben in Ihrem Excel-Fenster die Registerkarte ENTWICKLERTOOLS nicht angezeigt wird, lesen Sie in Kapitel 2 nach, wo beschrieben ist, wie Sie sie anzeigen können.

VBE-Komponenten

 Abbildung 3.1 zeigt das Programmfenster des VBE. Einige der wichtigsten Komponenten sind beschriftet.

Sehr wahrscheinlich sieht Ihr VBE-Programmfenster nicht genauso aus wie in Abbildung 3.1 gezeigt. Der VBE enthält mehrere Fenster und kann umfassend angepasst werden. Sie können Fenster ausblenden, neu anordnen, verankern und vieles andere mehr.

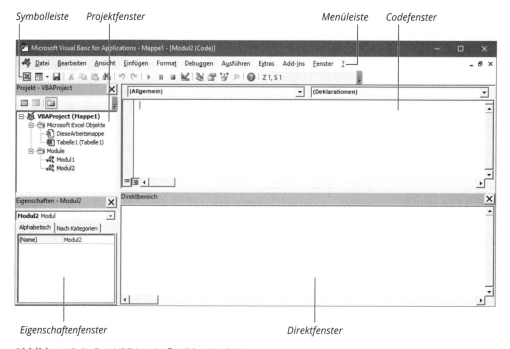

Abbildung 3.1: Der VBE ist ein flexibler Begleiter.

Menüleiste

Die VBE-Menüleiste verhält sich genau wie jede andere Menüleiste, die Sie bisher kennengelernt haben. Sie enthält Befehle, die Sie nutzen, um die verschiedenen Komponenten im VBE zu manipulieren. Außerdem werden Sie feststellen, dass vielen Menübefehlen Tastenkürzel zugeordnet sind.

Der VBE unterstützt auch Kontextmenüs. Sie können fast jedes Element im VBE mit der rechten Maustaste anklicken und erhalten dann ein Kontextmenü mit dafür gebräuchlichen Befehlen.

Symbolleiste

Die Standardsymbolleiste, die sich standardmäßig unmittelbar unter der Menüleiste befindet (siehe Abbildung 3.1), ist eine der vier VBE-Symbolleisten, die Ihnen zur Verfügung stehen. Sie können die Symbolleisten anpassen, sie verschieben, andere Symbolleisten anzeigen und so weiter. Falls Sie ambitioniert genug sind, rufen Sie den Befehl ANSICHT | SYMBOLLEISTEN auf, um die VBE-Symbolleisten abzuändern. Die meisten Anwender belassen sie jedoch einfach so, wie sie sind.

Projektfenster

Das Projektfenster zeigt eine Baumstruktur an, in der alle aktuell in Excel geöffneten Arbeitsmappen enthalten sind (einschließlich der Add-Ins sowie verborgener Arbeitsmappen). Doppelklicken Sie auf Einträge, um sie aufzuklappen oder zuzuklappen. Weitere Informationen über dieses Fenster finden Sie im nachfolgenden Abschnitt »Arbeiten im Projektfenster«.

Wenn das Projektfenster nicht angezeigt wird, drücken Sie ⎡Strg⎤+⎡R⎤ oder wählen Sie ANSICHT | PROJEKT-EXPLORER. Um das Projektfenster auszublenden, klicken Sie in der Titelleiste auf die SCHLIESSEN-Schaltfläche. Sie können auch an einer beliebigen Stelle in das Projektfenster klicken und im Kontextmenü den Befehl AUSBLENDEN auswählen.

Codefenster

In das Codefenster tragen Sie Ihren VBA-Code ein. Jedem Objekt in einem Projekt ist ein Codefenster zugeordnet. Um das Codefenster für ein Objekt anzuzeigen, doppelklicken Sie im Projektfenster auf das Objekt. Um beispielsweise das Codefenster für das Objekt TABELLE1 in MAPPE1 anzusehen, doppelklicken Sie in VBAPROJECT für MAPPE1 auf TABELLE1. Wenn Sie keinen VBA-Code eingegeben haben, ist das Codefenster leer.

Weitere Informationen über die Codefenster finden Sie später in diesem Kapitel im Abschnitt »Arbeiten in einem Codefenster«.

Direktfenster

Das Direktfenster kann ein- oder ausgeblendet sein. Wenn es nicht angezeigt wird, drücken Sie ⎡Strg⎤+⎡G⎤ oder wählen Sie den Befehl ANSICHT | DIREKTFENSTER. Um das Direktfenster zu schließen, klicken Sie in der Titelleiste auf die SCHLIESSEN-Schaltfläche (oder Sie klicken an einer beliebigen Stelle in das Direktfenster und wählen im Kontextmenü den Befehl AUSBLENDEN aus).

Das Direktfenster ist vor allem für die direkte Ausführung von VBA-Anweisungen und das Debugging Ihres Codes praktisch. Wenn Sie gerade erst anfangen, mit VBA zu arbeiten, ist dieses Fenster noch nicht so wichtig für Sie, und Sie können es ausblenden, um Platz für andere Dinge zu schaffen.

Kapitel 13 befasst sich noch einmal detailliert mit dem Direktfenster. Möglicherweise wird es Ihnen ein unverzichtbarer Begleiter!

Was ist neu im Visual Basic Editor?

Mit Excel 2007 wurde eine völlig neue Benutzeroberfläche eingeführt. Menüs und Symbolleisten wurden durch eine schicke neue Menüband-Benutzeroberfläche ersetzt. VBE dagegen erhielt nie ein Facelifting und hat die altbewährte Benutzeroberfläche mit Menü und Symbolleisten behalten.

Die Programmiersprache VBA wurde aktualisiert, damit sie die neuen Excel-Funktionen unterstützt, aber sonst hat sich nichts geändert.

Was sich geändert *hat*, ist das Hilfesystem. In der Vergangenheit war die Hilfe auf Ihrem Computer gespeichert, und Sie hatten die Option, über das Internet auf die Hilfe zuzugreifen. Seit Excel 2013 befindet sich die gesamte Hilfeinformation im Internet und wird in Ihrem Webbrowser angezeigt. Mit anderen Worten, Sie müssen mit dem Internet verbunden sein, um auf das Hilfesystem zugreifen zu können. Sie können jedoch eine eigene Kopie des Hilfesystems von der Website von Microsoft herunterladen. Suchen Sie im Internet nach *Download Excel VBA Dokumentation*, dann werden Sie es finden.

Arbeiten im Projektfenster

Wenn Sie im VBE arbeiten, stellt jede geöffnete Excel-Arbeitsmappe und jedes geöffnete Add-In ein Projekt dar. Sie können sich ein *Projekt* als eine Sammlung von Objekten vorstellen, die als Baumstruktur dargestellt sind. Sie können ein Projekt expandieren, indem Sie auf das Plussymbol (+) links neben dem Projektnamen klicken. Sie können ein Projekt ausblenden, indem Sie auf das Minussymbol (–) links neben dem Projektnamen klicken. Sie können auch auf die Elemente doppelklicken, um sie zu erweitern.

 Wenn ein Projekt passwortgeschützt ist, werden Sie aufgefordert, das Passwort einzugeben, wenn Sie auf einen Projektnamen doppelklicken. Wenn Sie das Passwort nicht kennen, können Sie das Projekt nicht expandieren. Das bedeutet, Sie können keinen Teil des Projekts ansehen oder ändern.

Abbildung 3.2 zeigt ein Projektfenster mit mehreren Projekten, wovon nur das Projekt investments.xlsm expandiert ist, sodass alle seine Objekte sichtbar sind.

Jedes expandierte Projekt zeigt mindestens einen *Knoten* an: MICROSOFT EXCEL OBJEKTE. Wenn dieser Knoten expandiert wird, zeigt er für jede Tabelle in der Arbeitsmappe einen Eintrag an (jede Tabelle wird als Objekt betrachtet) ebenso wie ein Objekt namens DieseArbeitsmappe (das das WORKBOOK-Objekt darstellt). Falls das Projekt VBA-Module aufweist, enthält die Projektliste auch einen Modulknoten. Und wie Sie in Teil IV sehen werden, kann ein Projekt auch einen Knoten namens FORMULARE enthalten, der UserForm-Objekte enthält (die benutzerdefinierte Dialogfelder darstellen).

Das Konzept der Objekte erscheint Ihnen vielleicht auf den ersten Blick etwas verwirrend. Ich versichere Ihnen jedoch, dass dies in den nachfolgenden Kapiteln sehr viel klarer wird. Machen Sie sich keine Sorgen, wenn Sie jetzt noch nicht alles komplett verstehen.

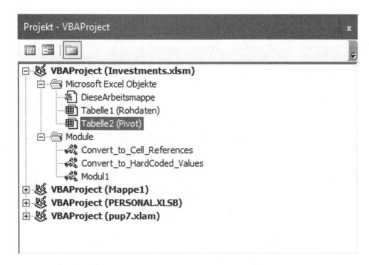

Abbildung 3.2: Dieses Projektfenster zeigt mehrere Projekte an. Eines davon ist expandiert, sodass seine Objekte sichtbar sind.

Ein neues VBA-Modul hinzufügen

Gehen Sie wie folgt vor, um einem Projekt ein neues VBA-Modul hinzuzufügen:

1. **Wählen Sie im VBE im Projektfenster den Namen des Projekts aus.**

2. **Wählen Sie EINFÜGEN | MODUL.**

Oder:

1. **Klicken Sie mit der rechten Maustaste auf den Projektnamen.**

2. **Wählen Sie im Kontextmenü EINFÜGEN | MODUL.**

 Wenn Sie ein Makro aufzeichnen, fügt Excel automatisch ein VBA-Modul ein, das den aufgezeichneten Code enthält. Welche Arbeitsmappe das Modul für das aufgezeichnete Modul enthält, ist davon abhängig, welchen Speicherort Sie vor der Aufzeichnung für das aufgezeichnete Makro festgelegt haben.

Ein VBA-Modul entfernen

Manchmal muss man ein VBA-Modul aus einem Projekt entfernen. Beispielsweise könnte es Code enthalten, den Sie nicht mehr brauchen, oder es ist leer, weil Sie das Modul zunächst eingefügt, es sich dann aber anders überlegt haben. Um ein VBA-Modul aus einem Projekt zu entfernen, gehen Sie wie folgt vor:

1. **Wählen Sie im VBE im Projektfenster den Namen des Projekts aus.**

2. **Wählen Sie DATEI | ENTFERNEN VON XXX, wobei XXX für den Namen des Moduls steht.**

Oder:

1. **Klicken Sie mit der rechten Maustaste auf den Modulnamen.**

2. **Wählen Sie im Kontextmenü Entfernen von xxx.**

   Excel versucht immer, Sie daran zu hindern, etwas zu tun, was Sie später bedauern könnten, und fragt Sie, ob Sie den Code aus dem Modul exportieren möchten, bevor Sie es löschen. Das möchten Sie fast immer nicht. (Wenn Sie das Modul exportieren möchten, lesen Sie im nächsten Abschnitt nach.)

Sie können VBA-Module entfernen, aber es gibt keine Möglichkeit, die anderen Codemodule zu entfernen – diejenigen für die Tabellen-Objekte oder DieseArbeitsmappe.

Objekte exportieren und importieren

Jedes Objekt eines VBA-Projekts kann in einer separaten Datei gespeichert werden. Das Speichern eines einzelnen Objekts in einem Projekt wird als *Exportieren* bezeichnet. Man würde zu Recht vermuten, dass man Objekte auch in ein Projekt *importieren* kann. Das Exportieren und Importieren von Objekten kann dann sinnvoll sein, wenn Sie ein bestimmtes Objekt (wie beispielsweise ein VBA-Modul oder ein Benutzerformular) in einem anderen Projekt nutzen möchten. Oder vielleicht möchten Sie einem Kollegen eine Kopie eines VBA-Moduls senden, das er dann in eines seiner Projekte importieren kann.

Gehen Sie wie folgt vor, um ein Objekt zu exportieren:

1. **Wählen Sie im Projektfenster ein Objekt aus.**

2. **Wählen Sie Datei | Datei exportieren oder drücken Sie `Strg`+`E`.**

   Ein Dialogfeld wird angezeigt, in dem Sie nach einem Dateinamen gefragt werden. Beachten Sie, dass das Objekt weiterhin in dem Projekt bleibt. Es wird nur eine Kopie davon exportiert. Excel stellt die Dateinamenerweiterung für Sie bereit, die von dem Typ des exportierten Objekts abhängig ist. In jedem Fall ist das Ergebnis jedoch eine Textdatei. Wenn Sie neugierig sind, können Sie diese in einem Texteditor öffnen und genauer ansehen.

Das Importieren von Objekten geht wie folgt:

1. **Wählen Sie im Projekt-Explorer-Fenster den Projektnamen aus.**

2. **Wählen Sie Datei | Datei importieren oder drücken Sie `Strg`+`M`.**

   Ein Dialogfeld wird angezeigt, in dem Sie nach einer Datei gefragt werden.

3. **Gehen Sie an den Speicherort der Datei, wählen Sie sie aus und klicken Sie auf Öffnen.**

 Sie sollten nur Dateien mit VBA-Code importieren, wenn Sie wissen, woher die Dateien stammen. Anderenfalls laufen Sie Gefahr, Makros zu importieren, die böswilligen Schadcode enthalten.

Arbeiten in einem Codefenster

 Wenn Sie erst Profi in Sachen VBA geworden sind, werden Sie sehr viel Zeit in Codefenstern verbringen. Makros, die Sie aufzeichnen, werden in einem Modul gespeichert, und Sie können VBA-Code direkt in ein VBA-Modul eingeben.

Fenster minimieren und maximieren

Wenn Sie mehrere Projekte geöffnet haben, kann der VBE viele Codefenster gleichzeitig enthalten. Abbildung 3.3 zeigt ein Beispiel dafür.

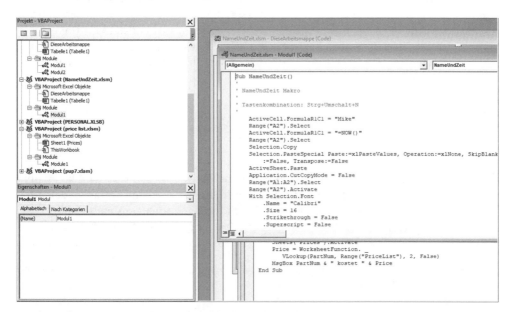

Abbildung 3.3: Ein überladenes Codefenster ist unübersichtlich.

Codefenster verhalten sich ganz ähnlich wie Arbeitsmappenfenster in Excel. Sie können sie minimieren, maximieren, ihre Größe ändern, sie ausblenden, sie neu anordnen und so weiter. Die meisten Benutzer arbeiten am liebsten mit einem maximierten Codefenster. Auf diese Weise sehen sie mehr Code und werden nicht abgelenkt.

Um ein Codefenster zu maximieren, klicken Sie in der Titelleiste auf die MAXIMIEREN-Schaltfläche (rechts neben dem X). Oder Sie doppelklicken einfach in seine Titelleiste. Um ein Codefenster wieder auf seine ursprüngliche Größe zu bringen, klicken Sie auf die FENSTER WIEDERHERSTELLEN-Schaltfläche. Wenn ein Fenster maximiert ist, ist seine Titelleiste nicht sichtbar, dann befindet sich die Schaltfläche FENSTER WIEDERHERSTELLEN unterhalb der VBE-Titelleiste.

Manchmal will man zwei oder mehr Codefenster anzeigen. Beispielsweise können Sie auf diese Weise den Code in zwei Modulen vergleichen oder Code aus einem Modul in ein anderes kopieren. Sie können die Fenster manuell anordnen oder die Befehle Fenster | Untereinander sowie Fenster | Nebeneinander verwenden, um sie automatisch anordnen zu lassen.

Mit ⌜Strg⌟+⌜F6⌟ wechseln Sie schnell zwischen den Codefenstern. Wenn Sie diese Tastenkombination wiederholt drücken, durchlaufen Sie alle geöffneten Codefenster zyklisch. Mit ⌜Strg⌟+⌜⇧⌟+⌜F6⌟ durchlaufen Sie die Codefenster in umgekehrter Reihenfolge.

 Durch Minimieren eines Codefensters schaffen Sie es aus dem Weg. Sie können auch auf die Schliessen-Schaltfläche (X) in der Titelleiste des Codefensters klicken, um das Codefenster vollständig zu schließen. (Durch das Schließen wird das Fenster nur ausgeblendet, Sie verlieren nichts dadurch.) Um es wieder zu öffnen, doppelklicken Sie einfach auf das entsprechende Objekt im Projektfenster. Die Arbeit mit Codefenstern ist übrigens sehr viel einfacher, als es sich anhört.

Ein Modul erstellen

Im Allgemeinen kann ein VBA-Modul drei Arten von Code enthalten:

✔ **Deklarationen**: Eine oder mehrere Informationsanweisungen, die Sie VBA bereitstellen. Beispielsweise können Sie den Datentyp für die verwendeten Variablen deklarieren oder andere modulübergreifende Optionen festlegen. Deklarationen sind im Grunde Anweisungen, die für die allgemeine Ordnung sorgen. Sie werden nicht ausgeführt.

✔ **Sub-Prozeduren**: Mehrere Programmieranweisungen, die bei ihrer Ausführung eine bestimmte Aktion bewerkstelligen

✔ **Funktionsprozeduren**: Mehrere Programmieranweisungen, die einen einzelnen Wert zurückgeben (vom Konzept her vergleichbar mit einer Tabellenfunktion, zum Beispiel SUMME)

Ein VBA-Modul kann beliebig viele Sub-Prozeduren, Funktionsprozeduren und Deklarationen enthalten. Okay, es gibt eine Obergrenze, nämlich ca. 64.000 Zeichen pro Modul. Jedoch ist es unwahrscheinlich, dass Sie jemals an die 64.000-Zeichen-Grenze gelangen. Und wenn das tatsächlich mal der Fall sein sollte, gibt es eine einfache Lösung: Fügen Sie einfach ein neues Modul ein.

Wie Sie ein VBA-Modul organisieren, bleibt völlig Ihnen überlassen. Einige Benutzer wollen, dass ihr gesamter VBA-Code für eine Applikation in einem einzigen VBA-Modul abgelegt ist. Andere bevorzugen es, diesen Code auf mehrere Module aufzusplitten. Letztlich ist es eine Frage des eigenen Geschmacks, genau wie die Wohnungseinrichtung.

VBA-Code in ein Modul einfügen

Ein leeres VBA-Modul ist wie das aus Wachs modellierte Essen in der Auslage bestimmter China-Restaurants. Es sieht gut aus, aber Sie können nicht viel damit anfangen. Bevor Sie irgendetwas Sinnvolles machen können, brauchen Sie VBA-Code in den VBA-Modulen. Es gibt drei Möglichkeiten, VBA-Code in ein VBA-Modul zu bringen:

✔ Sie geben den Code direkt ein.

✔ Sie verwenden den Makro-Recorder von Excel, um Ihre Aktionen aufzuzeichnen und diese in VBA-Code umzuwandeln (siehe Kapitel 6).

✔ Sie kopieren den Code aus einem Modul und fügen ihn in ein anderes ein.

Pause für eine Terminologiefrage

Im gesamten Buch treffen Sie auf die Begriffe *Sub-Prozedur*, *Routine*, *Programm*, *Prozedur* und *Makro*. Diese Begriffe sind ein wenig verwirrend. Programmierer verwenden das Wort *Prozedur* normalerweise, um eine automatisierte Aufgabe zu beschreiben. Technisch gesehen, kann eine Prozedur eine Sub-Prozedur oder eine Funktionsprozedur sein, was beides wiederum manchmal als *Routine* oder sogar *Programm* bezeichnet wird. All diese Begriffe werden austauschbar verwendet. Wie in späteren Kapiteln jedoch noch detailliert beschrieben, gibt es einen wichtigen Unterschied zwischen Sub- und Funktionsprozeduren. Machen Sie sich jetzt noch keine Gedanken über die Terminologie. Versuchen Sie einfach, die Konzepte zu verstehen.

Code direkt eingeben

Manchmal ist der direkte Weg der beste. Bei der direkten Codeeingabe geben Sie ... den Code direkt ein. Mit anderen Worten, Sie tippen den Code auf Ihrer Tastatur. Die Eingabe und die Bearbeitung von Text in einem VBA-Modul funktionieren, wie Sie wahrscheinlich erwarten. Sie können den Text auswählen, kopieren, ausschneiden, einfügen und alle möglichen anderen Dinge damit tun.

Mit der Tabulatortaste können Sie Zeilen einrücken, sodass Ihr Code leichter lesbar wird. Die Einrückung ist nicht notwendig, aber Sie sollten sie sich angewöhnen. Wenn Sie den Code in diesem Buch lesen, werden Sie verstehen, warum diese Einrückung sinnvoll ist.

 Eine Zeile VBA-Code kann beliebig lang sein. Sie können jedoch auch Zeilenfortsetzungszeichen verwenden, um sehr lange Codezeilen aufzusplitten. Um eine Codezeile (auch als *Anweisung* bezeichnet) in einer zweiten Zeile fortzusetzen, beenden Sie die erste Zeile mit einem Leerzeichen gefolgt von einem Unterstrich (_). Anschließend setzen Sie die Anweisung in der nächsten Zeile fort. Vergessen Sie das Leerzeichen nicht. Ein Unterstrich, dem kein Leerzeichen vorausgeht, funktioniert nicht.

Hier ein Beispiel für eine Anweisung, die in drei Zeilen aufgeteilt ist:

```
Selection.Sort Key1:=Range("A1"), _
    Order1:=xlAscending, Header:=xlGuess, _
    Orientation:=xlTopToBottom
```

Diese Anweisung verhält sich genau so, als würde sie in einer einzigen Zeile stehen (ohne Zeilenfortsetzungszeichen). Beachten Sie, dass die zweite und dritte Zeile dieser Anweisung eingerückt sind. Die Einrückung ist optional, hilft aber zu erkennen, dass es sich bei diesen Zeilen nicht um separate Anweisungen handelt.

 Die Weißkittel-Techniker, die VBE entwickelt haben, gehen davon aus, dass Menschen wie Sie und ich Fehler machen. Aus diesem Grund unterstützt der VBE mehrere Ebenen für das Rückgängigmachen und Wiederherstellen. Wenn Sie eine Anweisung gelöscht haben, die Sie nicht hätten löschen sollen, klicken Sie auf die RÜCKGÄNGIG-Schaltfläche in der Symbolleiste (oder Sie drücken Strg+Z), bis die Anweisung wieder erscheint. Nach dem Rückgängigmachen können Sie die WIEDERHOLEN-Schaltfläche anklicken und die Änderungen durchführen, die Sie rückgängig gemacht haben.

Jetzt wollen wir uns Code aus der Praxis ansehen. Versuchen Sie, die folgenden Schritte nachzuvollziehen:

1. **Legen Sie in Excel eine neue Arbeitsmappe an.**

2. **Drücken Sie Alt + F11 , um den VBE zu aktivieren.**

3. **Klicken Sie im Projektfenster auf den Namen der neuen Arbeitsmappe.**

4. **Wählen Sie EINFÜGEN | MODUL, um ein VBA-Modul in das Projekt einzufügen.**

5. **Geben Sie den folgenden Code in das Modul ein:**

```
Sub GuessName()
    Msg = "Ist Ihr Name " & Application.UserName & "?"
    Ans = MsgBox(Msg, vbYesNo)
    If Ans = vbNo Then MsgBox "Oh, vertan!"
    If Ans = vbYes Then MsgBox "Ich glaube, ich bin ein Medium!"
End Sub
```

6. **Positionieren Sie den Cursor irgendwo in dem eingegebenen Text und drücken Sie F5 , um die Prozedur auszuführen.**

F5 ist eine Abkürzung für den Befehl AUSFÜHREN | SUB/USERFORM AUSFÜHREN. Wenn Sie den Code korrekt eingegeben haben, führt Excel die Prozedur aus und Sie können Ihre Antwort in das einfache Dialogfeld eingeben, wie in Abbildung 3.4 gezeigt. Wenn Sie nicht gerade so heißen wie ich, unterscheidet sich der Text in dem Dialogfeld von dem in der Abbildung gezeigten Text.

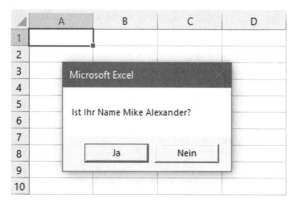

Abbildung 3.4: Die Prozedur GuessName zeigt dieses Dialogfeld an.

Fehler beim Kompilieren?

Möglicherweise funktioniert das Makro *GuessName* nicht auf Anhieb. Wenn Sie versuchen, es auszuführen, beschwert sich Excel vielleicht und zeigt eine Fehlermeldung an: Fehler beim Kompilieren: Variable nicht definiert. **Keine Sorge.** Das kann ganz einfach behoben werden.

Wenn Sie diesen Fehler erhalten, überprüfen Sie den Anfang Ihres Moduls. Sie sehen den Text Option Explicit. Löschen Sie diese Zeile, dann funktioniert das Makro. Wenn diese Zeile oben in einem Modul enthalten ist, bedeutet dies, dass Sie alle Ihre Variablen »deklarieren« müssen. Um dieses Thema wird es in Kapitel 7 gehen (siehe »Variablen deklarieren und den Gültigkeitsbereich festlegen«). Wenn diese Zeile hinzugefügt wurde, ist Ihr VBE einfach so eingestellt, dass er sie automatisch einfügt. Machen Sie sich hier keine Gedanken darüber und vergessen Sie die Unterbrechung!

Wenn Sie den in Schritt 5 gezeigten Code eingeben, erkennen Sie vielleicht, dass der VBE Anpassungen an Ihrer Eingabe vornimmt. Wenn Sie beispielsweise die Anweisung Sub eingeben, fügt der VBE automatisch die Anweisung End Sub ein. Und wenn Sie das Leerzeichen vor oder hinter einem Gleichheitszeichen weglassen, fügt der VBE das Leerzeichen für Sie ein. Außerdem ändert er die Farbe und die Groß-/Kleinschreibung von Text. Das ist alles ganz normal. So sorgt der VBE dafür, dass alles übersichtlich und lesbar bleibt.

Wenn Sie die oben aufgelisteten Schritte nachvollzogen haben, haben Sie soeben eine VBA-Sub-Prozedur geschrieben, auch als *Makro* bezeichnet. Wenn Sie F5 drücken, führt Excel den Code aus und folgt den Anweisungen. Mit anderen Worten, Excel wertet jede Anweisung aus und macht genau das, was Sie ihm befehlen. (Lassen Sie sich aber diese neu empfundene Macht nicht zu Kopfe steigen!) Sie können dieses Makro beliebig oft ausführen. Nach ein paar Dutzend Versuchen wird es jedoch seinen Reiz verlieren.

Für das Protokoll: Dieses Makro verwendet die folgenden Konzepte, die später in diesem Buch noch genauer erklärt werden:

✔ Definition einer Sub-Prozedur (erste Zeile)

✔ Zuweisung von Werten für Variablen (Msg und Ans)

✔ *Konkatenation* (Verknüpfung) einer Zeichenfolge (mit dem &-Operator)

✔ Verwendung einer eingebauten VBA-Funktion (MsgBox)

✔ Verwendung eingebauter VBA-Konstanten (vbYesNo, vbNo und vbYes)

✔ Verwendung eines If-Then-Konstrukts (zweimal)

✔ Abschluss einer Sub-Prozedur (letzte Zeile)

Nicht schlecht für einen Anfänger, oder?

Verwendung des Makro-Recorders

Eine weitere Methode, Code in ein VBA-Modul zu bringen, ist die Aufzeichnung Ihrer Aktionen mithilfe des Makro-Recorders von Excel. Wenn Sie die Praxisübung in Kapitel 2 nachvollzogen haben, wissen Sie bereits, wie das geht.

 Es gibt übrigens keine Möglichkeit, die *GuessName*-Prozedur aus dem vorigen Abschnitt über den Recorder aufzuzeichnen. Sie können nur Dinge aufzeichnen, die Sie in Excel direkt ausführen können. Die Anzeige eines Meldungsfelds ist nicht im normalen Repertoire von Excel enthalten. (Das gehört zu VBA.) Der Makro-Recorder ist praktisch. Aber häufig braucht man auch die Möglichkeit, zumindest einen Teil des Codes einzugeben.

Es folgt ein Beispiel, das Schritt für Schritt verdeutlicht, wie Sie ein Makro aufzeichnen, das eine neue Tabelle einfügt und nur die ersten zehn Zeilen davon anzeigt. Wenn Sie dieses Beispiel nachvollziehen möchten, beginnen Sie mit einer neuen, leeren Arbeitsmappe und gehen Sie nach den folgenden Schritten vor:

1. **Aktivieren Sie eine Tabelle in der Arbeitsmappe.**

   Es spielt, keine Rolle, welche Tabelle Sie verwenden.

2. **Klicken Sie auf die Registerkarte Entwicklertools und stellen Sie sicher, dass Relative Verweise verwenden *nicht* markiert ist.**

   Dieses Makro wird unter Verwendung absoluter Verweise aufgezeichnet.

3. **Wählen Sie Entwicklertools | Code | Makro aufzeichnen. Sie können auch auf das Symbol neben der Bereit-Anzeige links in der Statusleiste klicken.**

   Excel zeigt sein Dialogfeld Makro aufzeichnen an.

4. Geben Sie in das Dialogfeld MAKRO AUFZEICHNEN den Namen *TenByTen* ein, legen Sie fest, dass das Makro in DIESE ARBEITSMAPPE gespeichert werden soll und geben Sie als Tastenkombination ⇧+T ein.

   Das Makro kann durch Drücken von Strg+⇧+T ausgeführt werden.

5. **Klicken Sie auf OK, um mit der Aufzeichnung zu beginnen.**

   Excel fügt automatisch ein neues VBA-Modul in das Projekt ein, das der aktiven Arbeitsmappe zugeordnet ist. Von jetzt an wandelt Excel alle Ihre Aktionen in VBA-Code um. Während der Aufzeichnung wird das Symbol in der Statusleiste als kleines Quadrat angezeichnet. Es soll Sie daran erinnern, dass der Makro-Recorder läuft. Sie können auch auf das blaue Quadrat klicken, um den Makro-Recorder anzuhalten.

6. **Klicken Sie rechts neben der letzten Tabellenregisterkarte auf das Symbol NEUES BLATT.**

   Excel fügt eine neue Tabelle ein.

7. **Wählen Sie die gesamte Spalte K aus (das ist die elfte Spalte) und drücken Sie** Strg+⇧+→. **Anschließend klicken Sie mit der rechten Maustaste in eine ausgewählte Spalte und wählen im Kontextmenü den Befehl AUSBLENDEN.**

   Excel blendet alle ausgewählten Spalten aus.

8. **Wählen Sie die gesamte Zeile 11 aus und drücken Sie** Strg+⇧+↓. **Anschließend klicken Sie mit der rechten Maustaste auf eine beliebige ausgewählte Zeile und wählen im Kontextmenü den Befehl AUSBLENDEN.**

   Excel blendet alle ausgewählten Spalten aus.

9. **Wählen Sie Zelle A1 aus.**

10. **Wählen Sie ENTWICKLERTOOLS | CODE | AUFZEICHNUNG BEENDEN oder klicken Sie auf die Schaltfläche AUFZEICHNUNG BEENDEN in der Statusleiste (das kleine Quadrat).**

    Excel beendet die Aufzeichnung Ihrer Aktionen.

Um dieses neu aufgezeichnete Makro anzuzeigen, drücken Sie Alt+F11, um den VBE zu aktivieren. Suchen Sie den Namen der Arbeitsmappe im Projektfenster. Sie sehen, dass für das Modul ein neues Modul aufgelistet ist. Der Name des Moduls ist davon abhängig, ob bei Beginn der Makro-Aufzeichnung bereits andere Module in der Arbeitsmappe enthalten waren. Waren keine anderen Module vorhanden, hat das Modul den Namen Modul1. Sie können auf das Modul doppelklicken, um das Codefenster dafür anzuzeigen.

Hier der Code, der durch Ihre Aktionen erzeugt wurde:

```
Sub TenByTen()
'
' TenByTen Makro
'
' Tastenkombination: Ctrl+Shift+T
'
```

```
    Sheets.Add After:=ActiveSheet
    Columns("K:K").Select
    Range(Selection, Selection.End(xlToRight)).Select
    Selection.EntireColumn.Hidden = True
    Rows("11:11").Select
    Range(Selection, Selection.End(xlDown)).Select
    Selection.EntireRow.Hidden = True
    Range("A1").Select
End Sub
```

Um dieses Makro zu testen, aktivieren Sie eine Tabelle und drücken die Tastenkombination, die Sie in Schritt 4 zugewiesen haben: `Strg`+`⇧`+`T`.

Es ist nicht weiter schlimm, wenn Sie dem Makro keine Tastenkombination zugeordnet haben. So zeigen Sie eine Liste aller verfügbaren Makros an und führen eines der Makros aus:

1. **Wählen Sie** ENTWICKLERTOOLS | CODE | MAKROS.

   Tastaturanhänger können `Alt`+`F8` drücken. Beide Methoden zeigen das Dialogfeld an, in dem die verfügbaren Makros aufgelistet sind.

2. **Wählen Sie das Makro in der Liste aus (in diesem Fall** *TenByTen*).

3. **Klicken Sie auf die Schaltfläche** AUSFÜHREN.

   Excel führt das Makro aus und Sie erhalten eine neue Tabelle mit zehn sichtbaren Zeilen und zehn sichtbaren Spalten.

Sie können beliebig viele Befehle und Aktionen ausführen, während der Makro-Recorder läuft. Excel übersetzt Ihre Maus- und Tastenaktionen willig und sorgfältig in VBA-Code.

Und natürlich können Sie das Makro nach der Aufzeichnung auch bearbeiten. Um Ihre neuen Kenntnisse zu überprüfen, versuchen Sie, das Makro so zu bearbeiten, dass es eine Tabelle mit neun sichtbaren Zeilen und Spalten erstellt – perfekt für ein Sudoku.

VBA-Code kopieren

Die letzte Methode, Code in ein VBA-Modul einzufügen, ist, ihn aus einem anderen Modul oder von einer anderen Stelle zu kopieren (zum Beispiel von einer Website). Beispielsweise könnte eine Sub- oder Funktionsprozedur aus einem Projekt auch für ein anderes Projekt praktisch sein. Statt Zeit darauf aufzuwenden, den gesamten Code erneut einzugeben, können Sie auch das Modul aktivieren und die normalen Kopieren- und Einfügen-Befehle der Zwischenablage verwenden. (Vermutlich verwenden Sie am liebsten die Tastenkombinationen `Strg`+`C` zum Kopieren und `Strg`+`V` zum Einfügen). Nachdem Sie den Code in ein VBA-Modul eingefügt haben, können Sie ihn gegebenenfalls abändern.

Im Web gibt es übrigens sehr viele VBA-Codebeispiele. Wenn Sie sie ausprobieren wollen, markieren Sie den Code in Ihrem Browser und drücken `Strg`+`C`, um ihn zu kopieren. Anschließend aktivieren Sie ein Modul und drücken `Strg`+`V`, um ihn einzufügen.

Wenn Sie Code von einer Website kopieren, muss dieser manchmal angepasst werden. Bei-spielweise kann es sich bei den Anführungszeichen um »typographische« Anführungszei-chen handeln, die dann durch gerade Anführungszeichen ausgetauscht werden müssen. Und manchmal werden lange Zeilen umbrochen. Fehlerhafte Anweisungen sind im VBE leicht zu erkennen, weil sie rot gekennzeichnet werden.

Anpassung der VBA-Umgebung

Falls Sie ernsthaft Excel-Programmierer werden wollen, werden Sie sehr viel Zeit mit VBA-Modulen auf Ihrem Bildschirm verbringen. Um sich diese Arbeit so bequem wie mög-lich zu machen (ohne gleich die Schuhe auszuziehen), stellt der VBE verschiedene Optionen zur Anpassung bereit.

Wenn der VBE aktiv ist, wählen Sie EXTRAS | OPTIONEN. Ein Dialogfeld mit vier Registerkar-ten wird angezeigt: EDITOR, EDITORFORMAT, ALLGEMEIN und VERANKERN. Einige der wichtigsten Optionen sind nachfolgend beschrieben.

Die Registerkarte Editor

Abbildung 3.5 zeigt die Optionen, die durch Anklicken der Registerkarte EDITOR im Dialog-feld OPTIONEN bereitgestellt werden. Mit den Optionen auf der Registerkarte EDITOR steuern Sie, wie sich bestimmte Dinge im VBE verhalten.

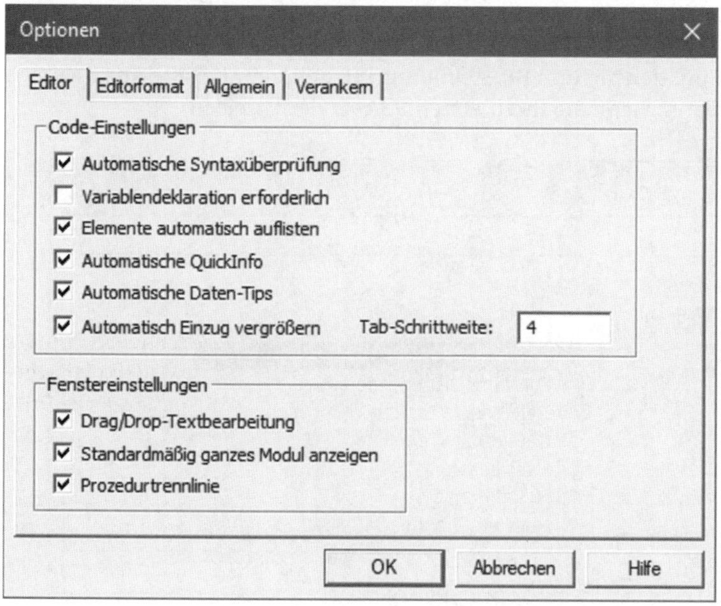

Abbildung 3.5: Die Registerkarte EDITOR im Dialogfeld OPTIONEN

Die Option Automatische Syntaxüberprüfung

Die Option AUTOMATISCHE SYNTAXÜBERPRÜFUNG legt fest, ob der VBE ein Dialogfeld anzeigen soll, wenn er bei Ihrer Eingabe des VBA-Codes einen Syntaxfehler erkennt. Das Dialogfeld weist darauf hin, welches Problem vorliegen könnte. Wenn Sie diese Einstellung nicht auswählen, kennzeichnet der VBE Syntaxfehler, indem er sie in einer anderen Farbe als den restlichen Code darstellt. Auf diese Weise müssen Sie nicht immer wieder Dialogfelder auf Ihrem Bildschirm beantworten.

Die Option Variablendeklaration erforderlich

Wenn die Option VARIABLENDEKLARATION ERFORDERLICH aktiviert ist, fügt der VBE die folgende Anweisung am Anfang jedes neuen VBA-Moduls ein:

```
Option Explicit
```

Die Änderung dieser Einstellung wirkt sich nur auf neue Module aus. Bereits vorhandene Module sind davon nicht betroffen. Wenn diese Anweisung in Ihrem Modul erscheint, müssen Sie jede verwendete Variable explizit deklarieren. Kapitel 7 erklärt detailliert, warum Sie sich dies angewöhnen sollten.

Die Option Elemente automatisch auflisten

Wenn die Option ELEMENTE AUTOMATISCH AUFLISTEN aktiviert ist, stellt der VBE Hilfe bereit, während Sie Ihren VBA-Code eingeben. Er zeigt eine Liste an, die die gerade eingegebene Anweisung logisch vervollständigen würde. Diese magische Eigenschaft wird manchmal auch als *IntelliSense* bezeichnet.

Dies ist eine der besten Funktionen von VBE. Abbildung 3.6 zeigt ein Beispiel (den Nutzen erkennen Sie spätestens dann, wenn Sie Ihren ersten VBA-Code schreiben).

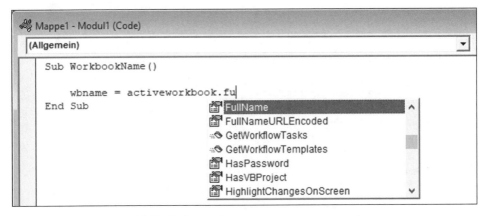

Abbildung 3.6: Ein Beispiel für die Option ELEMENTE AUTOMATISCH AUFLISTEN

Die Option Automatische QuickInfo

Wenn die Option AUTOMATISCHE QUICKINFO aktiviert ist, zeigt der VBE Informationen über Funktionen und ihre Argumente an, während Sie schreiben. Das kann sehr praktisch sein. Abbildung 3.7 zeigt dieses Feature in der Praxis, wobei sie die Argumente für die MsgBox-Funktion bereitstellt.

```
Mappe1 - Modul1 (Code)
(Allgemein)                                                    WorkbookName

    Sub WorkbookName()

        wbname = ActiveWorkbook.FullName
        msgbox |
    End  MsgBox(Prompt, [Buttons As VbMsgBoxStyle = vbOKOnly], [Title], [HelpFile], [Context]) As VbMsgBoxResult
```

Abbildung 3.7: Die Option AUTOMATISCHE QUICKINFO zeigt Hilfe zur MsgBox-Funktion an.

Die Option Automatische Daten-Tips

Wenn die Option AUTOMATISCHE DATEN-TIPS aktiviert ist, zeigt der VBE den Wert der Variablen an, über die Sie den Cursor beim Debugging des Codes schieben. Spätestens wenn Sie in die wunderbare Welt des Debuggings eintreten, wie in Kapitel 13 beschrieben, werden Sie diese Option zu schätzen wissen.

Die Option Automatischen Einzug vergrößern

Die Option AUTOMATISCHEN EINZUG VERGRÖSSERN legt fest, ob der VBE automatisch jede neue Codezeile so weit einrückt wie in der vorherigen Zeile.

 Verwenden Sie für die Einrückung Ihres Codes die Tabulatortaste, nicht die Leertaste. Sie können auch ⟨⇧⟩+⟨⇥⟩ verwenden, um die Einrückung einer Zeile aufzuheben. Wenn Sie mehrere Zeilen einrücken wollen, markieren Sie diese und drücken dann die ⟨⇥⟩-Taste.

 Die BEARBEITEN-Symbolleiste des VBE (die standardmäßig ausgeblendet ist) enthält zwei praktische Schaltflächen: EINZUG VERKLEINERN und EINZUG VERGRÖSSERN. Mit diesen Schaltflächen können Sie einen Codeblock schnell einrücken oder die Einrückung entfernen. Sie markieren einfach den betreffenden Code und klicken auf eine der Schaltflächen, um den Einzug zu ändern.

Die Option Drag/Drop-Textbearbeitung

Wenn die Option DRAG/DROP-TEXTBEARBEITUNG aktiviert ist, können Sie Text kopieren und verschieben, indem Sie ihn mit der Maus an eine andere Stelle ziehen.

Die Option Standardmäßig ganzes Modul anzeigen

Die Option STANDARDMÄSSIG GANZES MODUL ANZEIGEN legt den Standardstatus für neue Module fest. (Sie wirkt sich nicht auf bereits vorhandene Module aus.) Wenn sie aktiviert ist, werden alle Prozeduren im Codefenster als Liste angezeigt, in der geblättert werden kann. Wenn die Option deaktiviert ist, sehen Sie jeweils nur eine Prozedur gleichzeitig.

Die Option Prozedurtrennlinie

Wenn die Option PROZEDURTRENNLINIE aktiviert ist, wird zwischen den Prozeduren im Codefenster eine Trennlinie ausgegeben.

Die Registerkarte Editorformat

Abbildung 3.8 zeigt die Registerkarte EDITORFORMAT aus dem Dialogfeld OPTIONEN. Auf dieser Registerkarte können Sie das Aussehen des VBE anpassen.

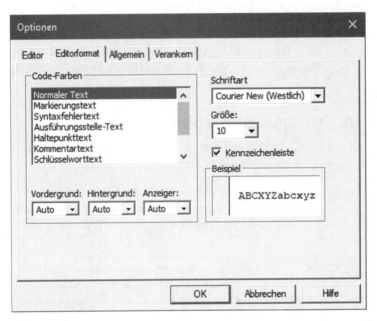

Abbildung 3.8: Auf der Registerkarte EDITORFORMAT können Sie das Aussehen des VBE anpassen.

Die Option Code-Farben

Mit der Option CODE-FARBEN können Sie die für die verschiedenen Elemente des VBA-Codes verwendeten Textfarben und Hintergrundfarben einstellen. Dies ist größtenteils eine Geschmacksfrage.

Die Option Schriftart

Mit der Option SCHRIFTART wählen Sie aus, welche Schriftart in Ihren VBA-Modulen verwendet werden soll. Um optimale Ergebnisse zu erhalten, bleiben Sie am besten bei einer nichtproportionalen Schriftart, wie beispielsweise `Courier New`. Bei einer nichtproportionalen Schriftart haben alle Zeichen genau dieselbe Breite. Damit ist Ihr Code besser lesbar, weil die Zeichen ordentlich untereinander ausgerichtet sind und Sie mehrere Leerzeichen einfach unterscheiden können (was manchmal sehr praktisch sein kann).

Die Option Größe

Mit der Option GRÖSSE geben Sie die Punktgröße für die Schriftart in den VBA-Modulen an. Diese Einstellung ist eine Geschmacksfrage, aber auch von der Auflösung Ihres Bildschirms und Ihrer Sehkraft abhängig.

Die Option Kennzeichenleiste

Diese Option steuert die Anzeige der Kennzeichenleiste für den vertikalen Rand in Ihren Modulen. Sie sollten sie aktiviert beibehalten, sonst erkennen Sie beim Debugging Ihres Codes die hilfreichen grafischen Kennzeichen nicht.

Die Registerkarte Allgemein

Abbildung 3.9 zeigt die Optionen auf der Registerkarte ALLGEMEIN im Dialogfeld OPTIONEN. Die Standardeinstellungen sind in den meisten Fällen passend.

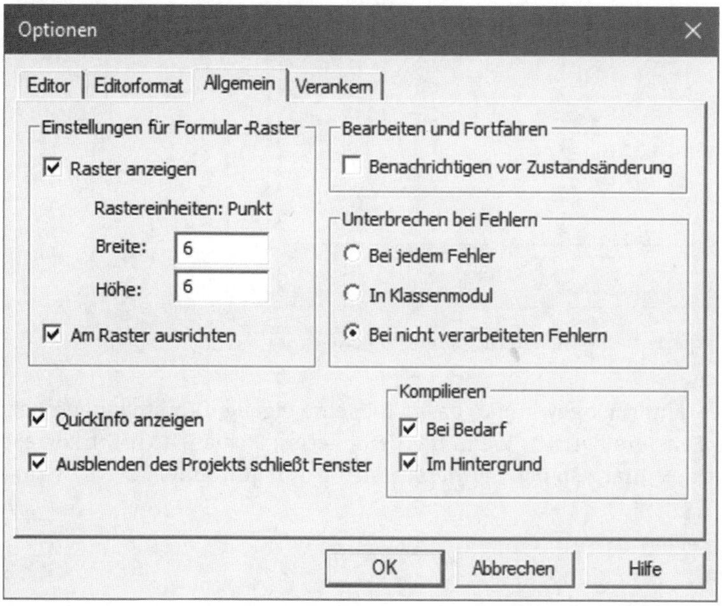

Abbildung 3.9: Die Registerkarte ALLGEMEIN im Dialogfeld OPTIONEN

Die wichtigste Einstellung ist UNTERBRECHEN BEI FEHLERN. Es hat sich bewährt, die Einstellung BEI NICHT VERARBEITETEN FEHLERN (Standardeinstellung) zu verwenden. Wenn Sie eine andere Einstellung verwenden, funktioniert Ihr Code für die Fehlerverarbeitung nicht. Weitere Informationen finden Sie in Kapitel 12.

Falls Sie mehr Informationen über diese Optionen benötigen, klicken Sie einfach auf die HILFE-Schaltfläche.

Die Registerkarte Verankern

Abbildung 3.10 zeigt die Registerkarte VERANKERN. Diese Optionen bestimmen, wie sich die verschiedenen Fenster im VBE verhalten. Wenn ein Fenster *verankert* ist, ist es fest an einer der Kanten des VBE-Programmfensters befestigt. Auf diese Weise können bestimmte Fenster besser erkannt und gefunden werden. Wenn Sie die Verankerung komplett deaktivieren, erhalten Sie ein großes Durcheinander an verschiedenen Fenstern. Im Allgemeinen sind die Standardeinstellungen gut für die Arbeit geeignet.

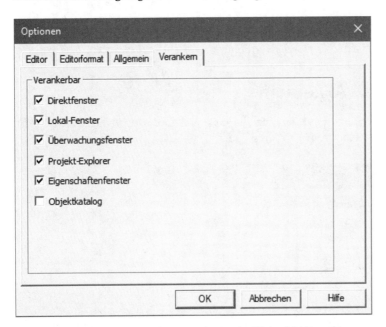

Abbildung 3.10: Die Registerkarte VERANKERN im Dialogfeld OPTIONEN

Manchmal können Sie den Eindruck gewinnen, dass VBE seine eigenen Vorstellungen hat, was das Verankern eines Fensters betrifft. Wenn die Verankerung scheinbar nicht korrekt funktioniert, behalten Sie sie einfach so bei, Sie werden sich daran gewöhnen.

Kapitel 4
Das Objektmodell in VBA

D as Wort *Objekt* ist uns allen vertraut. Hier sollten Sie aber die Definition dieses Worts vergessen, die Sie bisher gekannt haben. In der Programmierwelt hat das Wort Objekt eine andere Bedeutung. Häufig findet man es als Bestandteil des Ausdrucks *objektorientierte Programmierung (OOP)*. OOP basiert auf der Idee, dass die Software mit unterschiedlichen Objekten umgeht, die Attribute (Eigenschaften) haben und die manipuliert werden können. Diese Objekte sind keine materiellen Dinge. Sie existieren nur in Form von Bits und Bytes.

In diesem Kapitel lernen Sie das Excel-Objektmodell kennen, eine Hierarchie der in Excel enthaltenen Objekte. Nachdem Sie dieses Kapitel gelesen haben, werden Sie wissen, worum es bei der OOP geht und warum Sie dieses Konzept kennen müssen, um ein VBA-Programmierer zu werden. Schließlich geht es bei der Excel-Programmierung hauptsächlich darum, die Objekte zu manipulieren, aus denen Excel besteht. Ganz einfach.

Ist Excel ein Objekt?

Sie benutzen Excel schon seit längerer Zeit, haben es aber vermutlich noch nie als Objekt wahrgenommen. Je mehr Sie mit VBA arbeiten, desto mehr werden Sie Excel wahrscheinlich auf diese Weise betrachten. Sie werden verstehen, dass Excel ein Objekt ist und dass es weitere Objekte enthält. Diese Objekte wiederum enthalten weitere Objekte. Mit anderen Worten, bei der VBA-Programmierung arbeiten Sie mit einer Objekthierarchie.

Ganz oben in der Hierarchie befindet sich das Objekt Application. Das ist in diesem Fall Excel selbst (die Mutter aller Objekte).

Navigation innerhalb der Objekthierarchie

Das Application-Objekt enthält weitere Objekte. Nachfolgend finden Sie eine Liste einiger der praktischsten Objekte, die in der Excel-Application enthalten sind:

✔ Addin

✔ Window

✔ Workbook

✔ WorksheetFunction

Jedes im Application-Objekt enthaltene Objekt kann weitere Objekte enthalten. Die nachfolgende Liste zeigt Objekte, die in einem Workbook-Objekt enthalten sein können:

✔ Chart (ein Diagrammblatt)

✔ Name

✔ VBProject

✔ Window

✔ Worksheet

Jedes dieser Objekte wiederum kann weitere Objekte enthalten. Stellen Sie sich ein Arbeitsblatt (Worksheet) vor, das in einem Workbook-Objekt (Arbeitsmappe) enthalten ist, das im Application-Objekt enthalten ist. Unter anderem können die folgenden Objekte in einem Worksheet-Objekt enthalten sein:

✔ Comment

✔ Hyperlink

✔ Name

✔ PageSetup

✔ PivotTable

✔ Range

Anders ausgedrückt, wenn Sie etwas mit einem Bereich innerhalb eines bestimmten Arbeitsblatts machen wollen, könnten Sie sich diesen Bereich auf die folgende Weise vorstellen:

Bereich → enthalten in Arbeitsblatt → enthalten in der Arbeitsmappe → enthalten in Excel

Fangen Sie an zu verstehen?

 Wenn Sie sich ein bisschen umsehen, werden Sie feststellen, dass Excel mehr Objekte enthält, als Sie überblicken können. Selbst erfahrene Excel-Anwender sind davon überwältigt. Die gute Neuigkeit ist, dass Sie die meisten dieser Objekte nie brauchen. Wenn Sie eine bestimmte Aufgabe bearbeiten, können Sie sich auf ein paar relevante Objekte konzentrieren, die Sie häufig bei der Aufzeichnung eines Makros entdecken.

Alles dreht sich um Collections

Collections (Sammlungen) sind ein weiteres Schlüsselkonzept in der VBA-Programmierung. Eine *Collection* ist eine Gruppe von Objekten desselben Typs. Und um das Ganze noch verwirrender zu machen, ist eine Collection selbst ebenfalls ein Objekt.

Hier einige Beispiele für häufig verwendete Collections:

✔ **Workbooks** (Arbeitsmappen): Eine Collection aller aktuell geöffneten Workbook-Objekte

✔ **Worksheets** (Arbeitsblätter): Eine Collection aller in einem bestimmten Workbook-Objekt enthaltenen Worksheet-Objekte

✔ **Charts** (Diagrammblätter): Eine Collection aller Chart-Objekte (Diagrammblätter), die in einem bestimmten Workbook-Objekt enthalten sind

✔ **Sheets** (Blätter): Eine Collection aller Blätter (unabhängig von ihrem Typ), die in einem bestimmten Workbook-Objekt enthalten sind

Vielleicht haben Sie bemerkt, dass die Namen der Collections sinnvollerweise alle im Plural stehen.

»Wofür braucht man Collections?«, fragen Sie sich vielleicht ganz zu Recht. Die Antwort: Sie sind sehr praktisch, wenn Sie nicht nur mit einem Arbeitsblatt arbeiten möchten, sondern mit mehreren Arbeitsblättern. Wie Sie sehen werden, kann Ihr VBA-Code alle Elemente einer Collection durchlaufen und irgendwelche Aktionen dafür ausführen.

Verweise auf Objekte – Referenzen

Der Verweis auf ein Objekt ist wichtig, weil Sie das Objekt irgendwie identifizieren müssen, für das Sie eine Aktion ausführen. Schließlich kann VBA nicht Gedankenlesen.

Sie können in einem Durchgang alle Objekte in einer Collection bearbeiten. Häufiger kommt es jedoch vor, dass Sie mit einem bestimmten Objekt aus einer Collection arbeiten müssen (zum Beispiel mit einer bestimmten Tabelle in einer Arbeitsmappe). Um auf ein einzelnes Objekt einer Collection zuzugreifen, setzen Sie den Namen des Objekts oder die Indexnummer in Klammern hinter den Namen der Collection, etwa wie folgt:

```
Worksheets("Tabelle1")
```

Beachten Sie, dass der Tabellenname in Anführungszeichen angegeben ist. Wenn Sie die Anführungszeichen weglassen, kann Excel das Objekt nicht identifizieren (es geht dann davon aus, dass es sich um einen Variablennamen handelt).

Wenn Sie mit der ersten Tabelle in der Collection arbeiten wollen, können Sie auch die folgende Referenz verwenden:

```
Worksheets(1)
```

 In diesem Fall wird die Zahl *nicht* in Anführungszeichen eingeschlossen. Fazit? Wenn Sie über den Namen auf ein Objekt verweisen, verwenden Sie Anführungszeichen. Wenn Sie über die Indexnummer auf ein Objekt verweisen, verwenden Sie keine Anführungszeichen.

Und was ist mit Diagrammblättern? Ein Diagrammblatt enthält ein einziges Diagramm. Es hat eine Tabellen-Registerkarte, aber ist kein Arbeitsblatt. Wie sich herausstellt, hat das Objektmodell eine Collection namens Charts (Diagrammblätter). Diese Collection enthält alle Diagrammblatt-Objekte aus einer Arbeitsmappe (und keine in eine Tabelle eingebetteten Diagramme).

Und um die Logik zu wahren, gibt es eine weitere Collection namens Sheets (Tabellen). Die Collection Sheets enthält alle Tabellen (Tabellen und Diagrammblätter) einer Arbeitsmappe. Die Collection Sheets ist praktisch, wenn Sie mit allen Tabellen aus einer Arbeitsmappe arbeiten wollen und nicht unterscheiden wollen, ob es reine Tabellen oder Diagrammtabellen sind.

Eine einzelne Tabelle namens Tabelle1 ist Element von zwei Collections: der Worksheets-Collection und der Sheets-Collection. Sie können auf zweierlei Arten darauf verweisen:

```
Worksheets("Tabelle1")
Sheets("Tabelle1")
```

Navigation innerhalb der Hierarchie

Wenn Sie mit Excel-Objekten arbeiten wollen, ist das ganz einfach. Sie befinden sich alle unterhalb des Application-Objekts. Sie beginnen also damit, **Application** einzugeben.

Jedes andere Objekt im Objektmodell von Excel ist unterhalb des Application-Objekts angeordnet. Sie erhalten diese Objekte, indem Sie sich in der Hierarchie nach unten bewegen und die einzelnen Objekte auf ihrem Pfad mit dem Punktoperator (.) verbinden. Um in das Workbook-Objekt Mappe1.xlsx zu gelangen, beginnen Sie mit dem Application-Objekt und bewegen sich nach unten zu dem Objekt in der Workbooks-Collection.

```
Application.Workbooks("Mappe1.xlsx")
```

Um sich innerhalb einer Arbeitsmappe weiterzubewegen, fügen Sie einen Punktoperator ein und greifen auf das Collection-Objekt Worksheets zu.

```
Application.Workbooks("Mappe1.xlsx").Worksheets(1)
```

Noch nicht weit genug? Wenn Sie wirklich auf den Wert aus Zelle A1 aus der ersten Tabelle der Arbeitsmappe Mappe1.xlsx zugreifen wollen, müssen Sie sich eine weitere Ebene nach unten bewegen, zum Range-Objekt.

```
Application.Workbooks("Mappe1.xlsx").Worksheets(1).Range("A1").Value
```

Wenn Sie auf diese Weise auf ein Range-Objekt verweisen, spricht man von einer *vollständig qualifizierten Referenz*. Sie haben Excel genau mitgeteilt, innerhalb welchen Bereichs Sie arbeiten wollen, auf welcher Tabelle und in welcher Arbeitsmappe, und Sie müssen nichts dem Zufall überlassen. Der Zufall ist angeblich das einzig Verlässliche im Leben, aber bei Computerprogrammen sollte man tunlichst darauf verzichten.

Übrigens verwenden Arbeitsmappennamen auch einen Punkt, um den Dateinamen von der Dateinamenerweiterung zu trennen (zum Beispiel Mappe1.xlsx). Das ist nun wirklich reiner Zufall, und der Punkt im Dateinamen hat nichts mit dem Punktoperator zu tun, der in den letzten Abschnitten vorgestellt wurde.

Objektreferenzen vereinfachen

Wenn Sie jede Ihrer Objektreferenzen vollständig qualifizieren müssten, würde Ihr Code ziemlich lang und vermutlich auch schwer zu entziffern. Glücklicherweise bietet Excel einige Abkürzungen, die die Lesbarkeit wesentlich verbessern (und Ihnen Schreibarbeit ersparen). Für Anfänger gilt, dass sie das Application-Objekt immer voraussetzen können. Es gibt nur ein paar wenige Fälle, in denen es sinnvoll ist, es einzugeben. Durch das Weglassen der Referenz auf das Application-Objekt wird das Beispiel aus dem obigen Abschnitt verkürzt zu:

```
Workbooks("Mappe1.xlsx").Worksheets(1).Range("A1").Value
```

Das ist schon ein großer Fortschritt. Aber es geht noch besser. Wenn Sie sicher sind, dass Mappe1.xlsx die aktive Arbeitsmappe ist, können Sie die Referenz ebenfalls weglassen. Damit erhalten Sie

```
Worksheets(1).Range("A1").Value
```

Jetzt sollten Sie das Prinzip verstanden haben. Wissen Sie schon, wie die nächste Abkürzung aussieht? Richtig, wenn Sie wissen, dass die erste Tabelle die aktuell aktive Tabelle ist, geht Excel von dieser Referenz aus, und es genügt, Folgendes zu schreiben:

```
Range("A1").Value
```

Anders als häufig angenommen hat Excel kein Zellen-Objekt. Eine Zelle ist einfach ein Range-Objekt (Bereich), das nur aus einem Element besteht.

Die hier vorgestellten Abkürzungen sind praktisch, aber sie können auch gefährlich sein. Was passiert, wenn Sie nur *denken*, Mappe1.xlsx sei die aktive Arbeitsmappe? Sie könnten eine Fehlermeldung erhalten. Noch schlimmer ist, dass Sie den falschen Wert erhalten könnten, ohne es zu bemerken. Aus diesem Grund ist es häufig am besten, vollständig qualifizierte Referenzen zu verwenden.

In Kapitel 14 geht es um die Struktur WITH-END WITH, die Ihnen dabei hilft, Ihre Referenzen vollständig zu qualifizieren, die aber auch dazu beiträgt, Ihren Code lesbarer zu machen und weniger Schreibarbeit zu haben. Das Beste aus beiden Welten!

Objekteigenschaften und Methoden

Obwohl es wichtig ist, zu wissen, wie man auf ein Objekt verweist, kann man durch eine einfache Referenz auf ein Objekt noch nichts wirklich Praktisches erledigen (wie in den Beispielen des vorigen Abschnitts). Es gibt zwei Möglichkeiten, etwas Sinnvolles zu machen:

✔ Lesen oder Bearbeiten der *Objekteigenschaften*

✔ Angabe einer *Methode*, die für ein Objekt ausgeführt werden soll

McObjects, McProperties und McMethods im Menü oder einzeln?

Die folgende Analogie, in der Excel mit einer Fastfood-Restaurantkette verglichen wird, soll Ihnen helfen, die Beziehungen zwischen Objekten, Eigenschaften und Methoden in VBA zu verstehen.

Die grundlegende Einheit in Excel ist ein Workbook-Objekt. In der Fastfood-Restaurantkette ist die grundlegende Einheit ein einzelnes Restaurant. Bei Excel können Sie eine Arbeitsmappe hinzufügen oder eine Arbeitsmappe schließen, und alle geöffneten Arbeitsmappen sind in der Collection Workbooks enthalten (eine Sammlung aller Workbook-Objekte). Analog dazu kann das Management einer Fastfood-Kette ein Restaurant bauen oder ein Restaurant schließen, und alle Restaurants der Kette können als die Collection Restaurants betrachtet werden (eine Sammlung aller Restaurant-Objekte).

Eine Arbeitsmappe in Excel ist ein Objekt, das weitere Objekte enthält, wie etwa Tabellen, Diagrammtabellen, VBA-Module und so weiter. Darüber hinaus kann jedes Objekt in einer Arbeitsmappe wiederum eigene Objekte enthalten. Beispielsweise kann ein Worksheet-Objekt Range-Objekte, PivotTable-Objekte, Shape-Objekte und so weiter enthalten.

Zurück zu unserer Analogie. Ein Fastfood-Restaurant enthält (wie eine Arbeits-mappe) Objekte, wie beispielsweise die Küche, den Essbereich und Tabletts (eine Collection). Darüber hinaus kann das Management dem Restaurant-Objekt Objekte hinzufügen oder daraus entfernen. Beispielsweise hat das Küchen-Objekt ein Ofen-Objekt, ein Ventilator-Objekt, ein Chef-Objekt, ein Spülen-Objekt und so weiter.

So weit, so gut. Diese Analogie scheint aufzugehen.

Die Objekte von Excel haben Eigenschaften. Ein Range-Objekt beispielsweise hat Eigenschaften wie Value und Name, und ein Shape-Objekt hat Eigenschaften wie Width, Height und so weiter. Nicht überraschend, dass auch Objekte in einem Fastfood-Restaurant Eigenschaften haben. Das Ofen-Objekt beispielsweise hat Eigenschaften wie Temperatur und BrennerAnzahl. Das Ventilator-Objekt hat eigene Eigenschaften (Eingeschaltet, UPM und so weiter).

Neben den Eigenschaften haben die Objekte von Excel auch Methoden, die bestimmte Operationen für ein Objekt ausführen. Beispielsweise löscht die Methode ClearContents den Inhalt eines Range-Objekts. Ein Objekt in einem Fastfood-Restaurant hat ebenfalls Methoden. Man könnte sich eine Methode ThermostatÄndern für ein Ofen-Objekt oder eine Einschalten-Methode für ein Ventilator-Objekt vorstellen.

In Excel ändern die Methoden manchmal die Eigenschaften eines Objekts. Die Methode ClearContents für einen Bereich ändert dessen Value-Eigenschaft. Analog dazu wirkt sich die Methode ThermostatÄndern bei einem Ofen-Objekt auf dessen Temperatur-Eigenschaft aus. Mit VBA können Sie Prozeduren schreiben, die die Objekte von Excel manipulieren. In einem Fastfood-Restaurant kann das Management anordnen, die Objekte in den Restaurants zu manipulieren (»Schalten Sie den Ofen ein und schalten Sie den Ventilator auf die höchste Stufe.«)

Beim nächsten Besuch Ihres bevorzugten Fastfood-Restaurants können Sie also sagen: »Jungs, wendet die Braten-Methode auf ein Burger-Objekt an und setzt die Zwiebel-Eigenschaft auf Falsch.«

Objekteigenschaften

Jedes Objekt hat Eigenschaften. Sie können sich *Eigenschaften* wie Attribute vorstellen, die das Objekt beschreiben. Die Eigenschaften eines Objekts beschreiben, wie es aussieht, wie es sich verhält und sogar, ob es sichtbar ist. Mit VBA können Sie mit den Eigenschaften eines Objekts zwei Dinge tun:

✔ Die aktuelle Einstellung einer Eigenschaft auslesen

✔ Die Einstellung einer Eigenschaft ändern

Beispielsweise hat ein Range-Objekt über eine einzige Zelle eine Eigenschaft namens Value (Wert). Die Eigenschaft Value speichert den in der Zelle enthaltenen Wert. Sie können

VBA-Code schreiben, um die Value-Eigenschaft anzuzeigen oder um die Value-Eigenschaft auf einen bestimmten Wert zu setzen. Das folgende Makro verwendet die in VBA eingebaute MsgBox-Funktion, um ein Feld anzuzeigen, das den Wert aus Zelle A1 aus Tabelle1 der aktiven Arbeitsmappe anzeigt, wie in Abbildung 4.1 dargestellt.

```
Sub ShowValue()
    Contents = Worksheets("Tabelle1").Range("A1").Value
    MsgBox Contents
End Sub
```

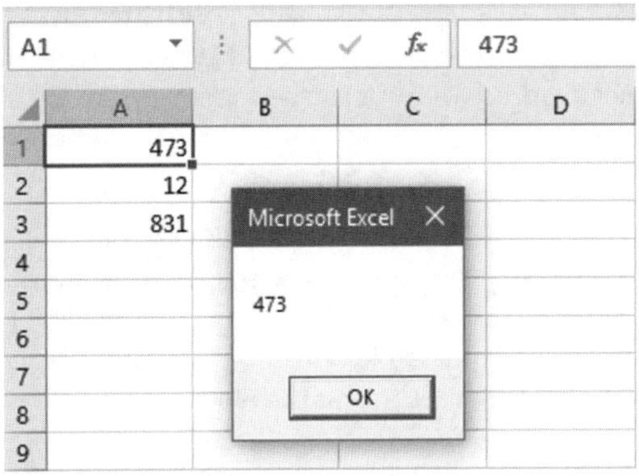

Abbildung 4.1: Dieses Meldungsfeld zeigt die Value-Eigenschaft eines Range-Objekts an.

MsgBox ist übrigens eine höchst praktische Funktion. Sie können damit Ergebnisse anzeigen, während Excel Ihren VBA-Code ausführt. Weitere Informationen über diese Funktion finden Sie in Kapitel 15, gedulden Sie sich also einen Moment (oder blättern Sie weiter und lesen Sie nach!).

Der Code im obigen Beispiel zeigt die aktuelle Einstellung der Value-Eigenschaft einer Zelle an. Was tun Sie, wenn Sie die Einstellung für diese Eigenschaft ändern wollen? Das folgende Makro ändert den Wert aus Zelle A1, indem es die Value-Eigenschaft der Zelle ändert.

```
Sub ChangeValue()
    Worksheets("Tabelle1").Range("A1").Value = 994.92
End Sub
```

Nachdem Excel diese Prozedur ausgeführt hat, enthält Zelle A1 auf Tabelle1 der aktiven Arbeitsmappe den Wert 994,92. Wenn die aktive Arbeitsmappe keine Tabelle namens Tabelle1 hat, zeigt die Ausführung dieses Makros einen Fehler an. VBA folgt einfach nur den Anweisungen und kann nicht mit einer Tabelle arbeiten, die nicht existiert.

Jedes Objekt hat einen eigenen Satz Eigenschaften, aber es gibt Eigenschaften, die für alle Objekte gebräuchlich sind. Beispielsweise haben viele (aber nicht alle) Objekte eine Visible-Eigenschaft, die festlegt, ob sie angezeigt werden oder nicht. Und die meisten Objekte haben auch eine Name-Eigenschaft.

Einige Objekteigenschaften sind schreibgeschützt, das heißt, Sie können den Wert der Eigenschaft abrufen, ihn aber nicht ändern. So besitzt beispielsweise das Application-Objekt eine Eigenschaft mit dem Namen Version, die die Excel-Version enthält, die ausgeführt wird. Sie können die Objekteigenschaft Version nicht ändern; sie ist schreibgeschützt.

 Wie bereits an früherer Stelle in diesem Kapitel erwähnt, ist eine Collection auch ein Objekt. Das bedeutet, auch eine Collection hat Eigenschaften. Beispielsweise können Sie feststellen, wie viele Arbeitsmappen geöffnet sind, indem Sie die Count-Eigenschaft der Workbooks-Collection auslesen. Die folgende VBA-Prozedur zeigt ein Meldungsfeld an, das Ihnen mitteilt, wie viele Arbeitsmappen geöffnet sind:

```
Sub CountBooks()
    MsgBox Workbooks.Count
End Sub
```

Objektmethoden

Neben Eigenschaften können Objekte auch *Methoden* haben. Eine Methode ist eine Aktion, die Sie für ein Objekt ausführen. Eine Methode kann die Eigenschaften eines Objekts ändern oder das Objekt veranlassen, irgendetwas zu tun.

Das nachfolgende einfache Beispiel wendet die ClearContents-Methode auf ein Range-Objekt an, um den Inhalt von zwölf Zellen in der aktiven Tabelle zu löschen:

```
Sub ClearRange()
    Range("A1:A12").ClearContents
End Sub
```

Einige Methoden können ein oder mehrere Argumente haben. Ein *Argument* ist ein Wert, der die auszuführende Aktion genauer spezifiziert. Die Argumente für eine Methode werden hinter die Methode geschrieben, getrennt durch ein Leerzeichen. Mehrere Argumente werden durch ein Komma voneinander getrennt.

Das folgende Beispiel aktiviert Tabelle1 (in der aktiven Arbeitsmappe) und kopiert anschließend den Inhalt von Zelle A1 in Zelle B1. Dazu verwendet es die Copy-Methode des Range-Objekts. In diesem Beispiel hat die Copy-Methode ein Argument, nämlich den Zielbereich für die Kopieroperation:

```
Sub CopyOne()
    Worksheets("Tabelle1").Activate
    Range("A1").Copy Range("B1")
End Sub
```

Beachten Sie, dass beim Verweis auf die Range-Objekte der Verweis auf die Tabelle fehlt. Das ist unproblematisch, weil damit eine Anweisung ausgeführt wird, die Tabelle1 aktiviert (mit der Methode Activate).

Eine andere Möglichkeit, ein Argument für eine Methode anzugeben, ist die Verwendung des offiziellen Namens des Arguments, gefolgt von einem Doppelpunkt und einem Gleichheitszeichen. Die Verwendung benannter Argumente ist optional, aber Ihr Code wird dadurch besser verständlich. Die zweite Anweisung in der Prozedur CopyOne könnte wie folgt geschrieben werden:

```
Range("A1").Copy Destination:=Range("B1")
```

Beachten Sie in Abbildung 4.2 die kleine Einblendung während der Eingabe. Sie zeigt den offiziellen Namen des Arguments an.

```
Mappe1 - Modul1 (Code)
(Allgemein)
    Sub CopyOne()
        Worksheets("Tabelle1").Activate
        Range("A1").Copy(
    End Sub            Copy([Destination])
```

Abbildung 4.2: Der VBE zeigt während der Eingabe eine Liste der Argumente an.

 Eine Collection ist ebenfalls ein Objekt, deshalb müssen auch Collections Methoden haben. Das folgende Makro wendet die Methode Add auf die Workbooks-Collection an:

```
Sub AddAWorkbook()
    Workbooks.Add
End Sub
```

Wie Sie vielleicht erwartet haben, erzeugt diese Anweisung eine neue Arbeitsmappe. Mit anderen Worten, sie fügt eine neue Arbeitsmappe in die Workbooks-Collection ein. Nach Ausführung dieses Makros ist eine neue Arbeitsmappe die aktive Arbeitsmappe.

Objektereignisse

In diesem Abschnitt geht es kurz um ein weiteres Thema, das Sie kennen sollten: Ereignisse. Objekte reagieren auf verschiedene *Ereignisse*, die auftreten. Wenn Sie beispielsweise in Excel arbeiten und eine andere Arbeitsmappe aktivieren, tritt ein Workbook Activate-Ereignis auf. Sie könnten beispielsweise ein VBA-Makro einsetzen, das immer ausgeführt wird, wenn ein Activate-Ereignis für ein bestimmtes Workbook-Objekt auftritt.

Excel unterstützt zahlreiche Ereignisse, aber nicht alle Objekte können auf alle Ereignisse reagieren. Und manche Objekte reagieren auf keine Ereignisse. Sie können nur die Ereignisse verwenden, die die Programmierer von Microsoft Excel bereitgestellt haben. Das Konzept eines Ereignisses wird in Kapitel 11 und auch in Teil IV genauer erklärt.

Weitere Informationen

Damit sind Sie in die wunderbare Welt der Objekte, Eigenschaften, Methoden und Ereignisse eingetaucht. In den folgenden Kapiteln werden Sie noch mehr über diese Konzepte erfahren. Wenn Ihnen das nicht reicht, können Sie auch noch drei weitere praktische Werkzeuge zu Hilfe nehmen:

✔ Das Hilfesystem von VBA

✔ Den Objektkatalog

✔ Elemente automatisch auflisten

Das Hilfesystem von VBA

Das Hilfesystem von VBA beschreibt alle Objekte, Eigenschaften und Methoden, die Ihnen zur Verfügung stehen. Dies ist eine ausgezeichnete Quelle, um mehr über VBA zu erfahren, und sie ist umfangreicher, als jedes Buch auf dem Markt es sein könnte. Aber sie ist auch sehr langweilig zu lesen.

 Wenn Sie mit Excel 2013 oder höher arbeiten, müssen Sie mit dem Internet verbunden sein, um das Hilfesystem von VBA nutzen zu können. In früheren Versionen war dies nicht erforderlich. Sie können das VBA-Hilfesystem jedoch von der Website von Microsoft herunterladen. Suchen Sie einfach in Ihrem Browser nach *Download Excel VBA Dokument*, dann werden Sie es finden.

Wenn Sie in einem VBA-Modul arbeiten und Informationen über ein bestimmtes Objekt, eine Methode oder eine Eigenschaft benötigen, schieben Sie den Mauszeiger auf das betreffende Wort und drücken ⌈ F1 ⌉. Innerhalb weniger Sekunden wird das entsprechende Hilfethema in Ihrem Webbrowser angezeigt, mit Querverweisen und vielleicht sogar einem oder zwei Beispielen.

Abbildung 4.3 (nächste Seite) zeigt einen Teil eines Bildschirms aus dem VBA-Hilfesystem, hier für ein Tabellenobjekt. Beachten Sie, dass die meisten Artikel maschinell übersetzt wurden. Um sicherzugehen, können Sie auf der Website auch die Originalsätze in Englisch anzeigen, indem Sie die Maus über die betreffende Textstelle schieben.

✔ Klicken Sie auf *Methoden*, um eine Auflistung seiner Methoden zu erhalten.

✔ Klicken Sie auf *Eigenschaften*, um eine vollständige Liste der Eigenschaften dieses Objekts zu erhalten.

✔ Klicken Sie auf *Ereignisse*, um eine Liste der Ereignisse zu erhalten, auf die es reagiert.

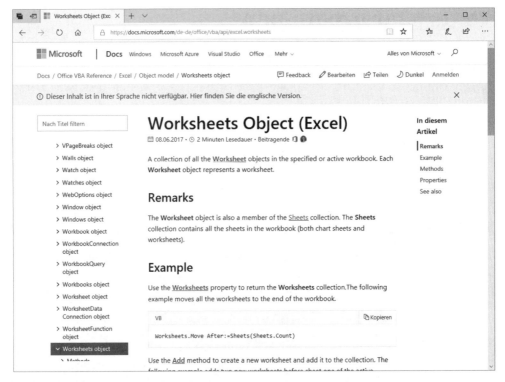

Abbildung 4.3: Beispiel für das Hilfesystem von VBA

Der Objektkatalog

Der VBE enthält ein weiteres Werkzeug: den Objektkatalog. Wie der Name schon sagt, können Sie mit diesem Werkzeug alle Objekte durchsuchen, die Ihnen zur Verfügung stehen. Um auf den Objektkatalog zuzugreifen, drücken Sie F2, während der VBE aktiv ist (oder Sie wählen ANSICHT | OBJEKTKATALOG). Abbildung 4.4 zeigt ein Beispiel für die Anzeige des Objektkatalogs.

Die Drop-down-Liste ganz oben enthält eine Liste aller aktuell verfügbaren Objektbibliotheken. Abbildung 4.4 zeigt die Option ALLE BIBLIOTHEKEN. Wenn Sie die Objekte von Excel durchsuchen möchten, wählen Sie in der Drop-down-Liste den Eintrag EXCEL aus.

In die zweite Drop-down-Liste können Sie einen Suchstring eingeben. Wenn Sie beispielsweise nach allen Excel-Objekten suchen, die mit Kommentaren zu tun haben, geben Sie **Comment** in das zweite Feld ein und klicken auf die Schaltfläche SUCHEN. (Die Schaltfläche zeigt ein Fernglas.) Das Fenster SUCHERGEBNISSE zeigt alle Einträge in der Bibliothek an, die den Text *Comment* enthalten. Wenn Sie etwas Interessantes finden, wählen Sie es aus und drücken F1, um online weitere Informationen zu erhalten.

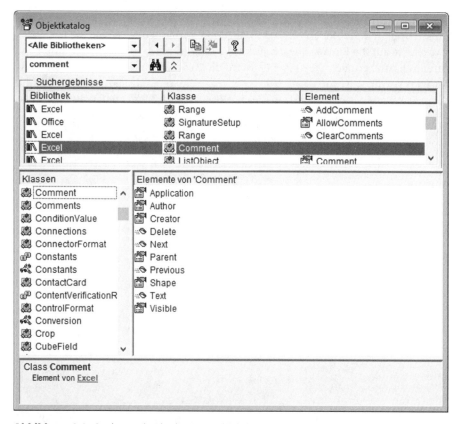

Abbildung 4.4: Suche nach Objekten im Objektkatalog

Automatische Auflistung von Eigenschaften und Methoden

In Kapitel 3 haben Sie ein praktisches Feature kennengelernt: ELEMENTE AUTOMATISCH AUFLIS-TEN. Dieses Feature zeigt während der Eingabe eine Liste der Eigenschaften und Methoden an. Abbildung 4.5 zeigt ein Beispiel für die Workbooks-Collection.

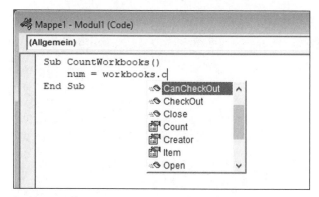

Abbildung 4.5: Das Feature ELEMENTE AUTOMATISCH AUFLISTEN hilft Ihnen, Eigenschaften und Methoden für ein Objekt zu erkennen.

Nachdem Sie den Punkt hinter Workbooks eingeben, hilft VBE sofort weiter, indem eine Liste aller Eigenschaften und Methoden für diese Collection anzeigt wird. Sobald Sie das c eingeben, wird die Liste auf die Einträge beschränkt, die mit diesem Buchstaben beginnen. Mit jedem weiteren Buchstaben, den Sie eingeben, wird die Auswahl weiter reduziert. Sie markieren einfach das gewünschte Element, drücken die ⭾-Taste, und schon erhalten Sie alle Informationen. Damit ersparen Sie sich eine Menge Schreibarbeit und stellen außerdem sicher, dass der Name der Eigenschaft oder der Methode richtig geschrieben ist.

Kapitel 5
Sub- und Funktionsprozeduren in VBA

n den vorigen Kapiteln sind Ihnen mehrfach die Begriffe *Sub-Prozeduren* und *Funktionsprozeduren* begegnet. Die Unterschiede zwischen diesen Arten von Prozeduren stellen für Sie möglicherweise noch ein Rätsel dar. Fürchten Sie sich nicht. In diesem Kapitel werden die Geheimnisse aufgedeckt und alle Missverständnisse im Hinblick auf die dahinterliegenden Konzepte aufgeklärt.

Sub-Prozeduren im Vergleich zu Funktionsprozeduren

Der VBA-Code, den Sie im Visual Basic Editor schreiben, wird auch als *Prozedur* bezeichnet. Die beiden gebräuchlichsten Prozedurtypen sind Sub-Prozeduren und Funktionsprozeduren.

✔ Eine Sub-Prozedur ist eine Gruppe von VBA-Anweisungen, die eine Aktion (oder eine Reihe von Aktionen) in Excel ausführen.

✔ Eine Funktionsprozedur ist eine Gruppe von VBA-Anweisungen, die eine Berechnung ausführt und einen einzigen Wert zurückgibt (oder ein Wertefeld).

Die meisten Makros, die Sie in VBA schreiben, sind Sub-Prozeduren. Sie können sich eine Sub-Prozedur wie einen Befehl vorstellen: Die Sub-Prozedur wird ausgeführt und es passiert etwas. (Was *genau* passiert, ist natürlich von dem in der Sub-Prozedur enthaltenen VBA-Code abhängig.)

Eine Funktion ist ebenfalls eine Prozedur, unterscheidet sich aber wesentlich von einer Sub-Prozedur. Das Konzept einer Funktion kennen Sie bereits. Excel unterstützt zahlreiche Tabellenfunktionen, die Sie tagtäglich benutzen (zumindest an den Arbeitstagen). Beispiele dafür sind etwa SUMME, MITTELWERT oder ZINSSATZ. Diese Tabellenfunktionen verwenden Sie in Formeln. Jede Funktion nimmt ein oder mehrere Argumente entgegen (und es gibt auch einige Funktionen, die keine Argumente verwenden). Die Funktion führt im Hintergrund mit diesen Argumenten irgendwelche Berechnungen aus und gibt dann einen einzelnen Wert zurück. Dasselbe passiert in den Funktionsprozeduren, die Sie in VBA entwickeln.

Sub-Prozeduren

Jede Sub-Prozedur beginnt mit dem Schlüsselwort Sub und endet mit der Anweisung End Sub. Hier ein Beispiel:

```
Sub ShowMessage()
    MsgBox "Das wars, Leute!"
End Sub
```

Dieses Beispiel zeigt eine Prozedur namens ShowMessage. Dem Namen der Prozedur folgt ein leeres Klammernpaar. Größtenteils sind diese Klammern leer. Sie können Sub-Prozeduren jedoch Argumente aus anderen Prozeduren übergeben. Wenn Ihre Sub-Prozedur Argumente verwendet, werden diese zwischen den Klammern aufgelistet.

 Wenn Sie mit dem Makro-Recorder von Excel ein Makro aufzeichnen, entsteht dabei immer eine Sub-Prozedur ohne Argumente.

Wie Sie später in diesem Kapitel noch erfahren werden, unterstützt Excel mehrere Möglichkeiten, eine Sub-Prozedur in VBA auszuführen.

Funktionsprozeduren

Jede Funktionsprozedur beginnt mit dem Schlüsselwort Function und endet mit der Anweisung End Function. Hier ein einfaches Beispiel:

```
Function CubeRoot(number)
    CubeRoot = number ^ (1 / 3)
End Function
```

Diese Funktion mit dem Namen CubeRoot nimmt ein Argument (number) entgegen, das in Klammern eingeschlossen ist. Funktionen können bis zu 255 Argumente haben, müssen aber keines haben. Wenn Sie diese Funktion ausführen, gibt sie einen einzigen Wert zurück, nämlich die Kubikwurzel des der Funktion übergebenen Arguments.

 In VBA können Sie angeben, welcher Informationstyp (auch als Datentyp bezeichnet) von einer Funktionsprozedur zurückgegeben werden soll. Der Wert kann beispielsweise ein Währungswert, ein Datum oder eine Textzeichenfolge sein. Weitere Informationen über die Angabe von Datentypen finden Sie in Kapitel 7.

Es gibt nur zwei Möglichkeiten, eine Funktionsprozedur auszuführen. Sie können sie von einer anderen Prozedur aus ausführen (einer Sub-Prozedur oder einer Funktionsprozedur), oder Sie können sie in einer Formel in einer Tabelle ausführen.

 Egal, wie sehr Sie es versuchen, eine Funktionsprozedur kann nicht mithilfe des Makro-Recorders aufgezeichnet werden. Alle Funktionsprozeduren müssen manuell erstellt werden.

Namen für Sub-Prozeduren und Funktionsprozeduren

Wie Menschen, Haustiere und Wirbelstürme brauchen auch Sub-Prozeduren und Funktionsprozeduren einen Namen. Sie können Ihren Hund jederzeit *Robert Rübennase* nennen, aber für die Namensgebung von Prozeduren ist diese Willkür nicht geeignet. Bei der Benennung von Prozeduren müssen Sie ein paar Regeln einhalten:

✔ Sie können Buchstaben, Ziffern und einige Satzzeichen verwenden, aber das erste Zeichen muss ein Buchstabe sein.

✔ Im Namen dürfen keine Leerzeichen oder Punkte vorkommen.

✔ VBA unterscheidet nicht zwischen Groß- und Kleinbuchstaben.

✔ Die folgenden Zeichen dürfen nicht im Prozedurnamen enthalten sein: #, $, %, &, @, ^, * oder !. Mit anderen Worten, Ihre Prozedurnamen dürfen nicht wie Schimpfwörter aus Comics aussehen.

✔ Wenn Sie eine Funktionsprozedur schreiben, die Sie in einer Formel verwenden wollen, sollten Sie vermeiden, einen Namen zu verwenden, der wie eine Zelladresse aussieht (zum Beispiel A1 oder B52). Excel gestattet solche Funktionsnamen, aber Sie sollten die Dinge nicht komplizierter machen, als sie bereits sind.

✔ Prozedurnamen dürfen nicht länger als 255 Zeichen sein. (Und ich glaube nicht, dass Sie so einen langen Prozedurnamen je benötigen werden.)

Am besten ist es, wenn der Name einer Prozedur ihre Aufgabe beschreibt. Häufig kombiniert man für den Namen ein Verb und ein Substantiv, zum Beispiel `ProcessData`, `PrintReport`, `Sort_Array` oder `CheckFilename` oder auch `DatenVerarbeiten`, `BerichtDrucken`, `Array_Sortieren` oder `DateinamePrüfen`.

Einige Programmierer verwenden satzähnliche Namen, die eine vollständige Beschreibung der Prozedur darstellen. Beispiele dafür wären `WriteReportToTextFile`, `Get_Print_Option_and_Print_Report`, `BerichtInTextdateiSchreiben` oder `DruckOptionenAbfragenUndBerichtDrucken`. Die Verwendung solcher Namen hat Vor- und Nachteile. Einerseits sind solche Namen sprechend und eindeutig. Andererseits dauert es länger, sie zu schreiben. Jeder Programmierer entwickelt einen eigenen Namensstil, aber wenn Ihr Makro kein schnell hingeworfenes Übergangsmakro ist, sollten Sie einen sprechenden Namen verwenden und unsinnige Namen vermeiden, wie beispielsweise `DoIt`, `Update`, `Fix` oder das vielgeliebte `Makro1`.

Sub-Prozeduren ausführen

Obwohl Sie derzeit noch nicht sehr viel über die Entwicklung von Sub-Prozeduren wissen, müssen Sie wissen, wie man diese Prozeduren ausführt. Eine Sub-Prozedur ist wertlos, wenn Sie nicht wissen, wie sie auszuführen ist.

Eine Sub-Prozedur *auszuführen*, bedeutet übrigens dasselbe, wie eine Sub-Prozedur *aufzurufen* oder zu *starten*. Die Terminologie spielt hier keine Rolle.

Sie können eine Sub-Prozedur in VBA auf vielerlei Weise ausführen. Das ist einer der Gründe, warum Sie mit Sub-Prozeduren so viele interessante Dinge ausführen können. Nachfolgend die komplette Liste der Möglichkeiten, eine Sub-Prozedur auszuführen:

✔ **Wählen Sie** Ausführen | Sub/UserForm ausführen **(im VBE).** Excel führt die Sub-Prozedur aus, in der sich der Cursor befindet. Für diesen Menübefehl gibt es zwei Alternativen: die F5-Taste und die Schaltfläche Sub/UserForm ausführen in der Standardsymbolleiste des VBE. Diese Methoden funktionieren nicht, wenn die Prozedur ein oder mehrere Argumente benötigt.

✔ **Verwenden Sie das Dialogfeld** Makro **von Excel.** Sie öffnen dieses Dialogfeld, indem Sie Entwicklertools | Code | Makros oder Ansicht | Makros | Makros anzeigen wählen. Sie können das Menüband auch umgehen und einfach die Tastenkombination Alt + F8 drücken. Im Makro-Dialogfeld wählen Sie die gewünschte Sub-Prozedur aus und klicken auf Ausführen. Dieses Dialogfeld listet nur die Prozeduren auf, die für die Ausführung kein Argument benötigen.

✔ **Geben Sie die Tastenkombination ein, die Sie der Sub-Prozedur gegebenenfalls zugeordnet haben** (Strg+Taste oder Strg+⇧+Taste).

✔ **Klicken Sie auf eine Schaltfläche oder eine Form in einer Tabelle.** Dazu muss die Sub-Prozedur einer Schaltfläche oder Form zugeordnet sein, was sehr einfach ist.

✔ **Von einer anderen Sub-Prozedur aus,** die Sie entwickeln

✔ **Klicken Sie auf eine Schaltfläche, die Sie der Symbolleiste für den Schnellzugriff zugeordnet haben** (siehe Kapitel 19).

✔ **Über ein benutzerdefiniertes Element, das Sie dem Menüband hinzugefügt haben** (siehe Kapitel 19)

✔ **Wenn ein Ereignis auftritt.** Wie in Kapitel 11 erklärt, sind diese Ereignisse beispielsweise das Öffnen der Arbeitsmappe, das Schließen der Arbeitsmappe, das Speichern der Arbeitsmappe, eine Änderung in einer Zelle, die Aktivierung einer Tabelle und so weiter.

✔ **Im Direktfenster des VBE.** Dazu geben Sie einfach den Namen der Sub-Prozedur ein und drücken dann die Eingabetaste.

In den folgenden Abschnitten werden einige dieser Techniken vorgestellt. Damit Sie sie ausprobieren können, müssen Sie vorher eine Sub-Prozedur in ein VBA-Modul eingeben.

1. **Beginnen Sie mit einer neuen Arbeitsmappe.**

2. **Drücken Sie** [Alt]+[F11], **um den VBE zu aktivieren.**

3. **Wählen Sie** EINFÜGEN | MODUL, **um ein neues Modul einzufügen.**

4. **Geben Sie den folgenden Code in das Modul ein:**

```
Sub ShowCubeRoot ()
    Num = InputBox("Geben Sie eine positive Zahl ein")
    MsgBox Num ^ (1/3) & " ist die Kubikwurzel."
End Sub
```

Diese Prozedur fordert den Benutzer auf, eine Zahl einzugeben, und zeigt dann die Kubikwurzel dieser Zahl in einem Meldungsfeld an. Abbildung 5.1 und Abbildung 5.2 zeigen, was passiert, wenn Sie diese Prozedur ausführen.

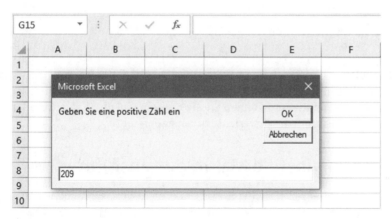

Abbildung 5.1: Verwendung der in VBA enthaltenen Funktion InputBox, um eine Zahl abzufragen

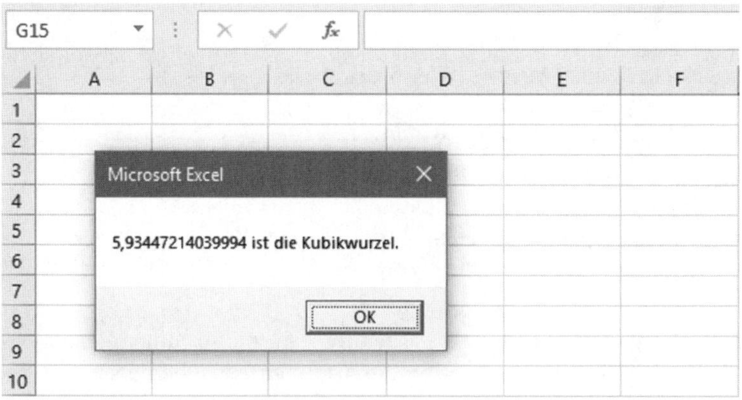

Abbildung 5.2: Anzeige der Kubikwurzel einer Zahl über die Funktion MsgBox

ShowCubeRoot ist übrigens keineswegs ein Beispiel für ein wirklich gutes Makro. Es prüft nicht auf Eingabefehler, sodass es schnell zu Problemen kommen kann. Probieren Sie es aus und klicken Sie im Eingabefeld auf die Schaltfläche ABBRECHEN oder geben Sie eine negative Zahl ein. Jede dieser Aktionen führt zu einer Fehlermeldung. In Kapitel 12 ist beschrieben, wie Sie mit solchen Fehlern umgehen.

Die Sub-Prozedur direkt ausführen

Am schnellsten startet man diese Prozedur direkt von dem VBA-Modul aus, in dem Sie sie definiert haben. Gehen Sie wie folgt vor:

1. **Aktivieren Sie den VBE und wählen Sie das VBA-Modul aus, in dem die Prozedur enthalten ist.**

2. **Bewegen Sie den Cursor in den Code der Prozedur.**

3. **Drücken Sie** `F5` **(oder wählen Sie AUSFÜHREN | SUB/USERFORM AUSFÜHREN).**

4. **Tragen Sie eine Antwort in das Eingabefeld ein und klicken Sie auf OK.**

Die Prozedur zeigt die Kubikwurzel der von Ihnen eingegebenen Zahl an.

 Mit dem Befehl AUSFÜHREN | SUB/USERFORM AUSFÜHREN können Sie keine Sub-Prozedur ausführen, die Argumente benötigt, weil Sie damit keine Möglichkeit haben, der Prozedur diese Argumente zu übergeben. Wenn die Prozedur ein oder mehrere Argumente verarbeitet, können Sie sie nur von einer anderen Prozedur aus aufrufen, die wiederum die Argumente bereitstellen muss.

Die Prozedur vom Dialogfeld Makro aus ausführen

Größtenteils starten Sie Ihre Sub-Prozeduren von Excel und nicht vom VBE aus. Die folgenden Schritte beschreiben die Ausführung eines Makros im Dialogfeld MAKRO von Excel:

1. **Falls Sie gerade im VBE arbeiten, aktivieren Sie Excel.**

   Am schnellsten geht das mit `Alt`+`F11`.

2. **Wählen Sie ENTWICKLERTOOLS | CODE | MAKROS (oder drücken Sie** `Alt`+`F8` **).**

   Excel zeigt das in Abbildung 5.3 gezeigte Dialogfeld an.

3. **Wählen Sie das Makro aus.**

4. **Klicken Sie auf AUSFÜHREN (oder doppelklicken Sie im Listenfeld auf den Namen des Makros).**

 Das Dialogfeld MAKRO zeigt keine Sub-Prozeduren an, die Argumente verwenden, weil es keine Möglichkeit für Sie gibt, die Argumente zu übergeben.

Abbildung 5.3: Das Dialogfeld MAKRO listet alle verfügbaren Sub-Prozeduren auf.

Ein Makro mithilfe einer Tastenkombination ausführen

Eine weitere Methode, ein Makro auszuführen, ist eine Tastenkombination. Damit Sie diese Methode anwenden können, müssen Sie dem Makro jedoch eine Tastenkombination zuweisen.

Sie haben die Möglichkeit, dem Makro bei Beginn der Aufzeichnung im Dialogfeld MAKRO AUFZEICHNEN eine Tastenkombination zuzuordnen. Wenn Sie die Prozedur ohne den Makro-Recorder erstellen, können Sie wie folgt eine Tastenkombination zuweisen (oder ändern):

1. **Wählen Sie ENTWICKLERTOOLS | CODE | MAKROS.**

2. **Wählen Sie den Namen der Sub-Prozedur aus der Liste aus.**

   In diesem Beispiel heißt die Prozedur ShowCubeRoot.

3. **Klicken Sie auf die Schaltfläche OPTIONEN.**

   Excel zeigt das in Abbildung 5.4 gezeigte Dialogfeld an.

4. **Klicken Sie auf die Option TASTENKOMBINATION und geben Sie einen Buchstaben in das Feld CTRL ein (CTRL entspricht der ⌈Strg⌋-Taste).**

   Der von Ihnen eingegebene Buchstabe entspricht der Tastenkombination, die Sie für die Ausführung des Makros verwenden wollen. Wenn Sie beispielsweise ein kleines **c** eingeben, können Sie das Makro durch Drücken von ⌈Strg⌋+⌈C⌋ ausführen. Wenn Sie einen Großbuchstaben eingeben, müssen Sie zu der Tastenkombination zusätzlich die ⌈⌂⌋-Taste drücken. Wenn Sie beispielsweise **C** eingeben, können Sie das Makro durch Drücken von ⌈Strg⌋+⌈⌂⌋+⌈C⌋ ausführen.

5. **Klicken Sie auf OK oder auf** Abbrechen, **um das Dialogfeld** Makrooptionen **zu schließen.**

Abbildung 5.4: Im Dialogfeld Makrooptionen können Sie die Optionen für Ihre Makros festlegen.

Nachdem Sie eine Tastenkombination festgelegt haben, können Sie diese drücken, um das Makro auszuführen. Eine Tastenkombination funktioniert nicht, wenn sie einem Makro zugeordnet ist, das Argumente verarbeitet.

 Die von Ihnen zugeordneten Tastenkombinationen überschreiben die eingebauten Tastenkombinationen von Excel. Wenn Sie beispielsweise einem Makro Strg + C zuweisen, können Sie diese Tastenkombination nicht mehr verwenden, um Daten in Ihrer Arbeitsmappe zu kopieren. Das ist jedoch im Allgemeinen kein größeres Problem, weil Excel fast immer andere Möglichkeiten bereitstellt, um Befehle auszuführen.

Die Prozedur über eine Schaltfläche oder eine Form ausführen

Manchmal will man ein Makro einer Schaltfläche (oder einer anderen Form) in einer Tabelle zuordnen. Dazu gehen Sie wie folgt vor:

1. **Aktivieren Sie eine Tabelle.**

2. **Fügen Sie eine Schaltfläche aus der Gruppe** Formularsteuerelemente **ein.**

    Um die Gruppe Formularsteuerelemente anzuzeigen, wählen Sie Entwicklertools | Steuerelemente | Einfügen (siehe Abbildung 5.5).

3. **Klicken Sie in der Gruppe** Formularsteuerelemente **auf das Symbol** Schaltfläche.

    Dies ist die erste Schaltfläche in der ersten Zeile.

4. **Ziehen Sie mit der Maus auf der Tabelle, um eine Schaltfläche anzulegen.**

    Nachdem Sie Ihrer Tabelle die Schaltfläche hinzugefügt haben, liest Excel Ihre Gedanken und zeigt das in Abbildung 5.6 gezeigte Dialogfeld Makro zuweisen an.

5. **Wählen Sie das Makro aus, das Sie der Schaltfläche zuweisen wollen.**

6. **Klicken Sie auf OK.**

Abbildung 5.5: Das Menüband mit den Steuerelementen, die zur Verfügung stehen, wenn Sie auf der Registerkarte ENTWICKLERTOOLS auf EINFÜGEN klicken

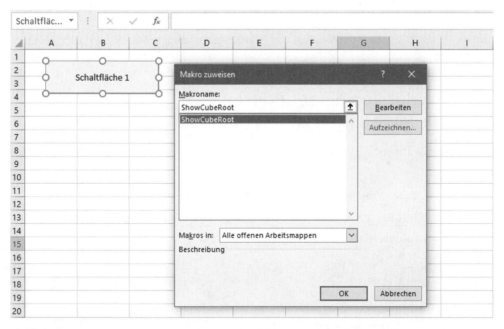

Abbildung 5.6: Wenn Sie einer Tabelle eine Schaltfläche hinzufügen, zeigt Excel automatisch das Dialogfeld MAKRO ZUWEISEN an.

Nachdem Sie die Zuweisung vorgenommen haben, wird das Makro durch Anklicken der Schaltfläche ausgeführt. Wie von Zauberhand.

Beachten Sie beim Hinzufügen einer Schaltfläche, dass das Drop-down-Feld zwei Gruppen mit Steuerelementen anzeigt: Formularsteuerelemente und ActiveX-Steuerelemente. Diese beiden Steuerelementgruppen sehen ganz ähnlich aus, aber in Wirklichkeit sind sie sehr unterschiedlich. In der Praxis sind die Formularsteuerelemente einfacher zu verwenden.

Sie können auch jeder anderen Form und jedem Objekt ein Makro zuweisen. Angenommen, Sie möchten ein Makro ausführen, wenn der Benutzer auf ein Rechteck-Objekt klickt.

1. **Fügen Sie der Tabelle das Rechteck hinzu.**

   Sie fügen ein Rechteck ein, indem Sie den Befehl Einfügen | Illustrationen | Formen ausführen, das Rechteck auswählen und es dann mit der Maus auf dem Tabellenblatt ziehen.

2. **Klicken Sie mit der rechten Maustaste auf das Rechteck.**

3. **Wählen Sie im Kontextmenü den Befehl Makro zuweisen.**

4. **Wählen Sie das Makro im Dialogfeld Makro zuweisen aus.**

5. **Klicken Sie auf OK.**

Nach Ausführung dieser Schritte wird das Makro ausgeführt, sobald Sie auf das Rechteck klicken.

Die Prozedur von einer anderen Prozedur aus ausführen

Sie können eine Prozedur auch von einer anderen Prozedur aus ausführen. Gehen Sie dazu wie folgt vor:

1. **Aktivieren Sie das VBA-Modul, das die Routine ShowCubeRoot enthält.**

2. **Geben Sie die folgende neue Prozedur ein (entweder oberhalb oder unterhalb des Codes von ShowCubeRoot, die Position ist egal):**

```
Sub NewSub( )
    Call ShowCubeRoot
End Sub
```

3. **Führen Sie das Makro NewSub aus.**

   Am einfachsten platzieren Sie dazu den Cursor im Code von NewSub und drücken F5 . Beachten Sie, dass diese Prozedur einfach die Prozedur ShowCubeRoot ausführt.

Das Schlüsselwort Call ist übrigens optional. Die Anweisung kann auch nur den Namen der Sub-Prozedur enthalten. Durch das Schlüsselwort Call wird jedoch deutlicher, dass eine Prozedur aufgerufen wird.

Funktionsprozeduren ausführen

Anders als Sub-Prozeduren können Funktionen nur auf zwei Arten ausgeführt werden:

✔ Durch Aufruf der Funktion aus einer anderen Sub-Prozedur oder Funktionsprozedur

✔ Durch Verwendung der Funktion in einer Formel auf einer Tabelle

Probieren Sie die folgende einfache Funktion aus. Geben Sie sie in ein VBA-Modul ein:

```
Function CubeRoot(number)
    CubeRoot = number ^ (1/3)
End Function
```

Diese Funktion ist ganz einfach. Sie berechnet die Kubikwurzel der Zahl, die ihr als Argument übergeben wird. Sie bietet jedoch einen guten Ausgangspunkt, um Funktionen zu verstehen. Außerdem verdeutlicht sie ein wichtiges Konzept bei Funktionen: die Rückgabe des Werts. (Sie erinnern sich hoffentlich, dass eine Funktion einen Wert zurückgibt.)

Beachten Sie, dass die Codezeile dieser Funktionsprozedur eine Berechnung durchführt. Das Ergebnis der Mathematik (eine Zahl erhoben in die Potenz von 1/3) wird der Variablen CubeRoot zugewiesen. Es ist kein Zufall, dass CubeRoot auch der Name der Funktion ist. Um der Funktion mitzuteilen, welchen Wert sie zurückgeben soll, weisen Sie diesen Wert dem Namen der Funktion zu.

Die Funktionsprozedur aus einer Sub-Prozedur aufrufen

Sie können eine Funktion nicht direkt aufrufen, deshalb müssen Sie sie aus einer anderen Prozedur heraus aufrufen. Geben Sie die folgende einfache Prozedur in dasselbe VBA-Modul ein, in dem auch die CubeRoot-Funktion enthalten ist:

```
Sub CallerSub()
    Ans = CubeRoot(125)
    MsgBox Ans
End Sub
```

Wenn Sie die Prozedur CallerSub aufrufen (unter Verwendung einer der in diesem Kapitel vorgestellten Methoden), zeigt Excel ein Meldungsfeld mit dem Wert der Variablen Ans an, nämlich 5.

Und das passiert: Die Funktion CubeRoot wird ausgeführt und erhält das Argument 125. Die Berechnung wird unter Verwendung des Funktionscodes ausgeführt (wobei der als Argument übergebene Wert verwendet wird), und der Rückgabewert der Funktion wird der Variablen Ans zugewiesen. Die Funktion MsgBox zeigt anschließend den Wert der Variablen Ans an.

Versuchen Sie, das Argument zu ändern, das der Funktion CubeRoot übergeben wurde, und führen Sie das Makro CallerSub erneut aus. Das funktioniert genau so, wie es sollte, vorausgesetzt, Sie übergeben der Funktion ein gültiges Argument (eine positive Zahl).

Die Prozedur `CallerSub` könnte übrigens noch leicht vereinfacht werden. Die Variable `Ans` ist nicht wirklich erforderlich, es sei denn, sie wird später in Ihrem Code wiederverwendet. Mit der folgenden Anweisung erhalten Sie dasselbe Ergebnis:

```
MsgBox CubeRoot(125)
```

Aufruf einer Funktion von einer Formel in einer Tabelle aus

Jetzt wollen wir diese VBA-Funktionsprozedur von einer Formel in einer Tabelle aus aufrufen. Aktivieren Sie eine Tabelle in derselben Arbeitsmappe, in der die Definition der Funktion `CubeRoot` enthalten ist. Anschließend geben Sie in irgendeine Zelle die folgende Formel ein:

```
=CubeRoot(1728)
```

Die Zelle zeigt 12 an, was tatsächlich die Kubikwurzel von 1728 ist.

Wie Sie vielleicht erwarten, können Sie eine Zellreferenz als Argument für die Funktion `CubeRoot` verwenden. Wenn beispielsweise Zelle A1 einen Wert enthält, können Sie **=CubeRoot(A1)** eingeben. In diesem Fall gibt die Funktion die Zahl zurück, die durch Berechnung der Kubikwurzel des Werts aus A1 erhalten wird.

Sie können diese Funktion in der Tabelle beliebig oft verwenden. Wie die eingebauten Funktionen von Excel erscheinen auch Ihre benutzerdefinierten Funktionen im Dialogfeld FUNKTION EINFÜGEN. Klicken Sie auf die Schaltfläche FUNKTION EINFÜGEN in der Symbolleiste und wählen Sie die Kategorie BENUTZERDEFINIERT. Abbildung 5.7 zeigt das Dialogfeld FUNKTION EINFÜGEN, in dem Ihre eigene Funktion aufgelistet ist.

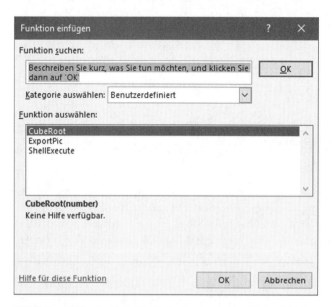

Abbildung 5.7: Die Funktion CubeRoot wird im Dialogfeld FUNKTION EINFÜGEN in der Kategorie Benutzerdefiniert angezeigt.

Wenn das Dialogfeld Funktion einfügen eine Beschreibung der Funktion anzeigen soll, gehen Sie wie folgt vor:

1. **Wählen Sie Entwicklertools | Code | Makros.**

   Excel zeigt das Dialogfeld Makro an, aber CubeRoot ist nicht in der Liste aufgeführt. (CubeRoot ist eine Funktionsprozedur, und in dieser Liste sind nur Sub-Prozeduren aufgeführt.) Keine Sorge.

2. **Geben Sie das Wort CubeRoot in das Feld Makroname ein.**

3. **Klicken Sie auf die Schaltfläche Optionen.**

4. **Geben Sie eine Beschreibung der Funktion in das Feld Beschreibung ein.**

5. **Klicken Sie auf OK, um das Dialogfeld Makrooptionen zu schließen.**

6. **Schließen Sie das Dialogfeld Makro, indem Sie auf die Schaltfläche Abbrechen klicken.**

Dieser beschreibende Text wird jetzt im Dialogfeld Funktion einfügen angezeigt.

B1	▼	:	×	✓	f_x	=CubeRoot(A1)

◢	A	B	C	D	E
1	100	4,64158883			
2	350	7,04729873			
3	750	9,08560296			
4	1000	10			
5	1500	11,4471424			
6					
7					

Abbildung 5.8: Die Verwendung der Funktion CubeRoot in Formeln

Damit sollten sich für Sie die Dinge langsam zusammenfügen. Sie haben viel über Sub- und Funktionsprozeduren gelernt. In Kapitel 6 werden Sie anfangen, Makros zu erstellen, wobei die Vor- und Nachteile der Entwicklung von Makros mit dem Makro-Recorder von Excel besprochen werden. Und in Kapitel 20 geht es vertieft um Funktionsprozeduren.

Kapitel 6
Mit dem Excel Makro-Recorder arbeiten

Es gibt zwei Methoden, in Excel ein Makro zu erstellen:

✔ Aufzeichnung mithilfe des Makro-Recorders

✔ Manuell schreiben

Dieses Kapitel beschäftigt sich eingehend mit den Vor- und Nachteilen des Makro-Recorders von Excel. Die Aufzeichnung eines Makros ist nicht immer der beste Ansatz, und einige Makros können überhaupt nicht aufgezeichnet werden, wie sehr Sie sich auch bemühen. Sie werden jedoch feststellen, dass der Makro-Recorder von Excel sehr praktisch ist. Und selbst wenn Ihr aufgezeichnetes Makro noch nicht perfekt ist, kann Sie der Makro-Recorder zumindest in die richtige Richtung leiten.

Grundlagen der Aufzeichnung

Bei der Aufzeichnung eines Makros gehen Sie nach den folgenden grundlegenden Schritten vor.

1. **Bestimmen Sie, was das Makro erledigen soll.**

2. **Nehmen Sie alle erforderlichen Einstellungen vor.**

    Dieser Schritt ist entscheidend dafür, wie gut Ihr Makro funktioniert.

3. **Legen Sie fest, ob die Zellreferenzen in Ihrem Makro relativ oder absolut sein sollen.**

4. **Klicken Sie auf die Schaltfläche MAKRO AUFZEICHNEN links in der Statusleiste (oder wählen Sie ENTWICKLERTOOLS | CODE | MAKRO AUFZEICHNEN).**

    Excel zeigt das Dialogfeld MAKRO AUFZEICHNEN an.

5. **Geben Sie einen Namen, eine Tastenkombination, die Position des Makros und eine Beschreibung ein.**

    Außer dem Namen sind alle diese Elemente optional.

6. **Klicken Sie im Dialogfeld MAKRO AUFZEICHNEN auf OK.**

    Excel fügt automatisch in die Arbeitsmappe, die in der Liste MAKRO SPEICHERN IN angezeigt wird, ein VBA-Modul ein. Von jetzt an wandelt Excel alle Ihre Aktionen in VBA-Code um. Außerdem zeigt es in Ihrer Statusleiste die quadratische Schaltfläche AUFZEICHNUNG BEENDEN an.

7. **Führen Sie die Aktionen aus, die Sie aufzeichnen wollen. Verwenden Sie dazu Maus und Tastatur.**

8. **Nachdem Sie fertig sind, klicken Sie auf die Schaltfläche AUFZEICHNUNG BEENDEN in der Statusleiste (oder wählen Sie ENTWICKLERTOOLS | CODE | AUFZEICHNUNG BEENDEN).**

    Excel beendet die Aufzeichnung Ihrer Aktionen.

9. **Testen Sie das Makro, um sich davon zu überzeugen, dass es korrekt funktioniert.**

10. **Optional können Sie den Code auch bereinigen, indem Sie überflüssige Anweisungen entfernen.**

Der Makro-Recorder ist am besten für einfache, unkomplizierte Makros geeignet. Beispielsweise könnten Sie ein Makro aufzeichnen, das einen ausgewählten Zellenbereich formatiert oder der Zeilen- und Spaltenüberschriften für eine neue Tabelle festlegt.

 Der Makro-Recorder kann nur für Sub-Prozeduren verwendet werden. Es ist nicht möglich, mit dem Makro-Recorder Funktionsprozeduren zu erstellen.

Möglicherweise kann Ihnen der Makro-Recorder auch bei der Entwicklung komplexerer Makros helfen. Sie können beispielsweise bestimmte Aktionen aufzeichnen und dann den aufgezeichneten Code in ein anderes, komplexeres Makro kopieren. Größtenteils müssen Sie den aufgezeichneten Code bearbeiten und einige neue VBA-Anweisungen einfügen.

Der Makro-Recorder kann *keinen* Code für eine der folgenden Aktionen aufzeichnen, die weiter hinten in diesem Buch noch beschrieben werden:

✔ Ausführung jeder Art wiederholender Schleifen

✔ Ausführung jeder Art von Bedingungsanweisungen (mit einer If-Then-Anweisung)

✔ Zuweisung von Werten an Variablen

✔ Angabe von Datentypen

✔ Anzeige von Pop-up-Meldungen

✔ Anzeige benutzerdefinierter Dialogfelder

Die begrenzte Kapazität des Makro-Recorders schmälert keineswegs seine Bedeutung. *Die Aufzeichnung Ihrer Aktionen ist vielleicht die beste Methode, VBA beherrschen zu lernen.* Wenn Sie Zweifel haben, versuchen Sie es mit der Aufzeichnung. Das Ergebnis ist dann vielleicht noch nicht genau das, was Sie wollen, aber die Ansicht des aufgezeichneten Codes kann Sie in die richtige Richtung lenken.

Vorbereitung auf die Aufzeichnung

Bevor Sie den großen Schritt unternehmen und den Makro-Recorder einschalten, denken Sie kurz darüber nach, was Sie machen wollen. Sie zeichnen ein Makro auf, sodass Excel automatisch die Aktionen wiederholen kann, die Sie aufzeichnen. Sie wollen also, dass diese Aktionen präzise sind.

Letztlich ist der Erfolg eines aufgezeichneten Makros von fünf Faktoren abhängig:

✔ Wie die Arbeitsmappe eingerichtet ist, während Sie das Makro aufzeichnen

✔ Was bei Beginn der Aufzeichnung ausgewählt sein soll

✔ Ob Sie einen absoluten oder einen relativen Aufzeichnungsmodus verwenden

✔ Die Präzision Ihrer aufgezeichneten Aktionen

✔ Der Kontext, in dem Sie das aufgezeichnete Makro ausführen

Die Bedeutung dieser Faktoren wird Ihnen schneller deutlich, wenn Sie die Makro-Aufzeichnung praktisch durchführen.

Relativ oder absolut?

Bei der Aufzeichnung Ihrer Aktionen zeichnet Excel normalerweise absolute Referenzen auf Zellen auf. (Dies ist der Standardaufzeichnungsmodus.) Häufig ist das jedoch der *falsche* Aufzeichnungsmodus. Wenn Sie den absoluten Aufzeichnungsmodus verwenden, zeichnet Excel tatsächliche Zellreferenzen auf. Wenn Sie die relative Aufzeichnung verwenden, zeichnet Excel *relative* Referenzen auf Zellen auf. Lesen Sie weiter, um den Unterschied zu verstehen.

Aufzeichnung im absoluten Modus

Erstellen Sie eine neue Arbeitsmappe und gehen Sie wie folgt vor, um ein einfaches Makro im absoluten Modus auszuführen. Dieses Makro gibt einfach drei Monatsnamen in eine Tabelle ein:

1. Kontrollieren Sie, dass die Schaltfläche ENTWICKLERTOOLS | CODE | RELATIVE VERWEISE VERWENDEN nicht hervorgehoben ist, und wählen Sie dann ENTWICKLERTOOLS | CODE | MAKRO AUFZEICHNEN.

2. Geben Sie Absolute als Namen für dieses Makro ein.

3. Klicken Sie auf OK, um mit der Aufzeichnung zu beginnen.

4. Aktivieren Sie Zelle B1 und geben Sie Jan in diese Zelle ein.

5. Gehen Sie in Zelle C1 und geben Sie Feb ein.

6. Gehen Sie in Zelle D1 und geben Sie März ein.

7. Klicken Sie in Zelle B1, um sie wieder zu aktivieren.

8. Halten Sie den Makro-Recorder an.

9. Drücken Sie [Alt]+[F11], um den VBE zu aktivieren.

10. Sehen Sie sich das Modul Modul1 an.

    Excel erzeugt den folgenden Code:

```
Sub Absolute()
'
' Absolute Makro
'
    Range("B1").Select
    ActiveCell.FormulaR1C1 = "Jan"
    Range("C1").Select
    ActiveCell.FormulaR1C1 = "Feb"
    Range("D1").Select
    ActiveCell.FormulaR1C1 = "März"
    Range("B1").Select
End Sub
```

Wenn dieses Makro ausgeführt wird, wählt es Zelle B1 aus und fügt die drei Monatsnamen in den Bereich B1:D1 ein. Anschließend aktiviert das Makro wieder Zelle B1.

Es werden jedes Mal dieselben Aktionen ausgeführt, unabhängig davon, welche Zelle bei Aktivierung des Makros gerade aktiv ist. Ein Makro, das unter Verwendung absoluter Referenzen ausgeführt wird, erzeugt bei seiner Ausführung immer dasselbe Ergebnis. In diesem Fall trägt das Makro immer die Namen der ersten drei Monate des Jahres in den Bereich B1:D1 ein.

Aufzeichnung im relativen Modus

In einigen Fällen will man, dass ein aufgezeichnetes Makro auf *relative* Art mit einer Zellenposition umgeht. Möglicherweise wollen Sie, dass das Makro die Monatsnamen beginnend in der aktiven Zelle einträgt. In diesem Fall brauchen Sie eine relative Aufzeichnung.

Sie können die Art und Weise ändern, wie Excel Ihre Aktionen aufzeichnet, indem Sie auf die Schaltfläche RELATIVE VERWEISE VERWENDEN in der Gruppe CODE der Registerkarte ENTWICKLERTOOLS klicken. Diese Schaltfläche ist ein Ein/Aus-Schalter. Wenn die Schaltfläche in einer anderen Farbe hervorgehoben dargestellt ist, ist der Aufzeichnungsmodus relativ. Wenn die Schaltfläche in normaler Farbe erscheint, zeichnen Sie im Absolutmodus auf.

 Sie können die Aufzeichnungsmethode jederzeit ändern, auch während der Aufzeichnung.

1. **Aktivieren Sie Zelle B1.**

2. **Wählen Sie** ENTWICKLERTOOLS | CODE | MAKRO AUFZEICHNEN.

3. **Geben Sie diesem Makro den Namen** `Relative`.

4. **Klicken Sie auf OK, um mit der Aufzeichnung zu beginnen.**

5. **Klicken Sie auf die Schaltfläche** RELATIVE VERWEISE VERWENDEN, **um den Aufzeichnungsmodus auf die relative Aufzeichnung zu ändern.**

   Wenn Sie auf diese Schaltfläche klicken, ändert sie ihre Farbe gegenüber dem restlichen Menüband.

6. **Geben Sie in Zelle B1** `Jan` **ein.**

7. **Gehen Sie in Zelle C1 und geben Sie** `Feb` **ein.**

8. **Gehen Sie in Zelle D1 und geben Sie** `März` **ein.**

9. **Wählen Sie Zelle B1**

10. **Beenden Sie den Makro-Recorder.**

Beachten Sie, dass sich diese Prozedur *leicht* vom vorigen Beispiel unterscheidet. In diesem Beispiel aktivieren Sie die Zelle, bevor Sie mit der Aufzeichnung beginnen. Das ist ein wichtiger Schritt, wenn Sie Makros aufzeichnen, die die aktive Zelle als Ausgangspunkt verwenden.

Dieses Makro beginnt mit der Texteingabe immer in der aktiven Zelle. Bewegen Sie den Zellenzeiger in eine beliebige Zelle und führen Sie das Makro `Relative` aus. Die Monatsnamen werden immer beginnend mit der aktiven Zelle eingegeben.

Wenn der Aufzeichnungsmodus auf relativ gesetzt ist, erzeugt Excel einen völlig anderen Code als den im absoluten Aufzeichnungsmodus:

```
Sub Relative()
'
' Relative Makro
'
    ActiveCell.FormulaR1C1 = "Jan"
    ActiveCell.Offset(0, 1).Range("A1").Select
    ActiveCell.FormulaR1C1 = "Feb"
    ActiveCell.Offset(0, 1).Range("A1").Select
    ActiveCell.FormulaR1C1 = "März"
    ActiveCell.Offset(0, -2).Range("A1").Select
End Sub
```

Um dieses Makro zu testen, aktivieren Sie irgendeine Zelle außer B1. Die Monatsnamen werden in drei Zellen eingegeben, beginnend mit der Zelle, die Sie aktiviert haben.

 Beachten Sie, dass sich der vom Makro-Recorder erstellte Code auf Zelle A1 bezieht. Das kann befremdlich wirken, weil Sie die Zelle A1 bei der Aufzeichnung des Makros nie verwendet haben. Dies entsteht einfach durch die Arbeitsweise des Makro-Recorders (weitere Informationen dazu finden Sie in Kapitel 8, wo es um die Offset-Eigenschaft geht).

Was wird eigentlich aufgezeichnet?

Wenn Sie den Makro-Recorder starten, wandelt Excel Ihre Maus- und Tastaturaktionen in gültigen VBA-Code um. Am besten verstehen Sie den Prozess, indem Sie den Makro-Recorder bei der Arbeit beobachten (siehe Abbildung 6.1).

Gehen Sie wie folgt vor:

1. **Starten Sie mit einer leeren Arbeitsmappe.**

2. **Das Excel-Fenster darf nicht maximiert sein.**

3. **Drücken Sie ⌨Alt+⌨F11, um den VBE zu aktivieren (und stellen Sie sicher, dass *dieses* Programmfenster nicht maximiert ist).**

4. **Passen Sie die Größe des Excel-Fensters und des VBE-Fensters an und verschieben Sie sie so auf dem Bildschirm, dass sie beide sichtbar sind.**

    Um optimale Ergebnisse zu erhalten, schieben Sie das Excel-Fenster über das VBE-Fenster und minimieren alle anderen ausgeführten Anwendungen.

5. **Aktivieren Sie Entwicklertools | Code | Makro aufzeichnen.**

6. **Klicken Sie auf OK, um den Makro-Recorder zu starten.**

Excel fügt ein neues Modul (Modul1) ein und beginnt mit der Aufzeichnung in diesem Modul.

7. **Aktivieren Sie das VBE-Programmfenster.**

8. **Doppelklicken Sie im Projekt-Explorer-Fenster auf Modul1, um dieses Modul im Codefenster anzuzeigen.**

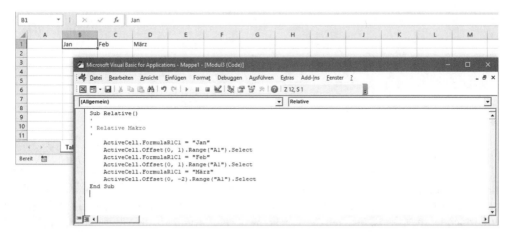

Abbildung 6.1: Eine praktische Anordnung der Fenster, um den Makro-Recorder bei seiner Arbeit zu beobachten

Springen Sie zurück in Excel und spielen Sie dort einen Moment. Wählen Sie verschiedene Excel-Befehle aus und beobachten Sie, wie der Code im VBE-Fenster erzeugt wird. Wählen Sie Zellen aus, geben Sie Daten ein, formatieren Sie Zellen, verwenden Sie Befehle aus dem Menüband, erstellen Sie ein Diagramm, ändern Sie Spaltenbreiten, bearbeiten Sie Grafikobjekte und so weiter. Machen Sie, was immer Sie wollen. Sie werden staunen, wenn Sie beobachten, wie Excel den VBE-Code direkt vor Ihren Augen einfügt.

 Wenn Sie ein System mit zwei Bildschirmen haben, könnte es praktisch sein, Excel auf dem einen Bildschirm und VBE auf dem anderen anzuzeigen.

Aufzeichnungsoptionen

Bei der Aufzeichnung Ihrer Aktionen, um VBA-Code zu erstellen, gibt es mehrere Optionen. Sie wissen, dass der Befehl ENTWICKLERTOOLS | CODE | MAKRO AUFZEICHNEN das Dialogfeld MAKRO AUFZEICHNEN anzeigt, bevor die Aufzeichnung beginnt, wie in Abbildung 6.2 auf der nächsten Seite gezeigt.

Das Dialogfeld MAKRO AUFZEICHNEN erlaubt Ihnen, verschiedene Aspekte Ihres Makros einzustellen. In den folgenden Abschnitten werden diese Optionen genauer beschrieben.

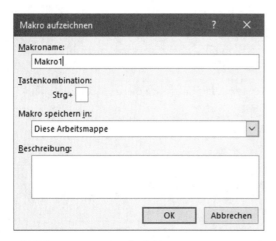

Abbildung 6.2: Das Dialogfeld MAKRO AUFZEICHNEN bietet mehrere Optionen.

Makro-Name

Hier können Sie einen Namen für die von Ihnen aufgezeichnete Sub-Prozedur eintragen. Standardmäßig verwendet Excel die Namen Makro1, Makro2 und so weiter für die von Ihnen aufgezeichneten Makros. Machen Sie sich keine Sorgen, wenn Sie dem Makro nicht im Vorhinein einen sinnvollen Namen zugewiesen haben. Sie können dem Makro später im VBE einen aussagekräftigeren Namen für den aufgezeichneten Code zuweisen.

Tastenkombination

Die Option TASTENKOMBINATION erlaubt Ihnen, das Makro durch Drücken einer Tastenkombination aufzurufen. Wenn Sie beispielsweise **w** (Kleinbuchstabe) eintragen, können Sie das Makro ausführen, indem Sie [Strg]+[W] drücken. Wenn Sie **W** (Großbuchstabe) eintragen, wird das Makro mit [Strg]+ [⇧]+[W] aktiviert.

 Sie können jederzeit eine Tastenkombination hinzufügen oder ändern, es gibt also keinen Grund, diese Option bei der Aufzeichnung eines Makros sofort festzulegen. Weitere Informationen über die Zuweisung einer Tastenkombination für ein vorhandenes Makro finden Sie in Kapitel 5.

Makro speichern in

Die Option MAKRO SPEICHERN IN teilt Excel mit, wo es das aufgezeichnete Makro speichern soll. Standardmäßig speichert Excel das aufgezeichnete Makro in einem Modul in der aktiven Arbeitsmappe. Wenn Sie möchten, können Sie es in einer neuen Arbeitsmappe ablegen (Excel öffnet eine leere Arbeitsmappe) oder in Ihrer PERSÖNLICHEN MAKROARBEITSMAPPE.

Ihre PERSÖNLICHE MAKROARBEITSMAPPE ist eine verborgene Arbeitsmappe, die beim Starten von Excel automatisch geöffnet wird. Dies ist ein geeigneter Speicherplatz für Makros, die Sie in mehreren Arbeitsmappen verwenden wollen. Die persönliche Makroarbeitsmappe heißt PERSONAL.XLSB. Diese Datei wird erst dann angelegt, wenn Sie sie als Speicherort für ein aufgezeichnetes Makro festlegen. Wenn Sie Änderungen an dieser Datei vorgenommen haben, fordert Excel Sie auf, sie zu speichern, bevor Sie das Programm verlassen.

Beschreibung

Wenn Sie dem Makro einen beschreibenden Kommentar hinzufügen wollen, geben Sie ihn in das Feld BESCHREIBUNG ein. Hier können Sie einen beliebigen Text eingeben – oder gar nichts.

Und wie effizient ist das Ganze?

Sie glauben womöglich, dass die Aufzeichnung eines Makros irgendwelchen preisgekrönten VBA-Code erzeugen könnte – besser, als Sie ihn je schreiben könnten. Denken Sie noch einmal darüber nach. Da der Makro-Recorder in der Lage sein muss, jegliche Kombination von Aktionen aufzuzeichnen, generiert er häufig zusätzlichen Code, der zwar funktioniert, jedoch nicht sehr effizient ist.

Um zu zeigen, wie ineffizient der Code des Makro-Recorders sein kann, probieren Sie Folgendes aus:

1. **Schalten Sie den Makro-Recorder ein.**

2. **Wählen Sie** SEITENLAYOUT | SEITE EINRICHTEN | AUSRICHTUNG | QUERFORMAT.

3. **Schalten Sie den Makro-Recorder aus.**

   Um das Makro anzuzeigen, aktivieren Sie Modul1. Dieser einzige (und sehr einfache) Befehl erzeugt den folgenden Code:

```
Sub Macro1()
    Application.PrintCommunication = False
    With ActiveSheet.PageSetup
        .PrintTitleRows = ""
        .PrintTitleColumns = ""
    End With
    Application.PrintCommunication = True
    ActiveSheet.PageSetup.PrintArea = ""
    Application.PrintCommunication = False
    With ActiveSheet.PageSetup
        .LeftHeader = ""
        .CenterHeader = ""
        .RightHeader = ""
        .LeftFooter = ""
        .CenterFooter = ""
        .RightFooter = ""
        .LeftMargin = Application.InchesToPoints(0.7)
```

```
                .RightMargin = Application.InchesToPoints(0.7)
                .TopMargin = Application.InchesToPoints(0.75)
                .BottomMargin = Application.InchesToPoints(0.75)
                .HeaderMargin = Application.InchesToPoints(0.3)
                .FooterMargin = Application.InchesToPoints(0.3)
                .PrintHeadings = False
                .PrintGridlines = False
                .PrintComments = xlPrintNoComments
                .PrintQuality = 600
                .CenterHorizontally = False
                .CenterVertically = False
                .Orientation = xlLandscape
                .Draft = False
                .PaperSize = xlPaperLetter
                .FirstPageNumber = xlAutomatic
                .Order = xlDownThenOver
                .BlackAndWhite = False
                .Zoom = 100
                .PrintErrors = xlPrintErrorsDisplayed
                .OddAndEvenPagesHeaderFooter = False
                .DifferentFirstPageHeaderFooter = False
                .ScaleWithDocHeaderFooter = True
                .AlignMarginsHeaderFooter = True
                .EvenPage.LeftHeader.Text = ""
                .EvenPage.CenterHeader.Text = ""
                .EvenPage.RightHeader.Text = ""
                .EvenPage.LeftFooter.Text = ""
                .EvenPage.CenterFooter.Text = ""
                .EvenPage.RightFooter.Text = ""
                .FirstPage.LeftHeader.Text = ""
                .FirstPage.CenterHeader.Text = ""
                .FirstPage.RightHeader.Text = ""
                .FirstPage.LeftFooter.Text = ""
                .FirstPage.CenterFooter.Text = ""
                .FirstPage.RightFooter.Text = ""
        End With
        Application.PrintCommunication = True
End Sub
```

Möglicherweise sind Sie überrascht über die von diesem einzigen Befehl erzeugte Codemenge. Obwohl Sie nur eine Druckeinstellung abgeändert haben, hat Excel Code erzeugt, der viele andere Druckeigenschaften festlegt.

Dies ist ein gutes Beispiel für den Overkill durch die Makro-Aufzeichnung. Wenn Sie ein Makro brauchen, das einfach nur die Seitenausrichtung vom Hochformat ins Querformat ändert, können Sie dieses Makro wesentlich vereinfachen, indem Sie den überflüssigen Code löschen. Auf diese Weise wird das Makro etwas schneller und sehr viel einfacher zu lesen. Und so sieht das Makro aus, nachdem die irrelevanten Zeilen gelöscht wurden:

```
Sub Macro1()
    With ActiveSheet.PageSetup
        .Orientation = xlLandscape
    End With
End Sub
```

Die einzige Codezeile, die benötigt wird, ist die, die die Eigenschaft Orientation festlegt. Sie können das Makro sogar noch weiter vereinfachen, weil Sie das With-End/End-Konstrukt überhaupt nicht brauchen (weitere Informationen darüber finden Sie in Kapitel 14):

```
Sub Macro1()
    ActiveSheet.PageSetup.Orientation = xlLandscape
End Sub
```

In diesem Fall ändert das Makro die Eigenschaft Orientation des PageSetup-Objekts in der aktiven Tabelle. Alle anderen Eigenschaften bleiben unverändert. Übrigens ist xlLandscape eine eingebaute Konstante, die dazu beiträgt, dass Ihr Code leichter zu lesen ist. Diese Konstante hat den Wert 2, die folgende Anweisung macht also genau dasselbe (ist aber nicht so einfach zu lesen):

```
ActiveSheet.PageSetup.Orientation = 2
```

Bleiben Sie dran – weitere Informationen über eingebaute Konstanten finden Sie in Kapitel 7.

Statt dieses Makro aufzuzeichnen, können Sie es auch direkt in ein VBA-Modul eingeben. Dazu müssen Sie wissen, welche Objekte, Eigenschaften und Methoden dazu zu verwenden sind. Obwohl das aufgezeichnete Makro nicht viel erledigt, können Sie anhand der Aufzeichnung erkennen, dass das PageSetup-Objekt in einem Worksheet-Objekt enthalten ist und dass das PageSetup-Objekt eine Orientation-Eigenschaft hat. Gerüstet mit diesem Wissen und einem schnellen Blick in das Hilfesystem (und vielleicht ein paar Versuchen) können Sie das Makro auch manuell schreiben.

Dieses Kapitel enthält eigentlich alles, was Sie über die Verwendung des Makro-Recorders wissen müssen. Sie brauchen nur noch ein wenig Erfahrung. Irgendwann werden Sie verstehen, welche aufgezeichneten Anweisungen Sie problemlos löschen können. Und Sie werden lernen, wie ein aufgezeichnetes Makro so angepasst werden kann, dass es praktische Dinge für Sie erledigt.

Teil III
Programmierkonzepte

Die wichtigsten Elemente der Excel-Programmierung kennenlernen: Variablen, Konstanten, Datentypen, Operatoren, Arrays und viele mehr.

Sich mit Range-Objekten vertraut machen – Sie werden froh darüber sein.

Herausfinden, warum VBA-Funktionen (und auch Excel-Arbeitsblattfunktionen) so wichtig sind.

Das Wesen der Programmierung verstehen: Entscheidungen und Schleifen.

Erfahren, wie Code automatisch ausgeführt wird, wenn bestimmte Dinge stattfinden.

Die verschiedenen Fehlertypen kennenlernen und verstehen, warum die Fehlerverarbeitung so wichtig ist.

Wissen, was zu tun ist, wenn scheinbar korrekter Code falsche Ergebnisse erzeugt.

IN DIESEM KAPITEL

Wissen, wann, warum und wie Kommentare in Ihrem Code eingesetzt werden

Variablen und Konstanten verwenden

VBA mitteilen, welchen Datentyp Sie verwenden

Arrays kennenlernen

Wissen, warum Sie möglicherweise Zeilenmarken in Ihren Prozeduren verwenden müssen

Kapitel 7
Wichtige Elemente der Sprache VBA

VBA ist eine echte, lebendige Programmiersprache, deshalb verwendet es viele Elemente, die auch in allen anderen Programmiersprachen verwendet werden. In diesem Kapitel lernen Sie mehrere dieser Elemente kennen: Kommentare, Variablen, Konstanten, Datentypen, Arrays und noch ein paar weitere praktische Kleinigkeiten. Falls Sie bereits in anderen Sprachen programmiert haben, wird Ihnen dieser Stoff möglicherweise vertraut vorkommen. Falls Sie Programmierneuling sind, sollten Sie die Ärmel hochkrempeln und so schnell wie möglich anfangen.

Kommentare in Ihrem VBA-Code

Ein *Kommentar* ist die einfachste VBA-Anweisung. VBA ignoriert diese Anweisungen, deshalb können sie beliebigen Inhalt haben. Sie können einen Kommentar einfügen, um sich selbst daran zu erinnern, warum Sie irgendetwas gemacht haben, oder um einen besonders eleganten Code zu erklären, den Sie geschrieben haben.

Fügen Sie großzügig Kommentare ein, um zu beschreiben, was Ihr Code macht (was beim einfachen Lesen des Codes nicht immer sofort offensichtlich ist). Code, der Ihnen heute noch glasklar erscheint, kann morgen schon ein Buch mit sieben Siegeln für Sie sein. Üben Sie Aufklärungsarbeit!

Vor einem Kommentar steht ein Apostroph ('). VBA ignoriert Text in einer Codezeile, der hinter einem Apostroph steht. Sie können für Ihren Kommentar die ganze Zeile verwenden, ihn aber auch erst am Zeilenende einfügen. Das folgende Beispiel zeigt eine VBA-Prozedur mit vier Befehlen:

```
Sub FormatCells()
'   Exit, falls kein Bereich ausgewählt wird
    If TypeName(Selection) <> "Range" Then
        MsgBox "Wählen Sie einen Bereich aus."
        Exit Sub
    End If
'   Die Zellen formatieren
    With Selection
        .HorizontalAlignment = xlRight
        .WrapText = False ' kein Zeilenumbruch
        .MergeCells = False ' keine verbundenen Zellen
    End With
End Sub
```

Die Regel, dass das Apostroph einen Kommentar kennzeichnet, hat eine Ausnahme: Innerhalb von zwei Anführungszeichen interpretiert VBA ein Apostroph-Zeichen nicht als Kennzeichner für einen Kommentar. Die folgende Anweisung beispielsweise enthält keinen Kommentar, obwohl sie ein Apostroph-Zeichen aufweist:

```
Msg = "Los geht's!"
```

Beim Schreiben von Code können Sie eine Prozedur testen, indem Sie bestimmte Anweisungen oder eine Anweisungsgruppe *auskommentieren*. Sie *könnten* die Anweisungen natürlich auch löschen und später wieder einfügen. Aber das ist Zeitverschwendung. Eine bessere Lösung ist es, diese Anweisungen einfach vorübergehend in Kommentare umzuwandeln, indem man Apostrophe einfügt. Bei der Ausführung einer Routine ignoriert VBA Anweisungen, die mit einem Apostroph beginnen. Um diese auskommentierten Anweisungen wieder zu aktivieren, entfernen Sie einfach die Apostrophe.

Es gibt eine schnelle Methode, einen Anweisungsblock in Kommentare umzuwandeln. Wählen Sie im VBE ANSICHT | SYMBOLLEISTEN | BEARBEITEN, um die BEARBEITEN-Symbolleiste anzuzeigen. Um einen Anweisungsblock in Kommentare umzuwandeln, markieren Sie die Anweisungen und klicken auf die Schaltfläche BLOCK AUSKOMMENTIEREN. Um die Apostrophe wieder zu entfernen, markieren Sie die Anweisungen und klicken auf die Schaltfläche AUSKOMMENTIERUNG DES BLOCKS AUFHEBEN.

Jeder Programmierer entwickelt seinen eigenen Kommentarstil. Damit Ihre Kommentare sinnvoll sind, sollten sie Informationen enthalten, die nicht unmittelbar aus dem Code abzuleiten sind.

Die folgenden Tipps können Ihnen dabei helfen, effektiv mit Kommentaren umzugehen:

✔ Identifizieren Sie sich selbst als Urheber. Das kann praktisch sein, wenn Sie befördert werden und Ihr Nachfolger Fragen hat.

✔ Beschreiben Sie kurz den Zweck jeder Sub- oder Funktionsprozedur, die Sie schreiben.

✔ Nutzen Sie Kommentare, um Änderungen an einer Prozedur zu erklären.

✔ Verwenden Sie einen Kommentar, um darauf hinzuweisen, dass Sie eine Funktion oder ein Konstrukt auf unübliche oder nicht dem Standard entsprechende Weise verwenden.

✔ Fügen Sie Kommentare ein, um die verwendeten Variablen zu beschreiben, insbesondere dann, wenn Sie keine sprechenden Variablennamen verwenden.

✔ Verwenden Sie Kommentare, um alle Notbehelfe zu beschreiben, die Sie entwickeln, um Probleme in Excel zu umgehen.

✔ Schreiben Sie die Kommentare schon bei der Entwicklung des Codes, statt sich das für später aufzuheben.

✔ Fügen Sie, abhängig von Ihrer Arbeitsumgebung, einen oder zwei Witze als Kommentar hinzu. Der Person, die Ihre Stelle übernimmt, nachdem Sie befördert wurden, gefällt Ihr Humor vielleicht.

Variablen, Konstanten und Datentypen

In VBA geht es hauptsächlich darum, Daten zu manipulieren. VBA legt die Daten im Arbeitsspeicher Ihres Computers ab, und irgendwann werden sie auf die Festplatte geschrieben – oder nicht. Einige Daten, wie beispielsweise Arbeitsblattbereiche, befinden sich in Objekten. Andere Daten werden in den von Ihnen angelegten Variablen gespeichert.

Variablen verstehen

Eine *Variable* ist einfach ein benannter Speicherort im Hauptspeicher Ihres Computers, der von einem Programm genutzt werden kann. Bei der Benennung Ihrer Variablen sind Sie äußerst flexibel, deshalb sollten Sie die Variablennamen so aussagekräftig wie möglich machen. Mithilfe des Gleichheitszeichens weisen Sie einer Variablen einen Wert zu (weitere Informationen dazu im Abschnitt »Zuweisungsbefehle verwenden« später in diesem Kapitel).

Die Variablennamen in diesen Beispielen erscheinen auf der linken und auf der rechten Seite des Gleichheitszeichens. Beachten Sie, dass das letzte Beispiel zwei Variablen verwendet.

```
x = 1
Zinssatz = 0.075
KreditRückzahlungsrate = 243089
EingegebeneDaten = False
x = x + 1
BenutzerName = "Bob Johnson"
Start_Dateneingabe = #3/14/2016#
MeineNummer = DeineNummer * 1.25
```

VBA erzwingt ein paar Regeln im Hinblick auf die Variablennamen:

✔ Sie können Buchstaben, Ziffern und einige Satzzeichen verwenden, aber das erste Zeichen muss ein Buchstabe sein.

✔ VBA unterscheidet nicht zwischen Groß- und Kleinbuchstaben.

✔ In Variablennamen sind keine Leerzeichen, Punkte oder mathematische Operatoren zulässig.

✔ Die folgenden Zeichen sind in einem Variablennamen nicht zugelassen: #, $, %, & und !.

✔ Variablennamen dürfen nicht länger als 255 Zeichen sein. Aber diese Einschränkung wird wohl nie jemand erreichen.

Damit Variablennamen besser lesbar sind, verwenden die Programmierer häufig eine Mischung aus Groß- und Kleinbuchstaben (zum Beispiel GezahlteZinsen) oder den Unterstrich (Gezahlte_Zinsen).

VBA enthält zahlreiche reservierte Wörter, die Sie nicht als Variablennamen oder Prozedurnamen verwenden dürfen. Unter anderem sind das Wörter wie Sub, Dim, With, End, Next und For. Wenn Sie versuchen, eines dieser Wörter als Variable zu verwenden, erhalten Sie einen Compiler-Fehler (das heißt, Ihr Code wird nicht ausgeführt). Wenn also ein Zuweisungsbefehl eine Fehlermeldung erzeugt, überprüfen Sie, ob Sie nicht einen Variablennamen verwenden, der ein reserviertes Wort ist. Dies können Sie ganz einfach überprüfen, indem Sie den Variablennamen auswählen und F1 drücken. Wenn es sich bei Ihrem Variablennamen um ein reserviertes Wort handelt, gibt es einen Eintrag im Hilfesystem dazu.

VBA gestattet Ihnen, Variablen mit Namen anzulegen, die mit Namen aus dem Objektmodell von Excel übereinstimmen, wie beispielsweise Workbook oder Range. Offensichtlich steigt jedoch damit auch das Potenzial der Verwirrung. Das folgende Makro, das völlig korrekt (wenn auch verwirrend) ist, deklariert Range als Variablennamen und arbeitet mit einer Zelle namens Range auf einer Tabelle namens Range.

```
Sub RangeConfusion()
    Dim Range As Double
    Range = Sheets("Range").Range("Range")
    MsgBox Range
End Sub
```

Widerstehen Sie also dem Drang, Variablen namens Workbook oder Range zu verwenden. Verwenden Sie besser MeinWorkbook oder MeinRange.

Was sind Datentypen in VBA?

Bei Programmiersprachen bezeichnet der Begriff *Datentypen* die Art und Weise, wie ein Programm Daten im Speicher ablegt, zum Beispiel als Integer, reelle Zahlen oder Strings. VBA kann diese Dinge zwar auch automatisch erledigen, aber das ist mit einigem Aufwand verbunden. Wenn VBA Ihre Datentypen automatisch verarbeiten soll, führt dies zu einer langsameren Ausführung und einer ineffizienten Speichernutzung. Bei kleinen Anwendungen stellt dies in der Regel kein Problem dar. Aber wenn Sie es mit großen oder komplexen Anwendungen zu tun haben, die dadurch vielleicht langsam werden oder die jedes Byte Speicher brauchen, sollten Sie das Konzept der Datentypen verstehen.

VBA übernimmt für Sie automatisch alle Datendetails, was den Programmierern das Leben sehr viel einfacher macht. Nicht alle Programmiersprachen bieten diesen Luxus. Beispielsweise sind einige Sprachen *streng typisiert*, das heißt, der Programmierer muss für jede verwendete Variable explizit einen Datentyp definieren.

In VBA ist es nicht erforderlich, dass Sie die verwendeten Variablen deklarieren, aber Sie sollten es sich angewöhnen. Warum das so ist, erfahren Sie später in diesem Kapitel.

VBA besitzt zahlreiche eingebaute Datentypen. Tabelle 7.1 listet die gebräuchlichsten Datentypen auf, die VBA verarbeiten kann.

Datentyp	Anzahl verwendeter Bytes	Wertebereich
Byte	1	0 bis 255
Boolean	2	True oder False
Integer	2	-32.768 bis 32.767
Long	4	-2.147.483.648 bis 2.147.483.647
Single	4	-3,40E308 bis -1,40E-45 für negative Werte; 1,40E-45 bis 3,4E38 für positive Werte
Double	8	-7,79E38 bis -4,94E-324 für negative Werte; 4,94E-324 bis 1,79E308 für positive Werte
Currency	8	-922.337.203.685.477 bis 922.337.203.685.477
Date	8	1/1/0100 bis 12/31/9999
Object	4	Eine beliebige Objektreferenz
String	1 pro Zeichen	Variiert
Variant	Variiert	Variiert

Tabelle 7.1: In VBA eingebaute Datentypen

Im Allgemeinen sollten Sie den Datentyp verwenden, der die kleinste Anzahl Bytes verbraucht, aber alle Daten verarbeiten kann, die Sie in der Variablen speichern wollen.

Eine Ausnahme zur Regel »kleinste Anzahl an Bytes« ist Long. Die meisten VBA-Programmierer verwenden Long statt Integer, weil dies einen kleinen Leistungsvorteil bedeutet. Bei kleinen Prozeduren werden Sie jedoch keinerlei Unterschied bemerken, egal ob Sie den Datentyp Long oder Integer verwenden.

Variablen deklarieren und ihnen einen Gültigkeitsbereich zuweisen

Wenn Sie die vorigen Abschnitte gelesen haben, wissen Sie schon, worum es sich bei Variablen und Datentypen handelt. In diesem Abschnitt werden Sie erfahren, wie eine Variable mit einem bestimmten Datentyp deklariert wird.

Falls Sie den Datentyp für eine Variable, die in einer VBA-Routine verwendet werden soll, nicht deklarieren, verwendet VBA den Standarddatentyp: Variant. Daten, die als Variant gespeichert sind, verhalten sich wie ein Chamäleon: Sie ändern den Datentyp abhängig davon, was Sie mit ihnen machen. Wenn eine Variable beispielsweise vom Datentyp Variant ist und eine Zeichenfolge enthält, die wie eine Zahl aussieht (zum Beispiel 143), können Sie diese Variable sowohl für Zeichenfolgenmanipulationen als auch für numerische Berechnungen verwenden. VBA übernimmt automatisch die Umwandlung für Sie. Es scheint sehr praktisch zu sein, VBA die Sache mit den Datentypen zu überlassen, aber denken Sie daran, dass Sie damit Geschwindigkeit und Speicherplatz opfern.

Bevor Sie Variablen in Prozeduren verwenden, sollten Sie sie unbedingt *deklarieren*. Das bedeutet, Sie teilen VBA mit, welchen Datentyp diese Variablen haben. Durch die Deklaration Ihrer Variablen wird Ihr Makro schneller und nutzt den Speicher effizienter. Der Standarddatentyp Variant bewirkt, dass VBA ständig zeitaufwendige Überprüfungen durchführt und mehr Speicher reserviert, als erforderlich. Wenn VBA den Datentyp der Variablen kennt, muss es nicht selbst nachforschen und reserviert genau so viel Speicher, wie für die Daten erforderlich ist.

Um sich selbst zu zwingen, die verwendeten Variablen immer zu deklarieren, geben Sie die beiden folgenden Schlüsselwörter als erste Anweisung in Ihrem VBA-Modul an:

```
Option Explicit
```

Wenn diese Anweisung vorhanden ist, können Sie Ihren Code nicht ausführen, wenn er nicht deklarierte Variablen enthält.

Sie brauchen Option Explicit nur ein einziges Mal anzugeben: am Anfang Ihres Moduls, vor der Deklaration der Prozeduren in dem Modul. Beachten Sie, dass die Anweisung Option Explicit nur in dem Modul gilt, in dem sie eingetragen ist. Falls Sie mehrere VBA-Module in einem Projekt verwenden, müssen Sie die Anweisung Option Explicit für jedes Modul angeben.

Angenommen, Sie verwenden eine nicht deklarierte Variable (das heißt den Datentyp Variant) namens AktuellerZins. Irgendwo in Ihrer Routine schreiben Sie die folgende Anweisung:

```
AktuelerZins = .075
```

Der Variablenname ist falsch geschrieben (es fehlt ein »l«), was aber schwer zu erkennen sein kann. Wenn Sie es nicht merken, interpretiert Excel dies als eine *andere* Variable und Ihre Routine erzeugt wahrscheinlich ein falsches Ergebnis. Wenn Sie Option Explicit an den Anfang Ihres Moduls schreiben (was erzwingen würde, dass die Variable AktuellerZins deklariert wird), erzeugt Excel einen Fehler, sobald es auf eine falsch geschriebene Variante dieser Variablen trifft.

Damit die Anweisung Option Explicit in jedem neuen VBA-Modul automatisch eingefügt wird, aktivieren Sie die Option VARIABLENDEKLARATION ERFORDERLICH. Sie finden sie auf der Registerkarte EDITOR im Dialogfeld OPTIONEN (wählen Sie im VBE EXTRAS | OPTIONEN).

Wenn Sie Ihre Variablen deklarieren, können Sie auch eine Abkürzung nutzen, die Ihnen etwas Schreibarbeit abnimmt. Sie geben einfach die ersten zwei oder drei Zeichen des Variablennamens ein und drücken dann [Strg]+[Leertaste]. Der VBE vervollständigt den Eintrag für Sie, falls der Eintrag eindeutig ist, oder zeigt eine Liste übereinstimmender Wörter an, aus denen Sie auswählen können. Abbildung Abbildung 7.1 zeigt ein Beispiel dafür, wie das funktioniert.

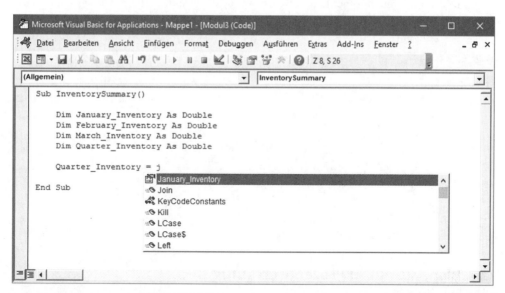

Abbildung 7.1: Wenn Sie [Strg]+[Leertaste] drücken, wird eine Liste mit Variablennamen, reservierten Wörtern und Funktionen angezeigt.

Jetzt wissen Sie, welche Vorteile es hat, Variablen zu deklarieren, aber wissen Sie auch, wie es geht? Am gebräuchlichsten ist die Verwendung einer Dim-Anweisung. Hier einige Beispiele für die Deklaration von Variablen:

```
Dim IhrName As String
Dim Januar_Lagerbestand As Double
Dim FälligerBetrag As Double
Dim ZeilenNummer As Long
Dim X
```

Die ersten vier Variablen sind mit einem bestimmten Datentyp deklariert. Die letzte Variable, X, ist nicht mit einem bestimmten Datentyp deklariert, deshalb wird sie als Variant behandelt (sie könnte irgendetwas sein).

Neben Dim gibt es in VBA noch drei weitere Schlüsselwörter, mit denen Sie Variablen deklarieren können:

✔ Static

✔ Public

✔ Private

Weitere Informationen zu den Schlüsselwörtern Dim, Static, Public und Private finden Sie später in diesem Kapitel. Zuerst jedoch zwei andere wichtige Themen: der Gültigkeitsbereich einer Variablen und die Lebensdauer einer Variablen.

Eine Arbeitsmappe kann beliebig viele VBA-Module enthalten. Und ein VBA-Modul kann beliebig viele Sub- und Funktionsprozeduren enthalten. Der Gültigkeitsbereich einer Variablen bestimmt, welche Module und Prozeduren die Variable nutzen können. Tabelle 7.2 zeigt die Details.

Gültigkeitsbereich	Wie die Variable deklariert ist
Nur Prozedur	Mit einer Dim- oder Static-Anweisung in der Prozedur, die die Variable verwendet
Nur Modul	Mit einer Dim- oder Private-Anweisung vor der ersten Sub- oder Function-Anweisung im Modul
Alle Prozeduren in allen Modulen	Mit einer Public-Anweisung vor der ersten Sub- oder Function-Anweisung in einem Modul

Tabelle 7.2: Gültigkeitsbereich von Variablen

Verwirrt? Blättern Sie einfach weiter, dann finden Sie ein paar Beispiele, die Ihnen alle diese Dinge verdeutlichen werden.

Variablen, die nur in Prozeduren gültig sind

Der kleinste Gültigkeitsbereich für eine Variable ist die Prozedur. (Eine *Prozedur* ist eine Sub-Prozedur oder eine Funktionsprozedur.) Variablen, die mit diesem Gültigkeitsbereich definiert sind, können nur in der Prozedur verwendet werden, in der sie deklariert sind. Nachdem die Prozedur beendet ist, ist die Variable nicht mehr vorhanden, und Excel gibt den von ihr belegten Speicher frei. Wenn Sie die Prozedur erneut ausführen, wird die Variable wieder zum Leben erweckt, aber ihr vorheriger Wert ist nicht mehr vorhanden.

Eine Variable, die nur innerhalb einer Prozedur gültig sein soll, wird im Allgemeinen mit einer Dim-Anweisung deklariert. Dabei handelt es sich um einen alten Begriff aus der

Programmierung, der eine Abkürzung für Dimension darstellt, was nichts anderes bedeutet, als dass Sie Speicher für eine bestimmte Variable reservieren. In der Regel werden die Dim-Anweisungen direkt hinter der Sub- oder Function-Anweisung und vor dem Prozedurcode geschrieben.

Das folgende Beispiel zeigt einige Variablen, die nur inerhalb einer Prozedur gültig sind, deklariert mit Dim-Anweisungen:

```
Sub MySub()
    Dim x As Integer
    Dim Erster As Long
    Dim ZinsSatz As Single
    Dim HeutigesDatum As Date
    Dim BenutzerName As String
    Dim MeinWert
'   ... [Hier folgt der Prozedurcode] ...
End Sub
```

Beachten Sie, dass die letzte Dim-Anweisung im obigen Beispiel keinen Datentyp für die Variable MeinWert deklariert. Sie deklariert nur die eigentliche Variable. Daraus ergibt sich, dass die Variable MeinWert den Datentyp Variant besitzt.

 Anders als andere Sprachen gestattet VBA es nicht, eine Gruppe von Variablen als bestimmten Datentyp zu deklarieren, indem die Variablen durch Kommas voneinander getrennt werden. Die folgende Anweisung ist gültig, aber sie deklariert *nicht* alle Variablen als Integer:

```
Dim i, j, k As Integer
```

In diesem Beispiel wird nur k als Integer deklariert. Die anderen Variablen haben standardmäßig den Datentyp Variant.

Wenn Sie eine Variable deklarieren, die nur innerhalb einer Prozedur gültig sein soll, können andere Prozeduren im selben Modul denselben Variablennamen verwenden, aber jede Instanz der Variablen ist eindeutig für ihre jeweils eigene Prozedur. Im Allgemeinen sind die auf Prozedurebene deklarierten Variablen am effizientesten, weil VBA den gesamten von ihnen belegten Speicher freigibt, nachdem die Prozedur abgeschlossen ist.

Variablen, die nur in Modulen gültig sind

Manchmal will man, dass eine Variable in allen Prozeduren eines Moduls zur Verfügung steht. In diesem Fall deklarieren Sie die Variable (mit Dim oder Private) einfach *vor* der ersten Sub- oder Function-Anweisung des Moduls, also außerhalb aller Prozeduren. Dies erfolgt im Deklarationen-Abschnitt am Anfang Ihres Moduls. (Dort befindet sich auch die Anweisung Option Explicit.)

Abbildung 7.2 zeigt, wie Sie erkennen, dass Sie im Deklarationen-Abschnitt arbeiten. Mit der Drop-down-Liste auf der rechten Seite gelangen Sie direkt in den Deklarationen-Abschnitt. Gehen Sie nicht über Los und ziehen Sie nicht 400 Euro!

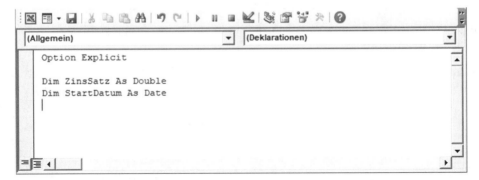

Abbildung 7.2: Jedes VBA-Modul hat einen Deklarationen-Abschnitt, der vor allen Sub- und Funktionsprozeduren steht.

Stellen Sie sich beispielsweise vor, Sie wollen die Variable AktuellerWert so deklarieren, dass sie in allen Prozeduren Ihres Moduls zur Verfügung steht. Sie brauchen nur die Dim-Anweisung in den Deklarationen-Abschnitt zu schreiben:

```
Dim AktuellerWert As Double
```

Wenn Sie diese Deklaration am richtigen Ort einfügen, kann die Variable AktuellerWert von allen anderen Prozeduren im Modul genutzt werden und behält dabei jeweils ihren Wert.

Öffentliche Variablen

Wenn Sie wollen, dass eine Variable allen Prozeduren in Ihren VBA-Modulen in einer Arbeitsmappe zur Verfügung steht, deklarieren Sie die Variable auf Modulebene (im Deklarationen-Abschnitt) mit dem Schlüsselwort Public. Hier ein Beispiel:

```
Public AktuellerZins As Long
```

Das Schlüsselwort Public sorgt dafür, dass die Variable AktuellerZins in allen Prozeduren Ihrer Arbeitsmappe zur Verfügung steht, selbst in anderen VBA-Modulen. Sie müssen diese Anweisung vor der ersten Sub- oder Function-Anweisung in einem Modul schreiben.

 Wenn Sie eine Variable brauchen, die in den Modulen anderer Arbeitsmappen zur Verfügung steht, müssen Sie die Variable als Public deklarieren und einen Verweis auf die Arbeitsmappe einrichten, in der die Variablendeklaration enthalten ist. Sie richten diesen Verweis mit dem Befehl EXTRAS | VERWEISE im VBE ein. In der Praxis kommt es kaum vor, dass eine Variable innerhalb mehrerer Arbeitsmappen verwendet wird. Aber Sie sollten es auf alle Fälle wissen, falls Sie einmal danach gefragt werden.

Statische Variablen

Wenn eine Prozedur abgeschlossen ist, werden normalerweise alle ihre Variablen zurückgesetzt. *Statische Variablen* bilden einen Sonderfall, weil sie ihren Wert beibehalten, selbst wenn die Prozedur abgeschlossen ist. Eine statische Variable kann dann praktisch sein, wenn Sie verfolgen wollen, wie oft eine Prozedur ausgeführt wurde. Sie deklarieren einfach eine statische Variable und zählen sie bei jeder Ausführung der Prozedur hoch.

Wie im folgenden Beispiel gezeigt, werden statische Variablen mit dem Schlüsselwort `Static` deklariert:

```
Sub MySub()
    Static Counter As Integer
    Dim Msg As String
    Counter = Counter + 1
    Msg = "Anzahl der Ausführungen: " & Counter
    MsgBox Msg
End Sub
```

Der Code verfolgt, wie oft die Prozedur ausgeführt wurde, und zeigt die Anzahl in einem Meldungsfeld an. Der Wert der Variablen `Counter` wird nach Abschluss der Prozedur nicht zurückgesetzt, sondern erst, wenn Sie die Arbeitsmappe schließen und dann wieder öffnen.

 Auch wenn der Wert einer als `Static` deklarierten Variablen nach Abschluss einer Prozedur beibehalten wird, steht diese Variable keinen anderen Prozeduren zur Verfügung. Im obigen Beispiel stehen die `Counter`-Variable und ihr Wert nur innerhalb der Prozedur `MySub` zur Verfügung. Das bedeutet, es handelt sich um eine Variable auf Prozedurebene.

Lebensdauer von Variablen

Niemand lebt ewig, das gilt auch für Variablen. Der Gültigkeitsbereich einer Variablen bestimmt nicht nur, wo diese Variable genutzt werden kann, sondern wirkt sich auch darauf aus, unter welchen Umständen die Variable aus dem Speicher entfernt werden kann.

Variablen können mit drei Methoden aus dem Speicher entfernt werden:

✔ Sie klicken auf die Schaltfläche ZURÜCKSETZEN in der Symbolleiste (das ist die Schaltfläche mit dem kleinen blauen Quadrat in der Standardsymbolleiste im VBE).

✔ Sie klicken auf BEENDEN, wenn ein Dialogfeld mit einem Laufzeitfehler angezeigt wird.

✔ Sie nehmen in Ihren Code eine End-Anweisung auf. Das ist nicht dasselbe wie eine `End Sub`- oder `End Function`-Anweisung.

Andernfalls werden Variablen auf Prozedurebene nicht aus dem Speicher entfernt, nachdem der Makro-Code vollständig ausgeführt wurde. Statische Variablen, Variablen auf Modulebene und globale (öffentliche) Variablen behalten ihren Wert zwischen den einzelnen Ausführungen Ihres Codes bei.

Wenn Sie mit Variablen auf Modulebene oder mit globalen Variablen arbeiten, müssen sie den Wert enthalten, den Sie von ihnen erwarten. Man weiß schließlich nie, ob eine der oben erwähnten Situationen dazu geführt hat, dass Ihre Variablen ihren Inhalt verloren haben!

Mit Konstanten arbeiten

Der Wert einer Variablen kann sich ändern, während Ihre Prozedur ausgeführt wird (und das macht er in der Regel auch). Aus diesem Grund spricht man ja auch von Variablen. Manchmal muss man aber auch auf einen Wert oder eine Zeichenkette verweisen, die sich nie ändern. In diesem Fall brauchen Sie eine *Konstante* – ein mit Namen versehenes Element, dessen Wert sich nie ändert.

Wie in den folgenden Beispielen gezeigt, deklarieren Sie Konstanten mit der Const-Anweisung. Die Deklarationsanweisung gibt der Konstanten gleichzeitig ihren Wert:

```
Const NumQuarters As Integer = 4
Const Rate = .0725, Period = 12
Const ModName As String = "Budget-Makros"
Public Const AppName As String = "Budget-Anwendung"
```

 Die Verwendung von Konstanten anstelle von fest codierten Werten oder Zeichenfolgen ist ausgezeichnete Programmierpraxis. Wenn Ihre Prozedur beispielsweise mehrfach auf einen bestimmten Wert verweisen muss (zum Beispiel einen Zinssatz), ist es besser, den Wert als Konstante zu deklarieren und auf ihren Namen zu verweisen. Auf diese Weise wird Ihr Code besser lesbar und einfacher zu ändern. Und wenn sich der Zinssatz ändert, brauchen Sie nur eine Anweisung zu ändern, statt die Änderung an allen Stellen vornehmen zu müssen, wo er verwendet wird.

 Wie Variablen haben auch Konstanten einen Gültigkeitsbereich. Beachten Sie Folgendes:

✔ Um eine Konstante nur innerhalb einer einzigen Prozedur bereitzustellen, deklarieren Sie sie nach der Sub- oder Function-Anweisung der Prozedur.

✔ Um eine Konstante in allen Prozeduren eines Moduls bereitzustellen, deklarieren Sie die Konstante im Deklarationen-Abschnitt des Moduls.

✔ Um eine Konstante für alle Module in einer Arbeitsmappe bereitzustellen, verwenden Sie das Schlüsselwort Public und deklarieren die Konstante im Deklarationen-Abschnitt eines beliebigen Moduls.

Anders als eine Variable ändert eine Konstante ihren Wert nie. Wenn Sie versuchen, in einer VBA-Routine den Wert einer Konstanten zu ändern, erhalten Sie eine Fehlermeldung. Das ist kaum überraschend, denn der Wert einer Konstanten muss konstant bleiben. Wenn Sie den Wert einer Konstanten während der Ausführung Ihres Codes ändern müssen, brauchen Sie eigentlich eine Variable.

Vorgefertigte Konstanten

Excel und VBA haben zahlreiche vordefinierte Konstanten, die Sie nutzen können, ohne sie selbst deklarieren zu müssen. Der Makro-Recorder verwendet normalerweise Konstanten statt tatsächlicher Werte. Im Allgemeinen müssen Sie den Wert dieser Konstanten nicht kennen, um sie nutzen zu können. Die folgende einfache Prozedur verwendet eine eingebaute Konstante (`xlCalculationManual`), um die `Calculation`-Eigenschaft des `Application`-Objekts zu ändern. (Mit anderen Worten, damit wird der Neuberechnungsmodus von Excel auf manuell geändert.)

```
Sub CalcManual()
    Application.Calculation = xlCalculationManual
End Sub
```

Wenn Sie im Hilfesystem von Excel die Berechnungsmodi nachschlagen, finden Sie dort Folgendes:

Name	Wert	Beschreibung
`xlCalculationAutomatic`	-4105	Die Neuberechnung wird von Excel gesteuert.
`xlCalculationManual`	-4135	Die Berechnung erfolgt, wenn der Benutzer diese anfordert.
`xlCalculationSemiautomatic`	2	Die Neuberechnung wird von Excel gesteuert, Änderungen in den Tabellen werden jedoch ignoriert.

Der tatsächliche Wert der eingebauten Konstanten `xlCalculationManual` ist also -4135. Offensichtlich ist es einfacher, den Namen der Konstanten zu verwenden, als zu versuchen, sich einen seltsamen Wert zu merken. Wie Sie sehen, sind viele der eingebauten Konstanten einfach zufällige Zahlen, die irgendeine spezielle Bedeutung für VBA haben.

 Um den tatsächlichen Wert einer eingebauten Konstanten zu ermitteln, verwenden Sie das Direktfenster im VBE und führen eine VBA-Anweisung wie etwa die folgende aus:

```
? xlCalculationAutomatic
```

Wenn das Direktfenster nicht angezeigt wird, drücken Sie Strg+G. Das Fragezeichen ist eine Abkürzung für die Eingabe von **Print**.

Mit Zeichenfolgen arbeiten

Excel kann mit Zahlen und mit Text arbeiten, es ist also naheliegend, dass VBA dies ebenfalls beherrscht. Text wird häufig als *Zeichenfolge* bezeichnet. In VBA können zwei Arten von Zeichenfolgen verarbeitet werden:

✔ **Zeichenfolgen fester Länge** werden mit einer bestimmten Zeichenzahl deklariert. Die maximale Länge beträgt 65.526 Zeichen. Das ist eine ganze Menge! Nur zum Vergleich: Dieses Kapitel enthält etwa halb so viele Zeichen.

✔ **Zeichenfolgen variabler Länge** können theoretisch bis zu zwei Milliarden Zeichen enthalten. Wenn Sie fünf Zeichen pro Sekunde tippen, würde es etwa 760 Tage dauern, zwei Milliarden Zeichen zu schreiben, vorausgesetzt, Sie machen keine Pausen zum Essen oder Schlafen.

Wenn Sie eine Zeichenfolgenvariable mit einer Dim-Anweisung deklarieren, können Sie die maximale Länge angeben, falls Sie diese kennen (dann ist es eine Zeichenfolge fester Länge), oder Sie können es VBA überlassen, die Länge dynamisch festzulegen (dann ist es eine Zeichenfolge variabler Länge). Das folgende Beispiel deklariert die Variable MyString als Zeichenfolge mit einer maximalen Länge von 50 Zeichen. (Um die Zeichenobergrenze von 65.526 Zeichen anzugeben, schreiben Sie einen Stern als Anzahl.) YourString ist ebenfalls als Zeichenfolge deklariert, aber die Länge ist nicht spezifiziert:

```
Dim MyString As String * 50
Dim YourString As String
```

Geben Sie bei der Deklaration einer Zeichenfolge fester Länge, die 999 überschreitet, kein Tausendertrennzeichen an. Bei der Eingabe numerischer Werte in VBA werden nie Tausendertrennzeichen verwendet. VBA mag das nicht.

Mit Datumswerten arbeiten

Ein weiterer Datentyp, der praktisch für Ihre Arbeit sein kann, ist Date. Sie können Datumswerte auch in einer Zeichenfolgenvariablen (String) ablegen, aber dann können Sie keine Datumsberechnungen damit vornehmen. Der Datentyp Date sorgt für eine größere Flexibilität Ihrer Routinen. Beispielsweise könnten Sie die Anzahl der Tage zwischen zwei Datumsangaben berechnen. Wenn Sie Ihre Daten in Zeichenfolgenvariablen ablegen, ist das nicht möglich (oder zumindest extrem schwierig).

Eine als Date definierte Variable kann Datumswerte vom 1.Januar 0100 bis zum 31. Dezember 9999 aufnehmen. Das sind fast 10.000 Jahre und mehr als genug selbst für die aggressivste Finanzprognose. Sie können den Datentyp Date auch verwenden, um mit Zeitdaten zu arbeiten (VBA hat keinen Datentyp Time).

Die folgenden Beispiele deklarieren Variablen und Konstanten mit dem Datentyp Date:

```
Dim HeutigerTag As Date
Dim Anfangszeit As Date
Const ErsterTag As Date = #1/1/2019#
Const Mittag = #12:00:00#
```

In VBA werden Datums- und Zeitwerte zwischen zwei Nummernzeichen platziert, wie in den obigen Beispielen gezeigt.

Date-Variablen zeigen Datumswerte im kurzen Datumsformat Ihres Systems an und die Zeit im Zeitformat Ihres Systems (Zwölf- oder 24-Stunden-Format). Diese Einstellungen sind in der Windows-Registrierung gespeichert, und Sie können sie in der Windows-Systemsteuerung im Dialogfeld REGION UND SPRACHE ändern. Aus diesem Grund kann sich das in VBA angezeigte Datums- oder Zeitformat unterscheiden, abhängig von den Einstellungen für das System, auf dem die Anwendung ausgeführt wird.

Wenn Sie jedoch VBA-Code schreiben, müssen Sie eines der US-amerikanischen Datumsformate verwenden (zum Beispiel mm/tt/jjjj). Die folgende Anweisung weist der Variablen `MyDate` also einen Tag im Oktober zu (nicht im November), selbst wenn Ihr System so eingestellt ist, dass es tt/mm/jjjj für Datumswerte verwendet:

```
MyDate = #10/11/2019#
```

Wenn Sie die Variable anzeigen (zum Beispiel mit der `MsgBox`-Funktion), zeigt VBA `MyDate` unter Verwendung Ihrer Systemeinstellungen an. Wenn Ihr System das Datumsformat tt/mm/jjjj verwendet, wird `MyDate` als 11/10/2019 angezeigt.

Zuweisungsbefehle verwenden

Ein *Zuweisungsbefehl* ist eine VBA-Anweisung, die einer Variablen oder einem Objekt das Ergebnis eines Ausdrucks zuweist. Im Hilfesystem von Excel ist der Begriff *Ausdruck* wie folgt definiert:

> *... eine Kombination aus Schlüsselwörtern, Operatoren, Variablen und Konstanten, die eine Zeichenfolge, eine Zahl oder ein Objekt ergibt. Ein Ausdruck kann genutzt werden, um eine Berechnung durchzuführen, Zeichen zu manipulieren oder Daten zu testen.*

Ein Großteil Ihrer Arbeit in VBA dreht sich um die Entwicklung von Ausdrücken (und die Fehlersuche darin). Wenn Sie wissen, wie Sie in Excel Formeln erstellen, wird es Ihnen auch nicht schwerfallen, Ausdrücke zu erschaffen. Excel zeigt das Ergebnis in einer Zelle an. Ein VBA-Ausdruck dagegen kann einer Variablen zugewiesen werden.

Beispiele für den Zuweisungsbefehl

In den folgenden Beispielen für Zuweisungsbefehle stehen die Ausdrücke rechts neben dem Gleichheitszeichen:

```
x = 1
x = x + 1
x = (y * 2) / (z * 2)
HausKosten = 375000
DateiGeöffnet = True
Range("DasJahr").Value = 2019
```

 Ausdrücke können beliebig komplex sein. Verwenden Sie das Zeilenfortsetzungszeichen (ein Leerzeichen gefolgt von einem Unterstrich), um sehr lange Ausdrücke besser lesbar zu machen.

Häufig verwenden Ausdrücke Funktionen: die in VBA eingebauten Funktionen, die Arbeitsmappenfunktionen von Excel, Funktionen, die Sie in VBA entwickelt haben, und so weiter. Weitere Informationen über diese Funktionen finden Sie in Kapitel 9.

Das Gleichheitszeichen

Wie Sie im obigen Beispiel erkennen, verwendet VBA das Gleichheitszeichen als Zuweisungsoperator. Wahrscheinlich sind Sie daran gewöhnt, ein Gleichheitszeichen als mathematisches Symbol für Gleichheit zu verwenden. Die folgende Zuweisung wird Sie also vielleicht erstaunen:

```
z = z + 1
```

Wie kann es sein, dass z gleich es selbst plus 1 ist? Antwort: Das geht nicht. In diesem Fall erhöht der Zuweisungsbefehl (wenn er ausgeführt wird) den Wert von z um 1. Wenn also z gleich 12 ist, wird z durch die Ausführung der Anweisung gleich 13. Denken Sie daran, dass die Zuweisung das Gleichheitszeichen als Operator verwendet, nicht als Symbol für Gleichheit.

Hilfreiche Operatoren

Operatoren spielen eine wichtige Rolle in VBA. Neben dem Gleichheitszeichenoperator (siehe voriger Abschnitt) stellt VBA noch mehrere andere Operatoren bereit. Tabelle 7.3 listet die verschiedenen Operatoren auf. Sie sollten Ihnen bereits vertraut sein, weil es sich dabei um dieselben Operatoren handelt, wie sie in Formeln in Arbeitsmappen verwendet werden (mal abgesehen vom Mod-Operator).

Funktion	Operatorsymbol
Addition	+
Multiplikation	*
Division	/
Subtraktion	-
Potenzierung	^
Verkettung von Zeichenfolgen	&
Ganzzahlige Division (das Ergebnis ist immer eine ganze Zahl)	\
Modulo-Arithmetik (gibt den Rest einer Division zurück)	Mod

Tabelle 7.3: Operatoren in VBA

Wenn Sie eine Formel in Excel schreiben, wird die Modulo-Arithmetik mit der REST-Funktion erledigt. Beispielsweise gibt die folgende Formel den Wert 2 zurück (das ist der Rest, der bei der Division von 12 durch 5 entsteht):

```
=REST(12;5)
```

In VBA wird der Mod-Operator wie folgt verwendet (und z hat den Wert 2):

```
z = 12 Mod 5
```

 Der Begriff *Konkatenation* oder *Verkettung* wird von Programmierern verwendet, um damit »verbinden« auszudrücken. Wenn Sie also Zeichenfolgen verketten, verbinden Sie sie zu neuen, größeren Zeichenfolgen.

Wie in Tabelle 7.4 gezeigt, stellt VBA auch alle logischen Operatoren bereit. Not, And und Or sind die am häufigsten verwendeten logischen Operatoren.

Operator	Was er erledigt
Not	Führt eine logische Negation für einen Ausdruck aus.
And	Führt eine logische Konjunktion (UND-Verknüpfung) für zwei Ausdrücke aus.
Or	Führt eine logische Disjunktion (ODER-Verknüpfung) für zwei Ausdrücke aus.
XoR	Führt einen logischen Ausschluss für zwei Ausdrücke aus.
Eqv	Führt eine logische Äquivalenz für zwei Ausdrücke aus.
Imp	Führt eine logische Implikation für zwei Ausdrücke aus.

Tabelle 7.4: Logische Operatoren von VBA

Die Prioritätsreihenfolge für Operatoren ist in VBA genauso wie in Excel-Formeln. Die Potenzierung hat die höchste Priorität. Multiplikation und Division kommen als Nächstes, gefolgt von Addition und Subtraktion. Sie können Klammern verwenden, um die natürliche Prioritätsreihenfolge zu ändern, sodass das, was innerhalb der Klammern steht, Vorrang vor allen anderen Operatoren erhält. Betrachten Sie den folgenden Code:

```
x = 3
y = 2
z = x + 5 * y
```

Welchen Wert hat z, wenn dieser Code ausgeführt wird? Wenn Sie 13 antworten, erhalten Sie ein Fleißbildchen, weil Sie das Konzept der Operatorreihenfolge verstanden haben. Wenn Sie 16 antworten, lesen Sie Folgendes: Die Multiplikation (5 * y) wird als Erstes ausgeführt, ihr Ergebnis wird zu x addiert.

Falls Sie Schwierigkeiten damit haben, sich Operatorreihenfolge zu merken, können Sie auch den Ausdruck, der zuerst berechnet werden soll, in runde Klammern einfassen. Sie können die letzte Codezeile des obigen Beispiels wie folgt schreiben:

```
z = x + (5 * y)
```

 Scheuen Sie sich nicht, Klammern zu verwenden, wenn diese eigentlich gar nicht benötigt werden – insbesondere, wenn Ihr Code dadurch leichter zu lesen wird. VBA macht es nichts aus, wenn Sie überflüssige Klammern einfügen.

Arrays

Wie fast alle Programmiersprachen unterstützt VBA auch Arrays. Ein *Array* ist eine Gruppe von Variablen, die einen gemeinsamen Namen haben. Eine bestimmte Variable innerhalb des Arrays wird über den Arraynamen und die Angabe der Indexnummer in Klammern angesprochen. Beispielsweise könnten Sie ein Array mit zwölf Zeichenfolgenvariablen definieren, das die Namen der Monate aufnimmt. Wenn Sie dem Array den Namen `MonthNames` geben, greifen Sie mit `MonthNames(1)` auf das erste Element des Arrays zu, mit `MonthNames(2)` auf das zweite Element und so weiter.

Arrays deklarieren

Damit Sie ein Array benutzen können, *müssen* Sie es deklarieren. Es gibt keine Ausnahmen. Anders als für normale Variablen hält VBA diese Regel streng ein. Ein Array wird mit einer `Dim`-Anweisung deklariert, genau wie eine normale Variable. Sie müssen jedoch auch die Anzahl der im Array enthaltenen Elemente angeben. Dazu geben Sie die erste Indexnummer, das Schlüsselwort `To` und die letzte Indexnummer an, alles in Klammern eingeschlossen. Das folgende Beispiel zeigt, wie ein Array mit 100 Integern deklariert wird:

```
Dim MeinArray(1 To 100) As Integer
```

Bei der Deklaration eines Arrays ist es auch ausreichend, nur den oberen Index anzugeben. Wenn Sie den unteren Index weglassen, geht VBA davon aus, dass er 0 ist. Die beiden folgenden Anweisungen deklarieren also beide dasselbe Array mit 101 Elementen:

```
Dim MeinArray (0 To 100) As Integer
Dim MeinArray (100) As Integer
```

 Wenn Sie wollen, dass VBA 1 als unteren Index für Ihre Arrays verwenden soll (statt 0), nehmen Sie die folgende Anweisung in den `Deklarationen`-Abschnitt Ihres Moduls auf:

```
Option Base 1
```

Diese Anweisung zwingt VBA, 1 als unteren Index für Arrays zu verwenden, die nur den oberen Index deklarieren. Wenn diese Anweisung vorhanden ist, sind die folgenden Anweisungen identisch. Beide deklarieren ein Array mit 100 Elementen:

```
Dim MeinArray (1 To 100) As Integer
Dim MeinArray (100) As Integer
```

Mehrdimensionale Arrays

Die in den vorigen Beispielen erstellten Arrays waren alle eindimensional. Ein eindimensionales Array kann man sich wie eine Zeile mit lauter Werten vorstellen. Arrays, die Sie in VBA erstellen, können bis zu 60 Dimensionen haben, Sie werden aber sehr wahrscheinlich nie mehr als zwei oder drei Dimensionen brauchen. Das folgende Beispiel deklariert ein Array mit 81 Integern in zwei Dimensionen:

```
Dim MeinArray (1 To 9, 1 To 9) As Integer
```

Dieses Array kann man sich als 9-x-9-Matrix vorstellen – perfekt, um alle Zahlen eines Sudokus aufzunehmen.

Um auf ein bestimmtes Element in diesem Array zuzugreifen, müssen Sie zwei Indexnummern angeben (ähnlich wie für »Zeile« und »Spalte« in der Matrix). Das folgende Beispiel zeigt, wie Sie einem Element dieses Arrays einen Wert zuweisen:

```
MeinArray (3, 4)= 125
```

Diese Anweisung weist einem Element im Array einen Wert zu. Wenn Sie sich also wieder eine 9-x-9-Matrix vorstellen, wird damit dem Element in der dritten Zeile und vierten Spalte der Matrix der Wert 125 zugewiesen.

Und so deklarieren Sie ein dreidimensionales Array mit 1000 Elementen:

```
Dim Mein3DArray (1 To 10, 1 To 10, 1 To 10) As Integer
```

Ein dreidimensionales Array können Sie sich wie einen Würfel vorstellen. Sich Arrays mit mehr als drei Dimensionen vorzustellen ist schwierig.

Dynamische Arrays

Sie können auch *dynamische Arrays* anlegen. Ein dynamisches Array hat keine vorab festgelegte Anzahl an Elementen. Ein dynamisches Array wird mit einem leeren Klammernpaar deklariert:

```
Dim MeinArray () As Integer
```

Damit Sie dieses Array verwenden können, müssen Sie VBA mithilfe der ReDim-Anweisung mitteilen, wie viele Elemente es enthält. In der Regel wird die Anzahl der Elemente im Array ermittelt, während Ihr Code ausgeführt wird. Sie können die ReDim-Anweisung beliebig oft ausführen und die Arraygröße so oft wie nötig ändern. Das folgende Beispiel zeigt, wie die Anzahl der Elemente in einem dynamischen Array geändert wird. Dabei wird vorausgesetzt, dass die Variable NumElements einen Wert enthält, den Ihr Code berechnet hat.

```
ReDim MeinArray (1 To NumElements)
```

 Wenn Sie die Größe eines Arrays mit ReDim neu festlegen, löschen Sie alle aktuell in den Arrayelementen gespeicherten Werte. Sie können vermeiden, die alten Werte zu zerstören, indem Sie das Schlüsselwort Preserve angeben. Das folgende Beispiel zeigt, wie Sie die Werte eines Arrays beibehalten, wenn Sie seine Größe ändern:

```
ReDim Preserve MeinArray(1 To NumElements)
```

Wenn MyArray jetzt zehn Elemente hat und Sie die obige Anweisung mit NumElements gleich 12 ausführen, bleiben die ersten zehn Elemente unversehrt, und das Array hat Platz für zwei weitere Elemente (bis zu der in der Variablen NumElements angegebenen Anzahl). Ist NumElements dagegen gleich 7, werden die ersten sieben Elemente beibehalten, aber die restlichen drei Elemente gehen für immer verloren.

Das Thema »Arrays« wird in Kapitel 10 noch einmal aufgegriffen, wo es um Schleifen gehen wird.

Die Verwendung von Zeilenmarken (Labels)

In frühen BASIC-Versionen hatte jede Codezeile eine Nummer. Wenn Sie in den 70er-Jahren ein BASIC-Programm geschrieben haben (gekleidet in Ihre Schlaghosen, versteht sich), hat das vielleicht so ausgesehen:

```
010: LET X=5
020: LET Y=3
030: LET Z=X*Y
040: PRINT Z
050: END
```

VBA unterstützt die Verwendung solcher Zeilennummern, und Sie können dort sogar Textmarken benutzen. In der Regel verwendet man nicht für jede Zeile eine Textmarke, aber gelegentlich braucht man eine. Beispielsweise können Sie dann eine Textmarke einfügen, wenn Sie eine GoTo-Anweisung verwenden (um die es in Kapitel 10 gehen wird). Eine Textmarke muss mit einem nicht leeren Zeichen in der Zeile beginnen und mit einem Doppelpunkt enden.

Kapitel 8
Mit Range-Objekten arbeiten

D ieses Kapitel dringt etwas weiter in die Tiefen von Excel vor und betrachtet vor allem Range-Objekte. In Excel geht es um Zellen, und das Range-Objekt ist ein Container für Zellen. Warum sollten Sie so viel über Range-Objekte wissen? Weil ein Großteil der Programmierarbeit in Excel mit Range-Objekten befasst ist.

Ein schneller Überblick

Ein Range-Objekt stellt einen Bereich in einem Worksheet-Objekt dar. Range-Objekte haben wie alle anderen Objekte Eigenschaften (die Sie abfragen und manchmal auch ändern können) und Methoden (die Aktionen für das Objekt ausführen).

Ein Range-Objekt kann eine einzige Zelle sein (zum Beispiel B4) oder alle 17.179.869.184 Zellen einer Tabelle (A1:XFD1048576) umfassen.

Beim Verweis auf ein Range-Objekt ist die Adresse immer in doppelte Anführungszeichen eingeschlossen, etwa wie folgt:

Range("A1:C5")

Auch wenn der Bereich nur aus einer einzigen Zelle besteht, müssen Sie die Anführungszeichen angeben:

```
Range("K9")
```

Wenn der Bereich einen Namen hat (zugeordnet über den Befehl FORMELN | NAMEN DEFINIEREN | NAMEN DEFINIEREN in Excel), können Sie einen Ausdruck wie etwa den folgenden verwenden:

```
Range("Preisliste")
```

 Wenn Sie Excel nicht durch Angabe einer Bereichsreferenz etwas anderes anweisen, geht es davon aus, dass Sie auf einen Bereich in der aktiven Tabelle verweisen. Falls etwas anderes als eine Tabelle aktiv ist (wie beispielsweise ein Diagrammblatt), schlägt der Verweis auf den Bereich fehl und Ihr Makro zeigt eine Fehlermeldung an und beendet die Ausführung.

Wie im folgenden Beispiel gezeigt, können Sie auf einen Bereich außerhalb der aktiven Tabelle verweisen, indem Sie die Bereichsreferenz mit einem Tabellennamen aus der aktiven Arbeitsmappe qualifizieren:

```
Worksheets("Tabelle1").Range("A1:C5")
```

Falls Sie auf einen Bereich in einer anderen Arbeitsmappe verweisen müssen (das heißt auf eine Arbeitsmappe, die nicht die aktive Arbeitsmappe ist), verwenden Sie beispielsweise die folgende Anweisung:

```
Workbooks("Budget.xlsx").Worksheets("Tabelle1").Range("A1:C5")
```

Ein Range-Objekt kann aus einer oder mehreren ganzen Zeilen oder Spalten bestehen. Mit der folgenden Syntax greifen Sie auf eine ganze Zeile zu (in diesem Fall Zeile 3):

```
Range("3:3")
```

Und so greifen Sie auf eine ganze Spalte zu (in diesem Fall die vierte Spalte):

```
Range("D:D")
```

In Excel wählen Sie Bereiche, die nicht zusammenhängen, aus, indem Sie die ⌷Strg⌷-Taste gedrückt halten, während Sie mit der Maus verschiedene Bereiche auswählen. Abbildung 8.1 zeigt die Auswahl eines nicht zusammenhängenden Bereichs. Wahrscheinlich sind Sie nicht überrascht, dass Ihnen VBA erlaubt, mit nicht zusammenhängenden Bereichen zu arbeiten. Der folgende Ausdruck verweist auf einen nicht zusammenhängenden Bereich aus zwei Teilen. Beachten Sie, dass die beiden Teile durch ein Komma voneinander getrennt sind.

```
Range("A1:B8, D9:G16")
```

 Beachten Sie, dass einige Methoden und Eigenschaften Probleme mit nicht zusammenhängenden Bereichen verursachen können. Möglicherweise müssen Sie mithilfe einer Schleife jeden Teil separat verarbeiten.

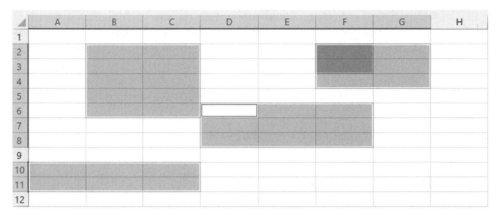

Abbildung 8.1: Auswahl eines nicht zusammenhängenden Bereichs

Andere Methoden, auf einen Bereich zu verweisen

Je mehr Sie mit VBA arbeiten, desto mehr werden Sie erkennen, dass es sich um eine gut entworfene Sprache handelt, die in der Regel relativ logisch ist (auch wenn Sie das jetzt noch nicht sehen). Häufig unterstützt VBA mehrere Methoden, eine Aktion durchzuführen. Sie können die für Ihre Situation jeweils am besten geeignete Vorgehensweise wählen. In diesem Abschnitt geht es um einige andere Methoden, auf einen Bereich zu verweisen.

Dieses Kapitel bewegt sich weitgehend an der Oberfläche, was die Eigenschaften und Methoden von Range-Objekten betrifft. Bei Ihrer Arbeit mit VBA benötigen Sie möglicherweise andere Eigenschaften und Methoden. Das Hilfesystem ist die beste Quelle, mehr darüber zu erfahren, aber ebenfalls sehr aufschlussreich ist es, Ihre Aktionen aufzuzeichnen und den von Excel erstellten Code zu betrachten. Wahrscheinlich können Sie diesen guten Rat schon nicht mehr hören, aber es ist wirklich ein guter Rat.

Die Cells-Eigenschaft

Statt das VBA-Schlüsselwort Range zu verwenden, können Sie auch über die Cells-Eigenschaft auf einen Bereich verweisen.

Obwohl Cells wie ein Objekt (oder eine Collection) aussieht, ist es dies wirklich nicht. Vielmehr ist Cells eine Eigenschaft, die VBA auswertet. VBA gibt dann ein Objekt (genauer gesagt, ein Range-Objekt) zurück. Machen Sie sich keine Gedanken, wenn Ihnen das jetzt noch seltsam erscheint. Selbst bei Microsoft scheint Verwirrung zu herrschen, was dieses Problem betrifft. In einigen früheren Versionen von Excel wurde die Cells-Eigenschaft als die Cells-Methode bezeichnet. Unabhängig davon, was es letztlich ist, sollten Sie sich nur merken, dass Cells eine praktische Möglichkeit ist, auf einen Bereich zu verweisen.

Die `Cells`-Eigenschaft nimmt zwei Argumente entgegen: eine Zeilennummer und eine Spaltennummer. Beide Argumente sind Zahlen, auch wenn Sie üblicherweise unter Verwendung von Buchstaben auf Spalten verweisen. Der folgende Ausdruck verweist auf Zelle C2 in Tabelle2:

```
Worksheets("Tabelle2").Cells(2, 3)
```

Sie können mit der `Cells`-Eigenschaft auch auf einen Bereich mit mehreren Zellen verweisen. Das folgende Beispiel zeigt die Syntax dafür:

```
Range(Cells(1, 1), Cells(10, 8))
```

Dieser Ausdruck verweist auf einen Bereich mit 80 Zellen, der von Zelle A1 (Zeile 1, Spalte 1) bis Zelle H10 (Zeile 10, Spalte 8) verläuft.

Die beiden folgenden Anweisungen erzeugen dasselbe Ergebnis: Sie geben den Wert 99 in einen 10x8 großen Zellenbereich ein. Genauer gesagt, diese Anweisungen setzen die `Value`-Eigenschaft des `Range`-Objekts:

```
Range("A1:H10").Value = 99
Range(Cells(1, 1), Cells(10, 8)).Value = 99
```

 Der Vorteil bei der Verwendung der `Cells`-Eigenschaft, um auf Bereiche zu verweisen, wird dann offensichtlich, wenn Sie Variablen statt Zahlen als `Cells`-Argumente verwenden. Und wenn Sie in Kapitel 10 den Umgang mit Schleifen kennenlernen, wird Ihnen vieles wirklich klarer.

Die Offset-Eigenschaft

Die `Offset`-Eigenschaft ist eine weitere praktische Möglichkeit, auf Bereiche zu verweisen. Diese Eigenschaft, die ein `Range`-Objekt verarbeitet und ein weiteres `Range`-Objekt zurückgibt, ermöglicht Ihnen, auf eine Zelle zu verweisen, die eine bestimmte Anzahl von Zeilen und Spalten von einer anderen Zelle entfernt ist.

Wie die `Cells`-Eigenschaft nimmt die `Offset`-Eigenschaft zwei Argumente entgegen. Das erste Argument stellt die Anzahl der Zeilen dar, wie weit die Zelle entfernt sein soll. Das zweite gibt die Anzahl der Spalten an, wie weit die Zelle entfernt sein soll.

Der folgende Ausdruck verweist auf eine Zelle, die eine Zeile unter Zelle A1 und zwei Spalten rechts neben Zelle A1 liegt. Mit anderen Worten, er verweist auf die Zelle C2:

```
Range("A1").Offset(1, 2)
```

Die `Offset`-Eigenschaft kann auch negative Argumente verarbeiten. Ein *negativer* Zeilen-Offset verweist auf eine Zeile oberhalb des Bereichs. Ein negativer Spalten-Offset verweist auf eine Spalte links neben dem Bereich. Das folgende Beispiel verweist auf Zelle A1:

```
Range("C2").Offset(-1, -2)
```

Wie Sie vielleicht schon erwartet haben, können Sie auch 0 für eines oder beide Argumente von Offset verwenden. Der folgende Ausdruck verweist auf Zelle A1:

```
Range("A1").Offset(0, 0)
```

Die folgende Anweisung fügt die Uhrzeit in die Zelle rechts neben der aktiven Zelle ein:

```
ActiveCell.Offset(0,1) = Time
```

Wenn Sie ein Makro im relativen Modus aufzeichnen, verwendet Excel die Offset-Eigenschaft häufig. Ein Beispiel dafür finden Sie in Kapitel 6.

 Die Offset-Eigenschaft ist vor allem dann praktisch, wenn Sie statt Werten Variablen als Argumente verwenden. In Kapitel 10 werden Sie ein paar Beispiele dafür sehen.

Einige praktische Eigenschaften des Range-Objekts

Ein Range-Objekt hat zahlreiche Eigenschaften. Sie könnten ein ganzes Jahr lang ununterbrochen VBA-Programme schreiben und würden sie nicht alle verwenden. In diesem Abschnitt lernen Sie kurz einige der gebräuchlichsten Range-Eigenschaften kennen. Weitere Informationen finden Sie im Hilfesystem des VBE.

 Einige Range-Eigenschaften sind *schreibgeschützte* Eigenschaften, das heißt, Ihr Code kann ihre Werte auslesen, aber sie nicht ändern. Beispielsweise hat jedes Range-Objekt eine Address-Eigenschaft, die die Adresse des Bereichs enthält. Sie können auf diese schreibgeschützte Eigenschaft zugreifen, sie aber nicht ändern – was sehr sinnvoll ist, wenn Sie genau darüber nachdenken.

Die folgenden Beispiele sind in der Regel Anweisungen, keine vollständigen Prozeduren. Wenn Sie sie ausprobieren möchten (und das sollten Sie tun!), legen Sie dazu eine Sub-Prozedur an. Viele dieser Anweisungen funktionieren außerdem nur dann ordnungsgemäß, wenn eine Tabelle die aktive Tabelle ist.

Die Value-Eigenschaft

Die Value-Eigenschaft stellt den in einer Zelle enthaltenen Wert dar. Es handelt sich um eine nicht schreibgeschützte Eigenschaft. Ihr VBA-Code kann sie also lesen und den Wert ändern.

Die folgende Anweisung zeigt ein Meldungsfeld an, das den Wert aus Zelle A1 in Tabelle1 ausgibt:

```
MsgBox Worksheets("Tabelle1").Range("A1").Value
```

Allerdings können Sie die `Value`-Eigenschaft nur für ein `Range`-Objekt lesen, das aus einer einzigen Zelle besteht. Die folgende Anweisung beispielsweise erzeugt einen Fehler:

```
MsgBox Worksheets("Tabelle1").Range("A1:C3").Value
```

Sie können die `Value`-Eigenschaft jedoch für einen Bereich beliebiger Größe ändern. Die folgende Anweisung trägt die Zahl 123 in alle Zellen in einem Bereich ein:

```
Worksheets("Tabelle1").Range("A1:C3").Value = 123
```

Zuweisung der Werte aus einem Bereich mit mehreren Zellen an eine Variable

Die Aussage, dass »Sie die `Value`-Eigenschaft nur für ein `Range`-Objekt lesen können, das aus einer einzigen Zelle besteht« war nicht ganz richtig. Tatsächlich können Sie die Werte eines Bereichs aus mehreren Zellen einer Variablen zuweisen, wenn es sich bei dieser Variablen um einen `Variant` handelt (denn ein `Variant` kann sich wie ein Array verhalten). Hier ein Beispiel:

```
Dim x As Variant
x = Range("A1:C3").Value
```

Jetzt können Sie die Variable x wie ein Array behandeln. Die folgende Anweisung beispielsweise gibt den Wert aus Zelle B1 zurück:

```
MsgBox x(1, 2)
```

`Value` ist die Standardeigenschaft für ein `Range`-Objekt. Mit anderen Worten, wenn Sie keine Eigenschaft für `Range` angeben, verwendet Excel seine `Value`-Eigenschaft. Die folgenden Anweisungen tragen beide den Wert 75 in Zelle A1 der aktiven Tabelle ein:

```
Range("A1").Value = 75
Range("A1") = 75
```

Die Text-Eigenschaft

Die `Text`-Eigenschaft gibt eine Zeichenfolge zurück, die den Text so darstellt, wie er in einer Zelle dargestellt wird – den formatierten Wert. Die `Text`-Eigenschaft ist schreibgeschützt. Angenommen, eine Zelle A1 enthält den Wert 12,3 und ist so formatiert, dass sie zwei Dezimalstellen und ein Eurosymbol anzeigt (€12,30). Die folgende Anweisung zeigt ein Meldungsfeld mit €12,30 an:

```
MsgBox Worksheets("Tabelle1").Range("A1").Text
```

Die nächste Anweisung dagegen zeigt ein Meldungsfeld mit der Ausgabe 12,3 an:

```
MsgBox Worksheets("Tabelle1").Range("A1").Value
```

Wenn die Zelle eine Formel enthält, gibt die Text-Eigenschaft das Ergebnis der Formel zurück. Wenn eine Zelle Text enthält, geben die Text-Eigenschaft und die Value-Eigenschaft immer dasselbe zurück, weil Text (anders als eine Zahl) nicht formatiert werden kann, um anders angezeigt zu werden.

Die Count-Eigenschaft

Die Count-Eigenschaft gibt die Anzahl der Zellen eines Bereichs zurück. Sie zählt alle Zellen, nicht nur die nicht leeren Zellen. Count ist eine schreibgeschützte Eigenschaft, wie zu erwarten war. Die folgende Anweisung greift auf die Count-Eigenschaft eines Bereichs zu und zeigt das Ergebnis (9) in einem Meldungsfeld an:

```
MsgBox Range("A1:C3").Count
```

Die Column- und Row-Eigenschaften

Die Column-Eigenschaft gibt die Spaltennummer eines einzelligen Bereichs zurück. Ihr Gegenpart, die Row-Eigenschaft, gibt die Zeilennummer eines einzelligen Bereichs zurück. Beide Eigenschaften sind schreibgeschützt. Die folgende Anweisung beispielsweise zeigt 6 an, weil die Zelle F3 sich in der sechsten Spalte befindet:

```
MsgBox Sheets("Tabelle1").Range("F3").Column
```

Der nächste Ausdruck zeigt 3 an, weil die Zelle F3 in der dritten Zeile liegt:

```
MsgBox Sheets("Tabelle1").Range("F3").Row
```

 Wenn das Range-Objekt aus mehreren Zellen besteht, gibt die Column-Eigenschaft die Spaltennummer der ersten Spalte im Bereich zurück, und die Row-Eigenschaft gibt die Zeilennummer der ersten Zeile im Bereich zurück.

 Verwechseln Sie die Column- und Row-Eigenschaften nicht mit den zuvor vorgestellten Columns- und Rows-Eigenschaften. Die Column- und Row-Eigenschaften geben einen Wert zurück. Die Columns- und Rows-Eigenschaften dagegen geben ein Range-Objekt zurück. Was ein Buchstabe ausmachen kann!

Die Address-Eigenschaft

Address ist eine schreibgeschützte Eigenschaft und zeigt die Zelladresse für ein Range-Objekt als absolute Referenz an (ein Dollarzeichen vor dem Spaltenbuchstaben und vor der Zeilennummer). Die folgende Anweisung zeigt das in Abbildung 8.2 (nächste Seite) gezeigte Meldungsfeld an.

```
MsgBox Range(Cells(1, 1), Cells(5, 5)).Address
```

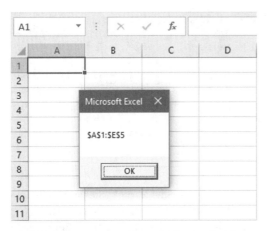

Abbildung 8.2: Das Meldungsfeld zeigt die Address-Eigenschaft eines 5 x 5 Zellen großen Bereichs an.

Die HasFormula-Eigenschaft

Die schreibgeschützte HasFormula-Eigenschaft gibt True zurück, wenn der einzellige Bereich eine Formel enthält. Sie gibt False zurück, wenn die Zelle keine Formel enthält. Wenn der Bereich aus mehreren Zellen besteht, gibt VBA nur dann True zurück, wenn alle Zellen in dem Bereich eine Formel enthalten, und False, wenn alle Zellen in dem Bereich keine Formel enthalten. Die Eigenschaft gibt Null zurück, wenn es eine Mischung aus Formeln und Nicht-Formeln in dem Bereich gibt. Null ist eine Art Niemandsland: Die Antwort ist weder True noch False. Jede Zelle in dem Bereich kann eine Formel enthalten – oder auch nicht.

 Bei der Arbeit mit Eigenschaften, die Null zurückgeben können, müssen Sie sehr vorsichtig sein. Der einzige Datentyp, der mit Null umgehen kann, ist Variant.

Angenommen, Zelle A1 enthält einen Wert und Zelle A2 enthält eine Formel. Die folgenden Anweisungen erzeugen einen Fehler, weil der Bereich nicht nur Formeln beziehungsweise keine Formeln enthält.

```
Dim FormulaTest As Boolean
FormulaTest = Range("A1:A2").HasFormula
```

Der Datentyp Boolean kann nur True oder False aufnehmen. Null bewirkt, dass Excel sich beschwert und eine Fehlermeldung ausgibt. Um diese Situation zu beheben, müssen Sie die Variable FormulaTest als Variant statt als Boolean deklarieren. Das folgende Beispiel verwendet die praktische Funktion TypeName von VBA (in Kombination mit einem If-Then-Else-Konstrukt), um den Typ der Variablen FormulaTest festzustellen. Wenn der Bereich eine Mischung aus Formeln und Nicht-Formeln enthält, zeigt das Meldungsfeld *Gemischt!* an, andernfalls zeigt es *True* oder *False* an.

```
Sub CheckForFormulas()
    Dim FormulaTest As Variant
    FormulaTest = Range("A1:A2").HasFormula
    If TypeName(FormulaTest) = "Null" Then
        MsgBox "Gemischt!"
    Else
        MsgBox FormulaTest
    End If
End Sub
```

Weitere Informationen über das If-Then-Else-Konstrukt finden Sie in Kapitel 10.

Die Font-Eigenschaft

Wie bereits früher in diesem Kapitel erklärt (siehe »Die Cells-Eigenschaft«), kann eine Eigenschaft ein Objekt zurückgeben. Die Font-Eigenschaft eines Range-Objekts ist ein weiteres Beispiel für dieses Konzept. Die Font-Eigenschaft gibt ein Font-Objekt zurück.

Ein Font-Objekt hat, wie Sie vielleicht erwartet haben, viele Eigenschaften, auf die man zugreifen kann. Um das Aussehen der Schrift in einem Bereich zu ändern, müssen Sie zunächst auf das Font-Objekt des Bereichs zugreifen und dann seine Eigenschaften manipulieren. Das kann verwirrend sein, aber vielleicht hilft Ihnen das folgende Beispiel weiter.

Die folgende Anweisung verwendet die Font-Eigenschaft des Range-Objekts, um ein Font-Objekt zurückzugeben. Anschließend wird die Bold-Eigenschaft des Font-Objekts auf True gesetzt. Im Klartext: Diese Anweisung bewirkt, dass der Inhalt der Zelle fett ausgezeichnet wird.

```
Range("A1").Font.Bold = True
```

In Wirklichkeit müssen Sie gar nicht wissen, dass Sie mit einem speziellen Font-Objekt arbeiten, das in einem Range-Objekt enthalten ist. Solange Sie die korrekte Syntax verwenden, funktioniert alles reibungslos. Häufig erkennen Sie, wenn Sie Ihre Aktionen mit dem Makro-Recorder aufzeichnen, alles, was Sie über die richtige Syntax wissen müssen.

Weitere Informationen über die Aufzeichnung von Makros finden Sie in Kapitel 6.

Die Interior-Eigenschaft

Hier folgt ein weiteres Beispiel für eine Eigenschaft, die ein Objekt zurückgibt. Die Interior-Eigenschaft eines Range-Objekts gibt ein Interior-Objekt zurück (komischer Name, aber so heißt es nun mal). Diese Art Objektreferenzierung funktioniert genau wie bei der Font-Eigenschaft (wie im vorigen Abschnitt beschrieben).

Die folgende Anweisung beispielsweise ändert die Color-Eigenschaft des im Range-Objekt enthaltenen Interior-Objekts:

```
Range("A1").Interior.Color = 8421504
```

Mit anderen Worten, diese Anweisung ändert den Hintergrund der Zelle auf Mittelgrau. Was bedeutet das? Sie wussten nicht, dass 8421504 Mittelgrau ist? Um ein paar Einblicke in die wunderbare Welt der Farben von Excel zu erhalten, lesen Sie im Kasten »Farbgrundierung – schnell und einfach« nach.

Farbgrundierung – schnell und einfach

Vor Excel 2007 wollte uns Microsoft weismachen, dass 56 Farben ausreichend für eine Tabellenkalkulation sind. Aber heute ist alles anders, und wir können in einer Arbeitsmappe mehr als 16 Millionen Farben verwenden. 16.777.216, um genau zu sein.

Viele Objekte haben eine Color-Eigenschaft, und diese Eigenschaft nimmt Farbwerte entgegen, die von 0 bis 16777215 reichen. Niemand kann sich so viele Farbwerte merken, deshalb gibt es (glücklicherweise) eine einfachere Methode, Farben anzugeben: die RGB-Funktion von VBA. Diese Funktion nutzt die Tatsache, dass alle diese 16 Millionen Farben durch verschiedene Rot-, Grün- und Blauanteile dargestellt werden können. Die Argumente der RGB-Funktion entsprechen dem Rot-, Grün- und Blauanteil und können jeweils Werte von 0 bis 255 annehmen.

Beachten Sie, dass 256 x 256 x 256 = 16.777.216 ist – also genau die Anzahl der verfügbaren Farben. Ist es nicht wunderbar, wie die Mathematik immer wieder alles erklärt?

Die folgende Anweisung ändert die Hintergrundfarbe einer Zelle auf eine zufällige Farbe:

```
Range("A1").Interior.Color = Int(16777216 * Rnd)
```

Die folgenden Beispiele zeigen, wie mit der RGB-Funktion die Hintergrundfarbe einer Zelle geändert werden kann:

```
Range("A1").Interior.Color = RGB(0, 0, 0) 'schwarz
Range("A1").Interior.Color = RGB(255, 0, 0) ' rot
Range("A1").Interior.Color = RGB(0, 0, 255) ' blau
Range("A1").Interior.Color = RGB(200, 89, 18) ' orangebraun
Range("A1").Interior.Color = RGB(128, 128, 128) ' mittelgrau
```

Welchen Wert hat RGB(128, 128, 128)? Die folgende Anweisung teilt Ihnen mit, dass dies der Wert 8421504 ist:

```
MsgBox RGB(128, 128, 128)
```

Wenn Sie Standardfarben verwenden müssen, können Sie auch eine der eingebauten Farbkonstanten verwenden, vbBlack, vbRed, vbGreen, vbYellow, vbBlue, vbMagenta, vbCyan oder vbWhite. Die folgende Anweisung beispielsweise macht die Zelle A1 gelb:

```
Range("A1").Interior.Color = vbYellow
```

Excel 2007 hat auch die *Themenfarben* eingeführt. Dies sind die Farben, die angezeigt werden, wenn Sie eine Farbsteuerung verwenden, wie beispielsweise das Steuerelement FÜLLFARBE in der Gruppe SCHRIFTART der Registerkarte START. Versuchen Sie, ein Makro aufzuzeichnen, während Sie die Farben ändern. Sie erhalten Anweisungen wie die folgenden:

```
Range("A1").Interior.ThemeColor = xlThemeColorAccent4 Range("A1").Interior.
TintAndShade = 0.399975585192419
```

Also noch zwei Eigenschaften, die mit Farbe zu tun haben. Hier haben wir eine Designfarbe (die Grundfarbe, angegeben als eingebaute Konstante) sowie einen TintAndShade-Wert, der angibt, wie dunkel oder wie hell die Farbe sein soll. TintAndShade-Werte reichen von -1.0 bis +1.0. Positive Werte der TintAndShade-Eigenschaft machen die Farbe heller, negative Werte machen sie dunkler. Wenn Sie mit der ThemeColor-Eigenschaft eine Farbe festlegen, ändert sich die Farbe, sobald Sie ein anderes Design für das Dokument auswählen (über den Befehl SEITENLAYOUT | DESIGNS | DESIGNS).

Die Formula-Eigenschaft

Die Formula-Eigenschaft stellt die Formel in einer Zelle dar. Dabei handelt es sich um eine schreibgeschützte Eigenschaft, Sie können also darauf zugreifen, um die Formel in einer Zelle zu sehen oder um eine Formel in eine Zelle einzufügen. Beispielsweise gibt die folgende Anweisung eine SUMME-Formel in die Zelle A13 ein:

```
Range("A13").Formula = "=SUMME(A1:A12)"
```

Beachten Sie, dass die Formel eine Zeichenfolge ist, die in Anführungszeichen eingeschlossen ist. Beachten Sie außerdem, dass die Formel mit einem Anführungszeichen beginnt, so wie alle Formeln.

Falls die Formel selbst Anführungszeichen enthält, wird es etwas kompliziert. Angenommen, Sie wollen die folgende Formel mit VBA einfügen:

```
=SUMME(A1:A12)&" Speichern"
```

Diese Formel zeigt einen Wert an, gefolgt von dem Wort *Speichern*. Um diese Formel verarbeiten zu können, müssen Sie jedes Anführungszeichen in der Formel durch zwei Anführungszeichen ersetzen. Andernfalls gerät VBA durcheinander und behauptet, dass ein Syntaxfehler vorliegt (und hat Recht damit!). Hier eine Anweisung, die eine Formel mit Anführungszeichen einfügt:

```
Range("A13").Formula = "=SUMME(A1:A12)&"" Speichern"""
```

Übrigens können Sie auf die Formula-Eigenschaft einer Zelle auch dann zugreifen, wenn in der Zelle gar keine Formel enthalten ist. Wenn eine Zelle keine Formel enthält, gibt die Formula-Eigenschaft denselben Wert wie die Value-Eigenschaft zurück.

Falls Sie wissen wollen, ob eine Zelle eine Formel enthält, verwenden Sie die HasFormula-Eigenschaft (wie früher in diesem Kapitel bereits beschrieben).

Beachten Sie, dass VBA US-Englisch »spricht«. Das bedeutet, um eine Formel in eine Zelle einzugeben, müssen Sie die US-Syntax verwenden. Wenn Sie eine nicht englischsprachige Version von Excel verwenden, verwenden Sie das Hilfesystem und schlagen Sie dort die Eigenschaft FormulaLocal nach.

Die NumberFormat-Eigenschaft

Die NumberFormat-Eigenschaft stellt das Zahlenformat (dargestellt als Zeichenfolge) des Range-Objekts dar. Dabei handelt es sich nicht um eine schreibgeschützte Eigenschaft, Ihr VBA-Code kann also das Zahlenformat abfragen, es aber auch ändern. Die folgende Anweisung ändert das Zahlenformat von Spalte A auf einen Prozentwert mit zwei Dezimalstellen:

```
Columns("A:A").NumberFormat = "0.00%"
```

Gehen Sie wie folgt vor, um eine Liste anderer Zahlenformate anzuzeigen. Und während Sie das tun, schalten Sie unbedingt den Makro-Recorder ein:

1. **Aktivieren Sie eine Tabelle.**

2. **Drücken Sie** ⌷Strg⌷+⌷1⌷**, um das Dialogfeld** ZELLEN FORMATIEREN **zu öffnen.**

3. **Klicken Sie auf die Registerkarte** ZAHLEN.

4. **Wählen Sie die Kategorie** BENUTZERDEFINIERT **aus, um ein paar weitere Zahlenformate anzuzeigen.**

Einige praktische Methoden des Range-Objekts

Wie Sie wissen, führt eine VBA-Methode eine Aktion aus. Ein Range-Objekt hat Dutzende Methoden, aber auch hier gilt, dass Sie die meisten davon nie brauchen werden. In diesem Abschnitt lernen Sie einige der gebräuchlichsten Methoden des Range-Objekts kennen.

Die Select-Methode

Mit der Select-Methode wählen Sie einen Zellenbereich aus. Die folgende Anweisung wählt einen Bereich in der aktiven Tabelle aus:

```
Range("A1:C12").Select
```

 Bevor Sie einen Bereich auswählen, sollten Sie eine zusätzliche Anweisung ausführen, um sicherzugehen, dass die korrekte Tabelle aktiviert ist. Wenn beispielsweise Tabelle1 den Bereich enthält, den Sie auswählen wollen, führen Sie die folgenden Anweisungen aus, um den Bereich auszuwählen:

```
Sheets("Tabelle1").Activate
Range("A1:C12").Select
```

Anders als vielleicht erwartet, erzeugt die folgende Anweisung einen Fehler, wenn `Tabelle1` nicht die aktive Tabelle ist. Mit anderen Worten, Sie müssen zwei Anweisungen statt einer ausführen, um zuerst die Tabelle zu aktivieren und dann den Bereich auszuwählen.

```
Sheets("Tabelle1").Range("A1:C12").Select
```

Falls Sie die `GoTo`-Methode des `Application`-Objekts verwenden, um einen Bereich auszuwählen, brauchen Sie sich keine Gedanken darüber zu machen, zuvor die richtige Tabelle auswählen zu müssen. Diese Anweisung aktiviert `Tabelle1` und wählt dann den Bereich aus:

```
Application.Goto Sheets("Tabelle1").Range("A1:C12")
```

Die `GoTo`-Methode ist das VBA-Äquivalent dazu, in Excel F5 zu drücken, womit das Dialogfeld GEHE ZU angezeigt wird.

Die Methoden Copy und Paste

Mit den Methoden `Copy` und `Paste` können Sie in VBA kopieren und einfügen. Beachten Sie, dass hier zwei unterschiedliche Objekte ins Spiel kommen. Die `Copy`-Methode wird auf das `Range`-Objekt angewendet, während die `Paste`-Methode auf das `Worksheet`-Objekt angewendet wird. Und das hat seinen Sinn: Sie kopieren einen Bereich und fügen ihn in eine Tabelle ein.

Das folgende kurze Makro (mein Dank gilt dem Makro-Recorder) kopiert den Bereich A1:A12 und fügt ihn in derselben Tabelle ein, aber beginnend ab Zelle C1:

```
Sub CopyRange()
    Range("A1:A12").Select
    Selection.Copy
    Range("C1").Select
    ActiveSheet.Paste
End Sub
```

Beachten Sie, dass im obigen Beispiel das `ActiveSheet`-Objekt mit der `Paste`-Methode verwendet wird. Dabei handelt es sich um eine spezielle Version des `Worksheet`-Objekts, die auf die aktuell aktive Tabelle verweist. Beachten Sie außerdem, dass das Makro den Bereich auswählt, bevor es ihn kopiert. Sie müssen jedoch keinen Bereich auswählen, bevor Sie etwas damit machen. Die folgende Prozedur erfüllt dieselbe Aufgabe wie das obige Beispiel, und dies mit einer einzigen Anweisung:

```
Sub CopyRange2()
    Range("A1:A12").Copy Range("C1")
End Sub
```

Diese Prozedur nutzt die Tatsache, dass die `Copy`-Methode ein Argument verwenden kann, das dem Zielbereich für die Kopieroperation entspricht. Solche Informationen können Sie im Hilfesystem finden.

Die Clear-Methode

Die Clear-Methode löscht den Inhalt eines Bereichs sowie die gesamte Zellformatierung. Wenn Sie beispielsweise alles aus Spalte D löschen möchten, führen Sie die folgende Anweisung aus:

```
Columns("D:D").Clear
```

Beachten Sie, dass es noch zwei verwandte Methoden gibt. Die ClearContents-Methode löscht den Inhalt des Bereichs, behält aber die Formatierung bei. Die ClearFormat-Methode löscht die Formatierung des Bereichs, behält aber den Zellinhalt bei.

Die Delete-Methode

Das Löschen eines Bereichs unterscheidet sich vom Entfernen eines Bereichsinhalts. Wenn Sie einen Bereich *entfernen*, verschiebt Excel die benachbarten Zellen, um den entfernten Bereich aufzufüllen.

Das folgende Beispiel verwendet die Delete-Methode, um Zeile 6 zu entfernen:

```
Rows("6:6").Delete
```

Wenn Sie einen Bereich entfernen, bei dem es sich nicht um eine vollständige Spalte oder Zeile handelt, muss Excel wissen, wie es die Zellen verschieben soll. (Um zu beobachten, wie das funktioniert, experimentieren Sie ein bisschen mit dem Excel-Befehl START | ZELLEN | LÖSCHEN.)

Die folgende Anweisung entfernt einen Bereich und füllt die entstehende Lücke auf, indem sie die anderen Zellen nach links verschiebt:

```
Range("C6:C10").Delete xlToLeft
```

Die Delete-Methode verwendet ein Argument, das angibt, wie Excel die verbleibenden Zellen verschieben soll. In diesem Beispiel wird eine eingebaute Konstante (xlToLeft) als Argument verwendet.

Kapitel 9

VBA- und Arbeitsblattfunktionen

E s gibt drei verschiedene Arten von Funktionen: solche, die in VBA eingebaut sind, solche, die in Excel eingebaut sind, und andere, die in VBA geschrieben werden. In den vorherigen Kapiteln haben Sie bereits gesehen, dass Sie in Ihren VBA-Ausdrücken Funktionen verwenden können, und in diesem Kapitel werden Sie alle Details hierzu erfahren. Funktionen können Ihren VBA-Code in die Lage versetzen, einige sehr mächtige Dinge zu erledigen, und dies mit wenig oder überhaupt keinem Programmieraufwand. Wenn Ihnen diese Vorstellung gefällt, ist dieses Kapitel genau für Sie gemacht.

Was ist eine Funktion?

Bis auf ein paar Leute, die immer noch glauben, Excel sei eine Textverarbeitung, bauen alle Excel-Benutzer Arbeitsblattfunktionen in ihre Formeln ein. Die gebräuchlichste Arbeitsblattfunktion ist SUMME, und es gibt noch Hunderte anderer, die Sie völlig frei verwenden können.

Im Wesentlichen führt eine *Funktion* eine Berechnung durch und gibt einen einzelnen Wert zurück. Die Funktion SUMME gibt natürlich die Summe eines Bereichs mit Werten zurück. Dasselbe gilt für Funktionen in Ihren VBA-Ausdrücken: Jede Funktion macht irgendetwas und gibt einen Wert zurück.

Die Funktionen, die Sie in VBA verwenden, können aus drei verschiedenen Quellen stammen:

✔ Eingebaute Funktionen aus VBA

✔ Arbeitsblattfunktionen aus Excel

✔ Benutzerdefinierte Funktionen, die Sie (oder jemand anderer) mit VBA schreiben

Das restliche Kapitel erklärt die Unterschiede zwischen diesen drei Arten von Funktionen.

Eingebaute VBA-Funktionen verwenden

VBA enthält zahlreiche eingebaute Funktionen. Einige davon nehmen Argumente entgegen, andere wiederum nicht.

Beispiele für VBA-Funktionen

Dieser Abschnitt zeigt Ihnen einige Beispiele für die Verwendung von VBA-Funktionen im Code. In vielen dieser Beispiele wird die Funktion MsgBox verwendet, um einen Wert in einem Meldungsfeld anzuzeigen. Ja, auch MsgBox ist eine VBA-Funktion. Sie ist eher ungewöhnlich, aber dennoch eine Funktion. Sie zeigt eine Meldung in einem Dialogfeld an und gibt auch einen Wert zurück. Weitere Informationen über die Funktion MsgBox finden Sie in Kapitel 15.

Auf der Website zu diesem Buch finden Sie eine Arbeitsmappe, die alle hier gezeigten Beispiele enthält.

Datum oder Uhrzeit des Systems anzeigen

Das erste Beispiel verwendet die Date-Funktion von VBA, um das aktuelle Systemdatum in einem Meldungsfeld anzuzeigen:

```
Sub ShowDate()
    MsgBox "Heute ist der " & Date
End Sub
```

Beachten Sie, dass die Date-Funktion kein Argument braucht. Anders als für Arbeitsblattfunktionen muss für eine VBA-Funktion ohne Argument kein leeres Klammernpaar angegeben werden. Und wenn Sie ein leeres Klammernpaar schreiben, entfernt der VBE es sofort.

Mit der Time-Funktion erhalten Sie die Systemzeit. Und wenn Sie beides brauchen, verwenden Sie die Funktion Now, die Datum und Zeit zurückgibt.

Die Länge einer Zeichenfolge ermitteln

Die folgende Prozedur verwendet die Len-Funktion von VBA, die die Länge einer Zeichenfolge zurückgibt. Die Len-Funktion nimmt ein Argument entgegen: die Zeichenfolge. Wenn

Sie diese Prozedur ausführen, zeigt das Meldungsfeld Ihren Namen sowie die Anzahl der Zeichen in Ihrem Namen an (siehe Abbildung 9.1).

```
Sub GetLength()
    Dim MyName As String
    Dim StringLength As Integer
    MyName = Application.UserName
    StringLength = Len(MyName)
    MsgBox MyName & " hat " & StringLength & " Zeichen."
End Sub
```

Abbildung 9.1: Berechnung der Länge Ihres Namens

Excel besitzt ebenfalls eine Funktion zur Längenbestimmung (LÄNGE), die Sie in den Formeln Ihrer Arbeitsblätter verwenden können. Die Excel-Version und die VBA-Funktion verhalten sich gleich. In der englischen Version haben sie auch denselben Namen. Leider sind die Funktionsnamen des VBE nicht lokalisiert.

Den Namen eines Monats anzeigen

Die folgende Prozedur verwendet die Funktion MonthName, die den Namen eines Monats zurückgibt. MonthName verwendet ein Argument, eine ganze Zahl zwischen 1 und 12.

```
Sub ShowMonthName()
    Dim ThisMonth As Long
    ThisMonth = Month(Date)
    MsgBox MonthName(ThisMonth)
End Sub
```

Diese Prozedur verwendet die Funktion Month, um den aktuellen Monat zu ermitteln (als Wert). Dieser Wert wird dann der Variablen ThisMonth zugewiesen. Die Funktion MonthName schließlich wandelt den Wert in einen Text um. Wenn Sie diese Prozedur also im April ausführen, zeigt das Meldungsfeld den Text **April** an.

Eigentlich ist die Variable ThisMonth nicht erforderlich. Sie erhalten dasselbe Ergebnis mit dem folgenden Ausdruck, der drei VBA-Funktionen verwendet:

```
MonthName(Month(Date))
```

Hier wird der Funktion Month das aktuelle Datum als Argument übergeben. Sie gibt einen Wert zurück, der der Funktion MonthName als Argument übergeben wird.

Eine Dateigröße bestimmen

Die folgende Sub-Prozedur zeigt die Größe der Excel-Programmdatei in Bytes an. Sie ermittelt diesen Wert mithilfe der Funktion FileLen.

```
Sub GetFileSize()
    Dim TheFile As String
    TheFile = "C:\Programme (x86)\Microsoft Office\Office16\EXCEL.EXE"
    MsgBox FileLen(TheFile)
End Sub
```

Beachten Sie, dass in dieser Routine der Dateiname *hartcodiert* ist (das heißt, der Dateipfad wird explizit angegeben). Das ist nicht sehr praktisch. Die Datei befindet sich möglicherweise nicht auf dem Laufwerk C oder der Excel-Ordner hat einen anderen Namen. Die folgende Anweisung zeigt einen besseren Ansatz:

```
TheFile = Application.Path & "\EXCEL.EXE"
```

Path ist eine Eigenschaft des Application-Objekts. Sie gibt einfach den Namen des Ordners zurück, in dem die Applikation (das heißt Excel) installiert ist (ohne führenden Backslash).

Den Typ eines ausgewählten Objekts identifizieren

Die folgende Prozedur verwendet die Funktion TypeName, die den Typ der Auswahl auf dem Arbeitsblatt zurückgibt (als Zeichenfolge):

```
Sub ShowSelectionType()
    Dim SelType As String
    SelType = TypeName(Selection)
    MsgBox SelType
End Sub
```

Bei der Auswahl kann es sich um einen Bereich, ein Bild, ein Rechteck, einen Diagrammbereich oder jeden anderen auswählbaren Objekttyp handeln.

 Die Funktion TypName ist sehr flexibel. Sie können sie auch nutzen, um den Datentyp einer Variablen zu bestimmen.

VBA-Funktionen, die mehr tun, als einen Wert zurückzugeben

Einige VBA-Funktionen machen mehr als nur den Dienst nach Vorschrift. Statt einfach einen Wert zurückzugeben, haben diese Funktionen auch noch einige praktische Nebenwirkungen. Sie sind in Tabelle 9.1 aufgelistet.

Funktion	Zweck
MsgBox	Zeigt ein praktisches Dialogfeld an, das eine Meldung und Schaltflächen enthält. Die Funktion gibt einen Code zurück, der angibt, auf welche Schaltfläche der Benutzer geklickt hat. Weitere Informationen finden Sie in Kapitel 15.
InputBox	Zeigt ein einfaches Dialogfeld an, das den Benutzer zu einer Eingabe auffordert. Die Funktion gibt zurück, was der Benutzer in das Dialogfeld eingetragen hat. Weitere Informationen finden Sie in Kapitel 15.
Shell	Führt ein anderes Programm aus. Die Funktion gibt die Task-ID des anderen Programms zurück (eine eindeutige ID) oder einen Fehler, wenn die Funktion das andere Programm nicht starten kann.

Tabelle 9.1: VBA-Funktionen mit praktischen Nebenwirkungen

VBA-Funktionen finden

Wie finden Sie heraus, welche Funktionen es in VBA gibt? Gute Frage! Die beste Quelle ist das Hilfesystem von Excel Visual Basic. Eine andere Methode sieht so aus, dass Sie vba. eingeben müssen. Damit erhalten Sie eine Liste mit Einträgen, wie in Abbildung 9.2 gezeigt. Bei den Einträgen mit grünem Symbol handelt es sich um Funktionen. Wenn dies nicht funktioniert, wählen Sie den VBE-Befehl EXTRAS | OPTIONEN, gehen auf die Registerkarte EDITOR und markieren ELEMENTE AUTOMATISCH AUFLISTEN.

In VBA stehen Ihnen ungefähr 140 verschiedene Funktionen zur Verfügung. Einige davon sind so hochspezialisiert oder undurchsichtig, dass Sie sie vermutlich nicht verwenden werden. Andere wiederum sind für viele Anwendungen sehr nützlich. In Tabelle 9.2 finden Sie Informationen zu diesen nützlichen Funktionen.

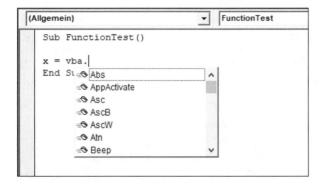

Abbildung 9.2: Eine Möglichkeit, eine Liste mit VBA-Funktionen anzuzeigen

 Um weitere Informationen über eine bestimmte Funktion zu erhalten, geben Sie den Funktionsnamen in ein VBA-Modul ein, schieben den Mauszeiger irgendwo über den Text und drücken F1 .

Funktion	Zweck
Abs	Gibt den Absolutwert einer Zahl zurück.
Array	Gibt einen Variant zurück, der ein Array enthält.
Choose	Gibt einen Wert aus einer Elementeliste zurück.
Chr	Wandelt einen ANSI-Wert in eine Zeichenfolge um.
CurDir	Gibt den aktuellen Pfad zurück.
Date	Gibt das aktuelle Systemdatum zurück.
DateAdd	Gibt ein Datum zurück, zu dem ein bestimmtes Zeitintervall addiert wurde, zum Beispiel einen Monat ab einem bestimmten Datum.
DateDiff	Gibt eine ganze Zahl zurück, die die Anzahl der angegebenen Zeitintervalle zwischen zwei Datumswerten darstellt, zum Beispiel die Anzahl der Monate zwischen heute und Ihrem Geburtstag.
DatePart	Gibt eine ganze Zahl zurück, die den angegebenen Teil eines bestimmten Datums darstellt, zum Beispiel den Tag des Jahres für ein Datum.
DateSerial	Wandelt ein Datum in eine serielle Zahl um.
DateValue	Wandelt eine Zeichenfolge in ein Datum um.
Day	Gibt den Tag des Monats für einen Datumswert zurück.
Dir	Gibt den Namen einer Datei oder eines Verzeichnisses zurück, der mit einem bestimmten Muster übereinstimmt.
Err	Gibt die Fehlernummer einer Fehlerbedingung zurück.
Error	Gibt die Fehlermeldung zu einer Fehlernummer zurück.
Exp	Gibt die Basis des natürlichen Logarithmus (e) erhoben in eine Potenz zurück.
FileLen	Gibt die Anzahl der Bytes einer Datei zurück.
Fix	Gibt den ganzzahligen Anteil einer Zahl zurück.
Format	Zeigt einen Ausdruck in einem bestimmten Format an.
GetSetting	Gibt einen Wert aus der Windows-Registry zurück.
Hour	Gibt den Stundenanteil einer Zeit zurück.
InputBox	Zeigt ein Feld mit einer Eingabeaufforderung für den Benutzer an.
InStr	Gibt die Position einer Zeichenfolge innerhalb einer anderen Zeichenfolge zurück. Gezählt wird ab dem Anfang der Zeichenfolge.
InStrRev	Gibt die Position einer Zeichenfolge in einer anderen Zeichenfolge zurück, ausgehend vom Ende der Zeichenfolge.
Int	Gibt den ganzzahligen Anteil einer Zahl zurück.
IsArray	Gibt True zurück, wenn eine Variable ein Array ist.
IsDate	Gibt True zurück, wenn ein Ausdruck ein Datum ist.
IsEmpty	Gibt True zurück, wenn eine Variable noch nicht initialisiert wurde.
IsError	Gibt True zurück, wenn ein Ausdruck ein Fehlerwert ist.
IsMissing	Gibt True zurück, wenn einer Prozedur ein optionales Argument nicht übergeben wurde.

Tabelle 9.2: Die praktischsten eingebauten Funktionen von VBA

Funktion	Zweck
IsNull	Gibt True zurück, wenn ein Ausdruck keine gültigen Daten enthält.
IsNumeric	Gibt True zurück, wenn ein Ausdruck als Zahl ausgewertet werden kann.
LBound	Gibt den kleinsten Index für die Größe eines Arrays zurück.
LCase	Gibt eine in Kleinbuchstaben umgewandelte Zeichenfolge zurück.
Left	Gibt eine bestimmte Anzahl an Zeichen einer Zeichenfolge von links zurück.
Len	Gibt die Anzahl der Zeichen in einer Zeichenfolge zurück.
Mid	Gibt eine bestimmte Anzahl von Zeichen aus einer Zeichenfolge zurück.
Minute	Gibt den Minutenanteil eines Zeitwerts zurück.
Month	Gibt den Monat aus einem Datumswert zurück.
MsgBox	Zeigt ein Meldungsfeld an und gibt (optional) einen Wert zurück.
Now	Gibt das aktuelle Datum und die aktuelle Zeit des Systems zurück.
Replace	Ersetzt eine Teilzeichenfolge in einer Zeichenfolge durch eine andere Teilzeichenfolge.
RGB	Gibt einen numerischen RGB-Wert zurück, der eine Farbe darstellt.
Right	Gibt eine bestimmte Anzahl an Zeichen einer Zeichenfolge von rechts zurück.
Rnd	Gibt eine Zufallszahl zwischen 0 und 1 zurück.
Second	Gibt den Sekundenanteil eines Zeitwerts zurück.
Shell	Führt ein ausführbares Programm aus.
Space	Gibt eine Zeichenfolge mit einer angegebenen Anzahl an Leerzeichen zurück.
Split	Unterteilt eine Zeichenfolge unter Verwendung eines Trennzeichens in Teile.
Sqr	Gibt die Quadratwurzel einer Zahl zurück.
String	Gibt ein wiederholtes Zeichen oder eine wiederholte Zeichenfolge zurück.
Time	Gibt die aktuelle Systemzeit zurück.
Timer	Gibt die Anzahl der Sekunden seit Mitternacht zurück.
TimeSerial	Gibt die Zeit für eine bestimmte Stunde, Minute und Sekunde zurück.
TimeValue	Wandelt eine Zeichenfolge in eine serielle Zeit um.
Trim	Gibt eine Zeichenfolge ohne führende oder nachfolgende Leerzeichen zurück.
TypeName	Gibt eine Zeichenfolge zurück, die den Datentyp einer Variablen beschreibt.
UBound	Gibt den größten verfügbaren Index für die Größe eines Arrays zurück.
UCase	Wandelt eine Zeichenfolge in Großbuchstaben um.
Val	Gibt die in einer Zeichenfolge enthaltenen Zahlen zurück.
Weekday	Gibt eine Zahl zurück, die einen Wochentag darstellt.
Year	Gibt das Jahr aus einem Datumswert zurück.

Tabelle 9.2: Die praktischsten eingebauten Funktionen von VBA

Arbeitsblattfunktionen in VBA verwenden

Obwohl VBA schon eine Menge eingebauter Funktionen bietet, finden Sie dort vielleicht nicht immer, was Sie suchen. Glücklicherweise können Sie auch die meisten der Arbeitsblattfunktionen von Excel in Ihren VBA-Prozeduren verwenden. Die einzigen Arbeitsblattfunktionen, die Sie nicht verwenden können, sind diejenigen, für die es eine äquivalente VBA-Funktion gibt.

Beachten Sie bitte, dass in VBA die englischen Namen der Arbeitsblattfunktionen verwendet werden müssen. Weitere Informationen dazu finden Sie in der Online-Hilfe.

VBA stellt die Arbeitsblattfunktionen von Excel über das WorksheetFunction-Objekt zur Verfügung, das im Application-Objekt enthalten ist. Hier ein Beispiel dafür, wie Sie die SUMME-Funktion von Excel in einer VBA-Anweisung verwenden können (wie oben bereits erwähnt, wird der englische Name der Funktion verwendet, Sum):

```
Total = Application.WorksheetFunction.Sum(Range("A1:A12"))
```

Sie können den Application-Teil oder den WorksheetFunction-Teil des Ausdrucks weglassen. In jedem Fall findet VBA heraus, was Sie machen. Mit anderen Worten, die folgenden drei Ausdrücke verhalten sich alle gleich:

```
Total = Application.WorksheetFunction.Sum(Range("A1:A12"))
Total = WorksheetFunction.Sum(Range("A1:A12"))
Total = Application.Sum(Range("A1:A12"))
```

Beispiele für Arbeitsblattfunktionen

Viele der Arbeitsblattfunktionen von Excel können Sie in Ihren VBA-Ausdrücken verwenden. Sie können sich die Arbeitsblattfunktionen wie Plug-ins vorstellen, mit denen Sie die Möglichkeiten Ihrer eigenen Prozeduren erweitern. In diesem Abschnitt werden Sie sehen, wie Sie Excel-Arbeitsblattfunktionen in Ihrem eigenen VBA-Code verwenden.

Den maximalen Wert in einem Bereich finden

Das folgende Beispiel zeigt, wie die Arbeitsblattfunktion MAX von Excel in einer VBA-Prozedur genutzt werden kann. Diese Prozedur zeigt den maximalen Wert aus Spalte A auf dem aktiven Arbeitsblatt an (siehe Abbildung 9.3):

```
Sub ShowMax()
    Dim TheMax As Double
    TheMax = WorksheetFunction.MAX(Range("A:A"))
    MsgBox TheMax
End Sub
```

Mit der MIN-Funktion können Sie den kleinsten Wert in einem Bereich ermitteln. Und wie Sie vielleicht schon erwartet haben, können Sie auch alle anderen Arbeitsblattfunktionen

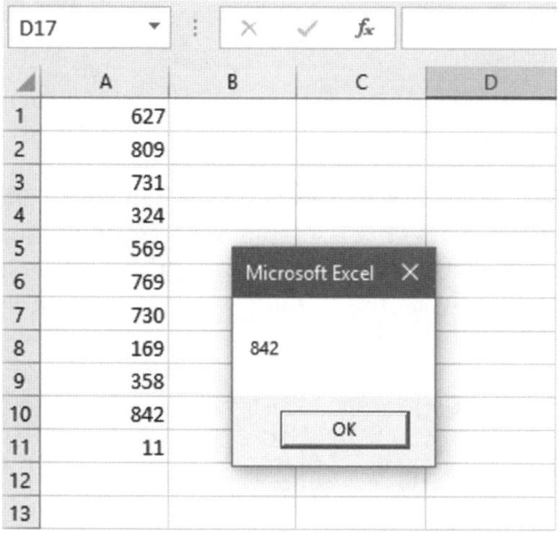

Abbildung 9.3: Eine Arbeitsblattfunktion in Ihrem VBA-Code verwenden

auf ähnliche Weise benutzen. Beispielsweise können Sie die Funktion LARGE (das englische Pendant zu KGRÖSSTE) verwenden, um den k-größten Wert in einem Bereich zu ermitteln, wie im folgenden Ausdruck gezeigt:

```
SecondHighest = WorksheetFunction.LARGE(Range("A:A"),2)
```

Beachten Sie, dass die Funktion LARGE zwei Argumente verwendet. Das zweite Argument steht für den k-ten Teil – in diesem Fall 2 (der zweitgrößte Wert).

Berechnung einer Hypothekenzahlung

Das nächste Beispiel verwendet die Arbeitsblattfunktion PMT (das englische Pendant zu RMZ), um eine Hypothekenzahlung zu berechnen. Die Prozedur verwendet drei Variablen, um die Daten zu speichern, die der PMT-Funktion als Argumente übergeben werden. Ein Meldungsfeld zeigt die berechnete Zahlung an.

```
Sub PmtCalc()
    Dim IntRate As Double
    Dim LoanAmt As Double
    Dim Periods As Integer
    IntRate = 0.0825 / 12
    Periods = 30 * 12
    LoanAmt = 150000
    MsgBox WorksheetFunction.PMT(IntRate, Periods, -LoanAmt)
End Sub
```

Wie die folgende Anweisung zeigt, können Sie die Werte auch direkt als Funktionsargumente angeben:

```
MsgBox WorksheetFunction.PMT(0.0825 /12, 360, -150000)
```

Die Verwendung von Variablen, die die Parameter aufnehmen, macht den Code jedoch leichter lesbar und aktualisierbar, falls erforderlich.

Verwendung einer Suchfunktion

Das folgende Beispiel verwendet die Funktionen InputBox und MsgBox von VBA sowie die Excel-Funktion VLOOKUP (das englische Pendant zu SVERWEIS). Es fragt eine Teilenummer ab und ermittelt dann den Preis aus einer Suchmatrix. Abbildung 9.4 zeigt den Bereich A1:B13 mit dem Namen Preisliste.

```
Sub GetPrice()
    Dim PartNum As Variant
    Dim Price As Double
    PartNum = InputBox("Geben Sie die Teilenummer ein")
    Sheets("Preise").Activate
    Price = WorksheetFunction.VLOOKUP(PartNum, Range("Preisliste"), 2,
False)
    MsgBox PartNum & " kostet " & Price
End Sub
```

⊿	A	B	C	D	E	F	G	H	I
1	Teil	Preis							
2	A-132	39,95							
3	A-183	12,95		Microsoft Excel				✕	
4	B-942	16,49							
5	C-832	3,99		Geben Sie die Teilenummer ein			OK		
6	C-999	17,59							
7	D-873	19,99					Abbrechen		
8	F-143	39,95							
9	G-771	49,95		G-771					
10	K-873	129,95							
11	M-732	89,95							
12	P-101	3,95							
13	R-932	13,95							
14									

Abbildung 9.4: Der Bereich Preisliste enthält Preise für Teile.

 Diese Arbeitsmappe können Sie von der Website zum Buch herunterladen.

Die Prozedur GetPrice arbeitet wie folgt:

1. Die InputBox-Funktion von VBA fragt eine Teilenummer vom Benutzer ab.

2. Diese Anweisung weist die vom Benutzer eingegebene Teilenummer der Variablen PartNum zu.

3. In der nächsten Anweisung wird das Arbeitsblatt `Preise` aktiviert, falls es noch nicht das aktive Arbeitsblatt sein sollte.

4. Der Code verwendet die Funktion `VLOOKUP` (das englische Pendant zu `SVERWEIS`), um die Teilenummer in der Tabelle zu ermitteln.

   Beachten Sie, dass die Argumente, die Sie in dieser Anweisung verwenden, dieselben sind wie die, die Sie mit der äquivalenten Funktion `SVERWEIS` in einer Arbeitsblattformel verwenden würden. Diese Anweisung weist das Ergebnis der Funktion der Variablen `Price` zu.

5. Der Code zeigt den Preis für das Teil über die `MsgBox`-Funktion an.

Diese Prozedur enthält keine Fehlerverarbeitung, und sie schlägt einfach fehl, wenn Sie eine nicht vorhandene Teilenummer eingeben. (Probieren Sie es aus!) In einer Anwendung für die Praxis müssten Sie Anweisungen einfügen, die Fehler besser verarbeiten. Weitere Informationen über die Fehlerbearbeitung finden Sie in Kapitel 12.

Eingabe von Arbeitsblattfunktionen

Es ist nicht möglich, mit dem Dialogfeld FUNKTION EINFÜGEN von Excel eine Arbeitsblattfunktion in ein VBA-Modul einzugeben. Stattdessen geben Sie solche Funktionen auf die ganz altmodische Weise ein: manuell. Sie können jedoch das Dialogfeld FUNKTION EINFÜGEN verwenden, um die gewünschte Funktion zu identifizieren und ihre Argumente zu ermitteln.

Sie können auch die Option ELEMENTE AUTOMATISCH AUFLISTEN des VBE nutzen, die eine Drop-down-Liste aller Arbeitsblattfunktionen anzeigt. Geben Sie einfach `Application.WorksheetFunction` ein, gefolgt von einem Punkt. Anschließend wird eine Liste der Funktionen angezeigt, die Sie verwenden können, wie in Abbildung 9.5 dargestellt. Falls dies nicht funktioniert, wählen Sie den VBE-Befehl EXTRAS | OPTIONEN, gehen Sie auf die Registerkarte EDITOR und markieren Sie die Option ELEMENTE AUTOMATISCH AUFLISTEN.

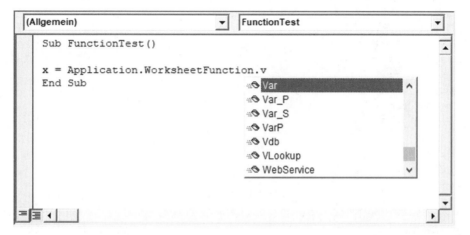

Abbildung 9.5: So erhalten Sie eine Liste der Arbeitsblattfunktionen, die Sie in Ihrem VBA-Code verwenden können.

Weitere Informationen über die Verwendung von Arbeitsblattfunktionen

VBA-Neulinge verwechseln häufig die in VBA eingebauten Funktionen und die Arbeitsblattfunktionen von Excel. Am besten merkt man sich, dass VBA nicht versucht, das Rad neu zu erfinden. Größtenteils bildet VBA keine Excel-Tabellenblattfunktionen nach.

Für die meisten Arbeitsblattfunktionen, die nicht als Methoden des WorksheetFunction-Objekts zur Verfügung stehen, können Sie einen äquivalenten eingebauten VBA-Operator oder eine VBA-Funktion verwenden. Beispielsweise steht die Arbeitsblattfunktion MOD (das englische Pendant zu REST) nicht im WorksheetFunction-Objekt zur Verfügung, weil VBA ein Äquivalent besitzt, seinen eingebauten MOD-Operator.

Fazit? Wenn Sie eine Funktion verwenden wollen, überprüfen Sie zuerst, ob es in VBA etwas gibt, was Ihre Anforderungen erfüllt. Ist dies nicht der Fall, probieren Sie es mit den Arbeitsblattfunktionen. Wenn das auch nichts bringt, können Sie mithilfe von VBA eine benutzerdefinierte Funktion schreiben.

Benutzerdefinierte Funktionen verwenden

Nachdem Sie nun wissen, wie Sie VBA-Funktionen und Excel-Arbeitsblattfunktionen verwenden, können Sie sich der dritten Gruppe von Funktionen zuwenden, die Sie in Ihren VBA-Prozeduren nutzen können: den benutzerdefinierten Funktionen. Eine *benutzerdefinierte Funktion* (auch als UDF, User Defined Function, bezeichnet) ist eine Funktion, die Sie selbst mit VBA entwickeln. Um eine benutzerdefinierte Funktion nutzen zu können, müssen Sie sie in der Arbeitsmappe definieren, in der sie verwendet werden soll, oder in einem Add-In (siehe Kapitel 21).

Hier ein Beispiel für die Definition einer einfachen Funktionsprozedur (MultiplyTwo), die dann in einer VBA-Sub-Prozedur (ShowResult) verwendet wird:

```
Function MultiplyTwo(num1, num2) As Double
    MultiplyTwo = num1 * num2
End Function

Sub ShowResult()
    Dim n1 As Double, n2 As Double
    Dim Result As Double
    n1 = 123
    n2 = 544
    Result = MultiplyTwo(n1, n2)
    MsgBox Result
End Sub
```

Die benutzerdefinierte Funktion MultiplyTwo verwendet zwei Argumente. Die Sub-Prozedur ShowResult verwendet diese Funktionsprozedur, indem sie ihr zwei Argumente übergibt (in Klammern). Die Prozedur ShowResult zeigt anschließend ein Meldungsfeld mit dem von der Funktion MultiplyTwo zurückgegebenen Wert an.

Selbstverständlich sind die meisten Funktionen nicht so trivial wie die Funktion Multi plyTwo. Jedoch ging es bei diesem Beispiel vor allem darum, Ihnen zu zeigen, wie eine Sub-Prozedur eine benutzerdefinierte Funktion nutzen kann.

Sie können auch in Ihren Arbeitsblattformeln benutzerdefinierte Funktionen verwenden. Wenn beispielsweise MultiplyTwo in Ihrer Arbeitsmappe definiert ist, können Sie eine Formel wie die folgende schreiben:

```
=MultiplyTwo(A1;A2)
```

Diese Formel gibt das Produkt der Werte in den Zellen A1 und A2 zurück.

Die Entwicklung benutzerdefinierter Arbeitsblattfunktionen ist ein wichtiges (und sehr praktisches) Thema. Es ist so wichtig, dass Sie in Kapitel 20 Beispiele finden, die wirklich nützlich sind.

IN DIESEM KAPITEL

Methoden zur Ablaufkontrolle Ihrer VBA-Prozeduren kennenlernen

Die berüchtigte GoTo-Anweisung verwenden

If-Then- und Select-Case-Strukturen nutzen

Schleifen in Ihren Prozeduren ausführen

Kapitel 10
Steuerung des Programm-
ablaufs und Entscheidungen

E inige VBA-Prozeduren beginnen mit der ersten Codezeile und arbeiten dann Zeile für Zeile bis zum Ende ab. Sie weichen nie von diesem Programmfluss von oben nach un- ten ab. Makros, die Sie aufzeichnen, verhalten sich immer auf diese Weise. Häufig muss man den Codeablauf jedoch steuern, indem man einige Anweisungen überspringt, ei- nige Anweisungen mehrfach ausführt und Bedingungen überprüft, um festzustellen, was die Prozedur als Nächstes machen soll. Machen Sie sich bereit – Sie werden jetzt das Wesen der Programmierung kennenlernen.

Schwimmen mit dem Strom

Programmieranfänger verstehen manchmal nicht, wie ein dummer Computer intelligen- te Entscheidungen treffen kann. Das Geheimnis liegt in verschiedenen Programmierkons- trukten, die von den meisten Programmiersprachen unterstützt werden. Tabelle 10.1 zeigt einen schnellen Überblick über diese Konstrukte. (Sie werden im weiteren Verlauf des Ka- pitels genauer erklärt.)

Die GoTo-Anweisung

Eine GoTo-Anweisung ist die einfachste Möglichkeit, den Programmverlauf zu ändern. Die GoTo-Anweisung setzt einfach die Programmausführung mit einer anderen Anweisung fort, der eine Zeilenmarke vorangeht.

Konstrukt	Funktionsweise
GoTo-Anweisung	Springt zu einer bestimmten Anweisung.
If–Then-Struktur	Macht irgendetwas, wenn etwas anderes zutrifft.
Select–Case-Struktur	Macht eines von verschiedenen Dingen, abhängig vom Wert von irgendetwas.
For–Next-Schleife	Führt mehrere Anweisungen so oft aus, wie angegeben.
Do–While-Schleife	Führt irgendetwas aus, solange irgendetwas anderes zutrifft.
Do–Until-Schleife	Führt irgendetwas aus, bis etwas anderes zutrifft.

Tabelle 10.1: Programmierkonstrukte für Entscheidungen

Ihre VBA-Prozeduren können beliebig viele Zeilenmarken enthalten. Eine *Zeilenmarke* ist einfach nur eine Zeichenfolge, gefolgt von einem Doppelpunkt.

Die folgende Prozedur verdeutlicht, wie eine GoTo-Anweisung arbeitet:

```
Sub CheckUser()
    UserName = InputBox("Geben Sie Ihren Namen ein: ")
    If UserName <> "Paul Panther" Then GoTo WrongName
    MsgBox ("Hallo Paul...")
'    ...[Hier kann weiterer Code stehen] ...
    Exit Sub
WrongName:
    MsgBox "Es tut uns leid. Nur Paul Panther kann diese Prozedur
ausführen."
End Sub
```

Die Prozedur fragt mit der InputBox-Funktion den Benutzernamen ab. Anschließend wird eine Entscheidung getroffen: Wenn der Benutzer einen anderen Namen als **Paul Panther** eingibt, springt der Programmverlauf zur Zeilenmarke WrongName, zeigt eine Entschuldigung an und die Prozedur endet. Führt dagegen Karl Käfer dieses Makro aus und verwendet seinen realen Namen, zeigt die Prozedur eine Begrüßung an und führt dann irgendwelchen weiteren Code aus (in diesem Beispiel nicht gezeigt).

Beachten Sie, dass die Exit Sub-Anweisung die Prozedur beendet, bevor die zweite MsgBox-Funktion eine Chance zur Ausführung erhält. Ohne diese Exit Sub-Anweisung würden beide MsgBox-Anweisungen ausgeführt.

Diese einfache Prozedur funktioniert, aber VBA hat einige bessere (und strukturiertere) Alternativen zu GoTo. Im Allgemeinen sollten Sie GoTo nur dann einsetzen, wenn es keine andere Möglichkeit gibt, eine Anweisung auszuführen. In der Praxis sollten Sie die GoTo-Anweisung nur zum Abfangen von Fehlern verwenden. (Ausführliche Informationen zur Fehlerbehandlung in VBA finden Sie in Kapitel 12).

Übrigens dient die `CheckUser`-Prozedur lediglich dazu, um die Verwendung der `GoTo`-Anweisung zu demonstrieren. Keinesfalls soll damit eine effektive Sicherheitstechnik vorgestellt werden!

 Viele Hardcore-Programmierer hassen die `GoTo`-Anweisung, weil ihre Verwendung in der Regel zu schwer entzifferbarem (und schwer wartbarem) »Spaghetti-Code« führt. Wenn Sie also mit anderen Programmierern sprechen, vermeiden Sie es, zuzugeben, dass Sie `GoTo`-Anweisungen verwenden.

Was ist strukturierte Programmierung? Spielt sie überhaupt eine Rolle?

Wenn Sie sich mit Programmierern unterhalten, hören Sie früher oder später den Begriff *strukturierte Programmierung*. Diesen Begriff gibt es schon seit Jahrzehnten, und die Programmierer sind sich ganz allgemein darüber einig, dass strukturierte Programme besser sind als unstrukturierte Programme. Was also ist die strukturierte Programmierung? Und können Sie sie in VBA anwenden?

Die grundlegende Voraussetzung für die strukturierte Programmierung ist, dass eine Prozedur oder ein Codesegment nur einen Eingangspunkt und einen Austrittspunkt haben sollten. Mit anderen Worten, ein Codeblock sollte eine eigenständige Einheit sein. Ein Programm kann nicht in die Mitte dieser Einheit springen, und es kann sie auch nicht an beliebiger Stelle verlassen, außer an dem einzigen Austrittspunkt. Wenn Sie strukturierten Code schreiben, läuft Ihr Programm geordnet ab und kann leicht nachverfolgt werden - anders als ein Programm, das wild umherspringt. Damit schließt sich die Verwendung der `GoTo`-Anweisung schon weitgehend aus.

Im Allgemeinen ist ein strukturiertes Programm leichter zu lesen und zu verstehen. Noch wichtiger ist jedoch, dass es auch einfacher anzupassen ist, falls das je erforderlich sein sollte.

VBA ist eine strukturierte Sprache. Sie unterstützt dem Standard entsprechende, strukturierte Konstrukte, wie beispielsweise `If-Then-Else`, `For-Next`-Schleifen, `Do-Until`-Schleifen, `Do-While`-Schleifen und `Select-Case`-Strukturen. Darüber hinaus unterstützt sie auch den modularen Codeaufbau. Wenn Sie Programmieranfänger sind, sollten Sie versuchen, sich eine strukturierte Programmierung anzugewöhnen. Ich habe fertig.

Entscheidungen, Entscheidungen!

Wie überall im Leben ist eine effektive Entscheidungsfindung der Schlüssel zum Erfolg. So auch beim Schreiben von Excel-Makros. In diesem Abschnitt geht es um zwei Programmierstrukturen, die Ihre VBA-Prozeduren mit einigen beeindruckenden Möglichkeiten zur Entscheidungsfindung ausstatten: `If-Then` und `Select-Case`.

Die If-Then-Struktur

Die If-Then-Struktur ist die wichtigste Steuerstruktur von VBA. Sie werden diesen Befehl wahrscheinlich jeden Tag brauchen.

Sie verwenden die If-Then-Struktur, wenn Sie eine oder mehrere Anweisungen abhängig von einer Bedingung ausführen wollen. Mit dem optionalen Else-Zweig können Sie eine oder mehrere Anweisungen ausführen, wenn die Bedingung, die Sie testen, *nicht* zutrifft. Hier die einfache CheckUser-Prozedur aus dem vorigen Abschnitt, jetzt jedoch mit If-Then-Else-Struktur:

```
Sub CheckUser2()
    UserName = InputBox("Geben Sie Ihren Namen ein: ")
    If UserName = "Paul Panther" Then
        MsgBox ("Hallo Paul...")
'       ...[Hier kann weiterer Code stehen] ...
    Else
        MsgBox "Sorry. Diese Prozedur kann nur Paul Panther ausführen."
    End If
End Sub
```

Sicher stimmen Sie mir zu, dass diese Version sehr viel einfacher zu lesen ist.

 Auf der Website zu diesem Buch steht eine Arbeitsmappe mit den Beispielen aus diesem Abschnitt zum Download bereit.

Beispiele für If-Then

Die folgende Prozedur zeigt die If-Then-Struktur ohne den optionalen Else-Zweig:

```
Sub GreetMe()
    If Time < 0.5 Then MsgBox "Guten Morgen!"
End Sub
```

Die Prozedur GreetMe verwendet die Time-Funktion von VBA, um die Systemzeit zu ermitteln. Wenn die aktuelle Zeit kleiner als 0,5 ist (das heißt Vormittag), zeigt die Prozedur einen freundlichen Gruß an. Ist Time größer oder gleich 0,5, endet die Prozedur und nichts passiert.

Um eine andere Begrüßung anzuzeigen, wenn Time größer oder gleich 0,5 ist, können Sie eine weitere If-Then-Anweisung nach der ersten einfügen:

```
Sub GreetMe2()
    If Time < 0.5 Then MsgBox "Guten Morgen!"
    If Time >= 0.5 Then MsgBox "Guten Tag!"
End Sub
```

Beachten Sie, dass die zweite If-Then-Anweisung >= (größer oder gleich) verwendet. Damit wird sichergestellt, dass der gesamte Tag abgedeckt ist. Falls für den Vergleich lediglich

> (größer) verwendet wird, würde keine Meldung angezeigt, wenn diese Prozedur genau um 12.00 Uhr mittags ausgeführt würde. Das ist zwar relativ unwahrscheinlich, aber bei einem so wichtigen Programm wie diesem will man schließlich kein Risiko eingehen.

Ein Beispiel für If-Then-Else

Ein weiterer Ansatz für die obige Aufgabe verwendet einen Else-Zweig. Hier dieselbe Prozedur, jedoch verwendet der Code nun die If-Then-Else-Struktur:

```
Sub GreetMe3()
    If Time < 0.5 Then MsgBox "Guten Morgen!" Else _
       MsgBox "Guten Tag!"
End Sub
```

Beachten Sie im obigen Beispiel das Zeilenfortsetzungszeichen (Unterstrich). Die If-Then-Else-Anweisung ist eigentlich eine einzige Anweisung. VBA unterstützt noch eine etwas andere Codierung des If-Then-Else-Konstrukts, die eine End-If-Anweisung verwendet. Damit kann die GreetMe-Prozedur wie folgt umgeschrieben werden:

```
Sub GreetMe4()
    If Time < 0.5 Then
        MsgBox "Guten Morgen!"
    Else
        MsgBox "Guten Tag!"
    End If
End Sub
```

Sie könnten unter dem If-Teil beliebig viele Anweisungen einfügen, ebenso wie unter dem Else-Teil. Diese Syntax ist leichter zu lesen und die Anweisungen werden damit kürzer.

Und was machen Sie, wenn Sie die GreetMe-Prozedur auf drei Bedingungen ausweiten wollen: Morgen, Tag und Abend? Sie haben zwei Möglichkeiten: Sie verwenden drei If-Then-Anweisungen oder eine *verschachtelte* If-Then-Else-Struktur. *Verschachtelung* bedeutet, dass eine If-Then-Else-Struktur innerhalb einer anderen If-Then-Else-Struktur geschrieben wird. Der erste Ansatz, die Verwendung von drei If-Then-Anweisungen, ist am einfachsten:

```
Sub GreetMe5()
  Dim Msg As String
  If Time < 0.5 Then Msg = "Morgen!"
  If Time >= 0.5 And Time < 0.75 Then Msg = "Tag!"
  If Time >= 0.75 Then Msg = "Abend!"
  MsgBox "Guten " & Msg
End Sub
```

Dieser Code enthält eine Neuerung, da hier eine Variable verwendet wird: Die Msg-Variable erhält abhängig von der Tageszeit unterschiedliche Textwerte. Die MsgBox-Anweisung zeigt die Begrüßung an, Guten Morgen!, Guten Tag! oder Guten Abend!.

Die folgende Prozedur führt dasselbe aus, verwendet aber eine If-Then-End-If-Struktur:

```
Sub GreetMe6()
    Dim Msg As String
    If Time < 0.5 Then
        Msg = "Morgen!"
    End If
    If Time >= 0.5 And Time < 0.75 Then
        Msg = "Tag!"
    End If
    If Time >= 0.75 Then
        Msg = "Abend!"
    End If
    MsgBox "Guten " & Msg
End Sub
```

ElseIf verwenden

Im vorigen Beispiel wird jede Anweisung in der Prozedur ausgeführt, sogar morgens. Eine etwas effizientere Struktur würde die Prozedur verlassen, sobald eine Bedingung als zutreffend erkannt wird. Morgens beispielsweise sollte die Prozedur die Meldung Guten Morgen! ausgeben und sich dann beenden, ohne dass die anderen (überflüssigen) Bedingungen überprüft werden.

Bei einer kleinen Prozedur wie dieser brauchen Sie sich keine Gedanken über die Ausführungsgeschwindigkeit zu machen. Bei größeren Anwendungen, bei denen die Geschwindigkeit kritisch ist, sollten Sie eine andere Syntax für die If-Then-Struktur kennen: ElseIf.

So können Sie die GreetMe-Prozedur umschreiben, indem Sie diese Syntax verwenden:

```
Sub GreetMe7()
  Dim Msg As String
  If Time < 0.5 Then
     Msg = "Morgen!"
  ElseIf Time >= 0.5 And Time < 0.75 Then
     Msg = "Tag!"
  Else
     Msg = "Abend!"
  End If
  MsgBox "Guten " & Msg
End Sub
```

Wenn eine Bedingung zutrifft, führt VBA die bedingten Anweisungen aus und die If-Struktur endet. Mit anderen Worten, VBA vergeudet keine Zeit damit, die überflüssigen Bedingungen auszuwerten, wodurch diese Prozedur etwas effizienter ist als die vorherigen Beispiele. Die Abwägung (es gibt immer ein Für und ein Wider) ist, dass der Code schwieriger nachzuvollziehen ist. (Natürlich wissen Sie das bereits.)

Ein weiteres If-Then-Beispiel

Hier folgt ein weiteres Beispiel, das die einfache Form der If-Then-Struktur verwendet. Diese Prozedur fordert den Benutzer auf, eine Menge einzugeben, und zeigt dann abhängig von der eingegebenen Menge den Rabatt an:

```
Sub ShowDiscount()
    Dim Quantity As Integer
    Dim Discount As Double
    Quantity = InputBox("Geben Sie eine Menge ein:")
    If Quantity > 0 Then Discount = 0.1
    If Quantity >= 25 Then Discount = 0.15
    If Quantity >= 50 Then Discount = 0.2
    If Quantity >= 75 Then Discount = 0.25
    MsgBox "Rabatt: " & Discount
End Sub
```

Beachten Sie, dass in dieser Prozedur jede If-Then-Anweisung ausgeführt wird. Der Wert für Discount kann sich ändern, während die Anweisungen ausgeführt werden. Die Prozedur zeigt jedoch letztlich den richtigen Wert für Discount an, da die If-Then-Anweisungen in der Reihenfolge aufsteigender Rabattwerte angeordnet sind.

Die folgende Prozedur führt dieselben Aufgaben unter Verwendung der alternativen ElseIf-Syntax aus. In diesem Fall wird die Prozedur unmittelbar nach Ausführung beendet, nachdem die Anweisungen für eine zutreffende Bedingung ausgeführt wurden.

```
Sub ShowDiscount2()
  Dim Quantity As Integer
  Dim Discount As Double
  Quantity = InputBox("Geben Sie eine Menge ein: ")
  If Quantity > 0 And Quantity < 25 Then
    Discount = 0.1
  ElseIf Quantity >= 25 And Quantity < 50 Then
    Discount = 0.15
  ElseIf Quantity >= 50 And Quantity < 75 Then
    Discount = 0.2
  ElseIf Quantity >= 75 Then
    Discount = 0.25
  End If
  MsgBox "Rabatt: " & Discount
End Sub
```

So wichtig diese mehrfachen If-Then-Strukturen für VBA auch sind, so umständlich werden sie, wenn eine Entscheidung drei oder mehr Optionen umfasst. Glücklicherweise stellt die Select-Case-Struktur einen einfacheren und effizienteren Ansatz dar.

Die Select-Case-Struktur

Die Select-Case-Struktur ist praktisch für Entscheidungen mit drei oder mehr Optionen (sie funktioniert auch für zwei Optionen als Alternative zur If-Then-Else-Struktur).

 Die Beispiele in diesem Abschnitt können von der Website zum Buch heruntergeladen werden.

Ein Beispiel für Select-Case

Das folgende Beispiel zeigt, wie die Select-Case-Struktur verwendet wird. Außerdem zeigt es eine Alternative zu den Beispielen im vorigen Abschnitt:

```
Sub ShowDiscount3()
    Dim Quantity As Integer
    Dim Discount As Double
    Quantity = InputBox("Geben Sie eine Menge ein: ")
    Select Case Quantity
        Case 0 To 24
            Discount = 0.1
        Case 25 To 49
            Discount = 0.15
        Case 50 To 74
            Discount = 0.2
        Case Is >= 75
            Discount = 0.25
    End Select
    MsgBox "Rabatt: " & Discount
End Sub
```

In diesem Beispiel wird die Variable Quantity ausgewertet. Die Prozedur überprüft auf vier verschiedene Fälle (0-24, 25-49, 50-74 und 75 oder größer).

Jeder Case-Anweisung kann eine beliebige Anzahl von Anweisungen folgen. Sie werden alle ausgeführt, wenn Case einen wahren Wert ergibt. Wenn Sie nur eine Anweisung verwenden, wie in diesem Beispiel, können Sie die Anweisung in dieselbe Zeile schreiben wie das Schlüsselwort Case, mit vorstehendem Doppelpunkt – das Anweisungstrennzeichen von VBA. Hierdurch wird der Code kompakter und etwas übersichtlicher. Und so sieht die Prozedur in diesem Format aus:

```
Sub ShowDiscount4 ()
    Dim Quantity As Integer
    Dim Discount As Double
    Quantity = InputBox("Geben Sie eine Menge ein: ")
    Select Case Quantity
        Case  0 To 24: Discount = 0.1
        Case 25 To 49: Discount = 0.15
```

```
        Case 50 To 74: Discount = 0.2
        Case Is >= 75: Discount = 0.25
    End Select
    MsgBox "Rabatt: " & Discount
End Sub
```

Wenn VBA eine `Select-Case`-Struktur ausführt, wird die Struktur verlassen, sobald VBA einen zutreffenden Fall findet und die Anweisungen für diesen Fall ausgeführt wurden.

Ein verschachteltes Select-Case-Beispiel

Wie im folgenden Beispiel gezeigt, können Sie `Select-Case`-Strukturen auch verschachteln. Diese Prozedur überprüft die aktive Zelle und zeigt eine Meldung an, die den Zellinhalt beschreibt. Beachten Sie, dass die Prozedur drei `Select-Case`-Strukturen enthält und jede eine eigene `End-Select`-Anweisung besitzt.

```
Sub CheckCell()
    Dim Msg As String
    Select Case IsEmpty(ActiveCell)
        Case True
            Msg = "ist leer."
        Case Else
            Select Case ActiveCell.HasFormula
                Case True
                    Msg = "enthält eine Formel"
                Case Else
                    Select Case IsNumeric(ActiveCell)
                        Case True
                            Msg = "enthält eine Zahl"
                        Case Else
                            Msg = "enthält Text"
                    End Select
            End Select
    End Select
    MsgBox "Zelle " & ActiveCell.Address & " " & Msg
End Sub
```

Die Logik sieht etwa wie folgt aus:

1. **Bestimmen, ob die Zelle leer ist**

2. **Wenn sie nicht leer ist, überprüfen, ob sie eine Formel enthält**

3. **Wenn sie keine Formel enthält, feststellen, ob sie einen numerischen Wert oder Text enthält**

Nachdem die Prozedur abgeschlossen ist, enthält die Variable Msg eine Zeichenfolge, die den Zellinhalt beschreibt. Abbildung 10.1 zeigt die MsgBox-Funktion, die diese Meldung ausgibt.

| B13 | ▼ | : | × | ✓ | *fx* | =SUMME(B1:B12) |

◢	A	B	C	D	E	F	G
1	Januar	198					
2	Februar	190					
3	März	194					
4	April	184					
5	Mai	192					
6	Juni	186					
7	Juli	184					
8	August	175					
9	September	185					
10	Oktober	193					
11	November						
12	Dezember						
13	Summe:	1881					
14							

Microsoft Excel ×

Zelle $B$13 enthält eine Formel

OK

Abbildung 10.1: Eine von der Prozedur CheckCell ausgegebene Meldung

Sie können Select-Case-Strukturen beliebig tief verschachteln, achten Sie aber darauf, dass jede Select-Case-Anweisung eine entsprechende End-Select-Anweisung erhält.

Wenn Sie immer noch nicht davon überzeugt sind, dass die Einrückung von Code sinnvoll ist, stellt das obige Listing ein gutes Beispiel dar. Die Einrückungen helfen, die Verschachtelungsebenen zu erkennen. Schauen Sie sich zum Vergleich dieselbe Prozedur ohne Einrückung an:

```
Sub CheckCell()
Dim Msg As String
Select Case IsEmpty(ActiveCell)
Case True
Msg = "ist leer."
Case Else
Select Case ActiveCell.HasFormula
Case True
Msg = "enthält eine Formel"
Case Else
Select Case IsNumeric(ActiveCell)
Case True
Msg = "enthält eine Zahl"
Case Else
Msg = "enthält Text"
End Select
End Select
End Select
MsgBox "Cell " & ActiveCell.Address & " " & Msg
End Sub
```

Recht unübersichtlich, oder?

Ihr Code für eine Schleife

Der Begriff *Schleife* bezieht sich darauf, einen Block mit VBA-Anweisung mehrfach zu durchlaufen. Warum verwendet man Schleifen? Es gibt mehrere Gründe. Ihr Code kann...

✔ ...einen Zellenbereich durchlaufen und jede Zelle einzeln verarbeiten.

✔ ...alle offenen Arbeitsmappen durchlaufen (die Workbooks-Collection) und dafür jeweils irgendeine Operation ausführen.

✔ ...alle Arbeitsblätter in einer Arbeitsmappe durchlaufen (die Worksheets-Collection) und dafür jeweils irgendeine Operation ausführen.

✔ ...alle Elemente in einem Array durchlaufen.

✔ ...alle Zeichen in einer Zelle durchlaufen.

✔ ...alle Diagramme auf einem Arbeitsblatt durchlaufen (die ChartObjects-Collection) und dafür jeweils irgendeine Operation ausführen.

VBA unterstützt verschiedene Schleifentypen. Die folgenden Beispiele zeigen einige Möglichkeiten, sie zu nutzen.

For-Next-Schleifen

 Die Beispiele in diesem Abschnitt können alle von der Website zu diesem Buch heruntergeladen werden.

Der einfachste Schleifentyp ist die For-Next-Schleife. Der Schleifendurchlauf wird durch eine Zählervariable gesteuert, die bei einem bestimmten Wert beginnt und bei einem bestimmten Wert endet. Die Anweisungen zwischen der For-Anweisung und der Next-Anweisung werden in der Schleife wiederholt. Lesen Sie weiter!

Ein Beispiel für For-Next

Das folgende Beispiel verwendet eine For-Next-Schleife, um die ersten 1000 positiven ganzen Zahlen zu addieren. Die Variable Total beginnt bei 0. Anschließend erfolgen die Schleifendurchgänge. Die Variable Cnt ist der Schleifenzähler. Er beginnt bei 1 und wird bei jedem Schleifendurchgang um 1 inkrementiert. Die Schleife endet, wenn Cnt den Wert 1000 erreicht hat.

Dieses Beispiel enthält nur eine Anweisung innerhalb der Schleife. Diese Anweisung addiert den Wert von Cnt zur Variablen Total. Nachdem die Schleife beendet ist, zeigt eine MsgBox-Anweisung die Summe der addierten ganzen Zahlen an.

```
Sub AddNumbers()
    Dim Total As Double
    Dim Cnt As Integer
```

```
    Total = 0
    For Cnt = 1 To 1000
        Total = Total + Cnt
    Next Cnt
    MsgBox Total
End Sub
```

 Der Schleifenzähler ist eine normale Variable, deshalb können Sie auch Code schreiben, der ihren Wert innerhalb des Codeblocks zwischen den `For`- und `Next`-Anweisungen ändert. Dies ist jedoch eine *sehr* schlechte Angewohnheit. Eine Änderung des Zählers innerhalb der Schleife kann zu unvorhersehbaren Ergebnissen führen. Achten Sie sorgfältig darauf, dass Ihr Code den Wert des Schleifenzählers nicht ändert.

For-Next-Beispiel mit einer Schrittweite

Mit einem `Step`-Wert überspringen Sie einige Zählerwerte innerhalb einer `For-Next`-Schleife. Hier das vorige Beispiel, wobei nur die ungeraden ganzen Zahlen zwischen 1 und 1000 addiert werden:

```
Sub AddOddNumbers()
    Dim Total As Double
    Dim Cnt As Integer
    Total = 0
    For Cnt = 1 To 1000 Step 2
        Total = Total + Cnt
    Next Cnt
    MsgBox Total
End Sub
```

Jetzt beginnt `Cnt` bei 1 und nimmt dann die Werte 3, 5, 7 und so weiter an. Der `Step`-Wert bestimmt, wie der Zähler inkrementiert wird. Beachten Sie, dass der oberste Schleifenwert (1000) nicht verwendet wird, weil der höchste Wert, den `Cnt` annehmen kann, 999 ist.

Hier ein weiteres Beispiel, das einen `Step`-Wert von 3 verwendet. Diese Prozedur arbeitet mit dem aktiven Tabellenblatt und wendet eine hellgraue Schattierung auf jede dritte Zeile an, von Zeile 1 bis Zeile 100.

```
Sub ShadeEveryThirdRow()
    Dim i As Long
    For i = 1 To 100 Step 3
        Rows(i).Interior.Color = RGB(200, 200, 200)
    Next i
End Sub
```

Abbildung 10.2 zeigt das Ergebnis der Ausführung dieses Makros.

	A	B	C	D	E	F	G
1	403	283	763	531	685	54	39
2	356	382	464	85	424	574	957
3	784	107	121	365	312	802	741
4	903	451	932	411	247	538	261
5	985	506	435	268	141	1	68
6	26	799	615	774	506	967	233
7	881	698	495	667	540	288	817
8	956	152	624	87	435	449	123
9	313	901	337	659	18	246	369
10	973	373	513	112	412	363	148
11	63	382	614	333	950	908	776
12	777	238	453	577	902	127	277
13	991	981	558	720	387	538	116

Abbildung 10.2: In einer Schleife wird eine Hintergrundfarbe für Zeilen festgelegt.

Ein For-Next-Beispiel mit einer Exit-For-Anweisung

Eine `For-Next`-Schleife kann auch eine oder mehrere `Exit-For`-Anweisungen innerhalb der Schleife enthalten. Wenn VBA auf diese Anweisung trifft, wird die Schleife sofort beendet.

Das folgende Beispiel, das Sie auch auf der Website zum Buch finden, demonstriert die `Exit-For`-Anweisung. Diese Prozedur ist eine Funktionsprozedur, die in der Formel eines Arbeitsblatts verwendet werden soll. Die Funktion nimmt ein Argument entgegen (die Variable `Str`) und gibt die Zeichen links von der ersten numerischen Ziffer zurück. Wenn das Argument beispielsweise »KBR98Z« ist, gibt die Funktion »KBR« zurück.

```
Function TextPart(Str)
    TextPart = ""
    For i = 1 To Len(Str)
        If IsNumeric(Mid(Str, i, 1)) Then
            Exit For
        Else
            TextPart = TextPart & Mid(Str, i, 1)
        End If
    Next i
End Function
```

Die `For-Next`-Schleife beginnt bei 1 und endet mit der Zahl, die die Anzahl der Zeichen in der Zeichenfolge darstellt. Der Code verwendet die `Mid`-Funktion von VBA, um innerhalb der Schleife ein Zeichen zu extrahieren. Wird ein numerisches Zeichen gefunden, wird die `Exit-For`-Anweisung ausgeführt und die Schleife endet vorzeitig. Ist das Zeichen nicht numerisch, wird es an den Rückgabewert angefügt (das ist der Funktionsname). Die Schleife untersucht nur dann jedes Zeichen, wenn die als Argument übergebene Zeichenfolge keine numerischen Zeichen enthält.

Jetzt fragen Sie sich vielleicht: »Habe ich nicht vorhin erst gelesen, dass immer nur ein einziger Austrittspunkt verwendet werden soll?« Sie haben recht, und scheinbar haben Sie die strukturierte Programmierung verstanden. Aber manchmal bestätigt die Ausnahme die Regel. In diesem Beispiel wird Ihr Code dadurch wesentlich beschleunigt, weil es keinen Grund gibt, die Schleife fortzusetzen, nachdem das erste numerische Zeichen gefunden wurde.

Ein verschachteltes For-Next-Beispiel

Bisher haben die Beispiele in diesem Kapitel relativ einfache Schleifen gezeigt. Sie können jedoch innerhalb der Schleife beliebig viele Anweisungen verwenden und For-Next-Schleifen ineinander verschachteln.

Das folgende Beispiel verwendet eine verschachtelte For-Next-Schleife, um Zufallszahlen in einen Zellenbereich von 12 Zeilen x 5 Spalten einzufügen, wie in Abbildung 10.3 gezeigt. Beachten Sie, dass die Prozedur die *innere Schleife* (die Schleife mit dem Zeilenzähler) einmal für jede Iteration der *äußeren Schleife* (der Schleife mit dem Spaltenzähler) ausführt. Mit anderen Worten, die Prozedur führt die Anweisung Cells(Row, Col) = Rnd 60-mal aus.

A1	▼	:	×	✓	fx	0,410073220729828	

▲	A	B	C	D	E	F
1	0,410073221	0,785212219	0,022629201	0,243845165	0,938545167	
2	0,412766814	0,378902555	0,543360591	0,979077935	0,654499412	
3	0,712730467	0,289665043	0,916163981	0,060916245	0,506087363	
4	0,326206207	0,919377089	0,430261135	0,390291452	0,390471458	
5	0,63317889	0,631742418	0,6779477	0,36499542	0,107375324	
6	0,207561135	0,627642035	0,502453923	0,489894748	0,783995271	
7	0,18601352	0,428456366	0,5137375	0,155663073	0,459640801	
8	0,583359003	0,097973824	0,462980032	0,474459171	0,753688097	
9	0,080714643	0,561040103	0,35347265	0,257267654	0,596094549	
10	0,457971454	0,694485307	0,404834151	0,628751874	0,832730174	
11	0,90572983	0,913717568	0,269731581	0,54207021	0,018758357	
12	0,261368275	0,834817171	0,055593491	0,156302214	0,210368633	
13						

Abbildung 10.3: Diese Zellen wurden durch eine verschachtelte For-Next-Schleife gefüllt.

```
Sub FillRange()
    Dim Col As Long
    Dim Row As Long
    For Col = 1 To 5
        For Row = 1 To 12
            Cells(Row, Col) = Rnd
        Next Row
    Next Col
End Sub
```

Das nächste Beispiel verwendet verschachtelte For-Next-Schleifen, um ein dreidimensionales Array mit dem Wert 100 zu initialisieren. Diese Prozedur führt die Anweisung in der

Mitte aller Schleifen (die Zuweisung) 1000-mal aus (10 * 10 * 10), jeweils mit einer anderen Kombination aus Werten für i, j und k:

```
Sub NestedLoops()
    Dim MyArray(10, 10, 10)
    Dim i As Integer
    Dim j As Integer
    Dim k As Integer
    For i = 1 To 10
        For j = 1 To 10
            For k = 1 To 10
                MyArray(i, j, k) = 100
            Next k
        Next j
    Next i
    ' Hier können weitere Anweisungen stehen
End Sub
```

Weitere Informationen über Arrays finden Sie in Kapitel 7.

Und hier folgt ein letztes Beispiel, das verschachtelte For-Next-Schleifen mit einem Step-Wert verwendet. Diese Prozedur erzeugt ein Schachbrettmuster, indem es die Hintergrundfarbe für die Zellen abwechselnd ändert, siehe Abbildung 10.4.

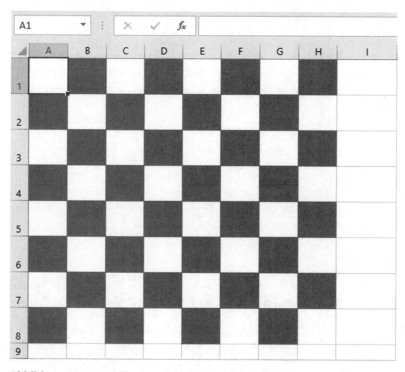

Abbildung 10.4: Mithilfe einer Schleife ein Schachbrettmuster erstellen

Der Zeilenzähler läuft von 1 bis 8. Ein If-Then-Konstrukt bestimmt, welche verschachtelte For-Next-Struktur verwendet werden soll. Für ungerade Zeilen beginnt der Zähler Col mit 2. Für gerade Zeilen beginnt der Zähler mit 1. Beide Schleifen verwenden einen Step-Wert von 2, sodass jeweils abwechselnde Zellen verarbeitet werden.

```
Sub MakeCheckerboard()
    Dim Row As Integer, Col As Integer
    For Row = 1 To 8
        If WorksheetFunction.IsOdd(Row) Then
            For Col = 2 To 8 Step 2
                Cells(Row, Col).Interior.Color = 255
            Next Col
        Else
            For Col = 1 To 8 Step 2
                Cells(Row, Col).Interior.Color = 255
            Next Col
        End If
    Next Row
End Sub
```

Do-While-Schleifen

VBA unterstützt noch eine weitere Schleifenstruktur, die sogenannte Do-While-Schleife. Anders als eine For-Next-Schleife läuft eine Do-While-Schleife, bis eine bestimmte Bedingung erfüllt ist.

Das folgende Beispiel verwendet eine Do-While-Schleife. Diese Prozedur verwendet die aktive Zelle als Ausgangspunkt, durchläuft dann die Spalte nach unten und multipliziert den Wert jeder Zelle mit 2. Die Schleife wird fortgesetzt, bis die Prozedur auf eine leere Zelle trifft.

```
Sub DoWhileDemo()
    Do While ActiveCell.Value <> Empty
        ActiveCell.Value = ActiveCell.Value * 2
        ActiveCell.Offset(1, 0).Select
    Loop
End Sub
```

Do-Until-Schleifen

Die Do-Until-Schleifenstruktur ist vergleichbar mit der Do-While-Struktur. Die beiden Strukturen unterscheiden sich dahingehend, wie sie die überprüfte Bedingung verarbeiten. Ein Programm führt eine Do-While-Schleife aus, *solange* die Bedingung zutrifft. In einer Do-Until-Schleife führt das Programm die Schleife aus, *bis* die Bedingung zutrifft.

Das folgende Beispiel ist dasselbe, das auch für die Do-While-Schleife gezeigt wurde, verwendet hier aber eine Do-Until-Schleife:

```
Sub DoUntilDemo()
    Do Until IsEmpty(ActiveCell.Value)
        ActiveCell.Value = ActiveCell.Value * 2
        ActiveCell.Offset(1, 0).Select
    Loop
End Sub
```

For-Each-Next-Schleifen für Collections ausführen

VBA unterstützt noch einen Schleifentyp – das Durchlaufen aller Objekte in einer Collection. Sie wissen, dass eine Collection aus mehreren Objekten desselben Typs besteht. Beispielsweise hat Excel eine Collection für alle geöffneten Arbeitsmappen (die Workbooks-Collection), und jede Arbeitsmappe hat eine Collection mit Arbeitsblättern (die Worksheets-Collection).

 Die Beispiele dieses Abschnitts stehen auf der Website zu diesem Buch zum Download zur Verfügung.

Wenn Sie jedes Objekt einer Collection durchlaufen wollen, verwenden Sie die For-Each-Next-Struktur. Das folgende Beispiel durchläuft jedes Arbeitsblatt in der aktiven Arbeitsmappe und entfernt es, falls es leer ist:

```
Sub DeleteEmptySheets()
    Dim WkSht As Worksheet
    Application.DisplayAlerts = False
    For Each WkSht In ActiveWorkbook.Worksheets
        If WorksheetFunction.CountA(WkSht.Cells) = 0 Then
            WkSht.Delete
        End If
    Next WkSht
    Application.DisplayAlerts = True
End Sub
```

In diesem Beispiel ist die Variable WkSht eine Objektvariable, die die einzelnen Arbeitsblätter in der Arbeitsmappe darstellt. Der Variablenname spielt hier keine Rolle, Sie hätten auch jeden anderen verwenden können.

Der Code durchläuft jedes Arbeitsblatt und stellt fest, ob es leer ist, indem er die nicht leeren Zellen zählt. Ist dieser Zähler gleich 0, ist das Blatt leer und es wird entfernt. Beachten Sie, dass die DisplayAlerts-Einstellung während der Schleifenausführung auf False gesetzt wird. Ohne diese Anweisung zeigt Excel jedes Mal eine Warnung an, wenn ein Arbeitsblatt gelöscht werden soll.

Falls alle Arbeitsblätter der Arbeitsmappe leer sind, erhalten Sie eine Fehlermeldung, wenn Excel versucht, das einzige Blatt zu löschen. Normalerweise würden Sie Code schreiben, der auf diese Situation reagiert.

Hier folgt ein weiteres For-Each-Next-Beispiel. Diese Prozedur verwendet eine Schleife, um alle Arbeitsblätter der aktiven Arbeitsmappe auszublenden, außer dem aktiven Arbeitsblatt.

```
Sub HideSheets()
    Dim Sht As Worksheet
    For Each Sht In ActiveWorkbook.Worksheets
        If Sht.Name <> ActiveSheet.Name Then
            Sht.Visible = xlSheetHidden
        End If
    Next Sht
End Sub
```

Die Prozedur HideSheets überprüft den Namen des Arbeitsblatts. Ist dies nicht derselbe Name wie der Name des aktiven Arbeitsblatts, wird das Arbeitsblatt ausgeblendet. Beachten Sie, dass die Visible-Eigenschaft nicht Boolean ist. Diese Eigenschaft kann einen von *drei* Werten annehmen, und Excel stellt drei eingebaute Konstanten bereit. Falls Sie die dritte Möglichkeit kennenlernen möchten, lesen Sie im Hilfesystem nach.

Was ausgeblendet wurde, muss auch irgendwann wieder eingeblendet werden. Das folgende Makro blendet alle Arbeitsblätter der aktiven Arbeitsmappe wieder ein:

```
Sub UnhideSheets()
    Dim Sht As Worksheet
    For Each Sht In ActiveWorkbook.Worksheets
        Sht.Visible = xlSheetVisible
    Next Sht
End Sub
```

Und natürlich können Sie auch verschachtelte For-Each-Next-Schleifen erstellen. Die Prozedur CountBold durchläuft alle Zellen in dem verwendeten Bereich auf jedem Arbeitsblatt jeder geöffneten Arbeitsmappe und zeigt einen Zähler für die Zellen an, die fett ausgezeichnet sind:

```
Sub CountBold()
    Dim WBook As Workbook
    Dim WSheet As Worksheet
    Dim Cell As Range
    Dim Cnt As Long
    For Each WBook In Workbooks
        For Each WSheet In WBook.Worksheets
            For Each Cell In WSheet.UsedRange
                If Cell.Font.Bold = True Then Cnt = Cnt + 1
            Next Cell
        Next WSheet
    Next WBook
    MsgBox cnt & " fett ausgezeichnete Zellen gefunden"
End Sub
```

Kapitel 11
Automatische Prozeduren und Ereignisse

Es gibt verschiedene Möglichkeiten, eine VBA-Sub-Prozedur auszuführen. Man kann die Sub-Prozedur zum Beispiel so einrichten, dass sie automatisch ausgeführt wird. Dieses Kapitel beschreibt, wie diese praktische Funktionalität genutzt wird und wie alles einzurichten ist, damit ein Makro automatisch ausgeführt wird, wenn ein bestimmtes Ereignis auftritt.

Vorbereitung auf das große Ereignis

Ein *Ereignis* ist grundsätzlich etwas, was in Excel passiert. Nachfolgend ein paar Beispiele für die Ereignisse, die Excel erkennt:

✔ Eine Arbeitsmappe wird geöffnet oder geschlossen.

✔ Ein Fenster wird aktiviert oder deaktiviert.

✔ Ein Arbeitsblatt wird aktiviert oder deaktiviert.

✔ Daten werden in eine Zelle eingegeben oder die Zelle wird bearbeitet.

✔ Eine Arbeitsmappe wird gespeichert.

✔ Ein Objekt wird angeklickt, wie beispielsweise eine Schaltfläche.

✔ Eine bestimmte Taste oder Tastenkombination wird gedrückt.

✔ Eine bestimmte Tageszeit ist erreicht.

✔ Ein Fehler tritt auf.

Dutzende unterschiedliche Ereignisarten sind mit den verschiedenen Excel-Objekten, wie Arbeitsmappen, Arbeitsblätter, PivotTables und sogar Diagrammen, verknüpft. Um das Ganze zu vereinfachen, können Sie die Ereignisse grob in zwei Gruppen einteilen: Arbeitsmappenereignisse und Arbeitsblattereignisse.

Tabelle 11.1 listet einige der wichtigsten Ereignisse für Arbeitsmappen auf. In Tabelle 11.2 werden einige praktische Arbeitsblattereignisse aufgelistet..

Ereignis	Wann wird es ausgelöst
Activate	Die Arbeitsmappe wird aktiviert.
BeforeClose	Der Befehl zum Schließen der Arbeitsmappe wird ausgelöst.
BeforePrint	Der Befehl zum Drucken der Arbeitsmappe wird ausgelöst.
BeforeSave	Der Befehl zum Speichern der Arbeitsmappe wird ausgelöst.
Deactivate	Die Arbeitsmappe wird deaktiviert.
NewSheet	Der Arbeitsmappe wird ein neues Blatt hinzugefügt.
Open	Ein Blatt in der Arbeitsmappe wird aktiviert.
SheetBeforeDoubleClick	In eine Zelle in der Arbeitsmappe wird doppelgeklickt.
SheetBeforeRightClick	In eine Zelle in der Arbeitsmappe wird mit der rechten Maustaste geklickt.
SheetChange	Eine Zelle in der Arbeitsmappe wird geändert.
SheetDeactivate	Ein Blatt in der Arbeitsmappe wird deaktiviert.
SheetSelectionChange	Die Auswahl wird geändert.
WindowActivate	Das Arbeitsmappenfenster wird aktiviert.
WindowDeactivate	Das Arbeitsmappenfenster wird deaktiviert.

Tabelle 11.1: Arbeitsmappenereignisse

Ereignis	Wann wird es ausgelöst
Activate	Das Arbeitsblatt wird aktiviert.
BeforeDoubleClick	In eine Zelle in dem Arbeitsblatt wird doppelgeklickt.
BeforeRightClick	Eine Zelle in dem Arbeitsblatt wird mit der rechten Maustaste angeklickt.
Change	In einer Zelle auf dem Arbeitsblatt wird eine Änderung vorgenommen.
Deactivate	Das Arbeitsblatt wird deaktiviert.
SelectionChange	Die Auswahl wird geändert.

Tabelle 11.2: Arbeitsblattereignisse

Sind Ereignisse praktisch?

Jetzt fragen Sie sich vielleicht, welchen Nutzen diese Ereignisse haben können. Hier ein schnelles Beispiel.

Angenommen, Sie haben ein Arbeitsblatt, in dem Sie Werte in Spalte A eingeben. Ihr Chef ist eine sehr zwanghafte Person und teilt Ihnen mit, dass er genau wissen muss, wann die einzelnen Zahlen eingegeben wurden. Die Eingabe von Daten ist ein Ereignis: ein WorksheetChange-Ereignis. Sie können ein Makro schreiben, das auf dieses Ereignis reagiert. Das Makro wird ausgelöst, sobald das Arbeitsblatt geändert wird. Wenn die Änderung in Spalte A stattgefunden hat, trägt das Makro Datum und Zeit in Spalte B ein, neben dem eingegebenen Datenwert.

Falls Sie neugierig sind, finden Sie hier ein Makro, das dies erledigen könnte. Wahrscheinlich sehr viel einfacher, als Sie erwartet hätten, oder?

```
Private Sub Worksheet_Change(ByVal Target As Range)
    If Target.Column = 1 Then
        Target.Offset(0, 1) = Now
    End If
End Sub
```

Makros, die auf Ereignisse reagieren, sind übrigens sehr empfindlich in Bezug auf ihren Speicherort. Beispielsweise *muss* sich das Makro Worksheet_Change im Codemodul für dieses Arbeitsblatt befinden. Wenn Sie es irgendwo anders speichern, funktioniert es nicht. Mehr dazu später (siehe »Wo steht der VBA-Code?«).

 Nur weil Ihre Arbeitsmappe Prozeduren enthält, die auf Ereignisse reagieren, ist damit nicht garantiert, dass diese Prozeduren tatsächlich ausgeführt werden. Wie Sie wissen, können Sie eine Arbeitsmappe mit deaktivierten Makros öffnen. In diesem Fall werden alle Makros (selbst Prozeduren, die auf Ereignisse reagieren) deaktiviert. Denken Sie daran, wenn Sie Arbeitsmappen erstellen, für die eine Ereignisverarbeitung vorgesehen ist.

Programmierung von Prozeduren zur Ereignisverarbeitung

Eine VBA-Prozedur, die in Reaktion auf ein Ereignis ausgeführt wird, wird als *Prozedur zur Ereignisverarbeitung* oder *ereignisverarbeitende Prozedur* bezeichnet. Dabei handelt es sich immer um Sub-Prozeduren (im Gegensatz zu Funktionsprozeduren). Die Programmierung solcher Prozeduren zur Ereignisverarbeitung ist relativ einfach, nachdem Sie verstanden haben, wie das Ganze funktioniert.

Die Programmierung von Prozeduren zur Ereignisverarbeitung erfolgt innerhalb einiger weniger Schritte:

1. **Identifizieren Sie das Ereignis, das die Prozedur auslösen soll.**

2. **Drücken Sie** Alt + F11 , **um den Visual Basic Editor zu aktivieren.**

3. **Doppelklicken Sie im VBE-Projektfenster auf das entsprechende Objekt unter MICROSOFT EXCEL OBJEKTE.**

   Für Arbeitsmappenereignisse ist das Objekt DieseArbeitsmappe. Für ein Arbeitsblattereignis ist das Objekt ein Worksheet-Objekt (wie etwa Tabelle1).

4. **Schreiben Sie im Codefenster für das Objekt die Prozedur, die ausgeführt wird, wenn das Ereignis auftritt.**

   Diese Prozedur hat einen speziellen Namen, die sie als Prozedur zur Ereignisverarbeitung identifiziert.

Diese Schritte werden Ihnen klarer, sobald Sie das Kapitel gelesen haben.

Wo steht der VBA-Code?

Sie müssen unbedingt verstehen, wo Ihre Prozeduren zur Ereignisverarbeitung abgelegt werden müssen. Sie müssen im Codefenster eines Objektmoduls stehen. Sie dürfen nicht in einem VBA-Standardmodul stehen. Wenn Sie eine Prozedur zur Ereignisverarbeitung am falschen Ort ablegen, funktioniert sie einfach nicht. Und Sie erhalten noch nicht einmal eine Fehlermeldung dafür.

Abbildung 11.1 zeigt das VBE-Fenster mit einem Projekt im Projektfenster. (Weitere Informationen über den VBE finden Sie in Kapitel 3.) Beachten Sie, dass das VBA-Projekt für worksheet change events vollständig expandiert ist und aus mehreren Objekten besteht:

✔ Einem Objekt für jedes Arbeitsblatt in der Arbeitsmappe (in diesem Fall drei Tabelle-Objekte)

✔ Einem Objekt namens DieseArbeitsmappe

✔ Einem VBA-Modul, das manuell über den Befehl EINFÜGEN | MODUL eingefügt wurde

Durch Doppelklick auf diese Objekte wird der ihnen zugeordnete Code angezeigt, falls vorhanden.

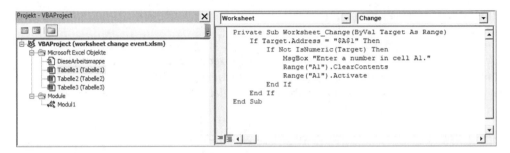

Abbildung 11.1: Das Projektfenster zeigt Elemente für ein Projekt an.

Die Prozeduren zur Ereignisverarbeitung, die Sie schreiben werden, müssen im Codefenster für DieseArbeitsmappe (für Arbeitsmappenereignisse) oder in einem der Tabelle-Objekte (für Arbeitsblattereignisse) stehen.

In Abbildung 11.1 ist das Codefenster für das Tabelle1-Objekt zu sehen, und es ist eine Prozedur zur Ereignisverarbeitung dort definiert. Beachten Sie die beiden Drop-down-Steuerelemente oben im Codemodul. Lesen Sie weiter, wozu sie gut sind!

Eine Prozedur zur Ereignisverarbeitung schreiben

Der VBE hilft Ihnen weiter, wenn Sie eine Prozedur zur Ereignisverarbeitung schreiben wollen: Er zeigt eine Liste aller Ereignisse für das ausgewählte Objekt an.

Oben in jedem Codefenster finden Sie zwei Drop-down-Listen:

✔ Die Drop-down-Liste OBJEKT (links)

✔ Die Drop-down-Liste PROZEDUR (rechts)

Standardmäßig wird die Drop-down-Liste OBJEKT im Codefenster ALLGEMEIN angezeigt.

Falls Sie eine Prozedur zur Ereignisverarbeitung für das DieseArbeitsmappe-Objekt schreiben wollen, müssen Sie im Projektfenster auf DieseArbeitsmappe klicken und dann in der Drop-down-Liste OBJEKT Workbook auswählen (das ist die einzige Auswahlmöglichkeit).

Wenn Sie eine Prozedur zur Ereignisverarbeitung für ein Tabelle-Objekt schreiben, müssen Sie auf die betreffende Tabelle im Projektfenster klicken und dann in der Drop-down-Liste OBJEKT Worksheet auswählen (auch hier ist dies die einzige Auswahlmöglichkeit).

Nachdem Sie Ihre Auswahl aus der Drop-down-Liste OBJEKT getroffen haben, können Sie das Ereignis aus der Drop-down-Liste PROZEDUR auswählen. Abbildung 11.2 zeigt einige der Auswahlmöglichkeiten für ein Workbook-Ereignis.

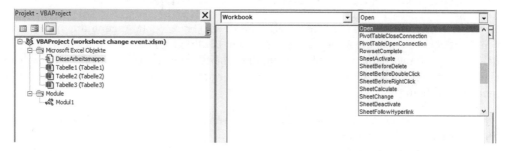

Abbildung 11.2: Auswahl eines Ereignisses im Codefenster für das DieseArbeitsmappe-Objekt

Wenn Sie ein Ereignis aus der Liste auswählen, eröffnet der VBE automatisch für Sie eine Prozedur zur Ereignisverarbeitung. Das ist eine sehr praktische Funktionalität, weil Sie auf diese Weise sofort die richtigen Argumente erkennen.

Und jetzt wird es etwas kompliziert. Wenn Sie zuerst Workbook aus der OBJEKT-Liste aus-wählen, geht der VBE immer davon aus, dass Sie eine Prozedur zur Ereignisverarbeitung für das Ereignis Open erstellen wollen, und legt diese für Sie an. Wenn Sie tatsächlich eine Work-book_Open-Prozedur erstellen wollen, ist das wunderbar. Wenn Sie aber eine andere Ereig-nisprozedur schreiben wollen, müssen Sie die leere Sub-Prozedur Workbook_Open löschen, die für Sie angelegt wurde.

Die Hilfe des VBE ist jedoch damit am Ende. Er schreibt die Sub-Anweisung und die End-Sub-Anweisung. Den VBA-Code zwischen diesen beiden Anweisungen müssen Sie selbst schreiben.

Sie müssen diese beiden Drop-down-Listen nicht benutzen, aber sie machen Ihnen die Arbeit leichter, weil der Name der Prozedur zur Ereignisverarbeitung wirklich wichtig ist. Wenn Sie den Namen nicht genau richtig zuweisen, funk-tioniert das Ganze nicht. Außerdem verwenden einige Prozeduren zur Ereignis-verarbeitung ein oder mehr Argumente in der Sub-Prozedur. Man kann sich die-se Argumente einfach nicht merken. Wenn Sie beispielsweise SheetActivate aus der Ereignisliste für ein Arbeitsmappen-Objekt auswählen, schreibt der VBE die folgende Sub-Anweisung:

```
Private Sub Workbook_SheetActivate(ByVal Sh As Object)
```

In diesem Fall ist Sh das Argument, das der Prozedur übergeben wird, und eine Variable, die das Arbeitsblatt in der aktivierten Arbeitsmappe darstellt. Die Bei-spiele in diesem Kapitel werden diesen Punkt klären.

Einführende Beispiele

In diesem Abschnitt finden Sie einige Beispiele, die Ihnen die Ereignisverarbeitung verdeut-lichen sollen.

Das Open-Ereignis für eine Arbeitsmappe

Eines der am häufigsten verwendeten Ereignisse ist Workbook Open. Angenommen, Sie ha-ben eine Arbeitsmappe, die Sie jeden Tag benutzen. Die Prozedur Workbook_Open in diesem Beispiel wird immer dann ausgeführt, wenn die Arbeitsmappe geöffnet wird. Die Prozedur überprüft, welcher Wochentag gerade ist. Wenn es Freitag ist, zeigt der Code Ihnen eine Er-innerungsmeldung an.

Um die Prozedur zu erstellen, die ausgeführt wird, wenn das Workbook Open-Ereignis statt-findet, gehen Sie wie folgt vor:

1. **Öffnen Sie die Arbeitsmappe.**

   Es ist egal, welche Arbeitsmappe Sie verwenden.

2. **Drücken Sie [Alt]+[F11], um den VBE zu öffnen.**

3. **Suchen Sie die Arbeitsmappe im Projektfenster.**

4. **Doppelklicken Sie auf den Projektnamen, um gegebenenfalls ihre Elemente anzuzeigen.**

5. **Doppelklicken Sie auf den Eintrag** DieseArbeitsmappe.

   Der VBE zeigt ein leeres Codefenster für das DieseArbeitsmappe-Objekt an.

6. **Wählen Sie im Codefenster in der Drop-down-Liste OBJEKT (links) den Eintrag** Workbook **aus.**

   Der VBE trägt die erste und letzte Anweisung für eine Workbook_Open-Prozedur ein.

7. **Geben Sie die folgenden Anweisungen ein, sodass die vollständige Ereignisprozedur wie folgt aussieht:**

```
Private Sub Workbook_Open()
    Dim Msg As String
    If Weekday(Now) = 6 Then
        Msg = "Heute ist Freitag. Vergessen Sie nicht, "
        Msg = Msg & " den TPS-Bericht abzuschicken!"
        MsgBox Msg
    End If
End Sub
```

Das Codefenster sollte aussehen wie in Abbildung 11.3 gezeigt.

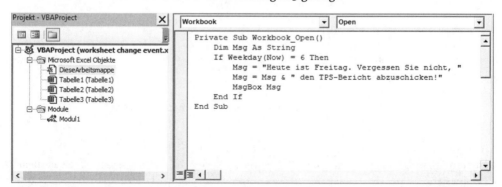

Abbildung 11.3: Die Prozedur zur Ereignisverarbeitung wird ausgeführt, wenn die Arbeitsmappe geöffnet wird.

Workbook_Open wird automatisch ausgeführt, sobald die Arbeitsmappe geöffnet wird. Mit der VBA-Funktion WeekDay bestimmt sie den Wochentag. Wenn Freitag ist (Tag 6), wird ein Meldungsfeld angezeigt, das den Benutzer daran erinnert, einen Bericht abzusenden. Wenn nicht Freitag ist, passiert nichts.

Wenn heute nicht Freitag ist, tun Sie sich vielleicht etwas schwer damit, diese Prozedur zu testen. Sie können die 6 ändern und stattdessen die Nummer für den heutigen Wochentag angeben.

Und natürlich können Sie diese Prozedur beliebig abändern. Die folgende Version beispielsweise zeigt immer dann eine Meldung an, wenn eine Arbeitsmappe geöffnet wird. Das wird auf die Dauer ziemlich lästig.

```
Private Sub Workbook_Open()
    Msg = "Dies ist die obercoole Arbeitsmappe von Frank!"
    MsgBox Msg
End Sub
```

Eine Workbook_Open-Prozedur kann fast alles. Die Ereignisverarbeitung wird häufig für die folgenden Dinge verwendet:

✔ Anzeige von Begrüßungsmeldungen (wie etwa in der obercoolen Arbeitsmappe von Frank)

✔ Andere Arbeitsmappen öffnen

✔ Ein bestimmtes Arbeitsblatt in der Arbeitsmappe aktivieren

✔ Benutzerdefinierte Kontextmenüs einstellen

Hier folgt ein letztes Beispiel für eine Workbook_Open-Prozedur, die die Funktionen GetSetting und SaveSetting verwendet, um zu verfolgen, wie oft die Arbeitsmappe geöffnet wurde. Die SaveSetting-Funktion schreibt einen Wert in die Windows-Registry, die GetSetting-Funktion ruft diesen Wert ab (weitere Informationen finden Sie im Hilfesystem).

Das folgende Beispiel ruft den Zähler aus der Registry ab, inkrementiert ihn und schreibt ihn dann wieder in die Registry. Außerdem teilt die Prozedur dem Benutzer den Wert von Cnt mit, das heißt, wie oft die Arbeitsmappe geöffnet wurde (siehe Abbildung 11.4).

```
Private Sub Workbook_Open()
    Dim Cnt As Long
    Cnt = GetSetting("MyApp", "Settings", "Open", 0)
    Cnt = Cnt + 1
    SaveSetting "MyApp", "Settings", "Open", Cnt
    MsgBox "Diese Arbeitsmappe wurde " & Cnt & " Mal geöffnet"
End Sub
```

Abbildung 11.4: Mit der ereignisverarbeitenden Prozedur Workbook_Open verfolgen, wie oft eine Arbeitsmappe geöffnet wurde

Das BeforeClose-Ereignis für eine Arbeitsmappe

Hier folgt ein Beispiel für die ereignisverarbeitende Prozedur `Workbook_BeforeClose`, die automatisch vor dem Schließen der Arbeitsmappe ausgeführt wird. Diese Prozedur befindet sich im Codefenster für ein `DieseArbeitsmappe`-Objekt:

```
Private Sub Workbook_BeforeClose(Cancel As Boolean)
    Dim Msg As String
    Dim Ans As Long
    Dim FName As String
    Msg = "Möchten Sie eine Sicherungskopie für diese Datei anlegen?"
    Ans = MsgBox(Msg, vbYesNo)
    If Ans = vbYes Then
        FName = "F:\BACKUP\" & ThisWorkbook.Name
        ThisWorkbook.SaveCopyAs FName
    End If
End Sub
```

Diese Routine fragt den Benutzer in einem Meldungsfeld, ob er eine Sicherungskopie der Arbeitsmappe anlegen möchte. Wenn die Antwort Ja ist, erstellt der Code mit der Methode `SaveCopyAs` eine Sicherungskopie der Datei auf Laufwerk F. Wenn Sie diese Prozedur für sich übernehmen, müssen Sie Laufwerk und Pfad entsprechend anpassen.

Excel-Programmierer verwenden häufig eine `Workbook_BeforeClose`-Prozedur, um hinter sich aufzuräumen. Wenn Sie beispielsweise eine `Workbook_Open`-Prozedur verwenden, um beim Öffnen einer Arbeitsmappe einige Einstellungen zu ändern (zum Beispiel um die Statusleiste auszublenden), ist es sinnvoll, diese Einstellungen beim Schließen der Arbeitsmappe wieder auf ihren ursprünglichen Wert zu setzen. Diese elektronischen Aufräumarbeiten erledigen Sie mit einer `Workbook_BeforeClose`-Prozedur.

 Leider muss für das `Workbook_BeforeClose`-Ereignis auch eine Warnung ausgesprochen werden. Wenn Sie Excel schließen und eine Datei öffnen, die seit dem letzten Speichern geändert wurde, zeigt Excel das übliche Meldungsfeld mit der Frage: »Möchten Sie die Änderungen speichern?« Wenn Sie auf die Schaltfläche ABBRECHEN klicken, wird das Schließen der Arbeitsmappe abgebrochen, aber das `Workbook_BeforeClose`-Ereignis wurde trotzdem ausgeführt.

Das BeforeSave-Ereignis für eine Arbeitsmappe

Das `BeforeSave`-Ereignis wird, wie der Name schon sagt, ausgelöst, bevor eine Arbeitsmappe gespeichert wird. Dieses Ereignis tritt auf, wenn Sie die Befehle DATEI | SPEICHERN oder DATEI | SPEICHERN UNTER ausführen.

Die folgende Prozedur, die im Codefenster für ein `DieseArbeitsmappe`-Objekt abgelegt werden muss, verdeutlicht das `BeforeSave`-Ereignis. Die Routine aktualisiert den Wert in einer Zelle (Zelle A1 in `Tabelle1`), sobald die Arbeitsmappe gespeichert wird. Mit anderen Worten, Zelle A1 dient als Zähler, der beobachtet, wie oft die Datei gespeichert wurde.

```
Private Sub Workbook_BeforeSave(ByVal SaveAsUI _
    As Boolean, Cancel As Boolean)
    Dim Counter As Range
    Set Counter = Sheets("Tabelle1").Range("A1")
    Counter.Value = Counter.Value + 1
End Sub
```

Beachten Sie, dass die Workbook_BeforeSave-Prozedur zwei Argumente hat, SaveAsUI und Cancel. Um zu beobachten, wie diese Argumente funktionieren, sehen Sie sich das folgende Makro an, das ausgeführt wird, bevor die Arbeitsmappe gespeichert wird. Diese Prozedur versucht, den Benutzer daran zu hindern, die Arbeitsmappe unter einem anderen Namen zu speichern. Wenn der Benutzer den Befehl DATEI | SPEICHERN UNTER auswählt, ist das Argument SaveAsUI True.

Bei der Ausführung überprüft der Code den Wert von SaveAsUI. Ist diese Variable True, zeigt die Prozedur eine Meldung an und setzt Cancel auf True, womit die Speicheroperation abgebrochen wird.

```
Private Sub Workbook_BeforeSave(ByVal SaveAsUI _
    As Boolean, Cancel As Boolean)
    If SaveAsUI Then
        MsgBox "Für diese Arbeitsmappe kann keine Kopie angelegt werden!"
        Cancel = True
    End If
End Sub
```

Beachten Sie, dass diese Prozedur niemanden daran hindern kann, eine Kopie unter einem anderen Namen zu speichern. Wenn jemand es wirklich darauf abgesehen hat, öffnet er einfach die Arbeitsmappe mit deaktivierten Makros. Wenn die Makros deaktiviert sind, sind auch die Prozeduren zur Ereignisverarbeitung deaktiviert – schließlich handelt es sich dabei auch um Makros.

Beispiele für Aktivierungsereignisse

Eine weitere Ereigniskategorie besteht aus der Aktivierung und Deaktivierung von Objekten – insbesondere Arbeitsblätter und Arbeitsmappen.

Aktivierungs- und Deaktivierungsereignisse in einem Arbeitsblatt

Excel erkennt, wenn ein bestimmtes Arbeitsblatt aktiviert oder deaktiviert wurde, und führt ein Makro aus, wenn eines dieser Ereignisse auftritt. Diese Prozeduren zur Ereignisverarbeitung müssen im Codefenster für das Tabelle-Objekt stehen.

Sie greifen schnell auf das Codefenster für ein Arbeitsblatt zu, indem Sie mit der rechten Maustaste auf die Registerkarte für das Arbeitsblatt klicken und CODE ANZEIGEN auswählen.

Das folgende Beispiel zeigt eine einfache Prozedur, die ausgeführt wird, wenn ein bestimmtes Arbeitsblatt aktiviert wird. Dieser Code zeigt einfach ein Meldungsfeld an, das den Namen des aktiven Blatts ausgibt:

```
Private Sub Worksheet_Activate()
    MsgBox "Sie haben aktiviert: " & ActiveSheet.Name
End Sub
```

Hier ein weiteres Beispiel, das Zelle A1 aktiviert, wenn das Arbeitsblatt aktiviert wird:

```
Private Sub Worksheet_Activate()
    Range("A1").Activate
End Sub
```

Obwohl der Code in diesen beiden Prozeduren so einfach wie möglich ist, kann die Ereignisverarbeitung auch beliebig kompliziert werden.

Die folgende Prozedur (die im Codefenster für das Tabelle1-Objekt abgelegt wird) verwendet das Deactivate-Ereignis, um einen Benutzer daran zu hindern, ein anderes Arbeitsblatt in der Arbeitsmappe zu aktivieren. Wenn Tabelle1 deaktiviert ist (das heißt, ein anderes Arbeitsblatt ist aktiviert), erhält der Benutzer eine Meldung und Tabelle1 wird aktiviert.

```
Private Sub Worksheet_Deactivate()
    MsgBox "Sie müssen in Tabelle1 bleiben"
    Sheets("Tabelle1").Activate
End Sub
```

Es ist übrigens keine gute Idee, Prozeduren wie diese zu verwenden, die versuchen, Excel zu entern. Diese sogenannten »Diktator-Anwendungen« können sehr frustrierend und verwirrend für den Benutzer sein. Und natürlich können sie ganz einfach umgangen werden, indem die Makros deaktiviert werden.

Aktivierungs- und Deaktivierungsereignisse in einer Arbeitsmappe

Die obigen Beispiele verwenden Ereignisse, die einem bestimmten Arbeitsblatt zuzuordnen sind. Das DieseArbeitsmappe-Objekt verarbeitet ebenfalls Ereignisse, die sich mit der Aktivierung und Deaktivierung von Arbeitsblättern beschäftigen. Die folgende Prozedur, die im Codefenster für das DieseArbeitsmappe-Objekt abgelegt wird, wird ausgeführt, wenn irgendein Arbeitsblatt in der Arbeitsmappe aktiviert wird. Der Code zeigt eine Meldung mit dem Namen des aktivierten Arbeitsblatts an.

```
Private Sub Workbook_SheetActivate(ByVal Sh As Object)
MsgBox Sh.Name
End Sub
```

Die Prozedur Workbook_SheetActivate verwendet das Argument Sh. Sh ist eine Variable, die das aktive Tabelle-Objekt darstellt. Das Meldungsfeld zeigt die Name-Eigenschaft des Tabelle-Objekts an.

Das nächste Beispiel ist im Codefenster für DieseArbeitsmappe enthalten. Es besteht aus zwei ereignisverarbeitenden Prozeduren:

✔ **Workbook_SheetDeactivate**: Wird ausgeführt, wenn ein Arbeitsblatt in der Arbeitsmappe deaktiviert wird. Diese Prozedur speichert das deaktivierte Arbeitsblatt in einer Objektvariablen. (Das Schlüsselwort Set erzeugt eine Objektvariable.)

✔ **Workbook_SheetActivate**: Wird ausgeführt, wenn ein Arbeitsblatt in der Arbeitsmappe aktiviert wird. Diese Prozedur überprüft, welcher Blatttyp aktiviert wird (mit der Funktion TypeName). Wenn es sich bei dem Blatt um ein Diagrammblatt handelt, erhält der Benutzer eine Meldung (siehe Abbildung 11.5). Wenn die OK-Schaltfläche im Meldungsfeld angeklickt wird, wird das *vorherige* Arbeitsblatt (das in der Variablen OldSheet gespeichert ist) aktiviert.

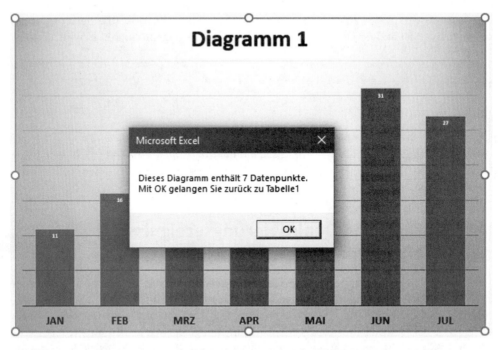

Abbildung 11.5: Wenn ein Diagrammblatt aktiviert wird, sieht der Benutzer diese Meldung.

Auf der Website zum Buch steht eine Arbeitsmappe mit diesem Code zum Download bereit.

```
Dim OldSheet As Object

Private Sub Workbook_SheetDeactivate(ByVal Sh As Object)
    Set OldSheet = Sh
End Sub

Private Sub Workbook_SheetActivate(ByVal Sh As Object)
    Dim Msg As String
    If TypeName(Sh) = "Chart" Then
        Msg = "Dieses Diagramm enthält "
        Msg = Msg & ActiveChart.SeriesCollection(1).Points.Count
        Msg = Msg & " Datenpunkte." & vbNewLine
        Msg = Msg & "Mit OK gelangen Sie zurück zu " & OldSheet.Name
        MsgBox Msg
        OldSheet.Activate
    End If
End Sub
```

Arbeitsmappen-Aktivierungsereignisse

Excel erkennt auch das Ereignis, wenn Sie eine bestimmte Arbeitsmappe aktivieren oder de-aktivieren. Der folgende Code, der im Codefenster für das `DieseArbeitsmappe`-Objekt ent-halten ist, wird ausgeführt, wenn die Arbeitsmappe aktiviert wird. Die Prozedur maximiert einfach das Arbeitsmappenfenster.

```
Private Sub Workbook_Activate()
    ActiveWindow.WindowState = xlMaximized
End Sub
```

Als Nächstes kommt ein Beispiel für `Workbook_Deactivate`-Code. Diese Prozedur wird aus-geführt, wenn eine Arbeitsmappe deaktiviert wird. Sie kopiert den ausgewählten Bereich, wenn die Arbeitsmappe deaktiviert wird. Das könnte praktisch sein, wenn Sie Daten von vielen unterschiedlichen Bereichen kopieren und sie in eine andere Arbeitsmappe einfügen. Wenn diese Ereignisprozedur ausgeführt wird, können Sie den zu kopierenden Bereich aus-wählen, die andere Arbeitsmappe aktivieren, das Ziel auswählen und dann `Strg`+`V` drücken (oder die Eingabetaste), um die kopierten Daten einzufügen.

```
Private Sub Workbook_Deactivate()
    ThisWorkbook.Windows(1).RangeSelection.Copy
End Sub
```

Weitere Arbeitsblattereignisse

Im vorigen Abschnitt haben Sie verschiedene Beispiele für Aktivierungs- und Deaktivie-rungsereignisse für Arbeitsblätter gesehen. In diesem Abschnitt geht es um drei weitere

Ereignisse, die in Arbeitsblättern auftreten können: Doppelklicken in eine Zelle, Anklicken einer Zelle mit der rechten Maustaste und Bearbeitung einer Zelle.

Das BeforeDoubleClick-Ereignis

Sie können eine VBA-Prozedur anlegen, die ausgeführt wird, wenn der Benutzer auf eine Zelle doppelklickt. Im folgenden Beispiel (das im Codefenster für ein `Tabelle`-Objekt abgelegt wird) bewirkt ein Doppelklick in die Zelle, dass der Inhalt fett ausgezeichnet wird (falls er noch nicht fett ausgezeichnet ist) und nicht fett (falls er bereits fett ausgezeichnet ist):

```
Private Sub Worksheet_BeforeDoubleClick _
    (ByVal Target As Excel.Range, Cancel As Boolean)
    Target.Font.Bold = Not Target.Font.Bold
    Cancel = True
End Sub
```

Die Prozedur `Worksheet_BeforeDoubleClick` hat zwei Argumente: `Target` und `Cancel`. `Target` steht für die Zelle (ein `Range`-Objekt), auf die doppelgeklickt wurde. Wenn `Cancel` auf `True` gesetzt ist, findet die Doppelklick-Standardaktion nicht statt.

Die Standardaktion für das Doppelklicken in eine Zelle ist, dass Excel in den Bearbeitungsmodus für die Zelle übergeht. In obigem Beispiel soll die Zelle jedoch nicht bearbeitet werden, daher wurde `Cancel` auf `True` gesetzt.

Das BeforeRightClick-Ereignis

Das `BeforeRightClick`-Ereignis ist vergleichbar mit dem `BeforeDoubleClick`-Ereignis, außer dass es stattfindet, wenn mit der rechten Maustaste in die Zelle geklickt wird. Die folgende Prozedur überprüft, ob die Zelle, auf die mit der rechten Maustaste geklickt wurde, einen numerischen Wert enthält. In diesem Fall zeigt der Code das Dialogfeld ZELLEN FORMATIEREN an und setzt das `Cancel`-Argument auf `True` (womit vermieden wird, dass das normale Kontextmenü angezeigt wird). Wenn die Zelle keinen numerischen Wert enthält, passiert nichts Besonderes – das Kontextmenü wird angezeigt wie üblich.

```
Private Sub Worksheet_BeforeRightClick _
    (ByVal Target As Excel.Range, Cancel As Boolean)
    If IsNumeric(Target) And Not IsEmpty(Target) Then
        Application.CommandBars.ExecuteMso ("NumberFormatsDialog")
        Cancel = True
    End If
End Sub
```

 Beachten Sie, dass der Code, der auf der Website zu diesem Buch zum Download bereitsteht, eine zusätzliche Überprüfung durchführt, um festzustellen, ob die Zelle nicht leer ist. Das liegt daran, dass VBA leere Zellen als numerische betrachtet.

Das Change-Ereignis

Das Change-Ereignis findet statt, wenn eine Zelle auf dem Arbeitsblatt geändert wird. Im folgenden Beispiel hindert die Prozedur Worksheet_Change einen Benutzer daran, einen nicht numerischen Wert in Zelle A1 einzugeben. Dieser Code wird im Codefenster für ein Sheet-Objekt abgelegt.

```
Private Sub Worksheet_Change(ByVal Target As Range)
    If Target.Address = "$A$1" Then
        If Not IsNumeric(Target) Then
            MsgBox "Geben Sie eine Zahl in Zelle A1 ein."
            Range("A1").ClearContents
            Range("A1").Activate
        End If
    End If
End Sub
```

Das einzige Argument für die Worksheet_Change-Prozedur (Target) stellt den Bereich dar, der geändert wurde. Die erste Anweisung überprüft, ob die Zelladresse gleich $A$1 ist. Ist dies der Fall, stellt der Code mithilfe der Funktion IsNumeric fest, ob die Zelle einen numerischen Wert enthält. Ist dies nicht der Fall, wird eine Meldung angezeigt und der Wert der Zelle wird gelöscht. Zelle A1 wird aktiviert – praktisch, wenn der Zellenzeiger nach der Eingabe in eine andere Zelle verschoben wurde. Wenn die Änderung in einer anderen Zelle außer A1 stattfindet, passiert nichts.

Warum keine Datenüberprüfung verwenden?

Möglicherweise kennen Sie den Befehl DATEN | DATENTOOLS | DATENÜBERPRÜFUNG. Mit diesem praktischen Werkzeug werden nur Daten des richtigen Typs in eine bestimmte Zelle oder in einen Zellenbereich eingegeben. Obwohl der Befehl DATEN | DATENTOOLS | DATENÜBERPRÜFUNG sehr praktisch ist, ist er wirklich nicht narrensicher.

Versuchen Sie, einer Zelle eine Datenüberprüfung hinzuzufügen. Beispielsweise können Sie sie so einrichten, dass die Zelle nur einen numerischen Wert entgegennimmt. Das funktioniert – bis Sie eine andere Zelle kopieren und diese in die Zelle mit der Datenüberprüfung einfügen. Durch das Einfügen wird die Datenüberprüfung aufgehoben. Es ist so, als hätte es sie nie gegeben. Wie schwerwiegend dieser Mangel ist, ist von Ihrer Anwendung abhängig.

 Durch das Einfügen wird die Datenüberprüfung aufgehoben, weil Excel die Überprüfung als Format für eine Zelle betrachtet. Aus diesem Grund wird sie ähnlich eingeordnet wie Schriftgröße, Farbe oder vergleichbare Attribute. Wenn Sie eine Zelle einfügen, ersetzen Sie die Formate in der Zielzelle durch die der Quellzelle. Unglücklicherweise zählen Ihre Überprüfungsregeln auch zu diesen Formaten.

Verhindern, dass die Datenüberprüfung zerstört wird

Die Prozedur in diesem Abschnitt zeigt, wie Benutzer daran gehindert werden können, Daten zu kopieren und die Datenüberprüfungsregeln aufzuheben. Dieses Beispiel geht davon aus, dass das Arbeitsblatt einen Bereich namens InputRange hat, und dieser Eingabebereich enthält die Regeln für die Datenüberprüfung (festgelegt durch den Befehl DATEN | DATENTOOLS | DATENÜBERPRÜFUNG). Der Bereich kann beliebige Überprüfungsregeln enthalten.

 Auf der Website zu diesem Buch steht eine Arbeitsmappe mit diesem Code zum Download bereit.

```
Private Sub Worksheet_Change(ByVal Target As Range)
    Dim VT As Long
    'Haben alle Zellen im Überprüfungsbereich
    'noch eine Überprüfung?
    On Error Resume Next
    VT = Range("InputRange").Validation.Type
    If Err.Number <> 0 Then
        Application.Undo
        MsgBox "Ihre letzte Operation wurde abgebrochen." & _
        "Sie hätte die Datenüberprüfungsregeln entfernt.", vbCritical
    End If
End Sub
```

Die Prozedur wird ausgeführt, wenn eine Zelle geändert wird. Sie überprüft den Überprüfungstyp des Bereichs (namens InputRange), der *vermutlich* die Regeln für die Datenüberprüfung enthält. Wenn die VT-Variable einen Fehler enthält, besitzen eine oder mehrere Zellen im InputRange keine Datenüberprüfung mehr (wahrscheinlich hat ein Benutzer Daten darüber kopiert). Wenn das passiert, führt der Code die Undo-Methode des Application-Objekts aus und macht die Aktion des Benutzers rückgängig. Anschließend zeigt er ein Meldungsfeld an, wie in Abbildung 11.6 gezeigt.

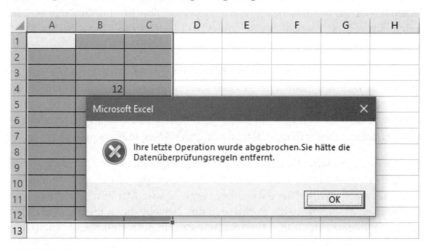

Abbildung 11.6: Datenüberprüfung mit einer Ereignisprozedur

Und was haben wir davon? Es ist nicht mehr möglich, die Überprüfungsregeln durch das Kopieren von Daten aufzuheben. Wenn Excel einen Fehler enthält, können Sie ihn manchmal mit VBA korrigieren.

Ereignisse, die keinen Objekten zugeordnet sind

Die Ereignisse, die bisher in diesem Kapitel beschrieben sind, sind entweder einem Arbeitsblattobjekt oder einem Arbeitsmappenobjekt zugeordnet. In diesem Abschnitt geht es um zwei Ereignistypen, die keinen Objekten zugeordnet sind: Zeit und Tastenaktionen.

Zeit und Tastenaktionen sind keinen bestimmten Objekten zugeordnet, wie beispielsweise einem Arbeitsblatt oder einer Arbeitsmappe. Deshalb programmieren Sie diese Ereignisse in einem normalen VBA-Modul (anders als die anderen in diesem Kapitel beschriebenen Ereignisse).

Das OnTime-Ereignis

Das OnTime-Ereignis findet statt, wenn eine bestimmte Tageszeit erreicht wird. Das folgende Beispiel zeigt, wie Excel veranlasst wird, eine Prozedur auszuführen, wenn das Ereignis 15.00 Uhr eintritt. In diesem Fall teilt Ihnen eine Roboterstimme mit, aufzuwachen, begleitet von einem Meldungsfeld:

```
Sub SetAlarm()
    Application.OnTime 0.625, "DisplayAlarm"
End Sub

Sub DisplayAlarm()
    Application.Speech.Speak ("He, aufwachen!")
    MsgBox "Zeit für die Mittagspause!"
End Sub
```

In diesem Beispiel verwende ich die OnTime-Methode des Application-Objekts. Diese Methode nimmt zwei Argumente entgegen, die Zeit (0,625, das heißt 15.00 Uhr) und den Namen der Sub-Prozedur, die ausgeführt wird, wenn das Zeitereignis auftritt (DisplayAlarm).

Diese Prozedur ist ganz praktisch, wenn Sie häufig so vertieft in Ihre Arbeit sind, dass Sie Meetings und Termine vergessen. Setzen Sie einfach ein OnTime-Ereignis, um sich selbst zu erinnern!

Die meisten Menschen finden es schwierig, sich die Zeit im Numerierungssystem von Excel vorzustellen. Aus diesem Grund wollen Sie vielleicht die VBA-Funktion TimeValue verwenden, um die Zeit darzustellen. TimeValue wandelt eine Zeichenfolge, die wie eine Zeit aussieht, in einen Wert um, den Excel verarbeiten kann. Die folgende Anweisung zeigt eine einfachere Methode, ein Ereignis für 15.00 Uhr zu programmieren.

```
Application.OnTime TimeValue("3:00:00 pm"), "DisplayAlarm"
```

Wenn Sie ein Ereignis in Bezug auf die aktuelle Zeit einplanen wollen (zum Beispiel 20 Minuten ab der aktuellen Uhrzeit), sollten Sie eine Anweisung wie die folgende verwenden:

```
Application.OnTime Now + TimeValue("00:20:00"), "DisplayAlarm"
```

Außerdem können Sie die `OnTime`-Methode verwenden, um eine VBA-Prozedur an einem bestimmten Tag auszuführen. Ihr Computer muss natürlich laufen und die Arbeitsmappe mit der Prozedur muss geöffnet sein. Die folgende Anweisung führt die `DisplayAlarm`-Prozedur am 31. Dezember 2019 um 17.00 Uhr aus:

```
Application.OnTime DateValue("12/31/2019 5:00 pm"), "DisplayAlarm"
```

Diese Codezeile könnte praktisch sein, um Sie darauf aufmerksam zu machen, dass Sie nach Hause gehen und Silvester feiern sollten.

Hier ein weiteres Beispiel, das das `OnTime`-Ereignis verwendet. Die Ausführung der `UpdateClock`-Prozeduren schreibt die Zeit in Zelle A1 und programmiert außerdem ein weiteres Ereignis fünf Sekunden später. Das Ereignis führt die `UpdateClock`-Prozedur erneut aus. Das bedeutet, Zelle A1 wird alle fünf Sekunden mit der aktuellen Zeit aktualisiert. Um diese Ereignisse zu beenden, führen Sie die `StopClock`-Prozedur aus (die das Ereignis abbricht). Beachten Sie, dass `NextTick` eine Variable auf Modulebene ist, die die Zeit für das nächste Ereignis speichert.

```
Dim NextTick As Date

Sub UpdateClock()
'    Aktualisiert Zelle A1 mit der aktuellen Zeit
    ThisWorkbook.Sheets(1).Range("A1") = Time
'    Legt das nächste Ereignis für fünf Sekunden ab jetzt fest
    NextTick = Now + TimeValue("00:00:05")
    Application.OnTime NextTick, "UpdateClock"
End Sub

Sub StopClock()
'    Bricht das OnTime-Ereignis ab (stoppt die Uhr)
    On Error Resume Next
    Application.OnTime NextTick, "UpdateClock", , False
End Sub
```

 Das `OnTime`-Ereignis besteht auch weiter, nachdem die Arbeitsmappe geschlossen wurde. Mit anderen Worten, wenn Sie die Arbeitsmappe schließen, ohne die `StopClock`-Prozedur auszuführen, öffnet sich die Arbeitsmappe nach fünf Sekunden wieder (vorausgesetzt, Excel läuft noch). Um dies zu verhindern, verwenden Sie eine `Workbook_BeforeClose`-Ereignisprozedur, die die folgende Anweisung enthält:

```
Call StopClock
```

Die `OnTime`-Methode besitzt zwei weitere Argumente. Wenn Sie vorhaben, diese Methode zu verwenden, sollten Sie in der Online-Hilfe weitere Details nachlesen.

Mit dem `OnTime`-Ereignis lassen sich die unterschiedlichsten Anwendungen erstellen. Abbildung 11.7 zeigt eine analoge Uhr, die das `OnTime`-Ereignis verwendet, um den Zeiger jede

Sekunde weiterzubewegen. Das Ziffernblatt ist eigentlich ein Diagramm, und das Diagramm wird jede Sekunde aktualisiert, um die Tageszeit anzuzeigen.

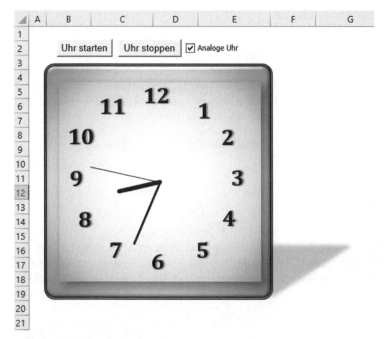

Abbildung 11.7: Eine analoge Uhr

Tastenaktionen

Während Sie arbeiten, überwacht Excel ständig, was Sie gerade eingeben. Aus diesem Grund können Sie eine Tastenaktion oder eine Tastenkombination festlegen, für die eine Prozedur ausgeführt werden soll.

Hier ein Beispiel, das die Tasten [Bild ⬦] und [Bild ⬦] neu zuordnet:

```
Sub Setup_OnKey()
    Application.OnKey "{PgDn}", "PgDn_Sub"
    Application.OnKey "{PgUp}", "PgUp_Sub"
End Sub

Sub PgDn_Sub()
    On Error Resume Next
      ActiveCell.Offset(1, 0).Activate
End Sub

Sub PgUp_Sub()
    On Error Resume Next
      ActiveCell.Offset(-1, 0).Activate
End Sub
```

Nach der Einrichtung der OnKey-Ereignisse durch Ausführung der Setup_OnKey-Prozedur bewirkt das Drücken von [Bild ⬇], dass Sie sich um eine Zeile nach unten bewegen. Durch Drücken von [Bild ⬆] gelangen Sie um eine Zeile nach oben.

Beachten Sie, dass die Tastencodes in geschweifte Klammern eingeschlossen sind. Eine vollständige Liste der Tastencodes finden Sie in der Online-Hilfe. Suchen Sie nach *OnKey*.

Dieses Beispiel verwendet On Error Resume Next, um etwaige Fehler zu ignorieren. Liegt beispielsweise die aktive Zelle in der ersten Zeile, führt der Versuch, sich um eine Zeile nach oben zu bewegen, zu einem Fehler, der einfach ignoriert werden kann. Und wenn ein Diagrammblatt aktiv ist, gibt es keine aktive Zelle.

Durch Ausführung der folgenden Prozedur brechen Sie die OnKey-Ereignisse ab:

```
Sub Cancel_OnKey()
    Application.OnKey "{PgDn}"
    Application.OnKey "{PgUp}"
End Sub
```

Die Verwendung einer leeren Zeichenfolge als zweites Argument für die On-Key-Methode bricht das OnKey-Ereignis *nicht* ab. Stattdessen veranlasst dies Excel, die Tastenaktion einfach zu ignorieren. Die folgende Anweisung beispielsweise weist Excel an, [Alt]+[F4] zu ignorieren. Das Prozentzeichen steht für die [Alt]-Taste:

```
Application.OnKey "%{F4}", ""
```

Sie können die OnKey-Methode verwenden, um eine Tastenkombination für die Ausführung eines Makros zuzuweisen, aber für diese Aufgabe verwenden Sie besser das Dialogfeld MAKROOPTIONEN. Weitere Informationen finden Sie in Kapitel 5.

Wenn Sie die Arbeitsmappe schließen, die den Code enthält, aber Excel nicht schließen, wird die OnKey-Methode nicht zurückgesetzt. Wenn Sie die Tastenkombination drücken, öffnet Excel automatisch die Datei mit dem Makro. Um dies zu verhindern, sollten Sie den entsprechenden Code in Ihren Workbook_BeforeClose-Ereigniscode aufnehmen (wie weiter oben in diesem Kapitel bereits gezeigt), der das OnKey-Ereignis zurücksetzt.

Kapitel 12
Techniken zur Fehlerverarbeitung

rren ist menschlich. Fehler vorherzusehen, ist göttlich. Bei der Arbeit mit VBA sollten Sie sich auf zwei allgemeine Fehlerklassen gefasst machen: Programmierfehler und Laufzeitfehler. In diesem Kapitel geht es um Laufzeitfehler. Programmierfehler, auch als *Bugs* bezeichnet, werden in Kapitel 13 beschrieben.

Ein gut geschriebenes Programm verarbeitet Fehler so, wie Fred Astaire getanzt hat: elegant. Glücklicherweise enthält VBE verschiedene Werkzeuge, die Ihnen helfen, Fehler zu identifizieren und sie dann elegant zu verarbeiten.

Fehlertypen

Wenn Sie die Beispiele in diesem Buch ausprobiert haben, haben Sie sicher schon die eine oder andere Fehlermeldung gesehen. Einige dieser Fehler entstehen aufgrund von unzulänglichem VBA-Code. Es kann zum Beispiel sein, dass Sie ein Schlüsselwort falsch schreiben oder eine Anweisung mit der falschen Syntax schreiben. Wenn Sie einen solchen Fehler machen, können Sie die Prozedur gar nicht erst ausführen, bis Sie ihn behoben haben.

Dieses Kapitel befasst sich nicht mit solchen Fehlern. Stattdessen geht es hier um Laufzeitfehler, also Fehler, die auftreten, während Excel Ihren VBA-Code ausführt. Insbesondere geht es in diesem Kapitel um die folgenden Themen:

✔ Fehler identifizieren

✔ Etwas gegen die auftretenden Fehler unternehmen

✔ Wiederherstellung nach dem Auftreten eines Fehlers

✔ Bewusst Fehler verursachen (manchmal kann ein Fehler auch sein Gutes haben)

Das ultimative Ziel der Fehlerverarbeitung ist es, Code zu schreiben, der so weit wie möglich vermeidet, dass in Excel Fehlermeldungen angezeigt werden. Mit anderen Worten, Sie wollen potenzielle Fehler abwenden und sie entfernen, bevor Excel die Gelegenheit hat, eine seiner (in der Regel wenig informativen) Fehlermeldungen herauszubrüllen.

Ein fehlerbehaftetes Beispiel

Schauen Sie für den Einstieg das folgende Makro an. Ein so einfaches Makro kann gar keine Fehler verursachen, oder?

Aktivieren Sie den VBE, fügen Sie ein Modul ein und geben Sie den folgenden Code ein:

```
Sub EnterSquareRoot()
    Dim Num As Double
'   Prompt for a value
    Num = InputBox("Geben Sie einen Wert ein")

'   Quadratwurzel einfügen
    ActiveCell.Value = Sqr(Num)
End Sub
```

Wie in Abbildung 12.1 gezeigt, fordert diese Prozedur den Benutzer auf, einen Wert einzugeben. Anschließend führt sie eine magische Berechnung durch und trägt die Quadratwurzel dieses Werts in die aktive Zelle ein.

Abbildung 12.1: Die InputBox-Funktion zeigt ein Dialogfeld an, in dem der Benutzer aufgefordert wird, einen Wert einzugeben.

Sie können diese Prozedur direkt vom VBE aus ausführen, indem Sie ⌜F5⌝ drücken. Alternativ können Sie einem Arbeitsblatt eine Schaltfläche hinzufügen (mit ENTWICKLERTOOLS | STEUERELEMENTE | EINFÜGEN) und dieser das Makro zuordnen. (Excel fordert Sie auf, das Makro zuzuordnen.) Anschließend können Sie die Prozedur ausführen, indem Sie einfach auf die Schaltfläche klicken.

Das Makro ist nicht ganz perfekt

Führen Sie den Code ein paar Mal aus, um ihn auszuprobieren. Er funktioniert prächtig, oder? Jetzt versuchen Sie, bei der Abfrage eine negative Zahl einzugeben. Hoppla! Der Versuch, die Quadratwurzel einer negativen Zahl zu berechnen, ist auf diesem Planeten verboten.

Excel reagiert auf das Ansinnen, die Quadratwurzel einer negativen Zahl zu berechnen, mit der in Abbildung 12.2 gezeigten Laufzeitfehlermeldung. Klicken Sie jetzt einfach auf BEEN-DEN. Wenn Sie auf die Schaltfläche DEBUGGEN klicken, unterbricht Excel das Makro, sodass Sie die Debugging-Werkzeuge nutzen können, um den Fehler ausfindig zu machen. (Weitere Informationen über diese Debugging-Werkzeuge finden Sie in Kapitel 13.)

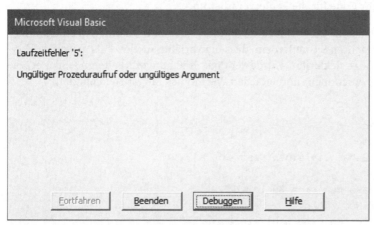

Abbildung 12.2: Excel zeigt diese Fehlermeldung an, wenn die Prozedur versucht, die Quadratwurzel einer negativen Zahl zu berechnen.

Die meisten Benutzer finden die Fehlermeldungen von Excel nicht besonders hilfreich (zum Beispiel *Ungültiger Prozeduraufruf oder ungültiges Argument*). Um die Prozedur zu verbessern, müssen Sie diesen Fehler vorhersehen und ihn eleganter verarbeiten. Mit anderen Worten, Sie brauchen Code für die Fehlerverarbeitung.

Hier eine modifizierte Version von `EnterSquareRoot`:

```
Sub EnterSquareRoot2()
    Dim Num As Double
'   Prompt for a value
    Num = InputBox("Geben Sie einen Wert ein")

'   Sicherstellen, dass die Zahl nicht negativ ist
    If Num < 0 Then
        MsgBox "Sie müssen eine positive Zahl eingeben."
        Exit Sub
    End If

'   Quadratwurzel eintragen
    ActiveCell.Value = Sqr(Num)
End Sub
```

Eine If-Then-Struktur überprüft den in der Variablen Num enthaltenen Wert. Wenn Num kleiner als 0 ist, zeigt die Prozedur ein Meldungsfeld an, das verständliche Informationen enthält. Anschließend endet die Prozedur mit der Exit-Sub-Anweisung, sodass der Laufzeitfehler überhaupt nicht auftreten kann.

Das Makro ist immer noch nicht perfekt

Die abgeänderte EnterSquareRoot-Prozedur ist jetzt perfekt, oder? Noch nicht ganz. Versuchen Sie, statt eines Werts einen Text einzugeben. Oder klicken Sie im Eingabefeld auf AB-BRECHEN. Beide Aktionen erzeugen einen Fehler (*Type mismatch*). Diese einfache kleine Prozedur braucht noch mehr Code für die Fehlerverarbeitung.

Der folgende abgeänderte Code verwendet die Funktion IsNumeric, damit Num einen numerischen Wert enthält. Beachten Sie außerdem, dass die Variable Num jetzt als Variant deklariert ist. Wäre sie als Double deklariert, würde der Code einen unverarbeiteten Fehler erzeugen, wenn der Benutzer einen nicht numerischen Wert in das Eingabefeld eingibt.

```
Sub EnterSquareRoot3()
    Dim Num As Variant
'   Einen Wert abfragen
    Num = InputBox("Geben Sie einen Wert ein")

'   Sicherstellen, dass Num eine Zahl ist
    If Not IsNumeric(Num) Then
        MsgBox "Sie müssen eine Zahl eingeben."
        Exit Sub
    End If

'    Sicherstellen, dass die Zahl nicht negativ ist
    If Num < 0 Then
        MsgBox "Sie müssen eine positive Zahl eingeben."
        Exit Sub
    End If

'   Quadratwurzel eintragen
    ActiveCell.Value = Sqr(Num)
End Sub
```

Ist das Makro immer noch nicht perfekt?

Jetzt sollte der Code aber absolut perfekt sein? Immer noch nicht? Versuchen Sie, die Prozedur auszuführen, während ein Diagrammblatt das aktive Arbeitsblatt ist. Noch ein Laufzeitfehler ereignet sich, diesmal die gefürchtete Nummer 91 (siehe Abbildung 12.3). Dieser Fehler tritt auf, wenn es bei einem Diagrammblatt keine aktive Zelle gibt oder wenn etwas anderes als ein Bereich ausgewählt ist.

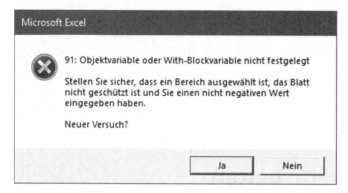

Abbildung 12.3: Die Ausführung der Prozedur erzeugt einen Fehler, wenn ein Diagramm ausgewählt ist.

Die folgende Prozedur verwendet die Funktion TypeName, um sicherzustellen, dass ein Bereich ausgewählt ist. Wenn etwas anderes als ein Bereich ausgewählt ist, zeigt diese Prozedur eine Meldung an und wird beendet.

```
Sub EnterSquareRoot4()
    Dim Num As Variant
'   Sicherstellen, dass ein Arbeitsblatt aktiv ist
    If TypeName(Selection) <> "Range" Then
        MsgBox "Wählen Sie eine Zelle für das Ergebnis aus."
        Exit Sub
    End If

'   Prompt for a value
    Num = InputBox("Geben Sie einen Wert ein")

'   Sicherstellen, dass Num eine Zahl ist
    If Not IsNumeric(Num) Then
        MsgBox "Sie müssen eine Zahl eingeben."
        Exit Sub
    End If

'   Sicherstellen, dass die Zahl nicht negativ ist
    If Num < 0 Then
        MsgBox "Sie müssen eine positive Zahl eingeben."
        Exit Sub
    End If

'   Die Quadratwurzel einfügen
    ActiveCell.Value = Sqr(Num)
End Sub
```

Verabschieden Sie sich von der Perfektion!

Aber jetzt *muss* diese Prozedur einfach perfekt sein. Falsch gedacht!

Schützen Sie das Arbeitsblatt (mit dem Befehl ÜBERPRÜFEN | ÄNDERUNGEN | ARBEITSBLATT SCHÜTZEN) und führen Sie den Code erneut aus. Ein geschütztes Arbeitsblatt erzeugt tatsächlich einen weiteren Fehler. Und es gibt noch zahlreiche weitere Fehler, die man nicht alle vorhersagen kann.

Fehler anders verarbeiten

Wie können Sie jeden möglichen Fehler identifizieren und verarbeiten? Häufig geht das überhaupt nicht. Glücklicherweise bietet VBA eine andere Möglichkeit, mit Fehlern zurechtzukommen.

Noch einmal die Prozedur EnterSquareRoot

Der folgende Code ist eine überarbeitete Version der Prozedur aus dem vorigen Abschnitt. Hier versucht eine ganz allgemeine On-Error-Anweisung alle Fehler abzufangen; außerdem wird dann überprüft, ob die InputBox abgebrochen wurde.

```
Sub EnterSquareRoot5()
    Dim Num As Variant
    Dim Msg As String

'   Fehlerverarbeitung einrichten
    On Error GoTo BadEntry

'   Wert abfragen
    Num = InputBox("Geben Sie einen Wert ein")

'   Beenden, falls abgebrochen
    If Num = "" Then Exit Sub

'   Die Quadratwurzel einfügen
    ActiveCell.Value = Sqr(Num)
    Exit Sub

BadEntry:
    Msg = "Ein Fehler ist aufgetreten." & vbNewLine & vbNewLine
    Msg = Msg & "Achten Sie darauf, dass ein Bereich ausgewählt ist, "
    Msg = Msg & "dass das Blatt nicht geschützt ist "
    Msg = Msg & "und Sie einen nicht negativen Wert eingegeben haben."
    MsgBox Msg, vbCritical
End Sub
```

Diese Routine fängt *jeden* Laufzeitfehler auf. Nachdem ein Laufzeitfehler aufgefangen wurde, zeigt die neue `EnterSquareRoot`-Prozedur das in Abbildung 12.4 gezeigte Meldungsfeld an. Dieses Meldungsfeld zeigt die wahrscheinlichsten Ursachen für den Fehler an.

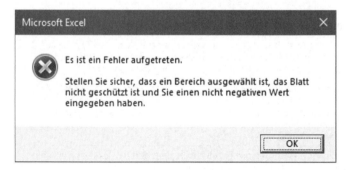

Abbildung 12.4: Ein Laufzeitfehler in der Prozedur erzeugt diese hilfreiche Fehlermeldung.

On Error funktioniert nicht?

Wenn eine `On-Error`-Anweisung nicht wie angekündigt funktioniert, müssen Sie eine Ihrer Einstellungen ändern.

1. **Aktivieren Sie den VBE.**

2. **Wählen Sie den Befehl EXTRAS | OPTIONEN.**

3. **Klicken Sie im Dialogfeld OPTIONEN auf die Registerkarte ALLGEMEIN.**

4. **Die Einstellung UNTERBRECHEN BEI FEHLERN | BEI JEDEM FEHLER darf nicht markiert sein.**

Wenn diese Einstellung ausgewählt ist, ignoriert Excel alle `On-Error`-Anweisungen. Normalerweise sollten Sie die Option UNTERBRECHEN BEI FEHLERN | BEI NICHT VERARBEITETEN FEHLERN verwenden.

Die On-Error-Anweisung

Mithilfe einer `On-Error`-Anweisung in Ihrem VBA-Code können Sie die in Excel eingebaute Fehlerverarbeitung umgehen und Ihren eigenen Code dafür verwenden. Im vorigen Beispiel verursacht ein Laufzeitfehler die Makro-Ausführung, zu der Anweisung mit der Zeilenmarke `BadEntry` zu springen. Damit vermeiden Sie die unfreundlichen Fehlermeldungen von Excel und können dem Benutzer Ihre eigene Meldung anzeigen.

Beachten Sie, dass das Beispiel eine `Exit-Sub`-Anweisung vor der Zeilenmarke `BadEntry` verwendet. Diese Anweisung ist erforderlich, weil Sie nicht wollen, dass der Fehlerverarbeitungscode ausgeführt wird, wenn *kein* Fehler auftritt.

Fehlerverarbeitung: Die Details

Die Anweisung On Error kann auf dreierlei Arten verwendet werden, wie in Tabelle 12.1 gezeigt.

Syntax	Funktionsweise
On Error GoTo *textmarke*	Nach der Ausführung dieser Anweisung setzt VBA die Ausführung in der angegebenen Zeile fort. Sie müssen nach der Textmarke einen Doppelpunkt setzen, damit VBA sie als Textmarke erkennt.
On Error GoTo 0	Nach der Ausführung dieser Anweisung setzt VBA sein normales Verhalten bei der Fehlerverarbeitung fort. Verwenden Sie diese Anweisung, nachdem Sie eine der anderen On-Error-Anweisungen verwendet haben oder wenn Sie die Fehlerverarbeitung in Ihrer Prozedur entfernen wollen.
On Error Resume Next	Nach der Ausführung dieser Anweisung ignoriert VBA einfach alle Fehler und setzt die Ausführung mit der nächsten Anweisung fort.

Tabelle 12.1: Verwendung der On-Error-Anweisung

Fortsetzung nach einem Fehler

In einigen Fällen will man einfach eine Routine elegant schließen, wenn ein Fehler auftritt. Beispielsweise können Sie eine Meldung anzeigen, die den Fehler beschreibt und die Prozedur dann verlässt. (Das Beispiel EnterSquareRoot5 verwendet diese Technik.) In anderen Fällen wollen Sie möglicherweise nach dem Fehler die Ausführung fortsetzen.

Um die Ausführung nach einem Fehler wieder aufzunehmen, müssen Sie eine Resume-Anweisung ausführen. Damit wird die Fehlerbedingung gelöscht und Sie können die Ausführung irgendwo fortsetzen. Sie können die Resume-Anweisung auf dreierlei Arten benutzen, wie in Tabelle 12.2 beschrieben.

Syntax	Funktionsweise
Resume	Die Ausführung wird mit der Anweisung fortgesetzt, die den Fehler verursacht hat. Verwenden Sie diese Vorgehensweise, wenn Ihr Code für die Fehlerverarbeitung das Problem behebt und die Fortsetzung problemlos möglich ist.
Resume Next	Die Ausführung wird mit der Anweisung fortgesetzt, die unmittelbar auf die den Fehler verursachende Anweisung folgt. Damit wird der Fehler im Wesentlichen ignoriert.
Resume *textmarke*	Die Ausführung wird an der von Ihnen angegebenen Textmarke fortgesetzt.

Tabelle 12.2: Verwendung der Resume-Anweisung

Das folgende Beispiel verwendet eine Resume-Anweisung, nachdem ein Fehler aufgetreten ist.

```
Sub EnterSquareRoot6()
    Dim Num As Variant
    Dim Msg As String
    Dim Ans As Integer
```

```
TryAgain:
'   Einrichtung der Fehlerverarbeitung
    On Error GoTo BadEntry

'   Einen Wert abfragen
    Num = InputBox("Geben Sie einen Wert ein")
    If Num = "" Then Exit Sub

'   Die Quadratwurzel einfügen
    ActiveCell.Value = Sqr(Num)

    Exit Sub

BadEntry:
    Msg = Err.Number & ": " & Error(Err.Number)
    Msg = Msg & vbNewLine & vbNewLine
    Msg = Msg & "Achten Sie darauf, dass ein Bereich ausgewählt ist, "
    Msg = Msg & "dass das Blatt nicht geschützt ist "
    Msg = Msg & "und Sie einen nicht negativen Wert eingegeben haben."
    Msg = Msg & vbNewLine & vbNewLine & "Möchten Sie es noch einmal
versuchen?"
    Ans = MsgBox(Msg, vbYesNo + vbCritical)
    If Ans = vbYes Then Resume TryAgain
End Sub
```

Diese Prozedur hat noch eine Textmarke: TryAgain. Wenn ein Fehler auftritt, wird die Ausführung an der Textmarke BadEntry fortgesetzt und der Code zeigt die in Abbildung 12.5 gezeigte Meldung an. Wenn der Benutzer als Antwort auf JA klickt, kommt die Resume-Anweisung ins Spiel und die Ausführung springt zurück zur Textmarke TryAgain. Wenn der Benutzer auf NEIN klickt, wird die Prozedur beendet.

Beachten Sie, dass die Fehlermeldung auch die Fehlernummer enthält, ebenso wie die »offizielle« Fehlerbeschreibung.

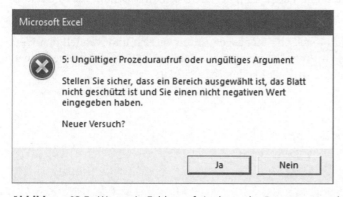

Abbildung 12.5: Wenn ein Fehler auftritt, kann der Benutzer entscheiden, ob er es noch einmal versuchen will.

Denken Sie daran, dass die `Resume`-Anweisung die Fehlerbedingung löscht, bevor sie die Ausführung fortsetzt. Damit Sie verstehen, was ich meine, versuchen Sie, die folgende Anweisung für die vorletzte Anweisung im obigen Beispiel einzusetzen:

```
If Ans = vbYes Then GoTo TryAgain
```

Der Code funktioniert nicht korrekt, wenn Sie `GoTo` statt `Resume` verwenden. Um dies zu demonstrieren, geben Sie eine negative Zahl ein: Sie erhalten die Fehleransage. Klicken Sie auf JA, um es noch einmal zu versuchen, und geben Sie noch eine negative Zahl ein. Dieser zweite Fehler wird nicht aufgefangen, weil die ursprüngliche Fehlerbedingung nicht gelöscht wurde.

 Dieses Beispiel steht auf der Website zum Buch zum Download zur Verfügung.

Fehlerverarbeitung im Überblick

Um Ihnen die Fehlerverarbeitung so klar wie möglich zu machen, folgt hier ein einfacher Überblick. Ein Codeblock für die Fehlerverarbeitung hat die folgenden Eigenschaften:

✔ Er beginnt unmittelbar nach der Textmarke, die in der `On-Error`-Anweisung angegeben ist.

✔ Er sollte von Ihrem Makro nur dann erreicht werden, wenn ein Fehler auftritt. Das bedeutet, Sie brauchen eine Anweisung wie `Exit Sub` oder `Exit Function` unmittelbar vor der Textmarke.

✔ Er benötigt möglicherweise eine `Resume`-Anweisung. Wenn Sie die Prozedur nicht abbrechen wollen, wenn ein Fehler auftritt, müssen Sie vor der Rückkehr zum Hauptcode eine `Resume`-Anweisung ausführen.

Erkennen, wann Fehler ignoriert werden können

In einigen Fällen ist es kein Problem, Fehler zu ignorieren. Und hier kommt die Anweisung `On Error Resume Next` ins Spiel.

Das folgende Beispiel durchläuft jede Zelle im ausgewählten Bereich und wandelt den Wert in seine Quadratwurzel um. Diese Prozedur erzeugt eine Fehlermeldung, wenn eine Zelle in dem ausgewählten Bereich eine negative Zahl oder Text enthält:

```
Sub SelectionSqrt()
    Dim cell As Range
    If TypeName(Selection) <> "Range" Then Exit Sub
    For Each cell In Selection
        cell.Value = Sqr(cell.Value)
    Next cell
End Sub
```

In diesem Fall wollen Sie vielleicht einfach jede Zelle überspringen, die einen Wert enthält, den Sie nicht in eine Quadratwurzel umwandeln können. Mit If-Then-Strukturen können Sie auf alle möglichen Fehler testen, aber eine bessere (und einfachere) Lösung ist es, wenn Sie die auftretenden Fehler einfach ignorieren.

Die folgende Routine bewerkstelligt dies mit der Anweisung On Error Resume Next:

```
Sub SelectionSqrt()
    Dim cell As Range
    If TypeName(Selection) <> "Range" Then Exit Sub
    On Error Resume Next
    For Each cell In Selection
        cell.Value = Sqr(cell.Value)
    Next cell
End Sub
```

Im Allgemeinen können Sie die Anweisung On Error Resume Next verwenden, wenn Sie die Fehler als harmlos erachten oder davon ausgehen, dass sie keine schlimmen Folgen für Ihre Aufgabe haben.

Spezifische Fehler identifizieren

Nicht alle Fehler werden auf dieselbe Weise verursacht. Einige sind ernsthaft, andere sind weniger ernsthaft. Sie können Fehler ignorieren, die Sie für harmlos halten, aber andere, schwerwiegendere Fehler müssen Sie irgendwie verarbeiten. In einigen Fällen müssen Sie die spezifischen Fehler identifizieren, die aufgetreten sind.

Jeder Fehlertyp hat eine offizielle Nummer. Wenn ein Fehler auftritt, speichert Excel die Fehlernummer in einem Error-Objekt namens Err. Die Number-Eigenschaft dieses Objekts enthält die Fehlernummer, und seine Description-Eigenschaft enthält eine Beschreibung des Fehlers. Die folgende Anweisung beispielsweise zeigt die Fehlernummer, einen Doppelpunkt und die Beschreibung des Fehlers an:

```
MsgBox Err.Number & ": " & Err.Description
```

Ein Beispiel dafür haben Sie bereits in Abbildung 12.5 gesehen. Beachten Sie jedoch, dass die Fehlermeldungen von Excel nicht immer besonders aussagekräftig sind. Aber das wissen Sie ja schon.

Die folgende Prozedur zeigt, wie man bestimmen kann, welcher Fehler aufgetreten ist. In diesem Fall können Sie Fehler sicher ignorieren, die verursacht werden, indem versucht wird, die Quadratwurzel einer nicht positiven Zahl zu ermitteln (das heißt Fehler 5), ebenso wie Fehler, die verursacht werden, indem versucht wird, die Quadratwurzel eines nicht numerischen Werts zu ermitteln (Fehler 13). Sie müssen dagegen den Benutzer informieren, wenn das Arbeitsblatt geschützt ist und die Auswahl eine oder mehrere gesperrte Zellen enthält. (Andernfalls denkt der Benutzer möglicherweise, das Makro wurde fehlerfrei ausgeführt, was in Wirklichkeit nicht passiert ist.) Der Versuch, in eine gesperrte Zelle eines geschützten Arbeitsblatts zu schreiben, verursacht Fehler 1004.

```
Sub SelectionSqrt()
    Dim cell As Range
    Dim ErrMsg As String
    If TypeName(Selection) <> "Range" Then Exit Sub
    On Error GoTo ErrorHandler
    For Each cell In Selection
        cell.Value = Sqr(cell.Value)
    Next cell
    Exit Sub


ErrorHandler:
    Select Case Err.Number
        Case 5 'Negative Zahl
            Resume Next
        Case 13 'Falscher Typ
            Resume Next
        Case 1004 'Zelle gesperrt, Blatt geschützt
            MsgBox "Die Zelle ist gesperrt. Erneut versuchen.", vbCritical,
cell.Address
            Exit Sub
        Case Else
            ErrMsg = Error(Err.Number)
            MsgBox "ERROR: " & ErrMsg, vbCritical, cell.Address
            Exit Sub
    End Select
End Sub
```

Wenn ein Laufzeitfehler auftritt, springt die Ausführung zu dem Code, der an der Textmarke ErrorHandler beginnt. Die Select-Case-Struktur (siehe Kapitel 10) überprüft auf die drei gebräuchlichsten Fehlernummern. Wenn es sich um die Fehlernummer 5 oder 13 handelt, wird die Ausführung mit der nächsten Anweisung fortgesetzt. (Mit anderen Worten, der Fehler wird ignoriert.) Ist die Fehlernummer dagegen 1004, benachrichtigt die Routine den Benutzer und wird dann beendet. Der letzte Case-Fall, der alle unerwarteten Fehler auffängt, zeigt die jeweilige Fehlermeldung an.

Ein beabsichtigter Fehler

Manchmal können Sie einen Fehler auch zu Ihrem Vorteil verwenden. Nehmen Sie beispielsweise an, Sie haben ein Makro, das nur funktioniert, wenn eine bestimmte Arbeitsmappe geöffnet ist. Wie können Sie feststellen, ob diese Arbeitsmappe geöffnet ist? Eine Möglichkeit ist, dass Sie Code schreiben, der die Workbooks-Collection durchläuft und prüft, ob die Arbeitsmappe, an der Sie interessiert sind, in dieser Collection enthalten ist.

Es gibt aber auch eine einfachere Möglichkeit: eine allgemeine Funktion, die ein Argument entgegennimmt (den Namen einer Arbeitsmappe) und True zurückgibt, wenn die Arbeitsmappe geöffnet ist, andernfalls False.

Und hier die Funktion:

```
Function WorkbookIsOpen(book As String) As Boolean
    Dim WBName As String
    On Error GoTo NotOpen
    WBName = Workbooks(book).Name
    WorkbookIsOpen = True
    Exit Function
NotOpen:
    WorkbookIsOpen = False
End Function
```

Diese Funktion nutzt die Tatsache, dass Excel einen Fehler erzeugt, wenn Sie auf eine nicht geöffnete Arbeitsmappe verweisen. Die folgende Anweisung beispielsweise erzeugt einen Fehler, wenn die Arbeitsmappe MyBook.xlsx nicht geöffnet ist:

```
WBName = Workbooks("MyBook.xlsx").Name
```

In der Funktion WorkbookIsOpen weist die On-Error-Anweisung VBA an, das Makro mit der Anweisung NotOpen fortzusetzen, falls ein Fehler auftritt. Ein Fehler bedeutet also, die Arbeitsmappe ist nicht geöffnet, und die Funktion gibt False zurück. Wenn die Arbeitsmappe offen ist, tritt kein Fehler auf und die Funktion gibt True zurück.

Und hier eine weitere Variante der Funktion WorkbookIsOpen. Diese Version verwendet On Error Resume Next, um den Fehler zu ignorieren. Aber der Code überprüft die Number-Eigenschaft von Err. Ist Err.Number gleich 0, ist kein Fehler aufgetreten, und die Arbeitsmappe ist offen. Hat Err.Number irgendeinen anderen Wert, ist ein Fehler aufgetreten (und die Arbeitsmappe ist nicht offen).

```
Function WorkbookIsOpen(book) As Boolean
    Dim WBName As String
    On Error Resume Next
    WBName = Workbooks(book).Name
    If Err.Number = 0 Then WorkbookIsOpen = True _
      Else WorkbookIsOpen = False
End Function
```

Das folgende Beispiel zeigt, wie Sie diese Funktion in einer Sub-Prozedur nutzen können:

```
Sub UpdatePrices()
    If Not WorkbookIsOpen("Prices.xlsx") Then
        MsgBox "Bitte öffnen Sie zuerst die Arbeitsmappe Prices!"
        Exit Sub
    End If
'   [Hier kann weiterer Code stehen]
End Sub
```

Die Prozedur UpdatePrices (die sich in derselben Arbeitsmappe befinden muss wie WorkbookIsOpen) ruft die Funktion WorkbookIsOpen auf und übergibt den Namen der Arbeitsmappe (Prices.xlsx) als Argument. Die Funktion WorkbookIsOpen gibt entweder True oder False zurück. Wenn die Arbeitsmappe also nicht offen ist, informiert die Prozedur den Benutzer über diese Tatsache. Wenn die Arbeitsmappe offen ist, wird das Makro fortgesetzt.

Die Fehlerverarbeitung kann eine komplexe Aufgabe sein. Schließlich können viele verschiedene Fehler auftreten, und Sie können nicht alle vorhersehen. Im Allgemeinen sollten Sie Fehler auffangen und die Situation bereinigen, bevor Excel eingreift, falls möglich. Die Entwicklung von effektivem Code für die Fehlerverarbeitung bedingt ein umfangreiches Wissen über Excel sowie ein genaues Verständnis, wie die Fehlerverarbeitung mit VBA funktioniert. Die nachfolgenden Kapitel enthalten weitere Beispiele für die Fehlerverarbeitung.

Kapitel 13
Techniken, mit denen Sie Fehler loswerden

Wenn Sie beim Wort *Bugs* sofort das Bild eines Zeichentrickhasen vor Augen haben, wird dieses Kapitel Sie auf den Boden zurückholen. Einfach ausgedrückt: Ein Bug ist ein Fehler in Ihrer Programmierung. Hier geht es um das Thema der Programmierfehler – wie man sie identifiziert und wie man sie entfernt.

Verschiedene Fehlerarten

Willkommen bei Entomologie 101. Der Begriff Programmfehler (*Bug*), wie Sie ihn vielleicht kennen, deutet auf ein Problem mit Ihrer Software hin. Mit anderen Worten, wenn sich eine Software nicht wie beabsichtigt verhält, hat sie einen Fehler. Tatsache ist, dass alle großen Softwareprogramme Fehler enthalten – viele Fehler. Excel selbst enthält Hunderte (wenn nicht Tausende) Fehler. Glücklicherweise sind die meisten dieser Fehler relativ obskur und tauchen nur unter sehr spezifischen Bedingungen auf.

Wenn Sie nicht gerade triviale VBA-Programme schreiben, enthält Ihr Code sehr wahrscheinlich Programmierfehler (Bugs). Das gehört zum täglichen Leben und hat nichts mit

Ihren Programmierfähigkeiten zu tun. Die Bugs können in die folgenden Kategorien unterteilt werden:

✔ **Logische Fehler in Ihrem Code**: Diese Fehler können Sie häufig vermeiden, indem Sie die Aufgabe, die Sie mit Ihrem Programm lösen wollen, sorgfältig überdenken.

✔ **Fehler durch einen ungeeigneten Kontext**: Dieser Fehler kommt zum Vorschein, wenn Sie etwas zum falschen Zeitpunkt versuchen. Beispielsweise könnte Ihr Code versuchen, Daten in Zellen des aktiven Arbeitsblatts zu schreiben, während das aktive Arbeitsblatt ein Diagrammblatt ist (das keine Zellen aufweist).

✔ **Extremwert-Bugs**: Diese Bugs treten auf, wenn Daten auftauchen, die Sie nicht vorhergesehen haben, wie etwa sehr große oder sehr kleine Zahlen.

✔ **Fehler durch falsche Datentypen**: Dieser Fehlertyp kommt vor, wenn Sie versuchen, Daten des falschen Typs zu verarbeiten, zum Beispiel, wenn Sie die Quadratwurzel einer Zeichenfolge bestimmen wollen.

✔ **Fehler durch die falsche Version**: Dieser Fehlertyp entsteht bei Inkompatibilitäten zwischen unterschiedlichen Excel-Versionen. Beispielsweise könnte es sein, dass Sie eine Arbeitsmappe mit Excel 2019 entwickeln und dann feststellen, dass die Arbeitsmappe in Excel 2003 nicht funktioniert. In der Regel können Sie solche Probleme vermeiden, indem Sie keine versionsspezifischen Funktionen verwenden. Am einfachsten ist es normalerweise, Ihre Anwendungen mit der niedrigsten Excel-Version zu programmieren, die bei Ihren Anwendern vorkommt. In jedem Fall sollten Sie jedoch Ihre Arbeit auf allen Versionen testen, deren Ausführung noch infrage kommt.

✔ **Fehler, die außerhalb Ihrer Kontrolle liegen**: Diese Fehler sind am frustrierendsten. Ein Beispiel dafür ist etwa, dass Microsoft ein Upgrade für Excel vornimmt und eine kleine, nicht dokumentierte Änderung einführt, die Ihr Makro zum Abstürzen bringt. Selbst von Sicherheitsupdates weiß man, dass sie Probleme verursachen können.

Beim *Debugging* werden Fehler in Ihren Programmen identifiziert und korrigiert. Die Entwicklung von Debugging-Kenntnissen ist zeitaufwendig, seien Sie also nicht entmutigt, wenn Ihnen diese Arbeit zunächst schwerfällt.

 Sie müssen unbedingt den Unterschied zwischen *Programmierfehlern* (*Bugs*) und *Syntaxfehlern* kennen. Ein Syntaxfehler ist ein Sprachfehler. Er tritt auf, wenn Sie ein Schlüsselwort falsch schreiben, eine `Next`-Anweisung in einer `For-Next`-Schleife vergessen oder Klammern nicht richtig setzen. Bevor Sie die Prozedur überhaupt ausführen können, müssen Sie diese Syntaxfehler korrigieren. Ein Programmierfehler ist sehr viel subtiler. Sie können die Routine ausführen, aber sie verhält sich nicht wie erwartet.

Programmierfehler identifizieren

Bevor Sie ein Debugging durchführen können, müssen Sie feststellen, ob es überhaupt einen Fehler gibt. Sie können annehmen, dass Ihr Makro einen Fehler enthält, wenn es sich nicht verhält wie geplant. (Dieses Buch will Ihnen jederzeit ein Licht in der Dunkelheit sein.) Normalerweise kann man das leicht unterscheiden, allerdings nicht immer.

Ein Programmierfehler wird häufig (aber nicht immer) dann offensichtlich, wenn Excel einen Laufzeitfehler anzeigt. Abbildung 13.1 zeigt ein Beispiel dafür. Beachten Sie, dass diese Fehlermeldung die Schaltfläche DEBUGGEN enthält. Weitere Informationen dazu finden Sie später im Abschnitt »Der Debugger«.

Abbildung 13.1: Eine Fehlermeldung wie diese bedeutet häufig, dass Ihr VBA-Code einen Programmierfehler enthält.

Jeder Programmierer weiß, dass ein Programmierfehler meist dann auftritt, wenn man ihn am wenigsten erwartet. Nur weil Ihr Makro problemlos mit einer Datenmenge arbeitet, heißt das nicht, dass er gleich gut mit allen Datenmengen arbeitet.

Der beste Debugging-Ansatz ist sorgfältiges Testen unter den verschiedensten realen Bedingungen. Und weil Änderungen an Arbeitsmappen, die Ihr VBA-Code vornimmt, nicht rückgängig gemacht werden können, sollten Sie immer eine Sicherungskopie der Arbeitsmappe anlegen, mit der Sie testen.

Debugging-Techniken

In diesem Abschnitt geht es um die vier gebräuchlichsten Debugging-Methoden für VBA-Code:

✔ Code überprüfen

✔ MsgBox-Funktionen an unterschiedlichen Stellen Ihres Codes einfügen

✔ Debug.Print-Anweisungen einfügen

✔ In Excel eingebaute Debugging-Tools nutzen

Ihren Code überprüfen

Die vielleicht einfachste Debugging-Technik ist diejenige, Ihren Code genau zu betrachten, um festzustellen, ob Sie das Problem finden. Diese Methode bedingt jedoch Wissen und Erfahrung. Mit anderen Worten, Sie müssen wissen, was Sie machen. Wenn Sie Glück haben, springt Ihnen der Fehler sofort ins Auge und Sie klatschen sich mit einem lauten »Aaaaah!« an die Stirn. Häufig erkennen Sie Fehler, nachdem Sie stundenlang an Ihrem Code gearbeitet haben, wenn es gerade zwei Uhr nachts ist und Sie keinen Kaffee mehr haben und auch einfach nicht mehr weiterarbeiten können. In solchen Momenten haben Sie Glück, wenn Sie überhaupt noch Ihren Code sehen, ganz zu schweigen von den Programmierfehlern. Wundern Sie sich also nicht, wenn Sie durch bloßes Ansehen nicht alle im Programm enthaltenen Programmierfehler finden.

Die MsgBox-Funktion verwenden

Ein häufiges Problem bei vielen Programmen ist, dass eine oder mehrere Variablen nicht den Wert annehmen, den Sie erwarten. In diesen Fällen ist die Überwachung der Variablen während der Codeausführung eine hilfreiche Debugging-Technik. Eine Möglichkeit, dies zu bewerkstelligen, ist das vorübergehende Einfügen von MsgBox-Funktionen in Ihre Routine. Wenn Sie beispielsweise die Variable CellCount haben, können Sie die folgende Anweisung einfügen:

```
MsgBox CellCount
```

Wenn Sie die Routine ausführen, zeigt die MsgBox-Funktion den Wert von CellCount an.

Häufig ist es hilfreich, den Wert von zwei oder mehr Variablen im Meldungsfeld anzuzeigen. Die folgende Anweisung zeigt den aktuellen Wert der beiden Variablen an: LoopIndex (1) und CellCount (72), durch ein Leerzeichen voneinander getrennt:

```
MsgBox LoopIndex & " " & CellCount
```

Beachten Sie, dass die beiden Variablen mit dem Verkettungsoperator (&) verknüpft werden und zwischen den Variablen ein Leerzeichen eingefügt wird. Andernfalls würde das Meldungsfeld die beiden Werte direkt nebeneinander schreiben, sodass sie wie ein einziger Wert aussehen würden. Sie können statt des Leerzeichens auch die eingebaute Konstante vbNewLine verwenden. vbNewLine fügt einen Zeilenumbruch ein, sodass der Text in einer neuen Zeile ausgegeben wird. Die folgende Anweisung zeigt drei Variablen in separaten Zeilen an (siehe Abbildung 13.2):

```
MsgBox LoopIndex & vbNewLine & CellCount & vbNewLine & MyVal
```

Diese Technik ist nicht darauf begrenzt, Variablen zu überwachen. Sie können in einem Meldungsfeld alle möglichen praktischen Informationen anzeigen, während Ihr Code ausgeführt wird. Wenn Ihr Code beispielsweise eine Folge von Arbeitsblättern durchläuft, zeigt die folgende Anweisung den Namen und den Typ des aktiven Arbeitsblatts an:

```
MsgBox ActiveSheet.Name & " " & TypeName(ActiveSheet)
```

Wenn Ihr Meldungsfeld etwas Unerwartetes anzeigt, drücken Sie ⌈Strg⌉+⌈Pause⌉, und Sie sehen ein Dialogfeld, das Ihnen mitteilt, dass die Codeausführung unterbrochen wurde.

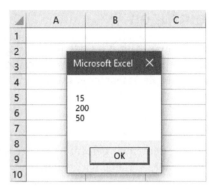

Abbildung 13.2: Der Wert von drei Variablen in einem Meldungsfeld

 Diese Tastenkombination funktioniert nur dann, wenn das Excel-Fenster das aktive Fenster ist. Falls das Fenster des Visual Basic Editors aktiv ist, hat diese Tastenkombination keine Wirkung.

Wie in Abbildung 13.3 gezeigt, haben Sie vier Auswahlmöglichkeiten:

✔ Sie klicken auf die Schaltfläche FORTFAHREN und Ihr Code wird weiter ausgeführt.

✔ Sie klicken auf die Schaltfläche BEENDEN und die Ausführung wird beendet.

✔ Sie klicken auf die Schaltfläche DEBUGGEN und der VBE wechselt zum Debugging-Modus (mehr darüber später im Abschnitt »Der Debugger«).

✔ Sie klicken auf die Schaltfläche HILFE. Auf einem Hilfebildschirm wird Ihnen mitgeteilt, dass Sie ⌈Strg⌉+⌈Pause⌉ gedrückt haben. Mit anderen Worten, das ist nicht besonders hilfreich.

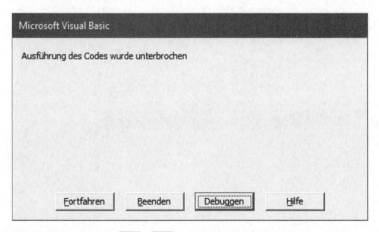

Abbildung 13.3: Mit ⌈Strg⌉+⌈Pause⌉ halten Sie die Ausführung Ihres Codes an und erhalten verschiedene Auswahlmöglichkeiten.

 Sie können die MsgBox-Funktion während des Debuggings beliebig oft verwenden. Achten Sie jedoch darauf, dass Sie sie wieder entfernen, nachdem Sie die Probleme erkannt und korrigiert haben.

Debug.Print-Anweisungen einfügen

Als Alternative zum Einsatz von `MsgBox`-Funktionen in Ihrem Code können Sie eine oder mehrere temporäre `Debug.Print`-Anweisungen einfügen. Mit diesen Anweisungen geben Sie den Wert von einer oder mehreren Variablen im Direktfenster aus. Hier ein Beispiel, das den Wert von drei Variablen anzeigt:

```
Debug.Print LoopIndex, CellCount, MyVal
```

Beachten Sie, dass die Variablen durch Kommas voneinander getrennt sind. Sie können mit einer einzigen `Debug.Print`-Anweisung beliebig viele Variablen anzeigen.

 `Debug.Print` sendet seine Ausgaben an das Direktfenster, auch wenn dieses Fenster gerade nicht angezeigt wird. Wenn das Direktfenster des VBE nicht angezeigt wird, drücken Sie ⌊Strg⌋+⌊G⌋ (oder wählen ANSICHT | DIREKTFENSTER). Abbildung 13.4 zeigt verschiedene Ausgaben im Direktfenster.

Anders als `MsgBox` halten `Debug.Print`-Anweisungen Ihren Code nicht an. Sie müssen also das Direktfenster beobachten, um zu verfolgen, was gerade passiert.

Nachdem Sie Ihren Code von Fehlern befreit haben, müssen Sie alle `Debug.Print`-**Anwei**sungen entfernen oder diese Anweisungen auskommentieren. Selbst große Unternehmen wie Microsoft vergessen manchmal, ihre `Debug.Print`-Anweisungen zu entfernen. In mehreren früheren Versionen von Excel konnte man bei jedem Öffnen des Add-Ins Analysis ToolPak seltsame Meldungen im Direktfenster beobachten (siehe Abbildung 13.4). Dieses Problem wurde in Excel 2007 schließlich behoben.

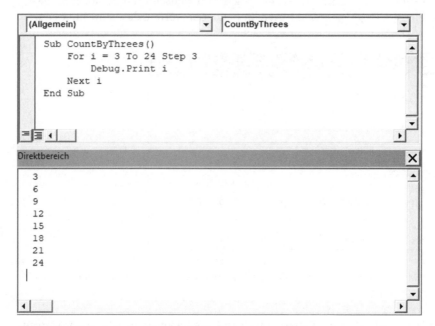

Abbildung 13.4: Selbst professionelle Programmierer vergessen manchmal, ihre `Debug.Print`-Anweisungen zu entfernen.

Verwendung des VBA-Debuggers

Die Designer von Excel kennen sich mit dem Problem der Programmierfehler bestens aus. Aus diesem Grund enthält Excel zahlreiche Debugging-Tools, die Ihnen helfen, Probleme in Ihrem VBA-Code zu korrigieren. Der VBA-Debugger ist Thema des nächsten Abschnitts.

Der Debugger

In diesem Abschnitt geht es um die Details bei der Arbeit mit den Debugging-Tools von Excel. Diese Tools sind sehr viel leistungsfähiger als die Techniken, die im vorigen Abschnitt beschrieben sind. Macht bedeutet jedoch auch Verantwortung. Für die Verwendung der Debugging-Tools müssen einige Einstellungen vorgenommen werden.

Haltepunkte in Ihrem Code setzen

Sie können in Ihrem Code MsgBox-Funktionen nutzen, um die Werte bestimmter Variablen zu überwachen (siehe Abschnitt »Die MsgBox-Funktion verwenden« weiter vorne). Mit der Anzeige eines Meldungsfelds wird Ihr Code während der Ausführung angehalten, durch Anklicken der FORTFAHREN-Schaltfläche wird die Ausführung fortgesetzt.

Wäre es nicht praktisch, wenn Sie die Ausführung einer Routine anhalten, die Werte *beliebiger* Variablen ansehen und dann die Ausführung fortsetzen könnten? Und genau das ist mit einem Haltepunkt möglich. Es gibt mehrere Möglichkeiten, einen Haltepunkt in Ihrem VBA-Code zu setzen:

✔ Sie schieben den Cursor auf die Anweisung, an der die Ausführung angehalten werden soll. Anschließend drücken Sie F9 .

✔ Sie klicken in den grauen Rand links neben der Anweisung, an der die Ausführung angehalten werden soll.

✔ Sie platzieren den Cursor in der Anweisung, an der die Ausführung angehalten werden soll. Anschließend führen Sie den Befehl DEBUGGEN | HALTEPUNKT EIN/AUS aus.

✔ Sie klicken mit der rechten Maustaste auf eine Anweisung und wählen im Kontextmenü UMSCHALTEN | HALTEPUNKT.

Abbildung 13.5 zeigt, was passiert, wenn ein Haltepunkt gesetzt wird. Excel markiert die Zeile, um Sie daran zu erinnern, dass dort ein Haltepunkt gesetzt ist. Außerdem zeigt es einen großen Punkt in der grauen Randspalte an.

Wenn Sie die Prozedur ausführen, geht Excel in den *Unterbrechungsmodus* über, bevor die Zeile mit dem Haltepunkt ausgeführt wird. Im Unterbrechungsmodus wird das Wort [UN-TERBRECHEN] in der VBE-Titelleiste angezeigt. Um den Unterbrechungsmodus zu verlassen und die Ausführung fortzusetzen, drücken Sie F5 oder klicken auf die Schaltfläche AUS-FÜHREN SUB/USERFORM in der VBE-Symbolleiste. Weitere Informationen finden Sie im Abschnitt »Den Code zeilenweise durchlaufen« später in diesem Kapitel.

```
(Allgemein)                                    ▼   SelectionSqrt                              ▼

   Sub SelectionSqrt()
       Dim cell As Range
       Dim ErrMsg As String

       If TypeName(Selection) <> "Range" Then Exit Sub

       On Error GoTo ErrorHandler
       For Each cell In Selection
●          cell.Value = Sqr(cell.Value)
       Next cell
       Exit Sub

   ErrorHandler:
       Select Case Err.Number
           Case 5 ' Negative Zahl
               Resume Next
           Case 13 ' Typen unverträglich
               Resume Next
           Case 1004 ' Zelle gesperrt, Blatt geschützt
               MsgBox "Zelle ist gesperrt. Bitte erneut versuchen", vbCritical, cell.Address
           Case Else
               ErrMsg = Error(Err.Number)
               MsgBox "FHLER: " & ErrMsg, vbCritical, cell.Address
               Exit Sub
       End Select

   End Sub
```

Abbildung 13.5: Die markierte Anweisung kennzeichnet einen Haltepunkt in dieser Prozedur.

 Um einen Haltepunkt schnell zu entfernen, klicken Sie auf den großen Punkt in der grauen Randspalte, oder Sie schieben den Cursor auf die markierte Zeile und drücken [F9]. Um alle Haltepunkte im Modul zu entfernen, drücken Sie [Strg]+[◇] +[F9].

VBA unterstützt auch ein Schlüsselwort, das Sie als Anweisung einfügen können und das den Unterbrechungsmodus erzwingt:

```
Stop
```

Wenn Ihr Code das Schlüsselwort Stop erreicht, geht VBA in den Unterbrechungsmodus über.

Was ist der Unterbrechungsmodus? Sie können sich das Ganze wie eine unterbrochene Animation vorstellen. Die Ausführung Ihres VBA-Codes wird unterbrochen und die aktuelle Anweisung wird in hellem Gelb hervorgehoben. Im Unterbrechungsmodus können Sie

✔ VBA-Anweisungen in das Direktfenster eingeben. (Weitere Informationen finden Sie im nächsten Abschnitt.)

✔ mit [F8] Ihren Code zeilenweise durchlaufen, um verschiedene Dinge zu überprüfen, während das Programm jeweils unterbrochen ist.

✔ den Mauszeiger über eine Variable schieben, um deren Wert in einem kleinen Pop-up-Fenster anzuzeigen.

✔ die nächste(n) Anweisung(en) überspringen und die Ausführung dort fortsetzen (oder sogar ein paar Anweisungen zurückgehen).

✔ eine Anweisung bearbeiten und die Ausführung dann fortsetzen.

 Abbildung 13.6 zeigt eine Debugging-Maßnahme. Es wurde ein Haltepunkt gesetzt (erkennbar an dem großen Punkt), und der Code wird mit F8 zeilenweise durchlaufen (achten Sie auf den Pfeil, der auf die aktuelle Anweisung zeigt).

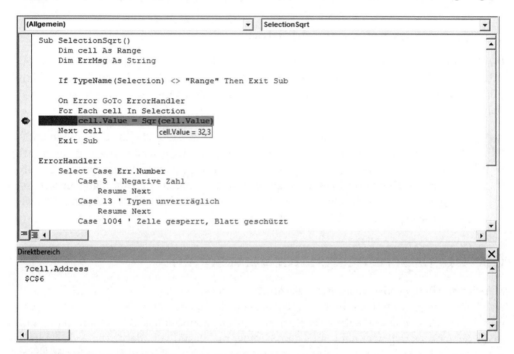

Abbildung 13.6: Eine typische Szene im Unterbrechungsmodus

Mit dem Direktfenster arbeiten

Das Direktfenster wird im VBE nicht immer angezeigt. Sie können es jederzeit mit Strg + G einblenden.

Im Unterbrechungsmodus ist das Direktfenster nützlich, um den aktuellen Wert einer Variablen in Ihrem Programm zu ermitteln. Wenn Sie beispielsweise den aktuellen Wert der Variablen CellCount wissen wollen, geben Sie Folgendes in das Direktfenster ein und drücken die Eingabetaste:

```
Print CellCount
```

Sie sparen sich ein paar Millisekunden, indem Sie statt des Schlüsselworts Print ein Fragezeichen eingeben:

```
? CellCount
```

Neben der Überprüfung von Variablenwerten können Sie im Direktfenster auch noch andere Dinge erledigen. Beispielsweise können Sie den Wert einer Variablen ändern, ein anderes Arbeitsblatt aktivieren und sogar eine neue Arbeitsmappe öffnen. Achten Sie nur darauf, dass der eingegebene Befehl eine gültige VBA-Anweisung ist.

 Sie können das Direktfenster auch nutzen, wenn sich Excel nicht im Unterbrechungsmodus befindet. Das Direktfenster ist außerdem nützlich, um kleine Codeabschnitte zu testen, bevor Sie sie in Ihre Prozeduren einfügen.

Den Code zeilenweise durchlaufen

Im Unterbrechungsmodus können Sie Ihren Code auch zeilenweise durchlaufen. Bei jedem Drücken von F8 wird eine Anweisung ausgeführt. Während dieser zeilenweisen Ausführung Ihres Codes können Sie jederzeit das Direktfenster aktivieren, um den Status Ihrer Variablen zu überprüfen.

 Mit der Maus können Sie festlegen, welche Anweisung VBA als Nächstes ausführen soll. Wenn Sie Ihren Mauszeiger in die graue Randspalte links von der aktuell markierten Anweisung schieben (die in der Regel gelb unterlegt ist), ändert Ihr Cursor seine Form in einen Pfeil nach rechts. Ziehen Sie Ihre Maus einfach auf die Anweisung, die als Nächstes ausgeführt werden soll, und beobachten Sie, wie diese Anweisung gelb unterlegt wird.

Das Überwachungsfenster verwenden

Manchmal will man wissen, ob eine bestimmte Variable oder ein Ausdruck einen bestimmten Wert annehmen. Angenommen, eine Prozedur durchläuft 1000 Zellen. Sie sehen, dass im 900. Durchgang der Schleife ein Fehler auftritt. Sie könnten natürlich einen Haltepunkt in die Schleife setzen, aber dann müssten Sie 899-mal bestätigen, bevor Ihr Code schließlich in den relevanten Durchgang gelangt (und das wird schnell langweilig). Eine effizientere Lösung ist die Einrichtung eines *Überwachungsausdrucks*.

Beispielsweise können Sie einen Überwachungsausdruck anlegen, der die Prozedur in den Unterbrechungsmodus versetzt, wenn eine bestimmte Variable einen bestimmten Wert annimmt, zum Beispiel Counter = 900. Um einen Überwachungsausdruck anzulegen, wählen Sie DEBUGGEN | ÜBERWACHUNG HINZUFÜGEN, um das Dialogfeld ÜBERWACHUNG HINZUFÜGEN zu öffnen, siehe Abbildung 13.7.

Das Dialogfeld ÜBERWACHUNG HINZUFÜGEN besteht aus drei Teilen:

✔ **Ausdruck**: Hier geben Sie einen gültigen VBA-Ausdruck oder eine Variable ein, zum Beispiel Counter = 900 oder nur Counter.

✔ **Kontext**: Hier wählen Sie die zu überwachende Prozedur und das Modul aus. Beachten Sie, dass Sie ALLE PROZEDUREN und ALLE MODULE auswählen können.

✔ **Art der Überwachung**: Hier wählen Sie die Art der Überwachung aus, indem Sie eine Option anklicken. Was Sie hier auswählen, ist von dem eingegebenen Ausdruck abhängig. Die erste Auswahlmöglichkeit, ÜBERWACHUNGSAUSDRUCK, bewirkt keine Unterbrechung. Sie zeigt einfach nur den Wert des Ausdrucks an, wenn eine Unterbrechung stattfindet.

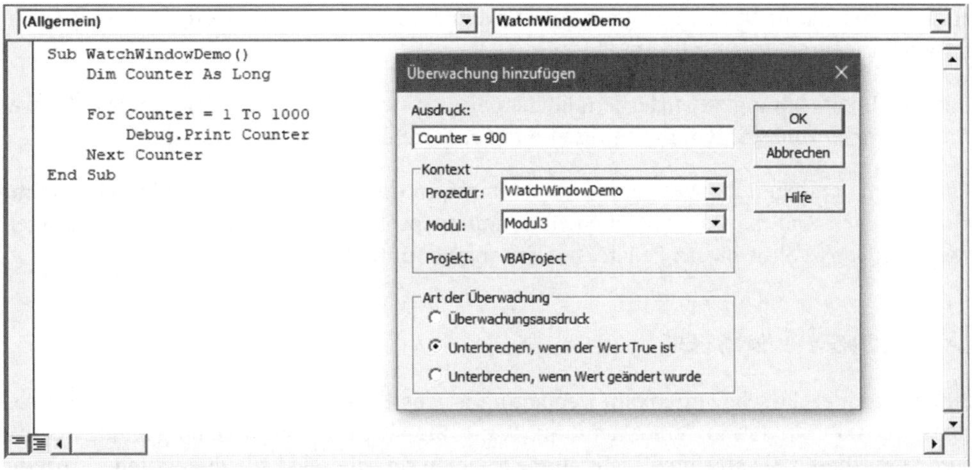

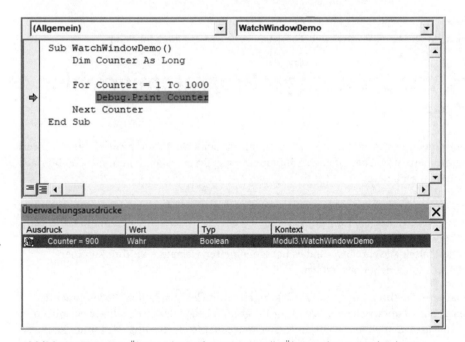

Abbildung 13.7: Im Dialogfeld ÜBERWACHUNG HINZUFÜGEN können Sie eine Bedingung angeben, für die eine Unterbrechung stattfindet.

Führen Sie Ihre Prozedur aus, nachdem Sie Ihren Überwachungsausdruck eingerichtet haben. Alles wird wie sonst ausgeführt, bis Ihr Überwachungsausdruck erfüllt ist (abhängig von der angegebenen Überwachungsart). Ist dies der Fall, geht Excel in den Unterbrechungsmodus (wenn Sie die Überwachungsart auf UNTERBRECHEN, WENN DER WERT TRUE IST gesetzt haben). Von hier an können Sie den Code zeilenweise durchlaufen oder ihn im Direktfenster debuggen.

Wenn Sie eine Überwachung einrichten, zeigt VBE das Überwachungsfenster an, wie in Abbildung 13.8 gezeigt. Dieses Fenster zeigt den Wert aller definierten Überwachungsausdrücke

Abbildung 13.8: Das Überwachungsfenster zeigt alle Überwachungsausdrücke an.

an. In dieser Abbildung ist der Wert 900 für den Zähler erreicht, und Excel hat in den Unterbrechungsmodus gewechselt.

Um eine Überwachung zu entfernen, klicken Sie mit der rechten Maustaste in das Überwachungsfenster und wählen im Kontextmenü den Befehl ÜBERWACHUNG LÖSCHEN.

Am besten verstehen Sie, wie die Überwachung funktioniert, indem Sie ein bisschen damit herumspielen und die verschiedenen Optionen ausprobieren. Sie werden sich bald fragen, wie Sie so lange ohne dieses Fenster auskommen konnten!

Das Lokal-Fenster

Eine weitere praktische Hilfe beim Debugging ist das Lokal-Fenster. Sie zeigen es mit AN-SICHT | LOKAL-FENSTER im VBE-Menü an. Wenn Sie sich im Unterbrechungsmodus befinden, zeigt dieses Fenster eine Liste aller Variablen an, die lokal für die aktuelle Prozedur sind (siehe Abbildung 13.9). Das Schöne an diesem Fenster ist, dass Sie nicht alle möglichen Überwachungsausdrücke manuell einfügen müssen, wenn Sie den Inhalt vieler verschiedener Variablen überprüfen wollen. Der VBE erledigt diese Schwerarbeit für Sie.

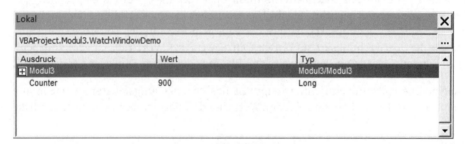

Abbildung 13.9: Das Lokal-Fenster zeigt alle lokalen Variablen und ihren Inhalt an.

Tipps, wie Sie weniger Programmierfehler machen

Es gibt kein Geheimrezept dafür, wie Sie es schaffen, keinerlei Programmierfehler in Ihren VBA-Programmen zu machen. Jedoch können ein paar Tipps dabei helfen, diese Fehler auf ein Minimum zu reduzieren:

✔ **Fügen Sie am Anfang Ihrer Module eine** `Option-Explicit`**-Anweisung ein**. Diese Anweisung fordert, dass Sie für jede verwendete Variable den Datentyp definieren. Das bedeutet etwas mehr Arbeit für Sie, aber Sie vermeiden den häufigen Fehler, einen Variablennamen falsch zu schreiben. Und es hat einen netten Nebeneffekt: Ihre Routinen werden etwas schneller ausgeführt.

✔ **Formatieren Sie Ihren Code mit Einrückungen**. Einrückungen helfen, Codesegmente voneinander zu unterscheiden. Wenn Ihr Programm beispielsweise mehrere verschachtelte `For-Next`-Schleifen enthält, hilft eine konsequente Einrückung, sie immer zu überblicken.

✔ **Seien Sie vorsichtig mit der Anweisung** On Error Resume Next. Diese Anweisung veranlasst Excel, Fehler zu ignorieren und die Routine weiter fortzusetzen. In einigen Fällen werden auf diese Weise Fehler ignoriert, die nicht ignoriert werden sollten. Ihr Code kann dann Fehler enthalten, die Sie noch nicht einmal erkannt haben.

✔ **Schreiben Sie viele Kommentare.** Nichts ist schlimmer, als Code zu bearbeiten, den man vor einem halben Jahr geschrieben hat und von dem man keine Ahnung mehr hat, wie er eigentlich funktioniert. Durch Kommentare, die Ihre Logik beschreiben, können Sie sich eine Menge Zeit sparen.

✔ **Achten Sie darauf, dass Ihre Sub- und Funktionsprozeduren einfach bleiben.** Wenn Sie Code in kleinen Modulen schreiben, die jeweils nur einen wohldefinierten Zweck haben, vereinfachen Sie den Debugging-Prozess.

✔ **Verwenden Sie den Makro-Recorder, um Eigenschaften und Methoden zu identifizieren.** Wenn Ihnen der Name oder die Syntax einer Eigenschaft oder Methode nicht einfällt, können Sie einfach ein Makro aufzeichnen und sich als Hilfestellung dann den aufgezeichneten Code ansehen.

✔ **Verschaffen Sie sich einen Überblick über den Debugger von Excel.** Auf den ersten Blick kann er recht überwältigend aussehen, aber er ist tatsächlich ein praktisches Werkzeug. Investieren Sie die Zeit und lernen Sie ihn kennen!

Kapitel 14
VBA-Programmierbeispiele

Ein gutes Beispiel verdeutlicht ein Konzept oft wesentlich besser als eine langatmige Beschreibung der zugrunde liegenden Theorie. Dieser Erkenntnis folgend, finden Sie in diesem Kapitel mehrere Beispiele, die gebräuchliche VBA-Techniken demonstrieren.

Diese Beispiele lassen sich den folgenden Kategorien zuordnen:

✔ Mit Bereichen arbeiten

✔ Excel-Einstellungen ändern

✔ Mit Diagrammen arbeiten

✔ Ihren VBA-Code beschleunigen

Möglicherweise können Sie einige der Beispiele direkt ausprobieren, andere dagegen müssen Sie vielleicht an Ihre eigenen Gegebenheiten anpassen.

Mit Bereichen arbeiten

Bei einem Großteil Ihrer Programmierung mit VBA geht es vermutlich um Bereiche in Arbeitsblättern. (Weitere Informationen zu Range-Objekten finden Sie in Kapitel 8.) Bei der Arbeit mit Range-Objekten sollten Sie sich die folgenden Punkte merken:

✔ Ihr VBA muss einen Bereich nicht markieren, um damit arbeiten zu können.

✔ Wenn Ihr Code einen Bereich markiert, muss das entsprechende Arbeitsblatt aktiv sein.

✔ Der Makro-Recorder erzeugt nicht immer den effizientesten Code. Häufig sollten Sie Ihr Makro erstellen, indem Sie es zunächst mit dem Recorder aufzeichnen und den Code dann bearbeiten, damit er effizienter wird.

✔ Häufig ist es sinnvoll, benannte Bereiche in Ihrem VBA-Code zu verwenden. Beispielsweise ist es besser, `Range("Gesamtsumme")` zu verwenden, als `Range("D45")`. Wenn Sie im letztgenannten Fall eine Zeile über Zeile 45 einfügen, müssen Sie das Makro abändern, sodass es die korrekte Bereichsadresse (D46) verwendet. Sie weisen einem Zellenbereich mit FORMELN | NAMEN DEFINIEREN | NAMEN DEFINIEREN einen Namen zu.

✔ Wenn Sie ein Makro ausführen, das mit der aktuellen Bereichsauswahl arbeitet, kann es sein, dass der Benutzer ganze Spalten oder Zeilen markiert. Größtenteils will man nicht jede Zelle der Auswahl durchlaufen (was auch relativ lange dauern kann). Ihr Makro sollte eine Untermenge der Auswahl erstellen, die nur aus nicht leeren Zellen besteht.

✔ Excel gestattet Mehrfachauswahlen. Beispielsweise können Sie einen Bereich auswählen, die ⌷Strg⌷-Taste drücken und mit der Maus einen weiteren Bereich auswählen. Ihr Code kann auf eine Mehrfachauswahl überprüfen und die entsprechenden Maßnahmen ergreifen.

 Die Beispiele in diesem Abschnitt, die auf der Website zum Buch zur Verfügung stehen, demonstrieren diese Hinweise.

 Wenn Sie diese Beispiele lieber selbst eingeben möchten, drücken Sie ⌷Alt⌷+⌷F11⌷, um den VBE zu aktivieren. Anschließend fügen Sie ein VBA-Modul ein und geben den Code ein. Achten Sie darauf, dass die Arbeitsmappe korrekt eingerichtet ist. Wenn in einem Beispiel etwa zwei Arbeitsblätter namens `Tabelle1` und `Tabelle2` verwendet werden, achten Sie darauf, dass Ihre Arbeitsmappe zwei Arbeitsblätter mit diesen Namen enthält.

Einen Bereich kopieren

Das Kopieren eines Bereichs gehört zu den wichtigsten Aktivitäten in Excel überhaupt. Wenn Sie den Makro-Recorder aktivieren und einen Bereich von A1:A5 nach B1:B5 kopieren, erhalten Sie das folgende VBA-Makro:

```
Sub CopyRange()
    Range("A1:A5").Select
    Selection.Copy
    Range("B1").Select
    ActiveSheet.Paste
    Application.CutCopyMode = False
End Sub
```

Achten Sie auf die letzte Anweisung. Diese Anweisung wurde durch Drücken von ⌷Esc⌷ erzeugt, womit der Ameiseneffekt-Rahmen aufgehoben wird, der im Arbeitsblatt angezeigt wird, wenn Sie einen Bereich kopieren.

Dieses Makro funktioniert ausgezeichnet, aber Sie können einen Bereich auch effizienter kopieren. Sie erhalten dasselbe Ergebnis mit dem folgenden einzeiligen Makro, das keine Zellen auswählt (und in dem CutCopyMode nicht auf False gesetzt werden muss):

```
Sub CopyRange2()
    Range("A1:A5").Copy Range("B1")
End Sub
```

Diese Prozedur nutzt die Tatsache, dass die Copy-Methode ein Argument verwenden kann, das das Ziel spezifiziert. Alternativ können Sie auch das Argument Destination verwenden, um so Ihren Code besser lesbar zu machen:

```
Sub CopyRange2()
    Range("A1:A5").Copy Destination:=Range("B1")
End Sub
```

Einen variablen Bereich kopieren

Häufig muss man einen Zellenbereich kopieren, kennt aber die genauen Zeilen- und Spaltengrößen noch nicht. Beispielsweise könnte es sein, dass Sie eine Arbeitsmappe verwenden, um die wöchentlichen Umsätze zu verfolgen. Die Anzahl der Zeilen ändert sich, wenn Sie neue Daten hinzufügen.

Abbildung 14.1 zeigt einen Bereich auf einem Arbeitsblatt. Dieser Bereich besteht aus mehreren Zeilen, und die Anzahl der Zeilen nimmt täglich zu. Sie kennen jedoch nie die genaue Bereichsadresse, weshalb Sie Code schreiben müssen, der keine Bereichsadresse verwendet.

| E14 | ▼ | : | × | ✓ | f_x | | |

◢	A	B	C	D
1	Datum	Anrufe	Aufträge	
2	05.04.19	452	89	
3	06.04.19	546	102	
4	07.04.19	587	132	
5	08.04.19	443	65	
6	09.04.19	609	156	
7	10.04.19	592	92	
8	11.04.19	487	95	
9	12.04.19	601	105	
10	13.04.19	515	133	
11	14.04.19	540	122	
12				

Abbildung 14.1: Dieser Bereich kann beliebig viele Zeilen umfassen.

Das folgende Makro demonstriert, wie dieser Bereich von Tabelle1 nach Tabelle2 kopiert wird (beginnend mit Zelle A1). Es verwendet die CurrentRegion-Eigenschaft, die ein Range-Objekt zurückgibt, das dem Block der Zellen um eine bestimmte Zelle herum entspricht. In diesem Fall ist das die Zelle A1.

```
Sub CopyCurrentRegion()
    Range("A1").CurrentRegion.Copy
    Sheets("Tabelle2").Select
    Range("A1").Select
    ActiveSheet.Paste
    Sheets("Tabelle1").Select
    Application.CutCopyMode = False
End Sub
```

Die Verwendung der CurrentRegion-Eigenschaft ist äquivalent zu der Auswahl von START | BEARBEITEN | SUCHEN & AUSWÄHLEN | GEHE ZU (damit wird das Dialogfeld GEHE ZU angezeigt) und der Auswahl der Option AKTUELLER BEREICH. Um zu erkennen, wie das funktioniert, zeichnen Sie Ihre Aktionen auf, während dieser Befehl ausgeführt wird. Im Allgemeinen besteht die CurrentRegion aus einem rechteckigen Zellenblock, umgeben von mehreren leeren Zeilen oder Spalten.

Sie können dieses Makro noch effizienter machen, indem Sie das Ziel nicht auswählen. Das folgende Makro nutzt die Tatsache, dass die Copy-Methode ein Argument als Zielbereich verwenden kann:

```
Sub CopyCurrentRegion2()
    Range("A1").CurrentRegion.Copy _
        Sheets("Tabelle2").Range("A1")
End Sub
```

 Und alles ist noch einfacher, wenn die Daten in Form einer Tabelle vorliegen (die in Excel mit EINFÜGEN | TABELLEN | TABELLE erstellt wurde). Die Tabelle hat einen Namen (zum Beispiel Table1) und wird automatisch expandiert, wenn neue Daten hinzugefügt werden.

```
Sub CopyTable()
    Range("Table1").Copy Sheets("Tabelle2").Range("A1")
End Sub
```

Wenn Sie das versuchen, werden Sie feststellen, dass die Überschriftzeile der Tabelle nicht kopiert wurde, weil der Name Table1 diese Zeile nicht beinhaltet. Wenn Sie die Überschriftzeile brauchen, ändern Sie den Tabellenverweis auf:

```
Range("Table1[#All]")
```

Auswahl bis zum Ende einer Zeile oder Spalte

Wahrscheinlich verwenden Sie häufig Tastenkombinationen wie `Strg`+`⇧`+`→` oder `Strg`+`⇧`+`↓`, um einen Bereich auszuwählen, der aus allem zwischen der aktiven Zelle und dem Ende einer Zeile oder Spalte besteht. Und natürlich können Sie Makros schreiben, die eine solche Auswahl vornehmen.

Sie können die CurrentRegion-Eigenschaft nutzen, um einen ganzen Zellenblock auszuwählen. Aber was machen Sie, um beispielsweise eine Spalte von einem Zellenblock auszuwählen? Glücklicherweise kann VBA diese Aktion nachbilden. Die folgende VBA-Prozedur wählt den Bereich beginnend mit der aktiven Zelle und bis zur Zelle unmittelbar oberhalb der ersten leeren Zelle in der Spalte aus. Nach Auswahl des Bereichs können Sie alles Mögliche damit machen – kopieren, verschieben, formatieren und so weiter.

```
Sub SelectDown()
    Range(ActiveCell, ActiveCell.End(xlDown)).Select
End Sub
```

Diese Auswahl können Sie manuell vornehmen: Wählen Sie die erste Zelle aus, halten Sie die ⟨⇧⟩-Taste gedrückt und drücken Sie ⟨↓⟩.

Dieses Beispiel verwendet die `End`-Methode des `ActiveCell`-Objekts, die ein `Range`-Objekt zurückgibt. Die `End`-Methode nimmt ein Argument entgegen, wobei es sich um eine der folgenden Konstanten handeln kann:

✔ `xlUp`

✔ `xlDown`

✔ `xlToLeft`

✔ `xlToRight`

Beachten Sie, dass es nicht erforderlich ist, einen Bereich auszuwählen, um eine Aktion dafür ausführen zu können. Das folgende Makro formatiert einen variablen Bereich (eine Spalte), ohne dass der Bereich ausgewählt werden muss:

```
Sub MakeBold()
    Range(ActiveCell, ActiveCell.End(xlDown)) _
        .Font.Bold = True
End Sub
```

Eine Zeile oder Spalte auswählen

Die folgende Prozedur zeigt, wie die Spalte ausgewählt wird, die die aktive Zelle enthält. Sie verwendet die `EntireColumn`-Eigenschaft, die ein `Range`-Objekt zurückgibt, das aus einer vollständigen Spalte besteht:

```
Sub SelectColumn()
    ActiveCell.EntireColumn.Select
End Sub
```

Wie Sie wahrscheinlich schon erwarten, gibt es in VBA auch eine `EntireRow`-Eigenschaft, die ein `Range`-Objekt zurückgibt, das aus einer ganzen Zeile besteht.

Einen Bereich verschieben

Ein Bereich wird verschoben, indem man ihn in die Zwischenablage ausschneidet und dann an anderer Stelle einfügt. Wenn Sie Ihre Aktionen aufzeichnen, während Sie einen Bereich verschieben, erzeugt der Makro-Recorder einen Code wie etwa den folgenden:

```
Sub MoveRange()
    Range("A1:C6").Select
    Selection.Cut
    Range("A10").Select
    ActiveSheet.Paste
End Sub
```

Wie bereits beim Kopierbeispiel früher in diesem Kapitel angemerkt, ist auch dies nicht die effizienteste Vorgehensweise, einen Zellenbereich zu kopieren. Sie können einen Bereich auch mit einer einzigen VBA-Anweisung verschieben:

```
Sub MoveRange2()
    Range("A1:C6").Cut Range("A10")
End Sub
```

Dieses Makro nutzt die Tatsache, dass die Cut-Methode ein Argument verarbeiten kann, das das Ziel spezifiziert. Beachten Sie auch, dass der Bereich nicht ausgewählt wurde. Der Zellzeiger verbleibt an seiner ursprünglichen Position.

Einen Bereich effizient durchlaufen

Viele Makros führen eine Operation für jede Zelle in einem Bereich aus, oder bestimmte Aktionen basieren auf dem jeweiligen Zellinhalt. Diese Makros enthalten normalerweise eine For-Next-Schleife, die alle Zellen im Bereich verarbeitet.

Das folgende Beispiel zeigt, wie ein Zellenbereich durchlaufen wird. In diesem Fall entspricht der Bereich der aktuellen Auswahl. Eine Objektvariable namens Cell verweist auf die gerade verarbeitete Zelle. Innerhalb der For-Each-Next-Schleife wertet eine Anweisung die zu verarbeitende Zelle aus und formatiert sie fett, wenn sie einen positiven Wert enthält.

```
Sub ProcessCells()
    Dim Cell As Range
    For Each Cell In Selection
        If Cell.Value > 0 Then Cell.Font.Bold = True
    Next Cell
End Sub
```

Dieses Beispiel funktioniert, aber was machen Sie, wenn die Auswahl des Benutzers aus einer ganzen Spalte oder Zeile besteht? Das ist nicht ungewöhnlich, weil Excel Ihnen gestattet, Operationen für ganze Zeilen oder Spalten auszuführen. In diesem Fall scheint ein Makro unendlich lange zu brauchen, weil es jede Zelle der Spalte durchläuft (alle 1.048.576), selbst die leeren Zellen. Um das Makro effizienter zu gestalten, brauchen Sie eine Möglichkeit, nur die nicht leeren Zellen zu verarbeiten.

Die folgende Routine erledigt genau das mit der SpecialCells-Methode. (Weitere Informationen über die Argumente finden Sie im VBA-Hilfesystem.) Diese Routine verwendet das Schlüsselwort Set, um zwei neue Range-Objekte zu erstellen: die Untermenge der Auswahl, die aus Zellen mit Konstanten besteht, und die Untermenge der Auswahl, die aus Zellen mit

Formeln besteht. Die Routine verarbeitet alle diese Untermengen, womit letztlich alle leeren Zellen übersprungen werden. Nicht schlecht, oder?

```
Sub SkipBlanks()
    Dim ConstantCells As Range
    Dim FormulaCells As Range
    Dim cell As Range
'   Fehler ignorieren
    On Error Resume Next

'   Konstanten verarbeiten
    Set ConstantCells = Selection _
        .SpecialCells(xlConstants)
    For Each cell In ConstantCells
        If cell.Value > 0 Then
            cell.Font.Bold = True
        End If
    Next cell

'   Formeln verarbeiten
    Set FormulaCells = Selection _
        .SpecialCells(xlFormulas)
    For Each cell In FormulaCells
        If cell.Value > 0 Then
            cell.Font.Bold = True
        End If
    Next cell
End Sub
```

Die Prozedur SkipBlanks ist immer gleich schnell, egal, was Sie auswählen. Beispielsweise könnten Sie den Bereich auswählen, alle Spalten in dem Bereich, alle Zeilen in dem Bereich oder auch das gesamte Arbeitsblatt. Dies ist eine maßgebliche Verbesserung gegenüber der Prozedur ProcessCells früher in diesem Abschnitt.

Beachten Sie, dass in diesem Code die folgende Anweisung verwendet wird:

```
On Error Resume Next
```

Diese Anweisung weist Excel an, alle auftretenden Fehler zu ignorieren und einfach die nächste Anweisung zu verarbeiten (weitere Informationen über die Fehlerverarbeitung finden Sie in Kapitel 12). Diese Anweisung ist erforderlich, weil die Methode SpecialCells einen Fehler erzeugt, wenn keine Zellen qualifiziert sind.

Die Verwendung der SpecialCells-Methode ist äquivalent zur Auswahl des Befehls START | BEARBEITEN | FINDEN&AUSWÄHLEN | GEHE ZU und Auswahl der Option KONSTANTEN oder der Option FORMELN. Um ein Gefühl dafür zu bekommen, wie das funktioniert, zeichnen Sie alle Ihre Aktionen auf, während Sie diesen Befehl ausführen und verschiedene Optionen auswählen.

Einen Bereich effizient durchlaufen (Teil II)

Und jetzt die Fortsetzung. Dieser Abschnitt zeigt eine andere Möglichkeit, alle Zellen effizient zu verarbeiten. Diese Methode nutzt den Vorteil der UsedRange-Eigenschaft, die ein Range-Objekt zurückgibt, das nur aus dem benutzten Bereich des Arbeitsblatts besteht. Außerdem verwendet das Beispiel die Intersect-Methode, die ein Range-Objekt zurückgibt, das aus allen Zellen besteht, die die beiden Bereiche gemeinsam haben.

Hier eine Variante der Prozedur SkipBlanks aus dem vorigen Abschnitt:

```
Sub SkipBlanks2()
    Dim WorkRange As Range
    Dim cell As Range
    Set WorkRange = Intersect(Selection, ActiveSheet.UsedRange)
    For Each cell In WorkRange
        If cell.Value > 0 Then
            cell.Font.Bold = True
        End If
    Next cell
End Sub
```

Die WorkRange-Objektvariable besteht aus allen Zellen, die die Auswahl des Benutzers und den im Arbeitsblatt benutzten Bereich gemeinsam haben. Wenn also eine ganze Spalte ausgewählt ist, enthält WorkRange nur die Zellen, die sowohl in der Spalte als auch in dem benutzten Bereich des Arbeitsblatts liegen. Das ist schnell und effizient, und es wird keine Zeit damit vergeudet, Zellen zu verarbeiten, die außerhalb des benutzten Bereichs des Arbeitsblatts liegen.

Einen Zellwert anfordern

Wie in Abbildung 14.2 gezeigt, können Sie die InputBox-Funktion von VBA nutzen, um einen Wert vom Benutzer abzufragen. Anschließend können Sie diesen Wert in eine Zelle einfügen. Die folgende Prozedur zeigt, wie mit einer einzigen Anweisung der Benutzer

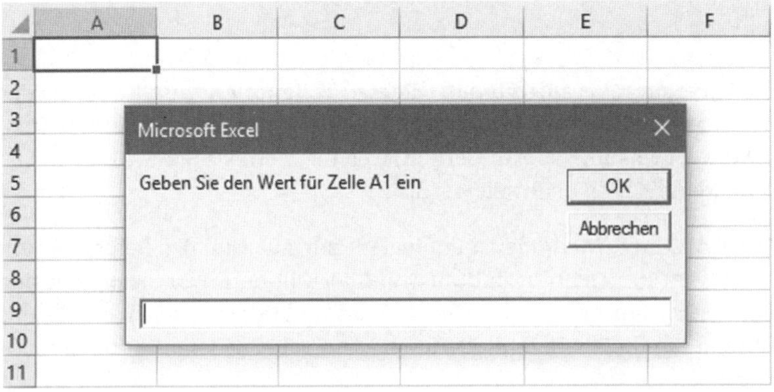

Abbildung 14.2: Mit der VBA-Funktion InputBox wird ein Wert vom Benutzer abgefragt.

aufgefordert wird, einen Wert einzugeben, und wie dieser Wert in Zelle A1 des aktiven Arbeitsblatts eingefügt wird.

```
Sub GetValue()
    Range("A1").Value = InputBox( _
        "Geben Sie den Wert für Zelle A1 ein")
End Sub
```

Wenn Sie dieses Beispiel ausprobieren, werden Sie feststellen, dass die ABBRECHEN-Schaltfläche der InputBox den aktuellen Wert in Zelle A1 löscht. Es ist kein guter Programmierstil, Daten des Benutzers zu löschen. Das Anklicken von ABBRECHEN sollte überhaupt nichts bewirken.

Das folgende Makro zeigt einen besseren Ansatz: Es verwendet eine Variable (x), die den vom Benutzer eingegebenen Wert speichert. Ist der Wert nicht leer (das heißt, der Benutzer hat nicht auf ABBRECHEN geklickt), wird der Wert von x in Zelle A1 eingetragen. Andernfalls passiert nichts.

```
Sub GetValue2()
    Dim x as Variant
    x = InputBox("Geben Sie den Wert für Zelle A1 ein")
    If x <> "" Then Range("A1").Value = x
End Sub
```

Die Variable x ist mit dem Datentyp Variant definiert, weil sie eine Zahl oder eine leere Zeichenfolge enthalten kann (wenn der Benutzer auf ABBRECHEN klickt).

Den Auswahltyp bestimmen

Wenn Sie Ihr Makro so anlegen, dass es mit einer Bereichsauswahl arbeitet, muss es feststellen können, ob ein Bereich ausgewählt ist. Wenn etwas anderes als ein Bereich ausgewählt ist (zum Beispiel ein Diagramm oder eine Form), erzeugt das Makro möglicherweise einen Fehler. Die folgende Anweisung zeigt mithilfe der VBA-Funktion TypeName den Typ des aktuell ausgewählten Objekts an:

```
MsgBox TypeName(Selection)
```

Wenn ein Range-Objekt ausgewählt ist, zeigt das Meldungsfeld Range an. Wenn Ihr Makro nur mit Bereichen arbeitet, können Sie eine If-Anweisung verwenden, um sicherzugehen, dass ein Bereich ausgewählt ist. Dieses Beispiel zeigt eine Meldung an und verlässt die Prozedur, wenn es sich bei der aktuellen Auswahl nicht um ein Range-Objekt handelt:

```
Sub CheckSelection()
    If TypeName(Selection) <> "Range" Then
        MsgBox "Wählen Sie einen Bereich aus."
        Exit Sub
    End If
'   ... [Hier können andere Anweisungen stehen]
End Sub
```

Eine Mehrfachauswahl erkennen

Sie wissen, dass man in Excel Mehrfachauswahlen vornehmen kann, indem man bei gedrückter Strg -Taste mehrere Bereiche anklickt. Das kann in einigen Makros Probleme verursachen. Beispielsweise können Sie keine Mehrfachauswahl kopieren, die nicht benachbarte Zellen enthält. Wenn Sie dies versuchen, zeigt Excel sofort die in Abbildung 14.3 gezeigte Meldung an.

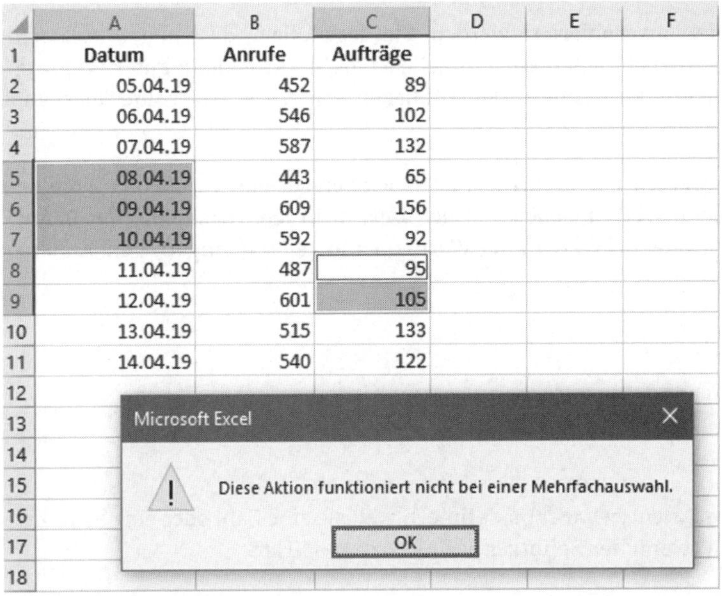

	A	B	C	D	E	F
1	**Datum**	**Anrufe**	**Aufträge**			
2	05.04.19	452	89			
3	06.04.19	546	102			
4	07.04.19	587	132			
5	08.04.19	443	65			
6	09.04.19	609	156			
7	10.04.19	592	92			
8	11.04.19	487	95			
9	12.04.19	601	105			
10	13.04.19	515	133			
11	14.04.19	540	122			
12						
13						

Microsoft Excel ✕

⚠ Diese Aktion funktioniert nicht bei einer Mehrfachauswahl.

OK

Abbildung 14.3: Excel mag es nicht, wenn Sie versuchen, eine Mehrfachauswahl zu kopieren.

Das folgende Makro stellt fest, ob der Benutzer eine Mehrfachauswahl vorgenommen hat, sodass es entsprechende Maßnahmen ergreifen kann:

```
Sub MultipleSelection()
    If Selection.Areas.Count > 1 Then
        MsgBox "Mehrfachauswahlen sind nicht zulässig."
        Exit Sub
    End If
'   ... [Hier können weitere Anweisungen stehen]
End Sub
```

Dieses Beispiel verwendet die Areas-Methode, die eine Collection aller Bereiche in der Auswahl zurückgibt. Die Count-Eigenschaft gibt die Anzahl der Objekte in der Collection zurück.

Excel-Einstellungen abändern

Einige der praktischsten Makros sind einfache Prozeduren, die eine oder mehrere Excel-Einstellungen abändern. Wenn Sie beispielsweise häufig das Dialogfeld OPTIONEN von Excel verwenden, ist dies ein guter Kandidat für ein einfaches zeitsparendes Makro.

Dieser Abschnitt zeigt zwei Beispiele, die demonstrieren, wie Einstellungen in Excel abgeändert werden. Sie können diese allgemeinen Konzepte aus diesen Beispielen auf beliebige andere Operationen anwenden, die Einstellungen ändern sollen.

Boolesche Einstellungen ändern

Eine Boolesche Einstellung ist wie ein Lichtschalter, der auf *Ein* oder *Aus* gestellt sein kann. Beispielsweise könnten Sie ein Makro entwickeln, das den Seitenumbruch auf einem Arbeitsblatt anzeigt oder ausblendet. Nachdem Sie ein Arbeitsblatt gedruckt oder eine Vorschau dafür ausgeführt haben, zeigt Excel gestrichelte Linien an, die den Seitenumbruch kennzeichnen. Einige Benutzer finden diese gestrichelten Linien sehr störend. Leider wird man sie nur wieder los, indem man in das Excel-Dialogfeld OPTIONEN geht, auf die Registerkarte ERWEITERT klickt, nach unten bis zum Kontrollkästchen SEITENUMBRÜCHE EINBLENDEN blättert und dieses deaktiviert. Wenn Sie mit dem Makro-Recorder die Aktionen aufzeichnen, während Sie diese Option ändern, erzeugt Excel den folgenden Code:

```
ActiveSheet.DisplayPageBreaks = False
```

Wenn die Seitenumbrüche nicht aktiv sind, während Sie das Makro aufzeichnen, erzeugt Excel den folgenden Code:

```
ActiveSheet.DisplayPageBreaks = True
```

Das kann dazu führen, dass Sie zwei Makros brauchen: eines, um die Seitenumbrüche einzublenden, eines, um sie auszublenden. Nicht wirklich. Die folgende Prozedur verwendet den Not-Operator, der True zu False und False zu True macht. Die Ausführung der Prozedur TogglePageBreaks ist ein einfaches Verfahren, die Anzeige der Seitenumbrüche von True auf False und von False auf True zu ändern:

```
Sub TogglePageBreaks()
    On Error Resume Next
    ActiveSheet.DisplayPageBreaks = Not _
        ActiveSheet.DisplayPageBreaks
End Sub
```

Die erste Anweisung teilt Excel mit, was mit Fehlern zu tun ist. Beispielsweise zeigt ein Diagrammblatt keine Seitenumbrüche an, wenn Sie also das Makro ausführen, während ein Diagrammblatt aktiv ist, wird keine Fehlermeldung angezeigt.

Mit dieser Technik können Sie alle Einstellungen ändern, die Boolesche Werte (True oder False) haben.

Nicht-Boolesche Einstellungen ändern

Für Nicht-Boolesche Einstellungen können Sie eine Select-Case-Struktur verwenden. Dieses Beispiel schaltet den Berechnungsmodus zwischen manuell und automatisch um und gibt eine Meldung aus, die den aktuellen Modus anzeigt:

```
Sub ToggleCalcMode()
    Select Case Application.Calculation
```

```
    Case xlManual
        Application.Calculation = xlCalculationAutomatic
        MsgBox "Automatischer Berechnungsmodus"
    Case xlAutomatic
        Application.Calculation = xlCalculationManual
        MsgBox "Manueller Berechnungsmodus"
    End Select
End Sub
```

Diese Technik können Sie anpassen, um andere Nicht-Boolesche Einstellungen abzuändern.

Diagramme

Diagramme sind voll mit unterschiedlichen Objekten, ihre Manipulation mit VBA kann aufgrund von Unterschieden zwischen den Excel-Versionen eine echte Herausforderung sein.

Nehmen Sie beispielsweise an, dass Sie in Excel 2019 ein Makro aufzeichnen, während Sie ein einfaches Spaltendiagramm erstellen. Während die Makroaufzeichnung noch läuft, entscheiden Sie sich, die Rasterlinien des Diagramms zu löschen und den Titel zu ändern. Das aufgezeichnete Makro würde dann ungefähr so aussehen:

```
Sub Macro1()
    ActiveSheet.Shapes.AddChart2(201, xlColumnClustered).Select
    ActiveChart.SetSourceData Source:=Range("Sheet1!$A$1:$A$3")
    ActiveChart.SetElement (msoElementPrimaryValueGridLinesNone)
    ActiveChart.ChartTitle.Select
    ActiveChart.ChartTitle.Text = "Dies ist mein Diagramm"
End Sub
```

Beachten Sie die Verwendung der Methode AddChart2 in der ersten Codezeile. Die Methode AddChart2 wurde in Excel 2013 eingeführt.

Wenn Sie dasselbe Makro in Excel 2010 aufzeichnen, erhalten Sie den folgenden Code:

```
Sub Macro1()
'   Aufgezeichnet mit Excel 2010
    ActiveSheet.Shapes.AddChart.Select
    ActiveChart.ChartType = xlColumnClustered
    ActiveChart.SetSourceData Source:=Range("Sheet1!$A$1:$A$3")
    ActiveChart.Axes(xlValue).MajorGridlines.Select
    Selection.Delete
    ActiveChart.SetElement (msoElementChartTitleAboveChart)
    ActiveChart.ChartTitle.Text = "Dies ist mein Diagramm"
End Sub
```

Was bedeutet das alles? Es bedeutet, dass das in Excel 2013 oder in einer neuen Excel-Version aufgezeichnete Makro in Excel 2010 nicht funktioniert. Aber das in Excel 2010 aufgezeichnete Makro funktioniert in Excel 2013 und höher. Mit anderen Worten, das Makro unter

Excel 2010 ist aufwärtskompatibel, aber das Makro unter Excel 2013 (und höher) ist nicht abwärtskompatibel.

 Ein typischer Benutzer von Excel weiß wahrscheinlich nichts über die Makro-Kompatibilität im Hinblick auf Diagramme. Wenn Sie jedoch Ihr Makro an jemanden weitergeben, der eine frühere Version verwendet, werden Sie das schnell herausfinden. Fazit? Wenn Sie sich bei Makros für Diagramme auf den Makro-Recorder verlassen, sollten Sie diese unbedingt mit allen Excel-Versionen testen, in denen sie ausgeführt werden.

AddChart im Vergleich zu AddChart2

Hier die offizielle Syntax für die Methode AddChart (die mit Excel 2007 und später kompatibel ist):

```
.AddChart(Type, Left, Top, Width, Height)
```

Und hier die Syntax für die Methode AddChart2 (die mit Excel-Versionen ab Excel 2013 kompatibel ist):

```
.AddChart2(Style, XlChartType, Left, Top, Width, Height, NewLayout)
```

Wie Sie sehen, verarbeitet die Methode AddChart2 mehrere zusätzliche Argumente, die den Stil, den Diagrammtyp und das Layout angeben. Die Methode AddChart dagegen erzeugt einfach ein leeres Diagramm. Die Eigenschaften des Diagramms müssen in zusätzlichen Anweisungen bereitgestellt werden.

Betrachtet man den aufgezeichneten Code genauer, erkennt man einige Dinge, die praktisch sein können, wenn man eigene Makros für Diagramme erstellen will. Wenn Sie neugierig sind, hier eine selbstgemachte Version dieses Makros, das ein Diagramm aus dem ausgewählten Bereich erstellt:

```
Sub CreateAChart()
    Dim ChartData As Range
    Dim ChartShape As Shape
    Dim NewChart As Chart

'   Objektvariablen anlegen
    Set ChartData = ActiveWindow.RangeSelection
    Set ChartShape = ActiveSheet.Shapes.AddChart
    Set NewChart = ChartShape.Chart

    With NewChart
      .ChartType = xlColumnClustered
      .SetSourceData Source:=Range(ChartData.Address)
      .SetElement (msoElementLegendRight)
      .SetElement (msoElementChartTitleAboveChart)
      .ChartTitle.Text = "Dies ist mein Diagramm"
    End With
End Sub
```

Das Makro ist mit Excel 2007 und höher kompatibel. Bei dem erstellten Diagramm handelt es sich um ein Säulendiagramm mit Legende und Titel. Dieses grundlegende Makro zum Erstellen von Diagrammen kann ganz einfach angepasst werden. Eine Möglichkeit ist es, die Aktionen beim Ändern des Diagramms aufzuzeichnen und sich dann an dem aufgezeichneten Code zu orientieren.

 Um das `With-End-With`-Konstrukt wird es später in diesem Kapitel noch gehen. Es stellt eine praktische Möglichkeit dar, sich Schreibarbeit zu sparen und Ihren Code leichter lesbar zu machen.

Wenn Sie VBA-Makros brauchen, mit denen Diagramme manipuliert werden, müssen Sie sich mit der Terminologie auskennen. Ein in ein Arbeitsblatt *eingebettetes Diagramm* ist ein `ChartObject`-Objekt. Sie können ein `ChartObject`-Objekt genau wie ein Arbeitsblatt aktivieren. Die folgende Anweisung aktiviert das `ChartObject`-Objekt `Chart 1`:

```
ActiveSheet.ChartObjects("Chart 1").Activate
```

Nachdem Sie das Diagramm aktiviert haben, können Sie in Ihrem VBA-Code als `ActiveChart` darauf verweisen. Wenn sich das Diagramm auf einem separaten Diagrammblatt befindet, wird es zum aktiven Diagramm, sobald Sie dieses Diagrammblatt aktiviert haben.

 Ein `ChartObject` ist auch ein `Shape`, was etwas verwirrend sein kann. Wenn Ihr VBA-Code ein Diagramm erstellt, fügt er zunächst eine neue Form hinzu. Sie können ein Diagramm auch aktivieren, indem Sie das `Shape`-Objekt auswählen, in dem das Diagramm enthalten ist:

```
ActiveSheet.Shapes("Chart 1").Select
```

 Wenn Sie auf ein eingebettetes Diagramm klicken, wählt Excel ein Objekt *innerhalb* des `ChartObject`-Objekts aus. Sie können das `ChartObject` selbst auswählen, indem Sie beim Anklicken des eingebetteten Diagramms die [Strg]-Taste gedrückt halten.

Den Diagrammtyp ändern

Jetzt kommt eine verwirrende Aussage: Ein `ChartObject`-Objekt ist ein Container für ein `Chart`-Objekt. Lesen Sie das ein paar Mal, dann macht es vielleicht irgendwann Sinn.

Um ein Diagramm mit VBA zu ändern, brauchen Sie es nicht zu aktivieren. Vielmehr kann die `Chart`-Methode das im `ChartObject` enthaltene Diagramm zurückgeben. Sind Sie jetzt vollends verwirrt? Die beiden folgenden Prozeduren bewirken beide dasselbe, sie ändern das Diagramm `Chart 1` in ein neues Flächendiagramm. Die erste Prozedur aktiviert zuerst das Diagramm und arbeitet dann mit dem aktiven Diagramm. Die zweite Prozedur aktiviert das Diagramm nicht. Stattdessen verwendet sie die `Chart`-Eigenschaft, um das im `ChartObject`-Objekt enthaltene `Chart`-Objekt zurückzugeben.

```
Sub ModifyChart1()
    ActiveSheet.ChartObjects("Chart 1").Activate
    ActiveChart.Type = xlArea
```

```
End Sub
Sub ModifyChart2()
    ActiveSheet.ChartObjects("Chart 1").Chart.Type = xlArea
End Sub
```

Die ChartObjects-Collection durchlaufen

Dieses Beispiel ändert den Diagrammtyp jedes eingebetteten Diagramms auf dem aktiven Arbeitsblatt. Die Prozedur verwendet eine For-Each-Next-Schleife, um alle Objekte in der ChartObjects-Collection zu durchlaufen, dort auf das Chart-Objekt zuzugreifen und seine Type-Eigenschaft zu ändern.

```
Sub ChartType()
    Dim cht As ChartObject
    For Each cht In ActiveSheet.ChartObjects
        cht.Chart.Type = xlArea
    Next cht
End Sub
```

Das folgende Makro leistet dasselbe, arbeitet aber mit allen Diagrammblättern in der aktiven Arbeitsmappe:

```
Sub ChartType2()
    Dim cht As Chart
    For Each cht In ActiveWorkbook.Charts
        cht.Type = xlArea
    Next cht
End Sub
```

Diagrammeigenschaften ändern

Das folgende Beispiel ändert die Schrift der Legende für alle Diagramme auf dem aktiven Arbeitsblatt. Es verwendet eine For-Next-Schleife, um alle ChartObject-Objekte zu verarbeiten:

```
Sub LegendMod()
    Dim chtObj As ChartObject
    For Each chtObj In ActiveSheet.ChartObjects
        With chtObj.Chart.Legend.Font
            .Name = "Calibri"
            .FontStyle = "Bold"
            .Size = 12
        End With
    Next cht
End Sub
```

Beachten Sie, dass das Font-Objekt im Legend-Objekt enthalten ist, das wiederum im Chart-Objekt enthalten ist, das in der ChartObjects-Collection enthalten ist. Verstehen Sie jetzt, was eine *Objekthierarchie* ist?

Diagrammformatierungen anwenden

Dieses Beispiel wendet mehrere verschiedene Formatierungen auf das aktive Diagramm an. Auch hier müssen Sie nicht die vollständige Syntax kennen. Diese Prozedur wurde zuerst als Makro aufgezeichnet, dann wurde der Code bereinigt und hierbei wurden die überflüssigen Zeilen entfernt, die der Makro-Recorder eingefügt hat:

```
Sub ChartMods()
    ActiveChart.Type = xlArea
    ActiveChart.ChartArea.Font.Name = "Calibri"
    ActiveChart.ChartArea.Font.FontStyle = "Regular"
    ActiveChart.ChartArea.Font.Size = 9
    ActiveChart.PlotArea.Interior.ColorIndex = xlNone
    ActiveChart.Axes(xlValue).TickLabels.Font.Bold = True
    ActiveChart.Axes(xlCategory).TickLabels.Font.Bold = _
        True
    ActiveChart.Legend.Position = xlBottom
End Sub
```

Sie müssen ein Diagramm aktivieren, bevor Sie das Makro ChartMods ausführen können. Sie aktivieren ein eingebettetes Diagramm, indem Sie es anklicken. Um ein Diagramm oder ein Diagrammblatt zu aktivieren, aktivieren Sie das Diagrammblatt.

Um sicherzustellen, dass ein Diagramm ausgewählt ist, können Sie eine Anweisung einfügen, die feststellt, ob ein Diagramm aktiv ist. Hier das abgeänderte Makro, das eine Meldung anzeigt (und beendet wird), wenn kein Diagramm aktiviert ist:

```
Sub ChartMods2()
    If ActiveChart Is Nothing Then
        MsgBox "Aktivieren Sie ein Diagramm."
        Exit Sub
    End If
    ActiveChart.Type = xlArea
    ActiveChart.ChartArea.Font.Name = "Calibri"
    ActiveChart.ChartArea.Font.FontStyle = "Regular"
    ActiveChart.ChartArea.Font.Size = 9
    ActiveChart.PlotArea.Interior.ColorIndex = xlNone
    ActiveChart.Axes(xlValue).TickLabels.Font.Bold = True
    ActiveChart.Axes(xlCategory).TickLabels.Font.Bold = _
        True
    ActiveChart.Legend.Position = xlBottom
End Sub
```

Und hier eine weitere Version, die das With-End-With-Konstrukt verwendet, um Schreibarbeit zu sparen und den Code etwas übersichtlicher zu machen. Blättern Sie ein paar Seiten weiter, dann erfahren Sie mehr über die With-End-With-Struktur.

```
Sub ChartMods3()
    If ActiveChart Is Nothing Then
```

```
      MsgBox "Aktivieren Sie ein Diagramm."
      Exit Sub
   End If
   With ActiveChart
     .Type = xlArea
     .ChartArea.Font.Name = "Calibri"
     .ChartArea.Font.FontStyle = "Regular"
     .ChartArea.Font.Size = 9
     .PlotArea.Interior.ColorIndex = xlNone
     .Axes(xlValue).TickLabels.Font.Bold = True
     .Axes(xlCategory).TickLabels.Font.Bold = True
     .Legend.Position = xlBottom
   End With
End Sub
```

Dieser kurze Abschnitt konnte nur einen winzig kleinen Ausschnitt der Arbeit mit Diagrammen in VBA zeigen. Es gibt natürlich noch viel mehr Informationen, aber diese kurze Einleitung kann Sie in die richtige Richtung bringen.

VBA-Geschwindigkeitstipps

VBA ist schnell, aber nicht immer schnell genug. (Computerprogramme sind nie schnell genug). Dieser Abschnitt zeigt einige Programmierbeispiele, die Sie verwenden können, um Ihre Makros zu beschleunigen.

Die Bildschirmaktualisierung abschalten

Bei der Ausführung eines Makros können Sie sich zurücklehnen und auf dem Bildschirm verfolgen, was passiert. Das kann sehr hilfreich sein, aber nachdem das Makro schließlich korrekt funktioniert, ist es häufig langweilig und verlangsamt die Ausführung ganz erheblich. Glücklicherweise können Sie die Bildschirmaktualisierung ausschalten, die bei der Ausführung eines Makros normalerweise stattfindet. Um die Bildschirmaktualisierung zu deaktivieren, verwenden Sie die folgende Anweisung:

```
Application.ScreenUpdating = False
```

Wenn Sie wollen, dass der Benutzer während der Ausführung des Makros sieht, was gerade passiert, können Sie die Bildschirmaktualisierung mit der folgenden Anweisung wieder aktivieren:

```
Application.ScreenUpdating = True
```

Um die Geschwindigkeitsunterschiede zu demonstrieren, führen Sie dieses einfache Makro aus, das einen Bereich mit Zahlen füllt:

```
Sub FillRange()
   Dim r as Long, c As Long
   Dim Number as Long
```

```
    Number = 0
    For r = 1 To 50
        For c = 1 To 50
            Number = Number + 1
            Cells(r, c).Select
            Cells(r, c).Value = Number
        Next c
    Next r
End Sub
```

Sie sehen, wie die einzelnen Zellen ausgewählt werden und wie der Wert in die Zellen eingefügt wird. Jetzt fügen Sie die folgende Anweisung am Anfang der Prozedur ein und führen das Makro erneut aus:

```
Application.ScreenUpdating = False
```

Der Bereich wird sehr viel schneller gefüllt, und Sie sehen das Endergebnis erst, nachdem das Makro vollständig ausgeführt wurde und die Bildschirmaktualisierung (automatisch) wieder auf True gesetzt wurde.

 Wenn Sie Code debuggen, endet die Programmausführung normalerweise irgendwo in der Mitte, ohne dass die Bildschirmaktualisierung wieder aktiviert wurde. Das führt manchmal dazu, dass das Excel-Anwendungsfenster nicht mehr reagiert. Es ist ganz einfach, diesen Zustand wieder zu verlassen: Gehen Sie zurück in den VBE und führen Sie im Direktfenster die folgende Anweisung aus:

```
Application.ScreenUpdating = True
```

Die automatische Berechnung ausschalten

Wenn Sie ein Arbeitsblatt mit vielen komplexen Formeln haben, stellen Sie vielleicht fest, dass Sie das Ganze wesentlich beschleunigen können, indem Sie während der Ausführung Ihres Makros den Berechnungsmodus auf manuell schalten. Nachdem das Makro vollständig ausgeführt wurde, setzen Sie den Berechnungsmodus wieder zurück auf automatisch.

Die folgende Anweisung setzt den Excel-Berechnungsmodus auf *manuell*:

```
Application.Calculation = xlCalculationManual
```

Führen Sie die nächste Anweisung aus, um den Berechnungsmodus wieder auf *automatisch* zu setzen:

```
Application.Calculation = xlCalculationAutomatic
```

 Wenn Ihr Code Zellen mit Formelergebnissen verwendet, denken Sie daran, dass durch Abschalten der Berechnung keine Neuberechnung erfolgt, bis Sie Excel dies explizit wieder befehlen!

Lästige Warnungen deaktivieren

Wie Sie wissen, kann ein Makro automatisch mehrere Aktionen hintereinander ausführen. Häufig können Sie ein Makro einfach starten und dann in die Kantine gehen, während Excel seine Arbeit tut. Einige Excel-Operationen zeigen jedoch Meldungen an, auf die ein Benutzer reagieren sollte. Wenn Ihr Makro beispielsweise ein nicht leeres Arbeitsblatt löscht, wird Ihr Code unterbrochen, während Excel auf Ihre Antwort wartet, wie in Abbildung 14.4 gezeigt. Wenn diese Meldungen aktiviert sind, können Sie Excel nicht unbeaufsichtigt lassen, während Ihr Makro ausgeführt wird – es sei denn, Sie kennen diesen netten Trick.

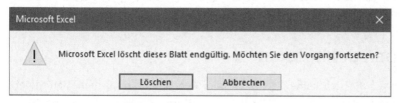

Abbildung 14.4: Sie können Excel anweisen, solche Warnungen nicht anzuzeigen, während ein Makro ausgeführt wird.

Der Geheimtrick: Um diese Warnmeldungen zu vermeiden, fügen Sie die folgende VBA-Anweisung in Ihr Makro ein:

```
Application.DisplayAlerts = False
```

Excel führt für diese Meldungen die Standardoperation aus. Falls ein Arbeitsblatt gelöscht werden soll, ist die Standardoperation, es zu löschen (was genau das ist, was Sie wollen). Wenn Sie nicht sicher sind, was die Standardoperation ist, probieren Sie es unbedingt aus!

Nachdem die Prozedur abgeschlossen ist, setzt Excel automatisch die `DisplayAlerts`-Eigenschaft auf `True` zurück (das ist der normale Status). Wenn Sie die Warnungen wieder anschalten wollen, bevor die Prozedur abgeschlossen ist, verwenden Sie die folgende Anweisung:

```
Application.DisplayAlerts = True
```

Objektreferenzen vereinfachen

Wie Sie vielleicht schon wissen, können Verweise auf Objekte relativ lang werden. Der vollständig qualifizierte Verweis auf ein `Range`-Objekt beispielsweise könnte wie folgt aussehen:

```
Workbooks("MyBook.xlsx").Worksheets("Tabelle1") _
    .Range("Zinssatz")
```

Wenn Ihr Makro diesen Bereich häufig verwendet, könnten Sie mit dem `Set`-Befehl eine Objektvariable anlegen. Die folgende Anweisung beispielsweise weist dieses `Range`-Objekt einer Objektvariablen namens `Rate` zu:

```
Set Rate = Workbooks("MyBook.xlsx") _
    .Worksheets("Tabelle1").Range("Zinssatz")
```

Nach der Definition dieser Objektvariablen können Sie statt des langen Verweises die Variable `Rate` verwenden. Beispielsweise können Sie den Wert der Zelle `Zinssatz` ändern:

```
Rate.Value = .085
```

Das ist viel einfacher zu tippen (und zu verstehen) als die folgende Anweisung:

```
Workbooks("MyBook.xlsx").Worksheets("Tabelle1"). _
    Range("Zinssatz") = .085
```

Damit wird nicht nur Ihr Code vereinfacht, sondern die Verwendung von Objektvariablen beschleunigt manchmal auch Ihre Makros ganz erheblich.

Variablentypen deklarieren

Normalerweise müssen Sie sich keine Gedanken über den Datentyp machen, den Sie einer Variablen zuweisen. Excel führt alle Details für Sie hinter den Kulissen aus. Wenn Sie beispielsweise die Variable `MyVar` haben, können Sie dieser Variablen eine Zahl eines beliebigen Typs zuweisen. Sie können ihr später in der Prozedur sogar eine Zeichenfolge zuweisen.

 Wenn Sie jedoch wollen, dass Ihre Prozeduren so schnell wie möglich ausgeführt werden (und ein paar müßige Probleme vermeiden wollen), teilen Sie Excel mit, welche Datentypen Ihre Variablen besitzen sollen. Man spricht auch von der *Deklaration* des Variablentyps. (Weitere Informationen dazu finden Sie in Kapitel 7.) Sie sollten sich angewöhnen, alle Variablen zu deklarieren, die Sie verwenden.

Im Allgemeinen sollten Sie den Datentyp verwenden, für den die kleinste Anzahl an Bytes erforderlich ist und der dennoch alles bewältigen kann, was ihm zugewiesen wird. Wenn VBA mit Daten arbeitet, ist die Ausführungsgeschwindigkeit davon abhängig, wie viele Bytes VBA zur Verfügung stehen. Mit anderen Worten, je weniger Bytes Daten verwenden, desto schneller kann VBA auf die Daten zugreifen und diese verarbeiten. Eine Ausnahme dazu bildet der Datentyp `Integer`. Wenn die Geschwindigkeit eine Rolle spielt, verwenden Sie stattdessen besser den Datentyp `Long`.

Wenn Sie eine Objektvariable verwenden (wie im vorigen Abschnitt beschrieben), können Sie sie als bestimmten Objekttyp deklarieren. Hier ein Beispiel:

```
Dim Rate as Range
Set Rate = Workbooks("MyBook.xlsx") _
    .Worksheets("Tabelle1").Range("Zinssatz")
```

Die With-End-With-Struktur

Wollen Sie mehrere Eigenschaften für ein Objekt festlegen? Ihr Code wird schneller ausgeführt, wenn Sie die `With-End-With`-Struktur verwenden. Ein weiterer Vorteil ist, dass Ihr Code damit möglicherweise besser lesbar wird.

Der folgende Code verwendet kein With-End-With:

```
Selection.HorizontalAlignment = xlCenter
Selection.VerticalAlignment = xlCenter
Selection.WrapText = True
Selection.Orientation = 0
Selection.ShrinkToFit = False
Selection.MergeCells = False
```

Hier derselbe Code mit With-End-With:

```
With Selection
    .HorizontalAlignment = xlCenter
    .VerticalAlignment = xlCenter
    .WrapText = True
    .Orientation = 0
    .ShrinkToFit = False
    .MergeCells = False
End With
```

Wie Sie sehen können informiert dieser Code Excel darüber, dass die folgenden Anweisungen auf das Selection-Objekt angewendet werden sollen. Dies ist der Grund dafür, dass alle Anweisungen innerhalb der With-End-With- Struktur mit einem Punkt beginnen. Sie vermeiden so, das gleiche Objekt immer wieder angeben zu müssen (in diesem Beispiel das Selection-Objekt). Dies bedeutet nicht nur, dass Sie weniger tippen müssen; auch Excel kann diesen Code dann schneller interpretieren und ausführen.

Teil IV
Kommunikation mit Ihren Benutzern

Mit Alternativen zu eingebauten Dialogfeldern eine Menge Zeit sparen.

Entdecken, wie benutzerdefinierte Dialogfelder (auch als UserForms bezeichnet) erstellt werden.

Mit Steuerelementen in Dialogfeldern arbeiten, wie beispielsweise Schaltflächen, Listenfeldern oder Kontrollkästchen.

Zahlreiche praktische Tipps und Tricks für das Erstellen benutzerdefinierter Dialogfelder erhalten.

Die Benutzeroberfläche von Excel anpassen, damit es einfacher wird, Ihre Makros auszuführen.

Kapitel 15
Einfache Dialogfelder

I n Excel tauchen ständig irgendwelche Dialogfelder auf. Sie scheinen überall zu lauern. Excel verwendet wie die meisten Windows-Programme Dialogfelder, um Informationen abzufragen, Befehle bestätigen zu lassen oder Meldungen anzuzeigen. Wenn Sie VBA-Makros entwickeln, können Sie eigene Dialogfelder anlegen, die sich genauso wie die in Excel eingebauten Dialogfelder verhalten. Diese benutzerdefinierten Dialogfelder werden in VBA als UserForms bezeichnet.

In diesem Kapitel geht es nicht darum, UserForms zu erstellen. Stattdessen lernen Sie einige sehr praktische Techniken kennen, die Sie *anstelle* von UserForms verwenden können. In den Kapiteln 16 bis 18 wird es jedoch um UserForms gehen.

Alternativen zu UserForms

Einige Ihrer VBA-Makros verhalten sich bei jeder Ausführung gleich. Beispielsweise könnten Sie ein Makro entwickeln, das eine Liste Ihrer Mitarbeiter in einen Bereich auf einem Arbeitsblatt einfügt. Dieses Makro erzeugt immer dasselbe Ergebnis und es sind keine zusätzlichen Eingaben vom Benutzer erforderlich.

Sie könnten jedoch auch andere Makros entwickeln, die sich in verschiedenen Situationen unterschiedlich verhalten oder die dem Benutzer Optionen anbieten. Dazu kann das Makro ein benutzerdefiniertes Dialogfeld verwenden. Ein benutzerdefiniertes Dialogfeld bietet eine einfache Möglichkeit, Informationen vom Benutzer abzufragen. Anschließend nutzt Ihr Makro diese Information, um zu bestimmen, was zu tun ist.

UserForms können ganz praktisch sein, aber sie sind zeitaufwendig zu erstellen. Bevor das nächste Kapitel erläutert, wie UserForms erstellt werden, lernen Sie in diesem Kapitel einige zeitsparende Alternativen kennen.

VBA erlaubt Ihnen, verschiedene Arten von Dialogfeldern anzuzeigen, die Sie manchmal anstelle von UserForms verwenden können. Sie können diese eingebauten Dialogfelder auf verschiedene Arten anpassen, aber natürlich bieten sie nicht die Optionen, wie sie in UserForms zur Verfügung stehen. In einigen Fällen sind sie jedoch genau das, was Sie brauchen.

In diesem Kapitel geht es um die

✔ MsgBox-Funktion

✔ InputBox-Funktion

✔ GetOpenFilename-Methode

✔ GetSaveAsFilename-Methode

✔ FileDialog-Methode

Außerdem erfahren Sie in diesem Kapitel, wie Sie mit VBA einige der eingebauten Excel-Dialogfelder anzeigen, also dieselben Dialogfelder, mit denen Excel Informationen von Ihnen abfragt.

Die MsgBox-Funktion

Mittlerweile sollten Sie mit der VBA-Funktion MsgBox vertraut sein, da sie in vielen Beispielen der vorherigen Kapitel verwendet wird. Die MsgBox-Funktion, deren Argumente Sie in Tabelle 15.1 sehen, ist gut geeignet, um Informationen anzuzeigen und einfache Eingaben vom Benutzer entgegenzunehmen. Eine Funktion gibt, wie Sie wissen, einen Wert zurück. Die MsgBox-Funktion verwendet ein Dialogfeld, um den Wert zu ermitteln, den sie zurückgibt. Lesen Sie weiter, um zu erfahren, wie das geht.

Argument	Zweck
Prompt	Der Text, den Excel in dem Meldungsfeld anzeigt
Buttons	Eine Zahl, die angibt, welche Schaltflächen (mit welchem Symbol) im Meldungsfeld angezeigt werden (optional)
Title	Der Text, der in der Titelleiste des Meldungsfelds angezeigt wird (optional)

Tabelle 15.1: Argumente der MsgBox-Funktion

Hier eine vereinfachte Version der Syntax für die MsgBox-Funktion:

```
MsgBox(prompt[, buttons][, title])
```

Ein einfaches Meldungsfeld anzeigen

Sie können die MsgBox-Funktion auf zweierlei Arten nutzen:

✔ **Um dem Benutzer einfach eine Meldung anzuzeigen.** In diesem Fall ist das von der Funktion zurückgegebene Ergebnis irrelevant.

✔ **Um eine Antwort vom Benutzer zu erhalten.** In diesem Fall verwenden Sie das von der Funktion zurückgegebene Ergebnis weiter. Das Ergebnis ist davon abhängig, auf welche Schaltfläche der Benutzer klickt.

Wenn Sie nur die MsgBox-Funktion verwenden, geben Sie keine Klammern um die Argumente herum an. Das folgende Beispiel zeigt einfach eine Meldung an und gibt kein Ergebnis zurück. Wenn die Meldung angezeigt wird, wird der Code unterbrochen, bis der Benutzer auf OK klickt.

```
Sub MsgBoxDemo()
    MsgBox "Klicken Sie auf OK, um mit dem Drucken zu beginnen."
    Sheets("Ergebnisse").PrintOut
End Sub
```

Abbildung 15.1 zeigt, wie dieses Meldungsfeld aussieht. In diesem Fall beginnt der Ausdruck, sobald der Benutzer auf OK klickt. Beachten Sie, dass es keine Möglichkeit gibt, das Drucken abzulehnen. Im nächsten Abschnitt ist beschrieben, wie das korrigiert werden kann.

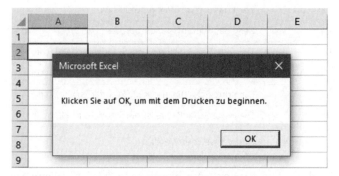

Abbildung 15.1: Ein einfaches Meldungsfeld

Eine Antwort aus einem Meldungsfeld ermitteln

Wenn Sie ein Meldungsfeld anzeigen, das nicht nur eine OK-Schaltfläche enthält, wollen Sie wahrscheinlich wissen, auf welche Schaltfläche der Benutzer geklickt hat. Sie haben Glück. Die MsgBox-Funktion kann einen Wert zurückgeben, aus dem abgeleitet werden kann, auf welche Schaltfläche geklickt wurde. Sie können das Ergebnis der MsgBox-Funktion einer Variablen zuweisen.

Der folgende Code verwendet einige eingebaute Konstanten (die in Tabelle 15.2 beschrieben sind), mit denen es ganz einfach ist, mit den von MsgBox zurückgegebenen Werten zu arbeiten:

```
Sub GetAnswer()
    Dim Ans As Integer
    Ans = MsgBox("Jetzt drucken?", vbYesNo)
    Select Case Ans
        Case vbYes
            ActiveSheet.PrintOut
        Case vbNo
            MsgBox "Drucken abgebrochen"
    End Select
End Sub
```

Konstante	Wert	Zweck
vbOKOnly	0	Zeigt nur eine OK-Schaltfläche an.
vbOKCancel	1	Zeigt OK- und ABBRECHEN-Schaltflächen an.
vbAbortRetryIgnore	2	Zeigt ABBRECHEN-, WIEDERHOLEN- und IGNORIEREN-Schaltflächen an.
vbYesNoCancel	3	Zeigt JA-, NEIN- und ABBRECHEN-Schaltflächen an.
vbYesNo	4	Zeigt JA- und NEIN-Schaltflächen an.
vbRetryCancel	5	Zeigt WIEDERHOLEN- und ABBRECHEN-Schaltflächen an.
vbCritical	16	Zeigt das Symbol MELDUNG FÜR KRITISCHEN FEHLER an.
vbQuestion	32	Zeigt das Symbol WARNUNG MIT ABFRAGE an.
vbExclamation	48	Zeigt das Symbol WARNMELDUNG an.
vbInformation	64	Zeigt das Symbol INFORMATIONSMELDUNG an.
vbDefaultButton1	0	Die erste Schaltfläche ist die Standardschaltfläche.
vbDefaultButton2	256	Die zweite Schaltfläche ist die Standardschaltfläche.
vbDefaultButton3	512	Die dritte Schaltfläche ist die Standardschaltfläche.
vbDefaultButton4	768	Die vierte Schaltfläche ist die Standardschaltfläche.

Tabelle 15.2: Konstanten, die in der MsgBox-Funktion verwendet werden

Abbildung 15.2 zeigt, wie das Meldungsfeld aussieht, das dieser Code aussieht. Wenn Sie diese Prozedur ausführen, wird der Variablen Ans der Wert vbYes oder vbNo zugewiesen,

Abbildung 15.2: Ein einfaches Meldungsfeld mit zwei Schaltflächen

abhängig davon, auf welche Schaltfläche der Benutzer geklickt hat. Die `SelectCase`-Anweisung bestimmt mithilfe des Werts von `Ans`, welche Aktion der Code ausführen soll.

Sie können das Ergebnis der `MsgBox`-Funktion auch ohne Variable verwenden, wie das folgende Beispiel zeigt:

```
Sub GetAnswer2()
    If MsgBox("Jetzt drucken?", vbYesNo) = vbYes Then
'        ...[Code, wenn auf Ja geklickt wurde]...
    Else
'        ...[Code, wenn nicht auf  Ja geklickt wurde]...
    End If
End Sub
```

Meldungsfelder anpassen

Die Flexibilität des Arguments `buttons` macht es ganz einfach, Ihre Meldungsfelder anzupassen. Sie können auswählen, welche Schaltfläche angezeigt werden soll, festlegen, ob ein Symbol ausgegeben werden soll, und entscheiden, welche Schaltfläche der Standard sein soll (die Standardschaltfläche wird als »angeklickt« angenommen, wenn der Benutzer die Eingabetaste gedrückt hat).

Um mehr als eine der Konstanten aus Tabelle 15.2 als Argument zu verwenden, verbinden Sie sie mit dem +-Operator. Um beispielsweise ein Meldungsfeld mit JA- und NEIN-Schaltflächen und einem Ausrufezeichen anzuzeigen, verwenden Sie den folgenden Ausdruck als zweites `MsgBox`-Argument:

`vbYesNo + vbExclamation`

Sie können aber Ihren Code auch weit weniger verständlich machen und den Wert 52 verwenden (das heißt 4 + 48).

Das folgende Beispiel verwendet eine Kombination aus Konstanten, um ein Meldungsfeld mit einer JA-Schaltfläche und einer NEIN-Schaltfläche (`vbYesNo`) sowie mit Fragezeichensymbol (`vbQuestion`) anzuzeigen. Die Konstante `vbDefaultButton2` macht die zweite Schaltfläche (NEIN) zur Standardschaltfläche, das heißt, die Schaltfläche, die als angeklickt betrachtet wird, wenn der Benutzer die Eingabetaste drückt. Der Einfachheit halber werden diese Konstanten der `Config`-Variablen zugewiesen und dann wird `Config` als zweites Argument in der `MsgBox`-Funktion verwendet:

```
Sub GetAnswer3()
    Dim Config As Integer
    Dim Ans As Integer
    Config = vbYesNo + vbQuestion + vbDefaultButton2
    Ans = MsgBox("Monatsbericht verarbeiten?", Config)
    If Ans = vbYes Then RunReport
End Sub
```

Abbildung 15.3 zeigt das Meldungsfeld, das Excel anzeigt, wenn Sie die Prozedur GetAnswert3 ausführen. Wenn der Benutzer auf die JA-Schaltfläche klickt, führt die Routine die Prozedur RunReport aus (die hier nicht gezeigt ist). Wenn der Benutzer auf die NEIN-Schaltfläche klickt (oder die Eingabetaste drückt), endet die Routine ohne eine Aktion. Da das title-Argument in der MsgBox-Funktion fehlt, verwendet Excel den Standardtitel, MICROSOFT EXCEL.

Abbildung 15.3: Das buttons-Argument der MsgBox-Funktion bestimmt, was in dem Meldungsfeld angezeigt wird.

Die folgende Routine zeigt ein weiteres Beispiel für die Verwendung der MsgBox-Funktion:

```
Sub GetAnswer4()
    Dim Msg As String, Title As String
    Dim Config As Integer, Ans As Integer
    Msg = "Möchten Sie den Monatsbericht verarbeiten?"
    Msg = Msg & vbNewLine & vbNewLine
    Msg = Msg & "Die Verarbeitung des Monatsberichts "
    Msg = Msg & "dauert ca. 15 Minuten. Es wird ein "
    Msg = Msg & "30-seitiger Bericht für alle "
    Msg = Msg & "Verkaufsstellen für den aktuellen "
    Msg = Msg & "Monat erstellt."
    Title = "XYZ Marketing Company"
    Config = vbYesNo + vbQuestion
    Ans = MsgBox(Msg, Config, Title)
    If Ans = vbYes Then RunReport
End Sub
```

Dieses Beispiel zeigt eine effizientere Möglichkeit, eine längere Meldung in einem Meldungsfeld anzuzeigen. Hier werden eine Variable (Msg) und der Verkettungsoperator (&) verwendet, um die Meldung aus mehreren Anweisungen aufzubauen. Die Konstante vbNewLine fügt ein Zeilenumbruchzeichen ein, das eine neue Zeile startet (zweimal angegeben, fügt es eine leere Zeile ein). Außerdem wird das title-Argument verwendet, um im Meldungsfeld einen anderen Titel anzuzeigen.

Abbildung 15.4 zeigt das Meldungsfeld, das Excel anzeigt, wenn Sie diese Prozedur ausführen.

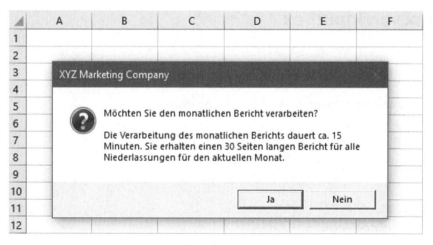

Abbildung 15.4: Dieses von der MsgBox-Funktion erstellte Dialogfeld zeigt einen Titel, ein Symbol und zwei Schaltflächen an.

Frühere Beispiele haben Konstanten (wie vbYes oder vbNo) für den Rückgabewert der MsgBox-Funktion verwendet. Neben diesen beiden Konstanten gibt es noch weitere, wie in Tabelle 15.3 gezeigt.

Konstante	Wert	Zweck
vbOK	1	Der Benutzer hat auf OK geklickt.
vbCancel	2	Der Benutzer hat auf ABBRECHEN geklickt.
vbAbort	3	Der Benutzer hat auf ABBRUCH geklickt.
vbRetry	4	Der Benutzer hat auf WIEDERHOLEN geklickt.
vbIgnore	5	Der Benutzer hat auf IGNORIEREN geklickt.
vbYes	6	Der Benutzer hat auf JA geklickt.
vbNo	7	Der Benutzer hat auf NEIN geklickt.

Tabelle 15.3: Konstanten, die als Rückgabewerte für die MsgBox-Funktion verwendet werden

Das ist eigentlich schon alles, was Sie über die MsgBox-Funktion wissen müssen. Nutzen Sie die Meldungsfelder jedoch mit Vorsicht. In der Regel gibt es keinen Grund, Meldungsfelder anzuzeigen, die keinen Zweck haben. Es geht den Benutzern auf die Nerven, wenn jeden Tag die Meldung »Guten Morgen! Vielen Dank, dass Sie die Arbeitsmappe Budget-Projektierung geladen haben!« angezeigt wird.

Die InputBox-Funktion

Die VBA-Funktion InputBox ist praktisch, um eine vom Benutzer eingegebene Information abzufragen. Bei dieser Information kann es sich um einen Wert, eine Zeichenfolge oder sogar eine Bereichsadresse handeln. Das ist eine gute Alternative zur Entwicklung eines User-Forms, wenn Sie nur einen einzigen Wert abfragen müssen.

Die Syntax von InputBox

Hier eine vereinfachte Version der Syntax für die InputBox-Funktion:

```
InputBox(prompt[, title][, default])
```

Tabelle 15.4 beschreibt die Argumente der Funktion InputBox.

Argument	Zweck
Prompt	Der im Eingabefeld angezeigte Text
Title	Der in der Titelleiste des Eingabefelds angezeigte Text
Default	Der Standardwert für die Benutzereingabe (optional)

Tabelle 15.4: Argumente der InputBox-Funktion

Ein Beispiel für eine InputBox

Die folgende Anweisung zeigt, wie die InputBox-Funktion verwendet werden kann:

```
TheName = InputBox("Wie heißen Sie?", "Willkommen")
```

Wenn Sie diese VBA-Anweisung ausführen, zeigt Excel das in Abbildung 15.5 gezeigte Dialogfeld an. Beachten Sie, dass dieses Beispiel nur die ersten beiden Argumente verwendet und keinen Standardwert unterstützt. Wenn der Benutzer einen Wert eingibt und auf OK klickt, weist die Prozedur den Wert der Variablen TheName zu.

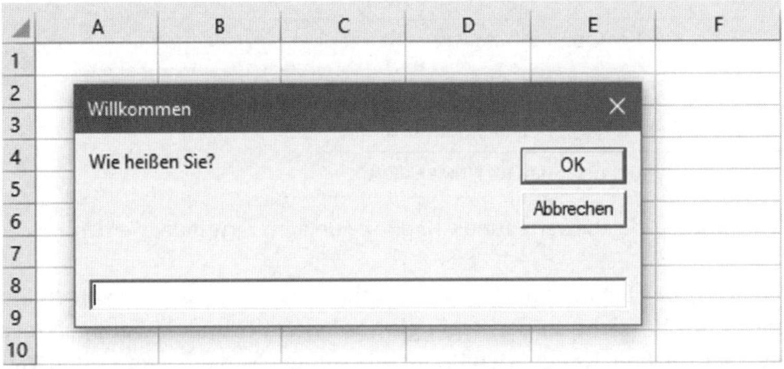

Abbildung 15.5: Die InputBox-Funktion zeigt dieses Dialogfeld an.

Das folgende Beispiel verwendet das dritte Argument und stellt einen Standardwert bereit. Der Standardwert ist der Benutzername, der in Excel gespeichert ist (die UserName-Eigenschaft des Application-Objekts).

```
Sub GetName()
    Dim TheName As String
    TheName = InputBox("Wie heißen Sie?", _
        "Willkommen", Application.UserName)
End Sub
```

InputBox zeigt immer eine ABBRECHEN-Schaltfläche an. Wenn der Benutzer auf ABBRECHEN klickt, gibt die InputBox-Funktion eine leere Zeichenfolge zurück.

 Die VBA-Funktion InputBox gibt immer eine Zeichenfolge zurück. Wenn Sie also einen Wert abfragen müssen, brauchen Sie in Ihrem Code eine zusätzliche Überprüfung. Das folgende Beispiel verwendet die Funktion InputBox, um eine Zahl abzufragen. Mit der Funktion IsNumeric prüft sie, ob es sich bei der Zeichenfolge um eine Zahl handelt. Enthält die Zeichenfolge eine Zahl, ist alles in Ordnung. Kann die Eingabe des Benutzers nicht als Zahl interpretiert werden, zeigt der Code einen Fehler an.

```
Sub AddSheets()
    Dim Prompt As String
    Dim Caption As String
    Dim DefValue As Integer
    Dim NumSheets As String

    Prompt = "Wie viele Blätter wollen Sie hinzufügen?"
    Caption = "Sagen Sie es mir..."
    DefValue = 1
    NumSheets = InputBox(Prompt, Caption, DefValue)

    If NumSheets = "" Then Exit Sub 'Canceled
    If IsNumeric(NumSheets) Then
        If NumSheets > 0 Then Sheets.Add Count:=NumSheets
    Else
        MsgBox "Ungültige Zahl"
    End If
End Sub
```

Abbildung 15.6 zeigt das von dieser Routine ausgegebene Dialogfeld.

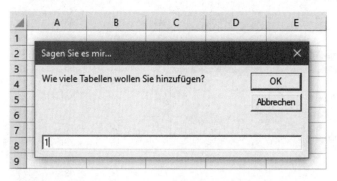

Abbildung 15.6: Ein weiteres Beispiel für die Verwendung der InputBox-Funktion

Ein weiterer Typ InputBox

Die in diesem Abschnitt bereitgestellte Information bezieht sich auf die VBA-Funktion InputBox. Darüber hinaus haben Sie Zugriff auf die InputBox-Methode, eine Methode des Application-Objekts.

Ein großer Vorteil bei der Verwendung der InputBox-Methode des Application-Objekts ist es, dass Ihr Code eine Bereichsauswahl anfordern kann. Der Benutzer kann dann den Bereich auf dem Arbeitsblatt kennzeichnen, indem er die Zellen markiert. Hier ein schnelles Beispiel, das den Benutzer auffordert, einen Bereich auszuwählen:

```
Sub GetRange()
    Dim Rng As Range
    On Error Resume Next
    Set Rng = Application.InputBox _
      (prompt:="Geben Sie einen Bereich an:", Type:=8)
    If Rng Is Nothing Then Exit Sub
    MsgBox "Ihr ausgewählter Bereich ist " & Rng.Address
End Sub
```

Abbildung 15.7 zeigt, wie dieser Code aussieht.

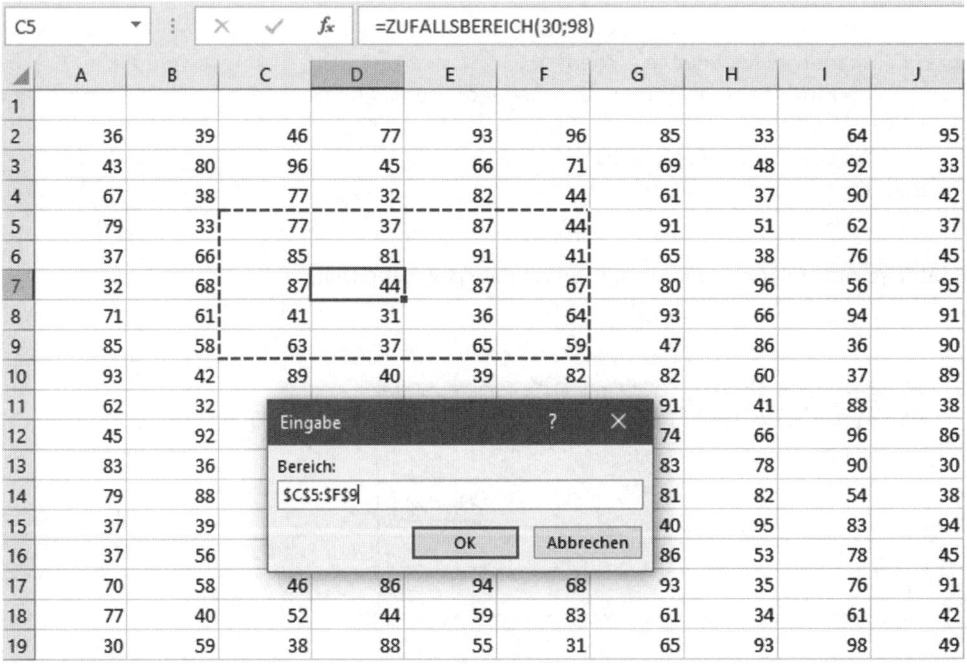

Abbildung 15.7: Mit der InputBox-Methode des Application-Objekts wird ein Bereich ausgewählt.

In diesem einfachen Beispiel teilt der Code dem Benutzer die Adresse des markierten Bereichs mit. Im realen Leben würde Ihr Code natürlich irgendetwas Sinnvolles mit dem ausgewählten

Bereich machen. Das Schöne an diesem Beispiel ist, dass sich Excel um die Fehlerverarbeitung kümmert. Wenn Sie etwas eingeben, das nicht in einem Bereich liegt, teilt Ihnen Excel das mit und ermöglicht Ihnen, die Eingabe zu wiederholen.

Die Methode `Application.InputBox` ist vergleichbar mit der VBA-Funktion `InputBox`, es gibt aber auch einige Unterschiede. Weitere Informationen finden Sie im Hilfesystem.

Die Methode GetOpenFilename

Wenn Ihre VBA-Prozedur einen Dateinamen vom Benutzer abfragen muss, *könnten* Sie ebenfalls die `InputBox`-Funktion verwenden und den Benutzer etwas eingeben lassen. Eine `InputBox` ist jedoch in der Regel nicht das beste Werkzeug für diese Aufgabe, weil sich die meisten Benutzer die Pfade, Backslashs, Dateinamen und Dateinamenerweiterungen nicht gut merken können. Mit anderen Worten, bei der Eingabe eines Dateinamens macht man schnell einen Tippfehler.

Eine bessere Lösung für dieses Problem ist die `GetOpenFilename`-Methode des `Application`-Objekts, die sicherstellt, dass Ihrem Code ein gültiger Dateiname übergeben wird, einschließlich des vollständigen Pfads. Die `GetOpenFilename`-Methode zeigt das bekannte Dialogfeld ÖFFNEN .

Die Methode `GetOpenFilename` öffnet die angegebene Datei nicht. Diese Methode gibt einfach nur den vom Benutzer ausgewählten Dateinamen als Zeichenfolge zurück. Anschließend können Sie Code schreiben, der mit dem Dateinamen beliebige Aktionen ausführt.

Die Syntax für die GetOpenFilename-Methode

Die offizielle Syntax für die `GetOpenFilename`-Methode lautet:

```
object.GetOpenFilename ([FileFilter], [FilterIndex],
    [Title], [ButtonText], [MultiSelect])
```

Die `GetOpenFilename`-Methode nimmt die in Tabelle 15.5 gezeigten optionalen Argumente entgegen.

Argument	Zweck
FileFilter	Bestimmt den Typ der Dateien, die in dem Dialogfeld angezeigt werden (zum Beispiel *.TXT). Sie können unterschiedliche Filter angeben, aus denen der Benutzer auswählen kann.
FilterIndex	Bestimmt, welche Dateifilter im Dialogfeld standardmäßig angezeigt werden.
Title	Gibt die Überschrift für die Titelleiste des Dialogfelds an.
ButtonText	Ignorieren (wird nur für die Mac-Version von Excel verwendet)
MultiSelect	Wenn dieses Argument True ist, kann der Benutzer mehrere Dateien auswählen.

Tabelle 15.5: Argumente der `GetOpenFilename`-Methode

Ein Beispiel für GetOpenFilename

Das Argument `FileFilter` bestimmt, was in der Drop-down-Liste DATEITYP im Dialogfeld angezeigt wird. Dieses Argument besteht aus Paaren von Dateifilter-Zeichenfolgen, gefolgt von der Wildcard-Dateifilterspezifikation, wobei alle Teile und Paare durch Kommas voneinander getrennt werden. Wird dieses Argument weggelassen, lautet es standardmäßig wie folgt:

```
Alle Dateien (*.*), *.*
```

Beachten Sie, dass diese Zeichenfolge aus zwei Teilen besteht, die durch ein Komma voneinander getrennt sind:

```
Alle Dateien (*.*)
```

und

```
*.*
```

Der erste Teil dieser Zeichenfolge ist der Text, der in der Drop-down-Liste DATEITYP angezeigt wird. Der zweite Teil bestimmt, welche Dateien im Dialogfeld angezeigt werden. *.* beispielsweise bedeutet, dass *alle Dateien* angezeigt werden.

Der Code im folgenden Beispiel zeigt ein Dialogfeld an, das den Benutzer auffordert, einen Dateinamen auszuwählen. Die Prozedur definiert fünf Dateifilter. Beachten Sie, dass im Code das Zeilenfortsetzungszeichen von VBA verwendet wird, um die Filtervariable festzulegen. Auf diese Weise wird dieses relativ komplizierte Argument sehr viel übersichtlicher.

```
Sub GetImportFileName ()
    Dim Finfo As String
    Dim FilterIndex As Integer
    Dim Title As String
    Dim FileName As Variant

'   Einrichtung der Dateifilterliste
    FInfo = "Textdateien (*.txt),*.txt," & _
            "Lotus-Dateien (*.prn),*.prn," & _
            "Kommagetrennte Dateien (*.csv),*.csv," & _
            "ASCII-Dateien (*.asc),*.asc," & _
            "Alle Dateien (*.*),*.*"

'   Standardmäßig *.* anzeigen
    FilterIndex = 5

'   Titel für das Dialogfeld
    Title = "Eine zu importierende Datei auswählen"

'   Den Dateinamen ermitteln
    FileName = Application.GetOpenFilename (FInfo, _
        FilterIndex, Title)
```

```
'    Rückgabeinformation aus dem Dialogfeld verarbeiten
     If FileName = False Then
         MsgBox "Es wurde keine Datei ausgewählt."
     Else
         MsgBox "Ihre Auswahl:" & FileName
     End If
End Sub
```

Abbildung 15.8 zeigt das Dialogfeld, das Excel anzeigt, wenn Sie diese Prozedur ausführen. Das Dialogfeld kann abhängig von der verwendeten Windows-Version unterschiedlich aussehen.

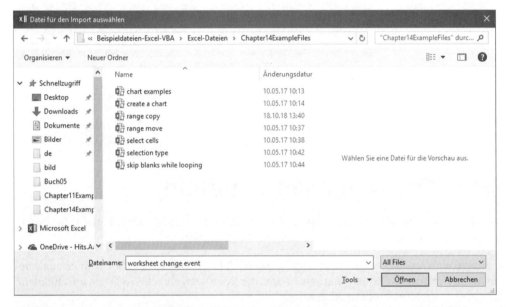

Abbildung 15.8: Die Methode GetOpenFilename zeigt ein benutzerdefinierbares Dialogfeld an und gibt den Pfad und den Namen der ausgewählten Datei zurück. Sie öffnet diese Datei nicht.

In einer echten Anwendung würden Sie etwas Sinnvolleres mit dem Dateinamen machen. Beispielsweise könnten Sie die Datei öffnen, etwa mit der folgenden Anweisung:

```
Workbooks.Open FileName
```

 Beachten Sie, dass die Variable FileName mit dem Datentyp Variant deklariert wird. Wenn der Benutzer auf ABBRECHEN klickt, enthält diese Variable einen Booleschen Wert (False). Andernfalls enthält FileName eine Zeichenfolge. Aus diesem Grund wird der Datentyp Variant verwendet, um beide Möglichkeiten verarbeiten zu können.

Die GetSaveAsFilename-Methode

Die Excel-Methode GetSaveAsFilename funktioniert genau wie die Methode GetOpenFilename, zeigt aber das Excel-Dialogfeld SPEICHERN UNTER statt des Dialogfelds ÖFFNEN an. Die Methode GetSaveAsFilename ermittelt einen Pfad und einen Dateinamen vom Benutzer, verarbeitet aber diese Information nicht weiter. Es bleibt Ihnen überlassen, Code zu schreiben, der die Datei schließlich speichert.

Die Syntax für diese Methode lautet:

```
object.GetSaveAsFilename ([InitialFilename], [FileFilter], [FilterIndex],
[Title], [ButtonText])
```

Die GetSaveAsFilename-Methode nimmt die in Tabelle 15.6 aufgelisteten Argumente entgegen, die alle optional sind.

Argument	Zweck
InitialFileName	Legt einen Standarddateinamen fest, der im Feld DATEINAME angezeigt wird.
FileFilter	Bestimmt den Typ der Dateien, die Excel im Dialogfeld anzeigt (zum Beispiel .TXT). Sie können mehrere verschiedene Filter angeben, aus denen der Benutzer auswählen kann.
FilterIndex	Bestimmt, welchen der Dateifilter Excel standardmäßig anzeigt.
Title	Definiert eine Überschrift für die Titelleiste des Dialogfelds.

Tabelle 15.6: Argumente der GetSaveAsFilename-Methode

Einen Ordnernamen ermitteln

Manchmal braucht man keinen Dateinamen, sondern nur einen Ordnernamen. In diesem Fall ist das FileDialog-Objekt genau das, was Sie brauchen.

Die folgende Prozedur zeigt ein Dialogfeld an, in dem der Benutzer einen Ordner auswählen kann. Der ausgewählte Ordnername (oder der Text »Abgebrochen«) wird anschließend mithilfe der MsgBox-Funktion angezeigt.

```
Sub GetAFolder()
   With Application.FileDialog(msoFileDialogFolderPicker)
      .InitialFileName = Application.DefaultFilePath & "\"
      .Title = "Wählen Sie bitte einen Speicherort für die Sicherung aus"
      .Show
      If .SelectedItems.Count = 0 Then
         MsgBox "Abgebrochen"
      Else
         MsgBox .SelectedItems(1)
      End If
   End With
End Sub
```

Mit dem FileDialog-Objekt können Sie den Standardordner spezifizieren, indem Sie einen Wert für die InitialFileName-Eigenschaft angeben. In diesem Fall verwendet der Code den Standarddateipfad von Excel als Standardordner.

Eingebaute Excel-Dialogfelder anzeigen

Man kann sich VBA auch so vorstellen, dass damit Excel-Befehle nachgebildet werden können. Betrachten Sie beispielsweise die folgende VBA-Anweisung:

```
Range("A1:A12").Name = "Monatsnamen"
```

Die Ausführung dieser VBA-Anweisung hat dieselbe Wirkung, als wenn Sie FORMELN | NAMEN DEFINIEREN | NAMEN DEFINIEREN auswählen, um das Dialogfeld NEUER NAME anzuzeigen, dann in das Feld NAME *Monatsnamen* eingeben und *A1:A12* in das Feld BEZIEHT SICH AUF und anschließend auf OK klicken.

Wenn Sie die VBA-Anweisung ausführen, wird das Dialogfeld NEUER NAME nicht angezeigt. Das ist fast immer das, was Sie wollen: Sie wollen nicht, dass ständig Dialogfelder auf dem Bildschirm angezeigt werden, während Ihr Makro ausgeführt wird.

In einigen Fällen wollen Sie jedoch, dass Ihr Code eines der vielen in Excel eingebauten Dialogfelder anzeigt, sodass der Benutzer dort eine Auswahl vornehmen kann. Dazu verwenden Sie VBA, um einen Menüband-Befehl auszuführen. Das folgende Beispiel zeigt das Dialogfeld NEUER NAME an. Die Adresse im Feld BEZIEHT SICH AUF stellt den Bereich dar, der ausgewählt ist, wenn der Befehl ausgeführt wird (siehe Abbildung 15.9).

```
Application.CommandBars.ExecuteMso "NameDefine"
```

Abbildung 15.9: Eines der in Excel eingebauten Dialogfelder mithilfe von VBA anzeigen

Ihr VBA-Code kann keine Informationen aus dem Dialogfeld ermitteln. Wenn Sie beispielsweise den Code ausführen, um das Dialogfeld NEUER NAME anzuzeigen, kann Ihr Code weder den vom Benutzer eingegebenen Namen noch den benannten Bereich ermitteln.

ExecuteMso ist eine Methode des CommandBars-Objekts und nimmt ein Argument entgegen, einen idMso-Parameter, der ein Menüband-Steuerelement darstellt. Leider sind diese Parameter im Hilfesystem nicht aufgeführt. Und weil es das Menüband noch nicht ewig gibt, ist Code, der die ExecuteMso-Methode verwendet, nicht mit Excel-Versionen vor 2007 kompatibel.

Hier ein weiteres Beispiel für die Verwendung der `ExecuteMso`-Methode. Diese Anweisung zeigt bei der Ausführung die Registerkarte SCHRIFTART im Dialogfeld ZELLEN FORMATIEREN an:

```
Application.CommandBars.ExecuteMso "FormatCellsFontDialog"
```

Wenn Sie versuchen, ein eingebautes Dialogfeld in einem falschen Kontext anzuzeigen, gibt Excel eine Fehlermeldung aus. Die folgende Anweisung beispielsweise zeigt das Dialogfeld `Zahl formatieren` an:

```
Application.CommandBars.ExecuteMso "NumberFormatsDialog"
```

Wenn Sie diese Anweisung ausführen, wo sie nicht geeignet ist (zum Beispiel, wenn eine Form ausgewählt ist), zeigt Excel eine Fehlermeldung an, weil dieses Dialogfeld nur für Zellen auf einem Arbeitsblatt sinnvoll ist.

Excel enthält Tausende von Befehlen. Wie finden Sie den Namen desjenigen, den Sie brauchen? Eine Möglichkeit ist die Registerkarte MENÜBAND ANPASSEN im Dialogfeld EXCEL-OPTIONEN. Am schnellsten gelangen Sie dorthin, indem Sie mit der rechten Maustaste auf ein Menüband-Steuerelement klicken und im Kontextmenü MENÜBAND ANPASSEN auswählen. Im Feld auf der linken Seite sind fast alle Befehle aufgelistet, die in Excel unterstützt werden. Suchen Sie den gewünschten Befehl und zeigen Sie mit dem Mauszeiger darauf. In einem Tooltipp wird der geheime Befehlsname angezeigt (in Klammern). Abbildung 15.10 zeigt ein Beispiel dafür.

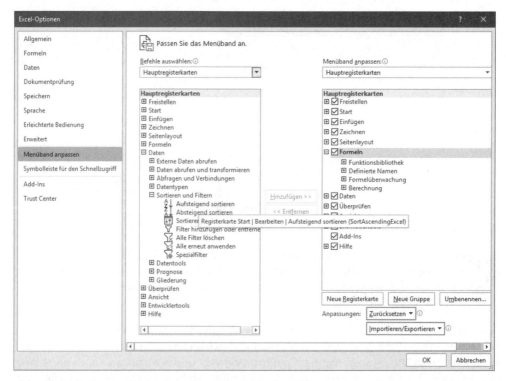

Abbildung 15.10: Verwenden Sie die Registerkarte MENÜBAND ANPASSEN, um einen Befehlsnamen zu ermitteln.

Kapitel 16
UserForm-Grundlagen

E in UserForm ist praktisch, wenn Ihr VBA-Makro unterbrochen werden muss, um Informationen von einem Benutzer abzufragen. Beispielsweise könnte Ihr Makro Optionen verarbeiten, die in einem UserForm vom Benutzer angegeben werden. Wenn nur wenige Informationen benötigt werden (zum Beispiel eine Ja/Nein-Antwort oder eine Zeichenfolge), könnte auch eine der in Kapitel 15 beschriebenen Techniken dafür infrage kommen. Wenn Sie jedoch mehr Informationen brauchen, müssen Sie ein UserForm anlegen. Und das ist genau das, worum es sich in diesem Kapitel dreht.

Erkennen, wann man ein UserForm braucht

Dieser Abschnitt beschreibt eine Situation, in der ein UserForm praktisch ist. Das folgende Makro ändert den Text in jeder Zelle der Auswahl in Großbuchstaben. Dazu verwendet es die eingebaute VBA-Funktion UCase.

```
Sub ChangeCase()
    Dim WorkRange As Range

'   Beenden, wenn kein Bereich ausgewählt ist
    If TypeName(Selection) <> "Range" Then Exit Sub

'   Nur Textzellen verarbeiten, keine Formeln
    On Error Resume Next
    Set WorkRange = Selection.SpecialCells _
```

```
        (xlCellTypeConstants, xlCellTypeConstants)
    For Each cell In WorkRange
        cell.Value = UCase(cell.Value)
    Next cell
End Sub
```

Sie können dieses Makro noch verbessern. Beispielsweise wäre es praktisch, wenn das Makro den Text in den Zellen in Kleinbuchstaben umwandeln könnte oder wenn es den ersten Buchstaben jedes Wortes groß darstellen könnte. Ein Ansatz dafür ist es, zwei zusätzliche Makros zu schreiben – eines für Kleinbuchstaben, eines für die Großschreibung des jeweils ersten Buchstabens. Ein weiterer Ansatz ist es, das vorhandene Makro so abzuändern, dass es diese anderen Optionen verarbeitet. Wenn Sie den zweiten Ansatz verfolgen, brauchen Sie eine Methode, die den Benutzer fragt, wie die Zellen abgeändert werden sollen.

Die Lösung ist die Anzeige eines Dialogfelds, wie in Abbildung 16.1 gezeigt. Dieses Dialogfeld wird im VBE mit einem UserForm erstellt und mithilfe eines VBA-Makros angezeigt. Im nächsten Abschnitt erhalten Sie eine Schritt-für-Schritt-Anleitung für die Erstellung dieses Dialogfelds. Zuvor gibt es jedoch noch ein paar einführende Informationen.

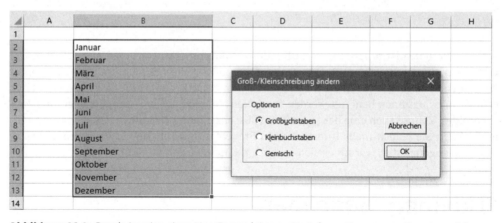

Abbildung 16.1: Durch Anzeige eines UserForms können Sie Informationen vom Benutzer abfragen.

In VBA ist der offizielle Name für ein Dialogfeld *UserForm*. Ein UserForm ist aber eigentlich ein Objekt, das etwas enthält, was allgemein als *Dialogfeld* bezeichnet wird. Diese Unterscheidung ist nicht wichtig, und oft werden diese beiden Begriffe synonym verwendet.

UserForms erstellen: Ein Überblick

Wenn Sie ein UserForm erstellen, führen Sie normalerweise die folgenden allgemeinen Schritte aus:

1. **Bestimmen, was das Dialogfeld leisten soll und an welcher Stelle Ihres VBA-Makros es angezeigt wird**

2. `Alt`+`F11` drücken, um den VBE zu aktivieren und ein neues UserForm-Objekt einzufügen

Ein UserForm-Objekt enthält ein einzelnes UserForm.

3. **Steuerelemente in das UserForm einfügen**

Steuerelemente sind unter anderem Elemente wie Textfelder, Schaltflächen, Kontrollkästchen oder Listenfelder.

4. **Mithilfe des Eigenschaftenfensters die Eigenschaften der Steuerelemente oder des eigentlichen UserForms abändern**

5. **Prozeduren zur Ereignisverarbeitung für die Steuerelemente schreiben (zum Beispiel ein Makro, das ausgeführt wird, wenn der Benutzer im Dialogfeld auf eine Schaltfläche klickt)**

Diese Prozeduren werden im Codefenster für das UserForm-Objekt abgelegt.

6. **Eine Prozedur schreiben (die in einem VBA-Modul abgelegt ist), die dem Benutzer das Dialogfeld anzeigt**

Machen Sie sich keine Gedanken, wenn Sie diese Schritte noch nicht komplett verstanden haben. In den folgenden Abschnitten erhalten Sie weitere Informationen, ebenso wie Anleitungen, um ein UserForm zu erstellen.

Wenn Sie ein UserForm entwerfen, geben Sie Ihrer Anwendung eine sogenannte grafische Benutzeroberfläche (GUI, Graphical User Interface).

Nehmen Sie sich Zeit, um zu überlegen, wie Ihr Formular aussehen soll und wie Ihre Benutzer mit den Steuerelementen auf dem UserForm arbeiten sollen. Versuchen Sie, sie durch die Schritte zu führen, die auf dem Formular auszuführen sind, indem Sie die Anordnung und die Beschriftung der Steuerelemente sorgfältig planen. Wie alles, was mit VBA zusammenhängt, wird auch dies immer einfacher, je öfter Sie es machen.

Mit UserForms arbeiten

Jedes von Ihnen angelegte Dialogfeld wird in einem eigenen UserForm-Objekt gespeichert – ein Dialogfeld pro UserForm. Sie erstellen diese UserForms im Visual Basic Editor und greifen auch dort darauf zu.

Ein neues UserForm einfügen

Ein neues UserForm-Objekt wird wie folgt eingefügt:

1. **Aktivieren Sie den VBE, indem Sie `Alt`+`F11` drücken.**

2. **Wählen Sie die Arbeitsmappe im Projektfenster aus.**

3. Wählen Sie EINFÜGEN | USERFORM**.**

Der VBE fügt ein neues UserForm-Objekt ein, das ein leeres Dialogfeld enthält.

Abbildung 16.2 zeigt ein UserForm, ein leeres Dialogfeld. Ihre Aufgabe ist es, diesem User-Form sinnvolle Steuerelemente hinzuzufügen.

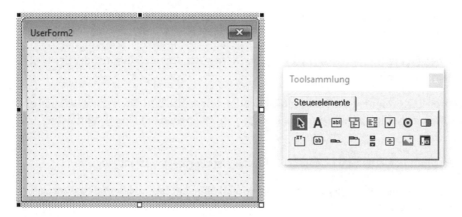

Abbildung 16.2: Ein neues UserForm-Objekt

Einem UserForm Steuerelemente hinzufügen

Wenn Sie ein UserForm aktivieren, zeigt der VBE die Werkzeugsammlung (Toolsammlung) in einem Fenster auf dem Bildschirm an, wie in Abbildung 16.2 gezeigt. Mithilfe dieser Werkzeuge fügen Sie Ihrem UserForm Steuerelemente hinzu. Wenn die Werkzeugsammlung aus irgendeinem Grund nicht angezeigt wird, wenn Sie Ihr UserForm aktivieren, wählen Sie ANSICHT | WERKZEUGSAMMLUNG.

Um ein Steuerelement hinzuzufügen, klicken Sie in der Werkzeugsammlung darauf und ziehen es in das Dialogfeld, um es dort anzulegen. Nachdem Sie ein Steuerelement hinzugefügt haben, können Sie es verschieben und seine Größe ändern.

Tabelle 16.1 listet die verschiedenen Werkzeuge sowie ihre Arbeitsweise auf. Um zu erfahren, welche Werkzeuge vorhanden sind, zeigen Sie mit der Maus auf das Steuerelement und lesen die Beschreibung in dem kleinen Pop-up-Feld.

Die Eigenschaften eines UserForm-Steuerelements ändern

Jedes Steuerelement, das Sie einem UserForm hinzufügen, hat verschiedene Eigenschaften, die bestimmen, wie das Steuerelement aussieht oder wie es sich verhält. Darüber hinaus hat auch das UserForm selbst eigene Eigenschaften. Sie ändern diese Eigenschaften im Eigenschaftenfenster. Abbildung 16.3 zeigt das Eigenschaftenfenster für ein CommandButton-Steuerelement (Befehlsschaltfläche).

Steuerelement	Aufgabe
Bezeichnungsfeld	Zeigt Text an.
Textfeld	Gestattet dem Benutzer, Text einzugeben.
Kombinationsfeld	Zeigt eine Drop-down-Liste an.
Listenfeld	Zeigt eine Liste mit Elementen an.
Kontrollkästchen	Praktisch für Ein/Aus- oder Ja/Nein-Optionen
Optionsfeld	Wird in Gruppen von zwei oder mehr verwendet; gestattet dem Benutzer die Auswahl von einer von mehreren Optionen.
Umschaltfeld	Eine Schaltfläche, die ein oder aus ist
Rahmen	Ein Container für andere Steuerelemente
Befehlsschaltfläche	Erzeugt eine Schaltfläche, die angeklickt werden kann.
Register	Zeigt Registerkarten an.
Multiseiten	Erstellt einen Container mit Registerkarten für andere Objekte.
Bildlaufleiste	Eine Leiste, mit der der Fensterinhalt verschoben werden kann
Drehfeld	Eine Schaltfläche, die angeklickt werden kann, häufig, um einen Wert zu ändern
Anzeige	Enthält eine Abbildung.
RefEdit	Gestattet dem Benutzer, einen Bereich auszuwählen.

Tabelle 16.1: Steuerelemente in der Werkzeugsammlung

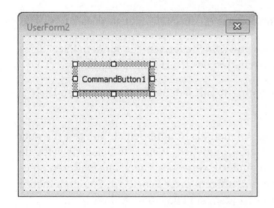 

Abbildung 16.3: Im Eigenschaftenfenster ändern Sie die Eigenschaften von UserForm-Steuerelementen.

Das Eigenschaftenfenster wird mit [F4] angezeigt. Alternativ können Sie auch den Befehl ANSICHT | EIGENSCHAFTENFENSTER verwenden. Welche Eigenschaften angezeigt werden, ist davon abhängig, was Sie ausgewählt haben. Wenn Sie ein anderes Steuerelement auswählen, werden die Eigenschaften für dieses Steuerelement angezeigt. Um das Eigenschaftenfenster auszublenden, klicken Sie auf die SCHLIESSEN-Schaltfläche in seiner Titelleiste. Wenn Sie es wieder brauchen, können Sie es mit [F4] jederzeit wieder anzeigen.

Unter anderem haben Steuerelemente die folgenden Eigenschaften:

✔ Name

✔ Width (Breite)

✔ Height (Höhe)

✔ Value (Wert)

✔ Caption (Beschriftung)

Jedes Steuerelement hat eigene Eigenschaften (aber viele Steuerelemente haben einige gemeinsame Eigenschaften). Um eine Eigenschaft im Eigenschaftenfenster zu ändern, gehen Sie wie folgt vor:

1. **Überprüfen Sie, dass im UserForm das richtige Steuerelement ausgewählt ist.**

2. **Kontrollieren Sie, dass das Eigenschaftenfenster angezeigt wird (falls nicht, drücken Sie [F4]).**

3. **Klicken Sie im Eigenschaftenfenster auf die Eigenschaft, die geändert werden soll.**

4. **Nehmen Sie die Änderung auf der rechten Seite des Eigenschaftenfensters vor.**

Wenn Sie das eigentliche UserForm auswählen (und kein Steuerelement auf dem UserForm), können Sie im Eigenschaftenfenster die Eigenschaften des UserForms ändern.

In Kapitel 17 erfahren Sie alles, was Sie brauchen, um mit den Steuerelementen im Dialogfeld zu arbeiten.

 Einige der UserForm-Eigenschaften dienen als Standardeinstellungen für neue Steuerelemente, die Sie auf das UserForm ziehen. Wenn Sie beispielsweise die Font-Eigenschaft für das UserForm ändern, verwenden auch alle weiteren Steuerelemente, die Sie dem UserForm hinzufügen, diese Schriftart. Steuerelemente, die sich bereits auf dem UserForm befinden, sind davon nicht betroffen.

Das Codefenster für ein UserForm anzeigen

Jedes UserForm-Objekt hat ein Codemodul, das den VBA-Code aufnimmt (die Prozedur zur Ereignisverarbeitung), der ausgeführt wird, wenn der Benutzer mit dem Dialogfeld arbeitet. Um das Codemodul anzuzeigen, drücken Sie [F7]. Das Codefenster ist leer, bis Sie ihm Prozeduren hinzufügen. Mit [◇]+[F7] gelangen Sie zurück zum UserForm.

Und es gibt noch eine andere Möglichkeit, zwischen dem Codefenster und der UserForm-Anzeige umzuschalten: die Schaltflächen CODE ANZEIGEN und OBJEKT ANZEIGEN in der Titelleiste des Projektfensters. Sie können auch mit der rechten Maustaste auf das UserForm klicken und im Kontextmenü den Befehl CODE ANZEIGEN auswählen. Wenn Sie gerade den Code anzeigen, können Sie mit der rechten Maustaste im Projektfenster auf den UserForm-Namen klicken, um zum UserForm zurückzukehren.

Ein UserForm anzeigen

Ein UserForm wird mit der Show-Methode des UserForms in einer VBA-Prozedur angezeigt.

 Das Makro, das das Dialogfeld anzeigt, muss sich in einem VBA-Modul befinden – nicht im Codefenster für das UserForm.

Die folgende Prozedur zeigt das Dialogfeld UserForm1 an:

```
Sub ShowDialogBox()
    UserForm1.Show
'   Hier können weitere Anweisungen stehen
End Sub
```

Wenn Excel das Dialogfeld anzeigt, wird das Makro ShowDialogBox unterbrochen, bis der Benutzer das Dialogfeld schließt. Anschließend führt VBA die restlichen Anweisungen in der Prozedur aus. Größtenteils gibt es gar keinen weiteren Code in der Prozedur. Wie Sie später sehen werden, schreiben Sie Ihre Prozeduren zur Ereignisverarbeitung in das Codefenster für das UserForm. Diese Prozeduren werden ausgelöst, wenn der Benutzer mit den Steuerelementen auf dem UserForm arbeitet.

Informationen aus einem UserForm verarbeiten

Der VBE gibt für jedes Steuerelement, das Sie dem UserForm hinzufügen, einen Namen vor. Der Name des Steuerelements entspricht seiner Name-Eigenschaft. Um in Ihrem Code auf ein bestimmtes Steuerelement zu verweisen, verwenden Sie diesen Namen. Wenn Sie beispielsweise einem UserForm UserForm1 ein CheckBox-Steuerelement hinzufügen, heißt dieses CheckBox-Steuerelement (Kontrollkästchen) standardmäßig CheckBox1. Sie können im Eigenschaftenfenster festlegen, dass dieses Steuerelement mit einem Häkchen dargestellt wird. Oder Sie können Code schreiben, der das veranlasst:

```
UserForm1.CheckBox1.Value = True
```

Größtenteils schreiben Sie den Code für ein UserForm im Codemodul des UserForms. In diesem Fall können Sie die UserForm-Objektqualifizierung weglassen und die Anweisung wie folgt schreiben:

```
CheckBox1.Value = True
```

Ihr VBA-Code kann auch verschiedene Eigenschaften der Steuerelemente überprüfen und entsprechende Aktionen ausführen. Die folgende Anweisung führt das Makro PrintReport aus, wenn das Kontrollkästchen (CheckBox1) markiert wird:

```
If CheckBox1.Value = True Then Call PrintReport
```

Normalerweise ist es sinnvoll, den von VBE zugeordneten Standardnamen zu ändern, um einen aussagekräftigeren Namen zu verwenden. Sie könnten CheckBox1 beispielsweise in cbxBerichtDrucken umbenennen und hierbei ein dreistelliges Präfix verwenden, das den Typ des Steuerelements angibt. Beispielsweise steht cbx für *Checkbox*, Kontrollkästchen. Dies ist nur ein Beispiel für eine Namenskonvention, um in VBA Objekte unterscheiden zu können. Wenn Sie eine Namenskonvention wie diese verwenden, ist Ihr Code einfacher zu lesen. Welche Namenskonvention Sie verwenden, hängt davon ab, welche für Sie die beste ist.

Ein UserForm-Beispiel

Das UserForm-Beispiel aus diesem Abschnitt ist eine erweiterte Version des Makros ChangeCase vom Kapitelanfang. Beachten Sie, dass die ursprüngliche Version dieses Makros den Text in den ausgewählten Zellen in Großbuchstaben umwandelt. Diese abgeänderte Version verwendet ein UserForm, um den Benutzer zu fragen, wie der Text umgewandelt werden soll: Großbuchstaben, Kleinbuchstaben oder jedes Wort mit einem Großbuchstaben beginnend.

Dieses Dialogfeld muss eine Information vom Benutzer erhalten: Welche Änderung soll am Text vorgenommen werden. Der Benutzer hat drei Auswahlmöglichkeiten, deshalb ist es am besten, ein Dialogfeld mit drei OptionButton-Steuerelementen (Optionsfelder) zu verwenden. Das Dialogfeld braucht außerdem zwei Schaltflächen: OK und ABBRECHEN. Wenn Sie auf die OK-Schaltfläche klicken, wird der Code ausgeführt, der diese Arbeit erledigt. Wenn Sie auf die ABBRECHEN-Schaltfläche klicken, wird das Makro beendet, ohne dass etwas passiert.

 Diese Arbeitsmappe steht auf der Website zum Buch zur Verfügung. Sie profitieren jedoch mehr von dieser Übung, wenn Sie den hier gezeigten Schritten folgen und sie selbst anlegen.

Das UserForm anlegen

Das UserForm wird mit den folgenden Schritten angelegt. Beginnen Sie mit einer leeren Arbeitsmappe.

1. **Drücken Sie** $\boxed{\text{Alt}}$+$\boxed{\text{F11}}$, **um den VBE zu aktivieren.**

2. **Wenn im Projektfenster mehrere Projekte enthalten sind, wählen Sie das Projekt mit der verwendeten Arbeitsmappe aus.**

3. **Wählen Sie** EINFÜGEN | USERFORM.

   Der VBE fügt ein neues UserForm-Objekt in ein leeres Dialogfeld ein.

4. **Drücken Sie** $\boxed{\text{F4}}$, **um das Eigenschaftenfenster anzuzeigen.**

5. **Ändern Sie im Eigenschaftenfenster die** Caption-**Eigenschaft des Dialogfelds auf** *Groß-/ Kleinschreibung ändern.*

6. **Das Dialogfeld ist etwas zu groß. Sie können es gegebenenfalls mithilfe der Griffe (rechts und unten) anpassen.**

Schritt 6 kann auch ausgeführt werden, nachdem Sie alle Steuerelemente in dem Dialogfeld platziert haben.

Die Befehlsschaltflächen hinzufügen

Jetzt können Sie dem Dialogfeld zwei Befehlsschaltflächen hinzufügen, OK und ABBRECHEN. Gehen Sie wie folgt vor:

1. **Kontrollieren Sie, dass die Werkzeugsammlung (das Fenster heißt TOOLSAMMLUNG, der Befehl heißt WERKZEUGSAMMLUNG) angezeigt wird. Ist dies nicht der Fall, wählen Sie AN-SICHT | WERKZEUGSAMMLUNG.**

2. **Wenn das Eigenschaftenfenster nicht angezeigt wird, drücken Sie** F4 **, um es anzuzeigen.**

3. **Ziehen Sie aus der Werkzeugsammlung eine Befehlsschaltfläche in das Dialogfeld, um eine Schaltfläche anzulegen.**

Wie Sie im Eigenschaftenfenster sehen, hat die Schaltfläche einen Standardnamen und einen Standardtitel: CommandButton1.

4. **Wählen Sie die Befehlsschaltfläche aus. Anschließend aktivieren Sie das Eigenschaftenfenster und ändern die folgenden Eigenschaften:**

Eigenschaft	Ändern in
Name	OKButton
Caption	OK
Default	True

5. **Fügen Sie dem UserForm ein zweites CommandButton-Objekt hinzu und ändern Sie die folgenden Eigenschaften:**

Eigenschaft	Ändern in
Name	CancelButton
Caption	Abbrechen
Cancel	True

6. **Passen Sie die Größe und die Position der Steuerelemente so an, dass Ihr Dialogfeld aussieht wie in Abbildung 16.4 gezeigt.**

 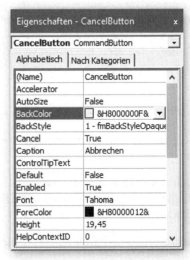

Abbildung 16.4: Das UserForm mit zwei Schaltflächen

Optionsfelder einfügen

In diesem Abschnitt fügen Sie dem Dialogfeld drei Optionsfelder hinzu. Bevor Sie die Optionsfelder einfügen, fügen Sie ein Rahmenobjekt ein, das diese Optionsfelder aufnimmt. Der Rahmen ist nicht zwingend erforderlich, aber damit sieht das Dialogfeld professioneller aus.

1. **Klicken Sie in der Werkzeugsammlung auf den Rahmen und ziehen Sie ihn in das Dialogfeld.**

   Dieser Schritt legt einen Rahmen an, der die Optionsfelder aufnimmt.

2. **Ändern Sie im Eigenschaftenfenster den Titel des Rahmens in** *Optionen*.

3. **Klicken Sie in der Werkzeugsammlung auf das Optionsfeld und ziehen Sie es in das Dialogfeld (in den Rahmen).**

   Damit legen Sie ein Optionsfeld-Steuerelement an.

4. **Wählen Sie das Optionsfeld aus und ändern Sie im Eigenschaftenfenster die folgenden Eigenschaften:**

Eigenschaft	Ändern in
Name	OptionUpper
Caption	Großbuchstaben
Accelerator	U
Value	True

5. **Fügen Sie ein weiteres Optionsfeld ein und ändern Sie im Eigenschaftenfenster die folgenden Eigenschaften:**

Eigenschaft	Ändern in
Name	OptionLower
Caption	Kleinbuchstaben
Accelerator	L

6. **Fügen Sie ein drittes Optionsfeld ein und ändern Sie im Eigenschaftenfenster die folgenden Eigenschaften:**

Eigenschaft	Ändern in
Name	OptionProper
Caption	Gemischt
Accelerator	P

7. **Passen Sie die Größe und die Position der Optionsfelder, des Rahmens und des Dialogfelds an.**

Ihr UserForm sollte jetzt aussehen, wie in Abbildung 16.5 gezeigt.

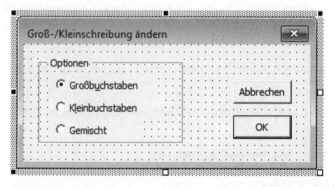

Abbildung 16.5: Dies ist das UserForm, nachdem drei Optionsfelder in den Rahmen eingefügt wurden.

Wenn Sie eine schnelle Vorschau auf das Aussehen Ihres UserForms erhalten möchten, drücken Sie F5 . Da keines der Steuerelemente funktioniert, müssen Sie auf das rote X in der Titelleiste klicken, um das Dialogfeld zu schließen.

Die Accelerator-Eigenschaft bestimmt, welcher Buchstabe in der Beschriftung unterstrichen dargestellt wird und damit, mit welcher Alt -Tastenkombination dieses Steuerelement ausgewählt wird. Beispielsweise können Sie die Option KLEINBUCHSTABEN mit Alt + L auswählen, weil das L unterstrichen ist. Accelerator-Tasten sind optional, aber einige Benutzer verwenden lieber die Tastatur, um sich innerhalb der Dialogfelder zu bewegen.

Sie fragen sich vielleicht, warum die Optionsfelder Accelerator-Tasten haben, also Tastenkürzel, die Befehlsschaltflächen dagegen nicht. Im Allgemeinen haben OK- und Abbrechen-Schaltflächen keine Accelerator-Tasten, weil man sie über die Tastatur erreichen kann. Das Drücken der Eingabetaste entspricht dem Anklicken von OK, weil die `Default`-Eigenschaft des Steuerelements `True` ist. Das Drücken von `Esc` entspricht dem Anklicken von Abbrechen, weil die `Cancel`-Eigenschaft des Steuerelements `True` ist.

Prozeduren zur Ereignisverarbeitung einfügen

Jetzt soll das UserForm etwas leisten. So fügen Sie den Abbrechen- und OK-Schaltflächen eine Prozedur zur Ereignisverarbeitung hinzu:

1. **Doppelklicken Sie auf die Abbrechen-Schaltfläche.**

   Der VBE aktiviert das Codefenster für das UserForm und fügt eine leere Prozedur ein:

   ```
   Private Sub CancelButton_Click()

   End Sub
   ```

   Die Prozedur `CancelButton_Click` wird ausgeführt, wenn die Abbrechen-Schaltfläche angeklickt wird, aber nur dann, wenn das Dialogfeld angezeigt wird. Mit anderen Worten, wenn Sie auf die Abbrechen-Schaltfläche klicken, während Sie das Dialogfeld entwerfen, wird die Prozedur nicht ausgeführt. Die `Cancel`-Eigenschaft der Abbrechen-Schaltfläche ist auf `True` gesetzt, deshalb löst auch das Drücken von `Esc` die Prozedur `CancelButton_Click` aus.

2. **Fügen Sie die folgende Anweisung in die Prozedur ein (vor der `End-Sub`-Anweisung):**

   ```
   Unload UserForm1
   ```
   Diese Anweisung schließt das UserForm, wenn die Abbrechen-Schaltfläche angeklickt wird.

3. **Drücken Sie `⇧`+`F7`, um zum UserForm zurückzukehren.**

4. **Doppelklicken Sie auf die OK-Schaltfläche.**

   Der VBE aktiviert das Codefenster für das UserForm und fügt eine leere Sub-Prozedur namens `OKButton_Click` ein.

   Wenn das UserForm angezeigt wird, wird diese Prozedur durch Anklicken von OK ausgeführt. Die `Default`-Eigenschaft dieser Schaltfläche ist auf `True` gesetzt, deshalb bewirkt auch das Drücken der Eingabetaste die Ausführung der Prozedur `OKButton_Click`.

5. **Geben Sie den folgenden Code ein, sodass die Prozedur wie folgt aussieht:**

   ```
   Private Sub OKButton_Click()
     Dim WorkRange As Range
     Dim cell As Range
   ```

```
'   Nur Textzellen verarbeiten, keine Formeln
    On Error Resume Next
    Set WorkRange = Selection.SpecialCells _
        (xlCellTypeConstants, xlCellTypeConstants)

'   Großbuchstaben
    If OptionUpper Then
        For Each cell In WorkRange
            cell.Value = UCase(cell.Value)
        Next cell
    End If

'   Kleinbuchstaben
    If OptionLower Then
        For Each cell In WorkRange
            cell.Value = LCase(cell.Value)
        Next cell
    End If

'   Gemischte Buchstaben
    If OptionProper Then
        For Each cell In WorkRange
            cell.Value = Application. _
                WorksheetFunction.Proper(cell.Value)
        Next cell
    End If
    Unload UserForm1
End Sub
```

Der oben gezeigte Code ist eine erweiterte Version des ursprünglichen Makros ChangeCase, das Sie zu Beginn des Kapitels gesehen habe. Das Makro besteht aus drei separaten Codeblöcken. Dieser Code verwendet drei If-Then-Strukturen. Jede davon enthält eine For-Each-Next-Schleife. Es wird jeweils nur ein Block ausgeführt, abhängig davon, welches Optionsfeld der Benutzer auswählt. Die letzte Anweisung schließt das Dialogfeld, nachdem die Arbeit abgeschlossen ist.

Ein Makro anlegen, das das Dialogfeld anzeigt

Wir sind fast fertig mit unserem Projekt. Was noch fehlt, ist eine Möglichkeit, das Dialogfeld anzuzeigen. Gehen Sie wie folgt vor, um die Prozedur zu erstellen, die das Dialogfeld anzeigt:

1. **Wählen Sie im VBE-Fenster EINFÜGEN | MODUL.**

   Der VBE fügt dem Projekt ein leeres VBA-Modul hinzu (mit dem Namen Module1).

2. Geben Sie den folgenden Code ein:

```
Sub ChangeCase()
    If TypeName(Selection) = "Range" Then
        UserForm1.Show
    Else
        MsgBox "Wählen Sie einen Bereich aus.", vbCritical
    End If
End Sub
```

Diese Prozedur ist ganz einfach. Sie überprüft, ob ein Bereich ausgewählt ist. Ist dies der Fall, wird das Dialogfeld angezeigt (mit der Show-Methode). Anschließend arbeitet der Benutzer im Dialogfeld, und der im Codefeld des UserForms gespeicherte Code wird ausgeführt. Wenn kein Bereich ausgewählt ist, zeigt das UserForm eine MsgBox mit dem Text »Wählen Sie einen Bereich aus.« an.

Das Makro für den Benutzer bereitstellen

Damit sollte alles korrekt funktionieren. Aber Sie brauchen immer noch eine einfache Möglichkeit, das Makro auszuführen. Weisen Sie eine Tastenkombination ($\boxed{\text{Strg}}$+$\boxed{\Diamond}$+$\boxed{\text{C}}$) zu, die das Makro ChangeCase ausführt:

1. **Aktivieren Sie das Excel-Fenster mit** $\boxed{\text{Alt}}$+$\boxed{\text{F11}}$ **.**

2. **Wählen Sie** ENTWICKLERTOOLS | CODE | MAKROS **oder drücken Sie** $\boxed{\text{Alt}}$+$\boxed{\text{F8}}$ **.**

3. **Wählen Sie im Dialogfeld** MAKROS **das Makro** ChangeCase **aus.**

4. **Klicken Sie auf die Schaltfläche** OPTIONEN **.**

   Excel zeigt sein Dialogfeld MAKRO-OPTIONEN an.

5. **Geben Sie ein großes C als Tastenkürzel ein (siehe Abbildung 16.6).**

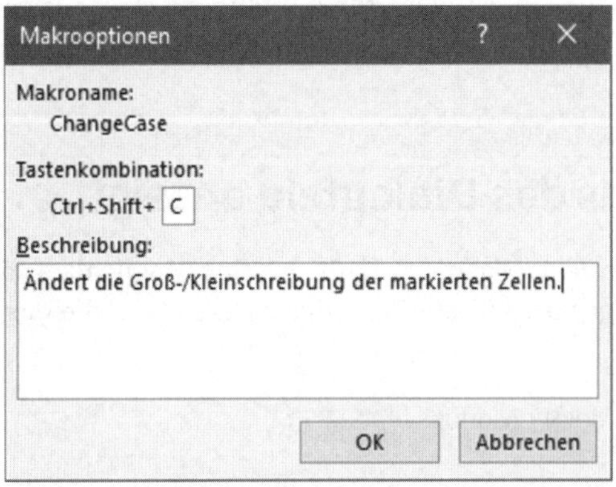

Abbildung 16.6: Weisen Sie eine Tastenkombination für die Ausführung des ChangeCase-Makros zu.

6. **Geben Sie eine Beschreibung des Makros in das Beschreibungsfeld ein.**

7. **Klicken Sie auf OK.**

8. **Klicken Sie auf ABBRECHEN, nachdem Sie in das Dialogfeld MAKRO zurückgekehrt sind.**

Nachdem Sie diese Operation ausgeführt haben, wird durch Drücken von `Strg`+`⇧`+`C` das Makro ChangeCase ausgeführt, das das UserForm anzeigt, wenn ein Bereich ausgewählt ist.

Sie können dieses Makro auch über die Symbolleiste für den Schnellzugriff bereitstellen. Klicken Sie mit der rechten Maustaste auf die Symbolleiste für den Schnellzugriff und wählen Sie SYMBOLLEISTE FÜR DEN SCHNELLZUGRIFF ANPASSEN. Das Dialogfeld EXCEL-OPTIONEN wird angezeigt, in dem das Makro ChangeCase aufgelistet unterhalb von MAKROS ausgeführt wird (siehe Abbildung 16.7).

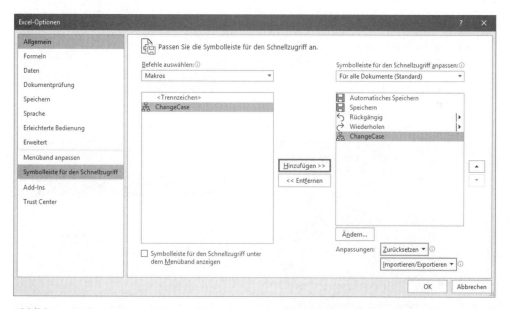

Abbildung 16.7: Das Makro ChangeCase wird der Symbolleiste für den Schnellzugriff hinzugefügt.

Das Makro testen

Zum Schluss müssen Sie das Makro und das Dialogfeld testen, um sicherzugehen, dass beide korrekt funktionieren:

1. **Aktivieren Sie ein Arbeitsblatt (ein beliebiges Arbeitsblatt in einer beliebigen Arbeitsmappe).**

2. **Wählen Sie Zellen aus, die Text enthalten.**

Sie können auch ganze Zeilen oder Spalten auswählen.

3. Drücken Sie `Strg` + `⇧` + `C` **.**

Das UserForm wird angezeigt. Abbildung 16.8 zeigt, wie es aussehen sollte.

4. Nehmen Sie Ihre Auswahl vor und klicken Sie auf OK.

Wenn Sie alles richtig gemacht haben, nimmt das Makro die angegebene Änderung in den ausgewählten Zellen vor.

Wenn Sie diese Prozedur mit nur einer ausgewählten Zelle testen, werden Sie feststellen, dass alle Zellen auf dem Arbeitsblatt verarbeitet werden. Dieses Verhalten ist ein Nebeneffekt der Verwendung der `SpecialCells`-Methode. Wenn Sie in der Lage sein wollen, nur eine einzige Zelle zu verarbeiten, ändern Sie den ersten Codeblock wie folgt ab:

```
If Selection.Count = 1 Then
    Set WorkRange = Selection
Else
    Set WorkRange = Selection.SpecialCells _
    (xlCellTypeConstants, xlCellTypeConstants)
End If
```

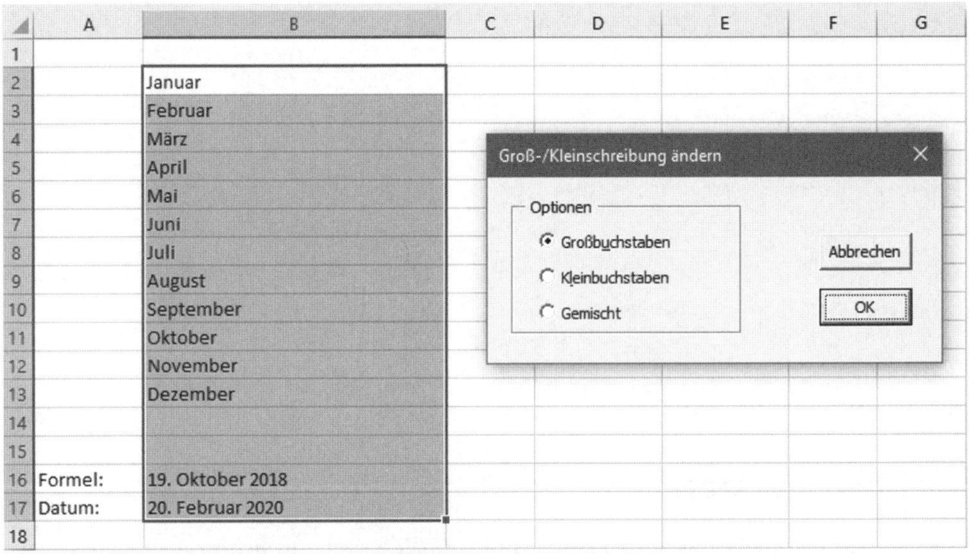

◢	A	B	C	D	E	F	G
1							
2		Januar					
3		Februar					
4		März					
5		April					
6		Mai					
7		Juni					
8		Juli					
9		August					
10		September					
11		Oktober					
12		November					
13		Dezember					
14							
15							
16	Formel:	19. Oktober 2018					
17	Datum:	20. Februar 2020					
18							

Groß-/Kleinschreibung ändern ✕

Optionen
- ⦿ Großbuchstaben
- ○ Kleinbuchstaben
- ○ Gemischt

Abbrechen

OK

Abbildung 16.8: Das UserForm wird ausgeführt.

Abbildung 16.9 zeigt das Arbeitsblatt nach der Umwandlung des Texts in Großbuchstaben. Beachten Sie, dass die Formel in Zelle B16 und das Datum in Zelle B17 nicht geändert wurden. Das Makro verarbeitet nur Zellen, die Text enthalten.

Solange die Arbeitsmappe geöffnet ist, können Sie das Makro von jeder anderen Arbeitsmappe aus ausführen. Wenn Sie die Arbeitsmappe schließen, in der Ihr Makro enthalten ist, hat `Strg` + `⇧` + `C` keine Wirkung mehr.

◢	A	B	C	D
1				
2		JANUAR		
3		FEBRUAR		
4		MÄRZ		
5		APRIL		
6		MAI		
7		JUNI		
8		JULI		
9		AUGUST		
10		SEPTEMBER		
11		OKTOBER		
12		NOVEMBER		
13		DEZEMBER		
14				
15				
16	Formel:	19. Oktober 2018		
17	Datum:	20. Februar 2020		
18				

Abbildung 16.9: Der Text wurde in Großbuchstaben umgewandelt.

Falls das Makro nicht korrekt funktioniert, überprüfen Sie die obigen Schritte, um den Fehler zu finden und zu korrigieren. Bleiben Sie ganz ruhig! Das Debugging ist ein ganz normaler Bestandteil bei der Entwicklung von Makros. Als letzten Ausweg können Sie die fertige Arbeitsmappe von der Website zu diesem Buch herunterladen und versuchen, den Fehler zu finden.

Kapitel 17
UserForm-Steuerelemente verwenden

E in Benutzer reagiert auf ein benutzerdefiniertes Dialogfeld (auch als *UserForm* bezeichnet), indem er die verschiedenen darin enthaltenen Steuerelemente bedient (Schaltflächen, Eingabefelder, Optionsfelder und so weiter). Anschließend nutzt Ihr VBA-Code
diese Eingaben, um festzustellen, welche Aktionen als Nächstes auszuführen sind. Ihnen
stehen relativ viele Steuerelemente zur Verfügung, die in diesem Kapitel genauer beschrieben werden.

Wenn Sie das Praxisbeispiel in Kapitel 16 nachvollzogen haben, haben Sie bereits ein paar
Erfahrungen mit UserForm-Steuerelementen gesammelt. Dieses Kapitel soll die Lücken
auffüllen, die noch geblieben sind.

Steuerelemente im Dialogfeld –
die ersten Schritte

Dieser Abschnitt erklärt, wie Sie einem UserForm Steuerelemente hinzufügen, ihnen aussagekräftige Namen geben und dann einige ihrer Eigenschaften anpassen.

Bevor wir die oben genannten Operationen ausführen können, brauchen Sie ein
UserForm. Dieses erhalten Sie durch Auswahl von Einfügen | UserForm im VBE.
Wenn Sie ein UserForm einfügen, achten Sie darauf, dass im Projektfenster das
richtige Projekt ausgewählt ist (falls mehrere Projekte vorhanden sind).

Steuerelemente hinzufügen

Seltsamerweise besitzt der VBE keine Menübefehle, mit denen Sie einem Dialogfeld Steuerelemente hinzufügen könnten. Sie müssen die als freies Fenster angezeigte Werkzeugsammlung (Toolsammlung) verwenden, wie in Kapitel 16 beschrieben, um Steuerelemente hinzuzufügen. Normalerweise wird die Werkzeugsammlung automatisch eingeblendet, wenn Sie ein UserForm im VBA aktivieren. Ist dies nicht der Fall, können Sie die Werkzeugsammlung mit ANSICHT | WERKZEUGSAMMLUNG einblenden.

Gehen Sie wie folgt vor, um dem UserForm ein Steuerelement hinzuzufügen:

1. **Klicken Sie auf das Werkzeug der Werkzeugsammlung, das dem gewünschten Steuerelement entspricht.**

2. **Klicken Sie auf das UserForm, spannen Sie das Steuerelement in der entsprechenden Größe auf und verschieben Sie es an die richtige Position.**

   Alternativ können Sie auch einfach ein Steuerelement aus der Werkzeugsammlung auf das UserForm ziehen, um ein Steuerelement in der Standardgröße zu erstellen. Abbildung 17.1 zeigt ein UserForm mit ein paar Steuerelementen: zwei Optionsfelder (in einem Rahmen), ein Kombinationsfeld, ein Kontrollkästchen, eine Bildlaufleiste und eine Befehlsschaltfläche.

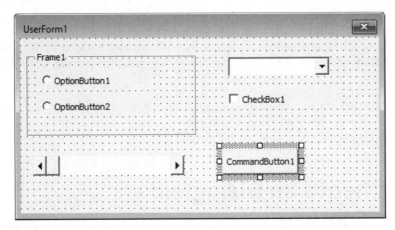

Abbildung 17.1: Ein UserForm im VBE mit ein paar Steuerelementen

 Ein UserForm kann vertikale und horizontale Rasterlinien haben, die Ihnen helfen, die hinzugefügten Steuerelemente auszurichten. Wenn Sie ein Steuerelement hinzufügen oder verschieben, *rastet* es an den Linien ein. Wenn Sie diese Funktionalität nicht mögen, können Sie die Rasterlinien wie folgt ausblenden:

1. **Wählen Sie im VBE EXTRAS | OPTIONEN.**

2. **Gehen Sie im Dialogfeld OPTIONEN auf die Registerkarte ALLGEMEIN.**

3. **Wählen Sie die gewünschten Optionen im Bereich EINSTELLUNGEN FÜR FORMULAR-RASTER.**

Eigenschaften von Steuerelementen – Grundlagen

Jedes Steuerelement, das Sie einem UserForm hinzufügen, hat Eigenschaften, die bestimmen, wie das Steuerelement aussieht und wie es sich verhält. Sie können die Eigenschaften eines Steuerelements auf zweierlei Arten ändern:

✔ Beim Entwurf – wenn Sie das UserForm einrichten. Das machen Sie manuell im Eigenschaftenfenster.

✔ Zur Laufzeit – während Ihr Makro ausgeführt wird. Dazu schreiben Sie VBA-Code. Änderungen, die Sie zur Laufzeit vornehmen, sind immer temporär. Sie werden für das gerade angezeigte Dialogfeld vorgenommen, nicht für das eigentliche UserForm-Objekt.

Wenn Sie einem UserForm ein Steuerelement hinzufügen, müssen Sie beim Entwurf fast immer Eigenschaften ändern. Diese Änderungen erfolgen im Eigenschaftenfenster. (Um das Eigenschaftenfenster einzublenden, drücken Sie F4.) Abbildung 17.2 zeigt das Eigenschaftenfenster mit den Eigenschaften für das im UserForm ausgewählte Objekt, in diesem Beispiel ein Kontrollkästchen.

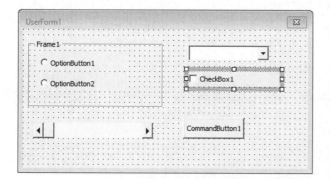

Abbildung 17.2: Im Eigenschaftenfenster ändern Sie die Eigenschaften eines Steuerelements zur Entwurfszeit.

Um die Eigenschaften eines Steuerelements zur Laufzeit zu ändern, brauchen Sie VBA-Code. Beispielsweise könnten Sie ein bestimmtes Steuerelement ausblenden, wenn der Benutzer ein Kontrollkästchen anklickt. In diesem Fall schreiben Sie Code, der die `Visible`-Eigenschaft des Steuerelements ändert.

Jedes Steuerelement hat eigene Eigenschaften. Es gibt jedoch Eigenschaften, die alle Steuerelemente haben, wie beispielsweise Name, Breite (Width) und Höhe (Height). Tabelle 17.1 listet einige der allgemeinen Eigenschaften auf, die viele Steuerelemente besitzen.

Wenn Sie ein Steuerelement auswählen, werden seine Eigenschaften im Eigenschaftenfenster angezeigt. Um eine Eigenschaft zu ändern, wählen Sie sie im Eigenschaftenfenster aus und nehmen die Änderung vor. Einige Eigenschaften bieten dazu eine Hilfestellung an.

Eigenschaft	Was sie bewirkt
Accelerator	Der in der Beschriftung des Steuerelements unterstrichen dargestellte Buchstabe. Der Benutzer kann diese Taste zusammen mit der [Alt]-Taste drücken, um das Steuerelement auszuwählen.
AutoSize	Wenn diese Eigenschaft True ist, passt das Steuerelement seine Größe abhängig von dem Text für die Beschriftung automatisch an.
BackColor	Die Hintergrundfarbe des Steuerelements
BackStyle	Der Hintergrundstil (transparent oder undurchsichtig)
Caption	Der Text, der auf dem Steuerelement angezeigt wird
Left und Top	Werte, die die Position des Steuerelements bestimmen
Name	Der Name des Steuerelements. Standardmäßig basiert der Name eines Steuerelements auf dem Steuerelementtyp. Sie können diesen Namen auf jeden anderen gültigen Namen setzen, aber die verwendeten Namen müssen eindeutig für das Dialogfeld sein.
Picture	Ein Bild, das angezeigt werden soll. Dabei kann es sich um eine Grafikdatei handeln, oder Sie können die Picture-Eigenschaft auswählen und ein Bild einfügen, das Sie in die Zwischenablage kopiert hatten.
Value	Der Wert des Steuerelements
Visible	Wenn diese Eigenschaft False ist, ist das Steuerelement verborgen.
Width und Height	Werte, die die Breite und die Höhe des Steuerelements bestimmen

Tabelle 17.1: Allgemeine Eigenschaften von Steuerelementen

Wenn Sie beispielsweise die TextAlign-Eigenschaft ändern wollen, zeigt das Eigenschaftenfenster eine Drop-down-Liste an, in der alle gültigen Werte aufgelistet sind, wie in Abbildung 17.3 gezeigt.

Steuerelemente in einem Dialogfeld: Die Details

In den folgenden Abschnitten lernen Sie die verschiedenen Steuerelementtypen kennen, die Sie in benutzerdefinierten Dialogfeldern verwenden können, sowie einige der wichtigsten Eigenschaften. Es wird nicht jede Eigenschaft für jedes Steuerelement erklärt, weil das Buch dann viermal so dick sein müsste (und es wäre ein sehr langweiliges Buch).

Das Hilfesystem bietet umfangreiche Informationen über Steuerelemente und Eigenschaften. Um alle Details zu einer bestimmten Eigenschaft zu ermitteln, wählen Sie die Eigenschaft im Eigenschaftenfenster aus und drücken [F1].

Alle Beispiele aus diesem Abschnitt stehen auf der Website zum Buch zur Verfügung.

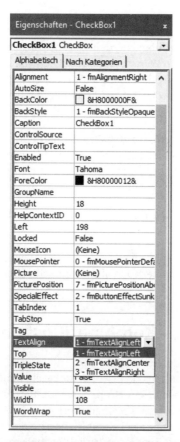

Abbildung 17.3: Einige Eigenschaften werden durch Auswahl aus einer Drop-down-Liste gültiger Werte geändert.

Das CheckBox-Steuerelement – Kontrollkästchen

Ein CheckBox-Steuerelement ist praktisch, um eine binäre Auswahl darzustellen: Ja oder Nein, Richtig oder Falsch, Ein oder Aus und so weiter. Abbildung 17.4 zeigt einige Beispiele für CheckBox-Steuerelemente.

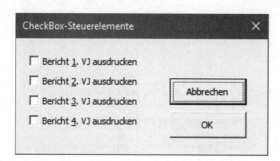

Abbildung 17.4: Dialogfeld mit CheckBox-Steuerelementen

Hier eine Beschreibung der wichtigsten Eigenschaften eines CheckBox-Steuerelements:

✔ **Accelerator**: Ein Zeichen, das dem Benutzer ermöglicht, den Wert des Steuerelements über die Tastatur zu ändern. Hat Accelerator den Wert A, ändert Drücken von ⎘Alt⎘+⎘A⎘ den Wert des CheckBox-Steuerelements (von markiert in unmarkiert oder von unmarkiert in markiert). Im hier gezeigten Beispiel werden Zahlen als Tastenkürzel verwendet (⎘Alt⎘+⎘1⎘, ⎘Alt⎘+⎘2⎘ und so weiter).

✔ **ControlSource**: Die Adresse einer Zelle auf einem Arbeitsblatt, die mit dem CheckBox-Steuerelement verknüpft ist. Die Zelle enthält TRUE, wenn das Steuerelement markiert ist, und FALSE, wenn das Steuerelement nicht markiert ist. Das ist optional. Größtenteils ist CheckBox nicht mit einer Zelle verknüpft.

✔ **Value**: Wenn dieser Wert True ist, enthält das Kontrollkästchen eine Markierung. Bei False enthält es keine Markierung.

 Verwechseln Sie CheckBox-Steuerelemente nicht mit OptionButton-Steuerelementen. Sie sehen ähnlich aus, werden aber für völlig unterschiedliche Zwecke verwendet.

Das ComboBox-Steuerelement – Kombinationsfeld

Ein ComboBox-Steuerelement (Kombinationsfeld) ist vergleichbar mit einem ListBox-Steuerelement (Listenfeld) (wie später im Abschnitt »Das ListBox-Steuerelement (Listenfeld)« beschrieben). Ein Kombinationsfeld ist jedoch ein Drop-down-Steuerelement. Ein weiterer Unterschied ist, dass der Benutzer gegebenenfalls einen Wert eingeben kann, der nicht in der Liste angezeigt wird. Abbildung 17.5 zeigt zwei Kombinationsfelder. Das Steuerelement auf der rechten Seite (für das Jahr) wird gerade verwendet, deshalb ist es aufgeklappt, um die Liste möglicher Werte anzuzeigen.

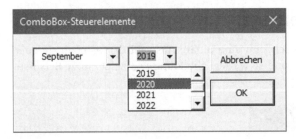

Abbildung 17.5: Dialogfeld mit Kombinationsfeldern

Hier eine Beschreibung der wichtigsten Eigenschaften eines Kombinationsfelds:

✔ **ControlSource**: Eine Zelle, die den im Kombinationsfeld ausgewählten Wert speichert

✔ **ListRows**: Die Anzahl der Elemente, die beim Aufklappen der Liste angezeigt werden

✔ ListStyle: Die Darstellung der Listeneinträge

✔ RowSource: Eine Bereichsadresse, die die Liste der im Kombinationsfeld angezeigten Elemente enthält

✔ Style: Bestimmt, ob sich das Steuerelement wie eine Drop-down-Liste oder wie ein Kombinationsfeld verhält. In eine Drop-down-Liste kann der Benutzer keine neuen Werte eingeben.

✔ Value: Der Text des vom Benutzer ausgewählten und im Kombinationsfeld angezeigten Elements

 Falls die Liste der anzuzeigenden Elemente nicht in einem Arbeitsblatt enthalten ist, können Sie dem Kombinationsfeld mithilfe der AddItem-Methode Elemente hinzufügen. Weitere Informationen dazu finden Sie in Kapitel 18.

Das CommandButton-Steuerelement – Befehlsschaltfläche

Eine Befehlsschaltfläche (CommandButton) ist einfach nur eine Schaltfläche, die angeklickt werden kann. Sie hat keinen Nutzen, wenn es nicht eine Prozedur zur Ereignisverarbeitung gibt, die beim Anklicken der Schaltfläche ausgeführt wird. Abbildung 17.6 zeigt ein Dialogfeld mit neun Befehlsschaltflächen. Zwei dieser Schaltflächen zeigen ein Clipart-Bild (dazu wird das Bild kopiert und dann in den Picture-Eintrag des Eigenschaftenfensters eingefügt).

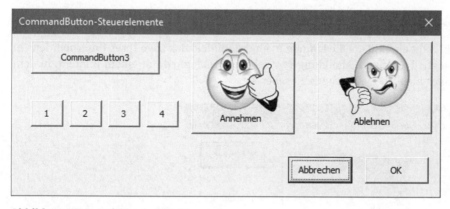

Abbildung 17.6: Befehlsschaltflächen

Wenn eine Befehlsschaltfläche angeklickt wird, führt sie eine Prozedur zur Ereignisverarbeitung aus, deren Name aus dem Namen der Befehlsschaltfläche, einem Unterstrich und dem Wort *Click* besteht. Heißt eine Befehlsschaltfläche beispielsweise MyButton, wird durch Anklicken das Makro MyButton_Click ausgeführt. Dieses Makro ist im Codefenster für das UserForm gespeichert.

Nachfolgend finden Sie eine Beschreibung einiger wichtiger Eigenschaften von Befehls-schaltflächen:

✔ `Cancel`: Ist diese Eigenschaft `True`, wird das der Schaltfläche zugeordnete Makro durch Drücken von `Esc` ausgeführt. Diese Option kann nur für eine der Schaltflächen auf dem Formular auf `True` gesetzt werden.

✔ `Default`: Wenn diese Eigenschaft `True` ist, wird durch Drücken der Eingabetaste das der Schaltfläche zugeordnete Makro ausgeführt. Auch hier gilt: Nur für eine der Schaltflä-chen auf dem Formular kann diese Option auf `True` gesetzt werden.

Das Frame-Steuerelement – Rahmen

Ein `Frame`-Steuerelement (Rahmen) nimmt andere Steuerelemente auf. Das hat größten-teils ästhetische Zwecke oder dient dazu, eine Gruppe anderer Steuerelemente logisch zu gruppieren. Ein Rahmen ist vor allem praktisch, wenn das Dialogfeld mehrere Optionsfeld-gruppen enthält (siehe »Das `OptionButton`-Steuerelement – Optionsfelder« später in die-sem Kapitel).

Die folgende Liste beschreibt einige der wichtigsten Eigenschaften des Rahmens:

✔ `BorderStyle`: Die Darstellung des Rahmens

✔ `Caption`: Der Text, der oben am Rahmen angezeigt wird. Dabei kann es sich um eine leere Zeichenfolge handeln, wenn Sie nicht wollen, dass eine Überschrift angezeigt wird.

Das Image-Steuerelement (Bildfeld)

Ein Bildfeld zeigt ein Bild an. Sie können in einem Bildfeld das Logo Ihres Unternehmens in einem Dialogfeld anzeigen. Abbildung 17.7 zeigt ein Dialogfeld mit einem Bildfeld, in dem das Foto eines niedlichen Kätzchens zu sehen ist.

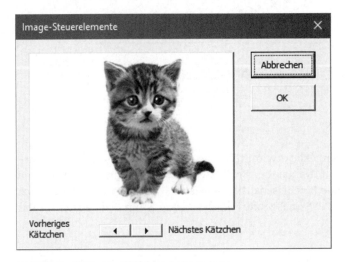

Abbildung 17.7: Ein Bildfeld mit einem Foto

Die folgende Liste beschreibt einige der wichtigsten Eigenschaften des Bildfelds:

✔ `Picture`: Das Bild, das angezeigt werden soll

✔ `PictureSizeMode`: Gibt an, wie das Bild angezeigt wird, wenn die Bildgröße nicht der Größe des Steuerelements entspricht.

Wenn Sie auf die `Picture`-Eigenschaft klicken, werden Sie nach einem Dateinamen gefragt. Das Bild wird (nachdem es geladen wurde) jedoch in der Arbeitsmappe gespeichert. Wenn Sie also Ihre Arbeitsmappe weitergeben, brauchen Sie keine Kopie der Bilddatei mitzugeben.

Statt das Bild aus einer Datei zu laden, können Sie es auch kopieren und einfügen. Die Clipart-Sammlung von Excel ist eine großartige Bildquelle. Wählen Sie EINFÜGEN | ILLUSTRATIONEN | ONLINE-BILDER und suchen Sie dort nach einem Bild, das Sie in Ihrer Arbeitsmappe anzeigen wollen. Wählen Sie das Bild aus und drücken Sie ⌜Strg⌝+⌜C⌝, um es in die Zwischenablage zu kopieren. Anschließend aktivieren Sie Ihr UserForm, klicken auf das Bildfeld-Steuerelement und wählen im Eigenschaftenfenster die `Picture`-Eigenschaft aus. Drücken Sie ⌜Strg⌝+⌜V⌝, um das kopierte Bild einzufügen. Anschließend können Sie das Clipart-Bild im Arbeitsblatt löschen.

Einige Bilder sind sehr groß und Ihre Arbeitsmappe wird damit extrem groß. Um optimale Ergebnisse zu erzielen, sollten Sie Bilder verwenden, die so klein wie möglich sind.

Das Label-Steuerelement (Bezeichnungsfeld)

Ein Bezeichnungsfeld (`Label`) zeigt einfach Text in Ihrem Dialogfeld an. Abbildung 17.8 zeigt einige Bezeichnungsfelder an. Wie Sie sehen, haben Sie umfangreiche Kontrolle über die Formatierung eines Bezeichnungsfelds.

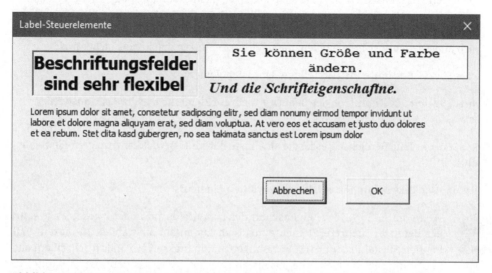

Abbildung 17.8: Bezeichnungsfelder können sehr viele unterschiedliche Aussehen haben.

Das ListBox-Steuerelement (Listenfeld)

Das Listenfeld (ListBox) zeigt eine Liste mit Elementen an, von denen der Benutzer eines oder mehrere auswählen kann. Abbildung 17.9 zeigt ein Dialogfeld mit zwei Listenfeldern.

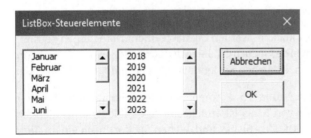

Abbildung 17.9: Listenfelder

Listenfelder sind sehr flexibel. Beispielsweise können Sie einen Bereich auf einem Arbeitsblatt spezifizieren, der die Elemente für die Listenfelder enthält, und der Bereich kann mehrere Spalten umfassen. Sie können das Listenfeld aber auch mithilfe von VBA-Code mit Elementen füllen.

Wenn ein Listenfeld nicht groß genug ist, um alle Elemente der Liste anzuzeigen, wird eine Bildlaufleiste angezeigt, mit der der Benutzer das Listenfeld durchblättern kann.

Nachfolgend sind die wichtigsten Eigenschaften des Listenfelds beschrieben:

✔ ControlSource: Eine Zelle, die den im Listenfeld ausgewählten Wert speichert

✔ IntegralHeight: Ist True, wenn das Listenfeld die Höhe automatisch anpasst, um vollständige Textzeilen anzuzeigen, wenn die Liste vertikal geblättert wird. Ist die Eigenschaft False, kann das Listenfeld abgeschnittene Textzeilen anzeigen, wenn es vertikal geblättert wird. Beachten Sie, dass sich die tatsächliche Höhe Ihres Listenfelds bei der Anzeige Ihres UserForms leicht von dem Wert unterscheiden kann, den sie ursprünglich hatte, wenn diese Eigenschaft auf True gesetzt ist. Mit anderen Worten, die Höhe kann sich anpassen, um sicherzustellen, dass der letzte Eintrag vollständig sichtbar ist.

✔ ListStyle: Bestimmt die Darstellung der Listenelemente.

✔ MultiSelect: Bestimmt, ob der Benutzer mehrere Elemente aus der Liste auswählen kann.

✔ RowSource: Eine Bereichsadresse, die eine Liste der im Listenfeld angezeigten Elemente enthält

✔ Value: Der Text des im Listenfeld ausgewählten Elements

 Wenn die MultiSelect-Eigenschaft des Listenfelds auf 1 oder 2 gesetzt ist, kann der Benutzer mehrere Elemente aus dem Listenfeld auswählen. In diesem Fall können Sie keine ControlSource angeben. Sie müssen ein Makro schreiben, das bestimmt, welche Elemente ausgewählt werden. Wie das geht, ist in Kapitel 18 beschrieben.

Das MultiPage-Steuerelement – Multiseiten

Ein MultiPage-Steuerelement (Multiseiten) erlaubt Ihnen, Dialogfelder mit Registerkarten zu erstellen, ähnlich wie das Dialogfeld ZELLEN FORMATIEREN (das angezeigt wird, wenn Sie in Excel $\boxed{\text{Strg}}$+$\boxed{1}$ drücken). Abbildung 17.10 zeigt ein Beispiel eines benutzerdefinierten Dialogfelds, das ein MultiPage-Steuerelement verwendet.

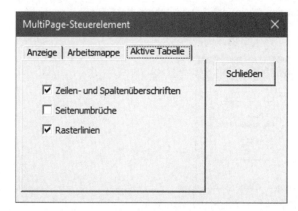

Abbildung 17.10: Verwendung eines MultiPage-Steuerelements, um ein Dialogfeld mit Registerkarten zu erstellen

Die wichtigsten Eigenschaften eines MultiPage-Steuerelements:

✔ Style: Bestimmt die Darstellung des Steuerelements. Die Registerkarten können normal angezeigt werden (oben), links, als Schaltflächen oder verborgen (keine Registerkarten – Ihr VBA-Code bestimmt, welche Seite gerade angezeigt wird).

✔ Value: Bestimmt, welche Seite oder Registerkarte angezeigt wird. Hat Value den Wert 0, wird die erste Seite angezeigt, hat es den Wert 1, wird die zweite Seite angezeigt, und so weiter.

 Standardmäßig hat ein MultiPage-Steuerelement zwei Seiten. Um weitere Seiten hinzuzufügen, klicken Sie mit der rechten Maustaste auf eine Registerkarte und wählen im Kontextmenü den Befehl NEUE SEITE aus.

Das OptionButton-Steuerelement – Optionsfelder

Optionsfelder sind praktisch, wenn der Benutzer aus einer kleinen Anzahl von sich gegenseitig ausschließenden Elementen etwas auswählen muss. Sie werden immer in Gruppen von mindestens zwei verwendet. Abbildung 17.11 zeigt zwei Sätze Optionsfelder, die jeweils in einem Rahmen gruppiert sind.

Die wichtigsten Eigenschaften von Optionsfeldern:

✔ Accelerator: Ein Zeichen, das dem Benutzer ermöglicht, die Option über die Tastatur zu ändern. Hat Accelerator den Wert C, wird mit $\boxed{\text{Alt}}$+$\boxed{\text{C}}$ ein Steuerelement ausgewählt.

✔ `GroupName`: Ein Name, der ein Optionsfeld anderen Optionsfeldern mit derselben `GroupName`-Eigenschaft zuordnet

✔ `ControlSource`: Die Adresse einer Zelle auf einem Arbeitsblatt, die mit dem `OptionButton`-Steuerelement verknüpft ist. Die Zelle enthält `TRUE`, wenn das Steuerelement ausgewählt ist, und `FALSE`, wenn das Steuerelement nicht ausgewählt ist.

✔ `Value`: Wenn dieser Wert `True` ist, ist das Optionsfeld ausgewählt. Bei `False` ist es nicht ausgewählt.

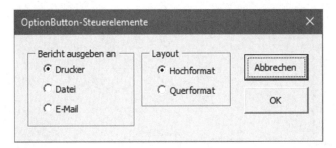

Abbildung 17.11: Zwei Sätze Optionsfelder, jeweils in einem Rahmen gruppiert

Wenn Ihr Dialogfeld mehrere Optionsfeldgruppen enthält, *müssen* Sie die `GroupName`-Eigenschaft für alle Optionsfelder innerhalb einer bestimmten Gruppe ändern. Andernfalls werden alle Optionsfelder Mitglied derselben Gruppe. Alternativ können Sie jede Optionsfeldgruppe in einen Rahmen einfügen, womit sie automatisch unter dem Rahmen gruppiert werden.

Das RefEdit-Steuerelement

In bestimmten Fällen kann es vorkommen, dass der Benutzer einen Zellbereich auswählen muss, damit ein gültiger Bereich an Ihren VBA-Code übergeben wird. Ihre Prozeduren können dann den ausgewählten Bereich verwenden und dort die gewünschten Operationen durchführen. Zur Auswahl eines Bereichs auf einem Arbeitsblatt verwenden Sie das `RefEdit`-Steuerelement. Abbildung 17.12 zeigt ein UserForm mit zwei `RefEdit`-Steuerelementen. Die `Value`-Eigenschaft enthält die Adresse des ausgewählten Bereichs (als Zeichenfolge).

Abbildung 17.12: Zwei `RefEdit`-Steuerelemente

Das `RefEdit`-Steuerelement verursacht auf komplexen UserForms manchmal Probleme. Um optimale Ergebnisse zu erzielen, platzieren Sie ein `RefEdit`-Steuerelement nicht innerhalb eines `Frame`- oder `MultiPage`-Steuerelements.

Das ScrollBar-Steuerelement – Bildlaufleiste

Wenn Sie ein `ScrollBar`-Steuerelement (eine Bildlaufleiste) einfügen, können Sie es horizontal oder vertikal anlegen. Das `ScrollBar`-Steuerelement ist vergleichbar mit einem `SpinButton`-Steuerelement (einem Drehfeld, wie später in diesem Kapitel noch beschrieben). Der Unterschied ist, dass der Benutzer an der Schaltfläche der Bildlaufleiste ziehen kann, um den Wert des Steuerelements in größeren Inkrementschritten zu ändern. Ein weiterer Unterschied ist, dass, wenn Sie bei einer vertikalen Bildlaufleiste auf die Schaltfläche nach oben klicken, der Wert abnimmt – was der Intuition widerspricht. Eine Bildlaufleiste ist also nicht immer ein guter Ersatz für ein Drehfeld.

Abbildung 17.13 zeigt eine Bildlaufleiste in horizontaler Ausrichtung. Ihre `Value`-Eigenschaft wird in einem Bezeichnungsfeld ausgegeben, unmittelbar unterhalb der Bildlaufleiste.

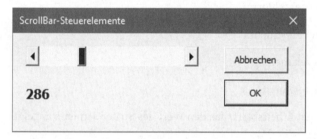

Abbildung 17.13: Eine Bildlaufleiste mit darunterliegendem Bezeichnungsfeld

Die wichtigsten Eigenschaften einer Bildlaufleiste:

✔ `Value`: Der aktuelle Wert des Steuerelements

✔ `Min`: Der Minimalwert des Steuerelements

✔ `Max`: Der Maximalwert des Steuerelements

✔ `ControlSource`: Die Zelle auf dem Arbeitsblatt, das den Wert des Steuerelements anzeigt

✔ `SmallChange`: Der Betrag, um den der Wert des Steuerelements durch einen Klick geändert wird

✔ `LargeChange`: Der Betrag, um den der Wert des Steuerelements durch Anklicken einer Seite der Leiste geändert wird

Die Bildlaufleiste ist vor allem dafür geeignet, einen Wert auszuwählen, der aus einem großen Bereich möglicher Werte ausgewählt werden kann.

Das SpinButton-Steuerelement – Drehfeld

Mithilfe eines Drehfelds kann der Benutzer einen Wert auswählen, indem er auf das Steuerelement klickt, das zwei Pfeile besitzt: einen, um den Wert zu erhöhen, und einen, um den Wert zu verringern. Wie eine Bildlaufleiste kann ein Drehfeld horizontal oder vertikal angeordnet werden. Abbildung 17.14 zeigt ein Dialogfeld mit zwei vertikal angeordneten Drehfeldern. Die beiden Steuerelemente sind mit dem Bezeichnungsfeld auf der rechten Seite verknüpft (mithilfe von VBA-Prozeduren).

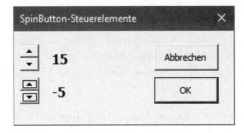

Abbildung 17.14: Drehfelder

Die wichtigsten Eigenschaften von Drehfeldern:

✔ `Value`: Der aktuelle Wert des Steuerelements

✔ `Min`: Der Minimalwert des Steuerelements

✔ `Max`: Der Maximalwert des Steuerelements

✔ `ControlSource`: Die Zelle auf dem Arbeitsblatt, das den Wert des Steuerelements anzeigt

✔ `SmallChange`: Der Betrag, um den der Wert des Steuerelements durch einen Klick geändert wird. Diese Eigenschaft ist in der Regel auf 1 gesetzt, Sie können ihr aber jeden beliebigen Wert zuweisen.

 Wenn Sie `ControlSource` für ein Drehfeld verwenden, sollten Sie wissen, dass das Arbeitsblatt bei jeder Änderung des Werts des Steuerelements neu berechnet wird. Wenn der Benutzer also den Wert von 0 auf 12 setzt, wird das Arbeitsblatt zwölfmal neu berechnet. Wenn die Berechnung Ihres Arbeitsblatts sehr lang dauert, sollten Sie vermeiden, den Wert in `ControlSource` zu speichern.

Das TabStrip-Steuerelement – Register

Mit dem `TabStrip`-Steuerelement können Sie inhaltlich miteinander verbundene Steuerelemente auf einer Seite und Verwendung des gleichen Satzes Steuerelementen nutzen. Dieses Steuerelement wird nur selten verwendet, da das `MultiPage`-Steuerelement die gleiche Funktionalität bereitstellt und gleichzeitig einfacher zu benutzen ist. Sie können es weitgehend ignorieren und stattdessen das `MultiPage`-Steuerelement verwenden.

Das TextBox-Steuerelement – Textfeld

Ein Textfeld gestattet dem Benutzer, Text einzugeben. Abbildung 17.15 zeigt ein Dialogfeld mit zwei Textfeldern.

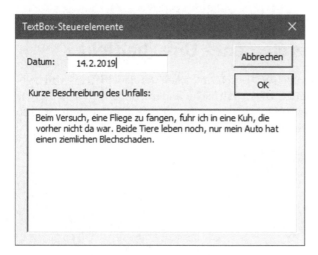

Abbildung 17.15: Textfelder

Die wichtigsten Eigenschaften von Textfeldern:

✔ `AutoSize`: Wenn diese Eigenschaft `True` ist, passt das Steuerelement seine Größe abhängig vom vorhandenen Text automatisch an.

✔ `ControlSource`: Die Adresse einer Zelle, die den Text aus dem Textfeld enthält

✔ `IntegralHeight`: Wenn diese Eigenschaft `True` ist, passt sich das Textfeld automatisch so an, dass vollständige Textzeilen angezeigt werden, wenn die Liste vertikal durchblättert wird. Ist die Eigenschaft `False`, kann das Textfeld abgeschnittene Zeilen anzeigen, wenn die Liste vertikal durchblättert wird.

✔ `MaxLength`: Die im Textfeld maximal erlaubte Anzahl Zeichen. Wenn diese Eigenschaft den Wert 0 hat, ist die Anzahl der Zeichen unbegrenzt.

✔ `MultiLine`: Wenn diese Eigenschaft `True` ist, kann das Textfeld mehrere Textzeilen anzeigen.

✔ `TextAlign`: Bestimmt, wie der Text im Textfeld ausgerichtet wird.

✔ `WordWrap`: Bestimmt, ob das Steuerelement einen Wortumbruch vornehmen kann.

✔ `ScrollBars`: Bestimmt den Typ der Bildlaufleisten für das Steuerelement: horizontal, vertikal, beide oder keine.

Wenn Sie ein Textfeld einfügen, wird seine WordWrap-Eigenschaft auf True gesetzt und seine MultiLine-Eigenschaft auf False. Was das bedeutet? Der Wortumbruch funktioniert nicht! Wenn Sie wollen, dass Wörter in einem Textfeld umbrochen werden, achten Sie darauf, dass die MultiLine-Eigenschaft auf True gesetzt ist.

Das ToggleButton-Steuerelement – Umschaltfeld

Ein Umschaltfeld hat zwei Status: Ein und Aus. Durch Anklicken der Schaltfläche wird zwischen diesen beiden Status umgeschaltet. Die Schaltfläche ändert ihr Aussehen, wenn sie angeklickt wird. Ihr Wert ist True (gedrückt) oder False (nicht gedrückt). Abbildung 17.16 zeigt ein Dialogfeld mit vier Umschaltfeldern. Die beiden oberen wurden gedrückt.

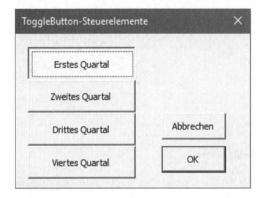

Abbildung 17.16: Umschaltfelder

Die Arbeit mit Steuerelementen in Dialogfeldern

In diesem Abschnitt finden Sie zahlreiche Hinweise zum Verschieben, zur Größenänderung und zur Ausrichtung von Steuerelementen eines Dialogfelds in einem UserForm-Objekt, damit diese so aussehen, wie Sie es gerne hätten.

Steuerelemente verschieben und ihre Größe ändern

Nachdem Sie ein Steuerelement in einem Dialogfeld angelegt haben, können Sie es mithilfe der Maus wie gewohnt verschieben und seine Größe ändern. Eine präzise Kontrolle erfolgt über das Eigenschaftenfenster, wo Sie Werte für die Height-, Width-, Left- oder Top-Eigenschaften angeben können.

Wenn Sie beim Anklicken die ⌈Strg⌉-Taste drücken, können Sie mehrere Steuerelemente auswählen. Sie können auch klicken und ein »Lasso« um eine Gruppe von Steuerelementen werfen. Wenn mehrere Steuerelemente ausgewählt wurden, zeigt das Eigenschaftenfenster nur die Eigenschaften an, die alle ausgewählten

Steuerelemente gemeinsam haben. Sie können diese gemeinsamen Steuerelemente ändern. Die Änderung wird für alle ausgewählten Steuerelemente ausgeführt, was sehr viel schneller ist, als sie einzeln zu bearbeiten.

Ein Steuerelement kann hinter einem anderen Steuerelement verborgen werden. Mit anderen Worten, Sie können die Steuerelemente aufeinanderstapeln. Sie sollten Steuerelemente nur überlappen lassen, wenn Sie einen wirklich guten Grund dafür haben.

Steuerelemente ausrichten und Abstände einhalten

Das FORMAT-Menü im VBE-Fenster enthält mehrere Befehle, die Ihnen helfen, die Steuerelemente in einem Dialogfeld präzise auszurichten und Abstände einzuhalten. Bevor Sie diese Befehle benutzen, wählen Sie die Steuerelemente aus, mit denen Sie arbeiten wollen. Diese Befehle verhalten sich genau wie erwartet, deshalb werde ich hier nicht genauer darauf eingehen. Abbildung 17.17 zeigt ein Dialogfeld mit mehreren Kontrollkästchen, die ausgerichtet werden müssen.

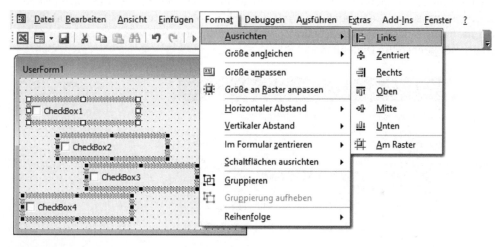

Abbildung 17.17: Mit dem Befehl FORMAT | AUSRICHTEN ändern Sie die Ausrichtung von UserForm-Steuerelementen.

 Wenn Sie mehrere Steuerelemente auswählen, wird das zuletzt ausgewählte Steuerelement mit weißen Griffen statt der normalen schwarzen Griffe angezeigt. Das Steuerelement mit den weißen Griffen ist die Grundlage für die Ausrichtung oder Größenänderung der anderen ausgewählten Steuerelemente, wenn Sie das FORMAT-Menü verwenden.

Tastaturbenutzern helfen

Viele Benutzer (vermutlich auch Sie) bewegen sich am liebsten mithilfe der Tastatur durch ein Dialogfeld. Mit [⇄] oder [⇧]+[⇄] durchlaufen Sie die Steuerelemente. Durch Drücken eines Hot Keys wird ein bestimmtes Steuerelement sofort aktiviert.

Damit Ihr Dialogfeld für Tastaturbenutzer korrekt funktioniert, müssen Sie zwei Dinge beachten:

✔ Aktivierreihenfolge

✔ Tastenkürzel

Änderung der Aktivierreihenfolge

Die Aktivierreihenfolge bestimmt die Reihenfolge, in der die Steuerelemente aktiviert werden, wenn der Benutzer ⇥ oder ⇧+⇥ drückt. Außerdem bestimmt sie, welches Steuerelement anfänglich den *Fokus* hat, das heißt, welches Steuerelement das aktive Steuerelement ist, wenn das Dialogfeld zum ersten Mal angezeigt wird. Wenn ein Benutzer beispielsweise Text in ein Textfeld eingibt, hat das Textfeld den Fokus. Wenn der Benutzer ein Optionsfeld anklickt, hat das Optionsfeld den Fokus. Das erste Steuerelement in der Aktivierreihenfolge hat den Fokus, wenn Excel ein Dialogfeld zum ersten Mal anzeigt.

Um die Tabulatorreihenfolge für die Steuerelemente festzulegen, wählen Sie ANSICHT | AKTIVIERREIHENFOLGE. Sie können auch mit der rechten Maustaste in das Dialogfeld klicken und im Kontextmenü AKTIVIERREIHENFOLGE wählen. In jedem Fall zeigt Excel das in Abbildung 17.18 dargestellte Dialogfeld an.

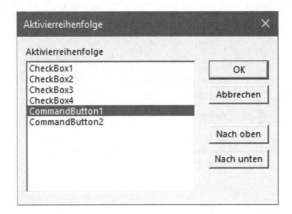

Abbildung 17.18: Das Dialogfeld AKTIVIERREIHENFOLGE

Das Dialogfeld AKTIVIERREIHENFOLGE listet alle Steuerelemente im UserForm auf. Die Aktivierreihenfolge im UserForm entspricht der Reihenfolge der Elemente in dieser Liste. Um die Aktivierreihenfolge eines Steuerelements zu ändern, wählen Sie es in der Liste aus und klicken auf die Schaltflächen NACH OBEN oder NACH UNTEN. Sie können mehrere Steuerelemente gleichzeitig auswählen (anklicken, während Sie ⇧ oder Strg drücken) und sie alle gleichzeitig verschieben.

Statt im Dialogfeld AKTIVIERREIHENFOLGE können Sie die Position eines Steuerelements innerhalb der Aktivierreihenfolge auch im Eigenschaftenfenster ändern. Das erste Steuerelement in der Aktivierreihenfolge hat die TabIndex-Eigenschaft 0. Wenn Sie ein Steuerelement aus der Aktivierreihenfolge entfernen wollen, setzen Sie seine TabStop-Eigenschaft auf False.

Einige Steuerelemente (wie etwa `Frame` oder `MultiPage`) dienen als Container für andere Steuerelemente. Die Steuerelemente innerhalb eines Containers haben eine eigene Aktivierreihenfolge. Um die Aktivierreihenfolge für eine Gruppe Optionsfelder innerhalb eines Rahmens festzulegen, wählen Sie das Rahmen-Steuerelement aus, bevor Sie den Befehl Ansicht | Aktivierreihenfolge auswählen.

Hot Keys festlegen

Normalerweise weist man Steuerelementen in einem Dialogfeld Tastenkürzel oder *Hot Keys* zu. Dazu geben Sie einen Buchstaben für die `Accelerator`-Eigenschaft in das Eigenschaftenfenster ein. Wenn ein Steuerelement keine `Accelerator`-Eigenschaft hat (zum Beispiel ein Textfeld), können Sie dennoch einen direkten Tastaturzugriff dafür zulassen, indem Sie ein Bezeichnungsfeld verwenden. Das bedeutet, Sie weisen dem Bezeichnungsfeld ein Tastenkürzel zu und platzieren das Bezeichnungsfeld in der Aktivierreihenfolge unmittelbar vor dem Textfeld.

Abbildung 17.19 zeigt ein UserForm mit drei Textfeldern. Die Bezeichnungsfelder, die die Textfelder beschreiben, haben Tastenkürzel, und jedes Bezeichnungsfeld geht seinem entsprechenden Textfeld in der Aktivierreihenfolge voraus. Das Drücken von (Alt)+(D) beispielsweise aktiviert das Textfeld neben dem Bezeichnungsfeld Abteilung.

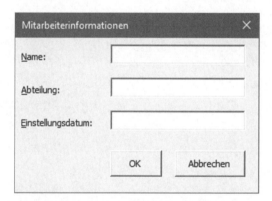

Abbildung 17.19: Um direkten Zugriff auf Steuerelemente zu bieten, die keine Tastenkürzel haben, verwenden Sie Bezeichnungsfelder.

Ein UserForm testen

Der VBE bietet drei Möglichkeiten, ein UserForm zu testen, ohne es von einer VBA-Prozedur aus aufzurufen:

✔ Mit dem Befehl Ausführen | Sub/UserForm ausführen

✔ Durch Drücken von (F5)

✔ Durch Anklicken der Schaltfläche Ausführen Sub/UserForm in der Standard-Symbolleiste

Wenn ein Dialogfeld in diesem Testmodus angezeigt wird, können Sie die Aktivierreihenfolge und die Tastenkürzel ausprobieren.

Dialogfeld-Ästhetik

Dialogfelder können gut oder schlecht aussehen oder irgendetwas dazwischen. Ein gut aussehendes Dialogfeld ist leicht zu überblicken, hat sinnvoll ausgelegte und angeordnete Steuerelemente und seine Funktion ist dem Benutzer sofort klar. Schlecht aussehende Dialogfelder haben unübersichtlich angeordnete Steuerelemente und erzeugen den Eindruck, dass der Entwickler keinen Plan (und keine Ahnung) hatte.

Versuchen Sie, möglichst wenige Steuerelemente auf Ihrem Formular anzuzeigen. Wenn Sie sehr viele Steuerelemente benötigen (Faustregel: mehr als zehn), sollten Sie ein `MultiPage`-Steuerelement verwenden, um die Aufgabe für den Benutzer in logische (und kleinere) Schritte zu zerlegen.

Eine sinnvolle Richtlinie ist es, Ihre Dialogfelder etwa so wie die in Excel eingebauten Dialogfelder aussehen zu lassen. Wenn Sie mehr Erfahrung mit der Erstellung von Dialogfeldern gesammelt haben, können Sie fast alle Funktionen von Excel-Dialogfeldern nachbilden.

Kapitel 18
UserForms – Techniken und Tricks

I n den vorigen Kapiteln haben Sie erfahren, wie man ein UserForm (das ein benutzerdefiniertes Dialogfeld enthält) einfügt, wie man dem UserForm Steuerelemente hinzufügt und wie man Eigenschaften der Steuerelemente anpasst. Um jedoch wirklich etwas damit anfangen zu können, müssen Sie verstehen, wie Sie UserForms in Ihrem VBA-Code verwenden. Dieses Kapitel stellt diese fehlenden Informationen zur Verfügung und zeigt einige praktische Techniken und Tricks.

Dialogfelder verwenden

Wenn Sie in Ihrer Anwendung ein benutzerdefiniertes Dialogfeld verwenden, schreiben Sie normalerweise VBA-Code, der Folgendes erledigt:

✔ Initialisierung der UserForm-Steuerelemente. Beispielsweise könnten Sie Code schreiben, der die Standardwerte für die Steuerelemente vorgibt.

✔ Anzeige des Dialogfelds über die Show-Methode des UserForm-Objekts

✔ Reaktion auf die Ereignisse, die für die verschiedenen Steuerelemente auftreten, zum Beispiel das Anklicken einer Schaltfläche

✔ Auswertung der vom Benutzer bereitgestellten Information (wenn der Benutzer das Dialogfeld nicht abgebrochen hat). Dieser Schritt ist nicht immer notwendig.

✔ Verarbeitung der vom Benutzer bereitgestellten Informationen (wenn die Informationen gültig sind)

✔ Schließen der UserForm, indem die Methode Unload verwendet wird

Ein UserForm-Beispiel

Dieses Beispiel demonstriert die fünf Punkte aus dem obigen Abschnitt am Beispiel eines Dialogfeldes, das zwei Informationen abfragt: den Namen und die Geschlechtszugehörigkeit einer Person. Das Dialogfeld verwendet ein Textfeld, um den Namen zu ermitteln, und drei Optionsfelder, um die Geschlechtszugehörigkeit zu bestimmen (männlich, weiblich, unbekannt). Die im Dialogfeld erfassten Informationen werden anschließend in die nächste leere Zeile eines Arbeitsblatts übertragen.

Das Dialogfeld erstellen

Abbildung 18.1 zeigt das fertige UserForm für dieses Beispiel. Um optimale Ergebnisse zu erhalten, beginnen Sie mit einer neuen Arbeitsmappe mit nur einem Arbeitsblatt. Anschließend gehen Sie wie folgt vor:

1. **Drücken Sie** Alt + F11 **, um den VBE zu aktivieren.**

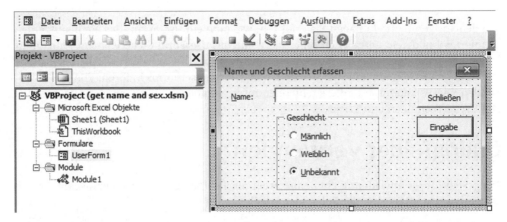

Abbildung 18.1: Dieses Dialogfeld fordert den Benutzer auf, einen Namen einzutragen und seine Geschlechtszugehörigkeit auszuwählen.

2. **Wählen Sie im Projektfenster die leere Arbeitsmappe aus und wählen Sie** EINFÜGEN |
   USERFORM.

   Dem Projekt wird ein leeres UserForm hinzugefügt.

3. **Ändern Sie die** Caption-**Eigenschaft des UserForms in** *Geschlechtszuordnung*.

   Wenn das Eigenschaftenfenster nicht angezeigt wird, drücken Sie [F4].

Dieses Dialogfeld enthält acht Steuerelemente, deren Eigenschaften wie folgt festgelegt
wurden:

✔ **Bezeichnungsfeld**

Eigenschaft	Wert
Accelerator	N
Caption	Name
TabIndex	0

✔ **Textfeld**

Eigenschaft	Wert
Name	TextName
TabIndex	1

✔ **Rahmen**

Eigenschaft	Wert
Caption	Geschlechtszuordnung
TabIndex	2

✔ **Optionsfeld**

Eigenschaft	Wert
Accelerator	M
Caption	Männlich
Name	OptionMale
TabIndex	0

✔ **Weiteres Optionsfeld**

Eigenschaft	Wert
Accelerator	F
Caption	Weiblich

Eigenschaft	Wert
Name	OptionFemale
TabIndex	1

✔ Und noch ein Optionsfeld

Eigenschaft	Wert
Accelerator	U
Caption	Unbekannt
Name	OptionUnknown
TabIndex	2
Value	True

✔ Schaltfläche

Eigenschaft	Wert
Caption	Eintragen
Default	True
Name	EnterButton
TabIndex	3

✔ Schaltfläche

Eigenschaft	Wert
Caption	Schließen
Default	True
Name	CloseButton
TabIndex	4

Wenn Sie dieses Beispiel auf Ihrem Computer nachvollziehen (und das sollten Sie!), nehmen Sie sich ein paar Minuten Zeit, um dieses UserForm unter Verwendung der oben gezeigten Informationen anzulegen. Achten Sie darauf, das `Frame`-Objekt zu erstellen, bevor Sie die Optionsfelder einfügen.

 Manchmal ist es einfacher, ein vorhandenes Steuerelement zu kopieren als ein neues zu erstellen. Um ein Steuerelement zu kopieren, drücken Sie die `Strg`-Taste, während Sie das Steuerelement verschieben.

 Wenn Sie das Ganze lieber abkürzen, können Sie das Beispiel auch von der Website zu diesem Buch herunterladen.

Code für die Anzeige des Dialogfelds

Nachdem Sie dem UserForm die Steuerelemente hinzugefügt haben, entwickeln Sie im nächsten Schritt VBA-Code, der dieses Dialogfeld anzeigt:

1. Wählen Sie im VBE-Fenster EINFÜGEN | MODUL, um ein VBA-Modul einzufügen.

2. Geben Sie das folgende Makro ein:

```
Sub GetData()
    UserForm1.Show
End Sub
```

Diese kurze Prozedur zeigt das Dialogfeld mithilfe der Show-Methode des UserForm-Objekts an.

Das Makro bereitstellen

Die nächsten Schritte bieten dem Benutzer eine einfache Möglichkeit, die Prozedur auszuführen.

1. Aktivieren Sie Excel.

2. Wählen Sie ENTWICKLERTOOLS | STEUERELEMENTE | EINFÜGEN und klicken Sie im Bereich FORMULARSTEUERELEMENTE auf das Schaltflächensymbol.

3. Spannen Sie es auf dem Arbeitsblatt auf, um die Schaltfläche zu erstellen.

   Das Dialogfeld MAKRO ZUWEISEN wird angezeigt.

4. Weisen Sie der Schaltfläche das Makro GetData zu.

5. Bearbeiten Sie den Titel (Caption) der Schaltfläche so, dass *Dateneingabe* darauf angezeigt wird.

 Wenn Sie das Ganze wirklich professionell gestalten möchten, können Sie in die Symbolleiste für den Schnellzugriff eine Schaltfläche einfügen. Durch Anklicken der Schaltfläche wird das Makro GetData ausgeführt. Dazu klicken Sie mit der rechten Maustaste in die Symbolleiste für den Schnellzugriff und wählen den Befehl SYMBOLLEISTE FÜR DEN SCHNELLZUGRIFF ANPASSEN. Das Dialogfeld EXCEL-OPTIONEN wird mit der Registerkarte SYMBOLLEISTE FÜR DEN SCHNELLZUGRIFF ANPASSEN angezeigt. Wählen Sie im Menü BEFEHLE AUSWÄHLEN den Eintrag MAKROS. Anschließend wählen Sie das GetData-Makro aus und klicken auf HINZUFÜGEN. Gegebenenfalls können Sie auch noch auf die ÄNDERN-Schaltfläche klicken und das Symbol ändern.

Sie können das Symbol in der Symbolleiste für den Schnellzugriff auch so anlegen, dass es nur sichtbar ist, wenn die entsprechende Arbeitsmappe aktiviert ist. Bevor Sie das Makro einfügen, geben Sie mithilfe der Drop-down-Liste rechts oben im Dialogfeld EXCEL-OPTIONEN den Namen der Arbeitsmappe an, statt FÜR ALLE DOKUMENTE (STANDARD).

Ihr Dialogfeld ausprobieren

Zum Testen Ihres Dialogfelds führen Sie die folgenden Schritte aus:

1. **Klicken Sie im Arbeitsblatt auf die Schaltfläche DATENEINGABE. Falls Sie ein Symbol in der Schnellzugriffsleiste angelegt haben, können Sie auch darauf klicken.**

    Das Dialogfeld wird angezeigt, wie in Abbildung 18.2 dargestellt.

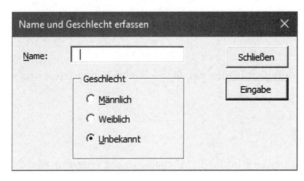

Abbildung 18.2: Durch Ausführung der Prozedur GetData wird das Dialogfeld angezeigt.

2. **Geben Sie Text in das Bearbeitungsfeld ein.**

3. **Klicken Sie auf EINTRAGEN oder auf SCHLIESSEN.**

    Nichts passiert. Das ist kein Wunder, denn Sie haben bisher noch keine Prozeduren erstellt.

4. **Klicken Sie in der Titelleiste des Dialogfelds auf die X-Schaltfläche, um das Dialogfeld zu schließen.**

Prozeduren zur Ereignisverarbeitung einfügen

Oft möchten Sie, dass bestimmte Prozeduren ausgelöst werden, wenn in Ihren Dialogfeldern bestimmte Ereignisse auftreten. Beispielsweise können Sie immer dann eine Prozedur ausführen, wenn ein Dialogfeld geöffnet wird. Oder vielleicht wollen Sie Excel zwingen, immer dann die Arbeitsmappe zu speichern, wenn das Dialogfeld geschlossen wird.

Dieser Abschnitt stellt Ihnen ein Beispiel für das Erstellen von Prozeduren vor, die Dialogfeldereignisse verarbeiten können.

Beginnen Sie mit den folgenden Schritten:

1. **Drücken Sie** `Alt`+`F11`, **um den VBE zu aktivieren, und sorgen Sie dafür, dass das UserForm angezeigt wird.**

2. **Doppelklicken Sie auf dem UserForm auf die SCHLIESSEN-Schaltfläche.**

Der VBE aktiviert das Codefenster für das UserForm und stellt die leere Prozedur
`CloseButton_Click` bereit.

3. Ändern Sie die Prozedur wie folgt ab:

```
Private Sub CloseButton_Click()
    Unload UserForm1
End Sub
```

Diese Prozedur, die ausgeführt wird, wenn der Benutzer auf die SCHLIESSEN-Schaltfläche
klickt, entfernt einfach nur das Dialogfeld aus dem Speicher.

4. Drücken Sie ⌂+ F7 , um das UserForm1 wieder anzuzeigen.

**5. Doppelklicken Sie auf die EINTRAGEN-Schaltfläche und geben Sie die folgende Prozedur
ein:**

```
Private Sub EnterButton_Click()
    Dim NextRow As Long
'   Sicherstellen, dass Sheet1 aktiv ist
    Sheets("Tabelle1").Activate
'   Nächste leere Zeile bestimmen
    NextRow = Application.WorksheetFunction. _
        CountA(Range("A:A")) + 1
'   Den Namen übertragen
    Cells(NextRow, 1) = TextName.Text
'   Die Geschlechtszugehörigkeit übertragen
    If OptionMale Then Cells(NextRow, 2) = "Männlich"
    If OptionFemale Then Cells(NextRow, 2) = "Weiblich"
    If OptionUnknown Then Cells(NextRow, 2) = "Unbekannt"
'   Die Steuerelemente für die nächste Eingabe löschen
    TextName.Text = ""
    OptionUnknown = True
    TextName.SetFocus
End Sub
```

**6. Aktivieren Sie Excel und führen Sie die Prozedur erneut aus, indem Sie auf die Schaltflä-
che DATENEINGABE klicken.**

Das Dialogfeld funktioniert einwandfrei. Abbildung 18.3 zeigt, wie es bei der Ausführung
aussieht. In der Abbildung sehen Sie die Spaltenüberschriften »Name« und »Ge-
schlecht«; diese sind aber nicht zwingend erforderlich.

Und so funktioniert die Prozedur `EnterButton_Click`:

1. Als Erstes stellt der Code sicher, dass das richtige Arbeitsblatt (Tabelle1) aktiv ist.

2. Anschließend zählt er mit der Excel-Funktion COUNTA die Anzahl der Einträge in Spalte A
und bestimmt die nächste leere Zelle in der Spalte.

3. Anschließend überträgt die Prozedur den Text aus dem Textfeld in Spalte A.

4. Es folgen mehrere `If`-Anweisungen, um zu bestimmen, welches Optionsfeld ausgewählt wurde. Der zugehörige Text (*Männlich*, *Weiblich* oder *Unbekannt*) wird in Spalte B geschrieben.

5. Das Dialogfeld wird zurückgesetzt, um es auf die nächste Eingabe vorzubereiten. Beachten Sie, dass das Dialogfeld durch Anklicken der Schaltfläche EINTRAGEN nicht geschlossen wird, weil der Benutzer möglicherweise noch weitere Daten eingeben will. Um die Dateneingabe abzuschließen, klicken Sie auf die Schaltfläche SCHLIESSEN.

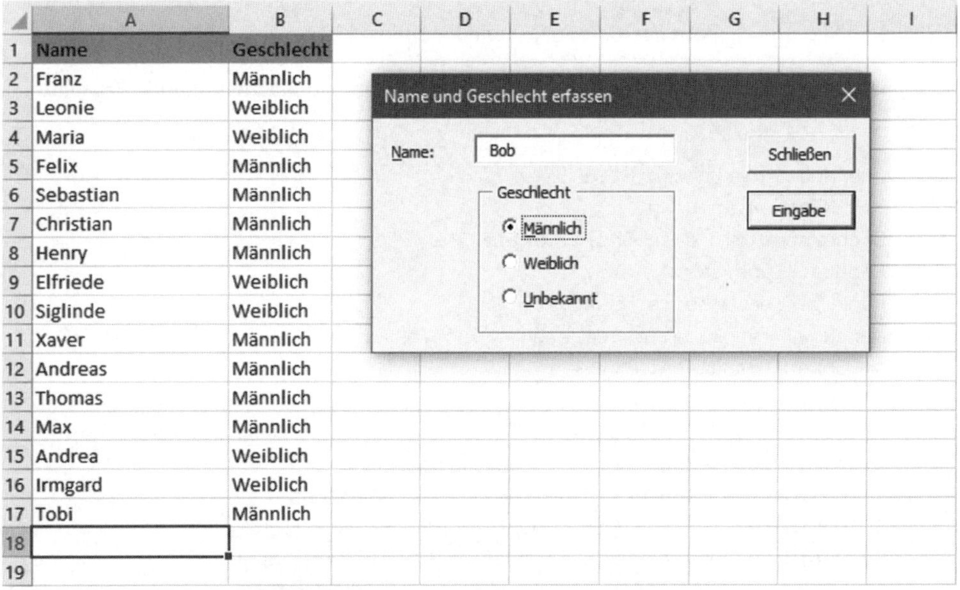

Abbildung 18.3: Verwendung des benutzerdefinierten Dialogfelds für die Dateneingabe

Die Daten auswerten

Spielen Sie ein bisschen mit der Routine herum. Sie werden feststellen, dass das Makro ein kleines Problem hat: Es kontrolliert nicht, ob der Benutzer auch wirklich einen Namen in das Textfeld eingegeben hat. Der folgende Code sorgt dafür, dass der Benutzer einen Namen in das Textfeld eingibt. Er muss vor der Übertragung des Textes in das Arbeitsblatt eingefügt werden. Wenn das Textfeld leer ist, wird eine Meldung angezeigt und die Routine wird beendet. Das Dialogfeld bleibt jedoch offen, sodass der Benutzer das Problem beheben kann.

```
'   Sicherstellen, dass ein Name eingegeben wird
    If TextName.Text = "" Then
        MsgBox "Sie müssen einen Namen eingeben."
        Exit Sub
    End If
```

Jetzt funktioniert das Dialogfeld

Nachdem diese Änderungen vorgenommen wurden, funktioniert das Dialogfeld wirklich einwandfrei. In der Praxis würden Sie wahrscheinlich mehr Informationen abfragen als nur den Namen und die Geschlechtszugehörigkeit. Es gelten aber immer dieselben Prinzipien. Sie haben es dann einfach nur mit mehr Steuerelementen auf dem UserForm zu tun.

Noch etwas, woran Sie denken sollten: Wenn Daten nicht in Zeile 1 beginnen oder der Datenbereich leere Zeilen enthält, ist die Zählung für die Variable NextRow falsch. Die Funktion COUNTA zählt die Anzahl der Zellen in Spalte A, und es wird angenommen, dass es keine leeren Zellen oberhalb des letzten Namens in der Spalte gibt. Hier eine weitere Möglichkeit, die nächste leere Zeile zu bestimmen:

```
NextRow = Cells(Rows.Count, 1).End(xlUp).Row + 1
```

Diese Anweisung simuliert die Aktivierung der letzten Zelle in Spalte A, das Drücken von [Ende], das Drücken von [↑] und dann eine Bewegung um eine Zeile nach oben. Wenn Sie das manuell machen, steht der Zellenzeiger in der nächsten leeren Zelle in Spalte A, selbst wenn der Datenbereich nicht in Zeile 1 beginnt und leere Zellen enthält.

Ein Listenfeld-Beispiel

Listenfelder sind praktische Steuerelemente, aber die Arbeit mit ihnen kann kompliziert sein. Bevor ein Dialogfeld mit Listenfeld angezeigt wird, müssen Sie das Listenfeld mit Elementen füllen. Und wenn das Dialogfeld geschlossen wird, müssen Sie feststellen, welche Elemente der Benutzer ausgewählt hat.

Beim Umgang mit Listenfeldern müssen Sie die folgenden Eigenschaften und Methoden kennen:

✔ AddItem: Mit dieser Methode fügen Sie einem Listenfeld ein Element hinzu.

✔ ListCount: Diese Eigenschaft gibt die Anzahl der im Listenfeld enthaltenen Elemente an.

✔ ListIndex: Diese Eigenschaft gibt die Indexnummer des ausgewählten Elements zurück oder legt das ausgewählte Element fest (nur für Einzelauswahlen). Das erste Element hat den ListIndex 0 (nicht 1).

✔ MultiSelect: Diese Eigenschaft bestimmt, ob der Benutzer mehrere Elemente im Listenfeld auswählen kann.

✔ RemoveAllItems: Mit dieser Methode entfernen Sie alle Elemente aus einem Listenfeld.

✔ Selected: Diese Eigenschaft gibt ein Array mit den ausgewählten Elementen zurück (nur, wenn eine Mehrfachauswahl zulässig ist).

✔ Value: Diese Eigenschaft gibt das ausgewählte Element in einem Listenfeld zurück.

Die meisten Methoden und Eigenschaften für Listenfelder funktionieren auch für Kombinationsfelder. Nachdem Sie den Umgang mit Listenfeldern erlernt haben, können Sie dieses Wissen auch bei der Arbeit mit Kombinationsfeldern anwenden.

Ein Listenfeld füllen

Um das Ganze einfach zu halten, beginnen Sie mit einer leeren Arbeitsmappe. Das Beispiel in diesem Abschnitt geht von Folgendem aus:

✔ Sie haben ein UserForm hinzugefügt.

✔ Das UserForm enthält ein Listenfeld namens ListBox1.

✔ Das UserForm besitzt eine Schaltfläche namens OKButton.

✔ Das UserForm besitzt eine Schaltfläche namens CancelButton, die die folgende Prozedur zur Ereignisverarbeitung verwendet:

```
Private Sub CancelButton_Click()
    Unload UserForm1
End Sub
```

Die folgende Prozedur wird in der Initialize-Prozedur für das UserForm gespeichert:

1. **Wählen Sie Ihr UserForm aus und drücken Sie** F7 **, um sein Codefenster zu aktivieren.** Der VBE zeigt das Codefenster für Ihr Formular an und Sie können den Code für das Initialisierungsereignis eingeben.

2. **Wählen Sie in der Drop-down-Liste oben im Codefenster den Eintrag INITIALIZE.**

3. **Fügen Sie den Initialisierungscode für das Formular ein:**

```
Sub UserForm_Initialize()
'   Das Listenfeld füllen
    With ListBox1
        .AddItem "Januar"
        .AddItem "Februar"
        .AddItem "März"
        .AddItem "April"
        .AddItem "Mai"
        .AddItem "Juni"
        .AddItem "Juli"
        .AddItem "August"
        .AddItem "September"
        .AddItem "Oktober"
        .AddItem "November"
        .AddItem "Dezember"
    End With
```

```
'   Den ersten Listeneintrag auswählen
    ListBox1.ListIndex = 0
End Sub
```

Diese Initialisierungsroutine wird automatisch ausgeführt, wenn Ihr UserForm geladen wird. Wenn Sie also die Show-Methode für das UserForm verwenden, wird der Code ausgeführt und Ihr Listenfeld wird mit zwölf Einträgen gefüllt, die jeweils über die AddItem-Methode hinzugefügt werden.

4. **Fügen Sie ein VBA-Modul ein und geben Sie eine kurze Sub-Prozedur ein, um das Dialogfeld anzuzeigen:**

```
Sub ShowList()
    UserForm1.Show
End Sub
```

Das ausgewählte Element bestimmen

Der oben gezeigte Code zeigt einfach nur ein Dialogfeld mit einem Listenfeld mit Monatsnamen an. Es fehlt eine Prozedur, die bestimmt, welches Element im Listenfeld ausgewählt wurde.

Fügen Sie den folgenden Code in die Prozedur OKButton_Click ein:

```
Private Sub OKButton_Click()
    Dim Msg As String
    Msg = "Ihre Auswahl: Element Nr. "
    Msg = Msg & ListBox1.ListIndex
    Msg = Msg & vbNewLine
    Msg = Msg & ListBox1.Value
    MsgBox Msg
    Unload UserForm1
End Sub
```

Diese Prozedur zeigt ein Meldungsfeld mit der Nummer des ausgewählten Elements und dem ausgewählten Element an.

Wenn kein Element des Listenfelds ausgewählt wurde, gibt die ListIndex-Eigenschaft den Wert -1 zurück. Das ist jedoch in diesem speziellen Listenfeld niemals der Fall, weil der Code in der Prozedur UserForm_Initialize das erste Element auswählt. Es ist nicht möglich, die Auswahl eines Elements aufzuheben, ohne ein anderes Element auszuwählen. Es ist also immer ein Element ausgewählt, wenn der Benutzer keinen Monat ausgewählt hat.

Abbildung 18.4 zeigt, wie das aussieht.

 Das erste Element in einem Listenfeld hat den ListIndex 0, nicht 1 (wie man vielleicht erwarten würde). Das ist immer so, selbst wenn Sie die Anweisung Option Base 1 verwenden, um die Standarduntergrenze für Arrays zu ändern.

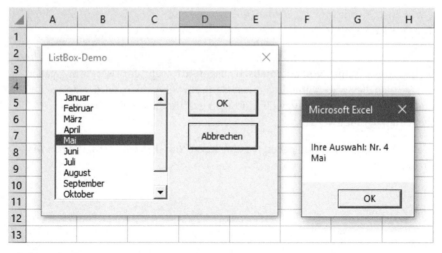

Abbildung 18.4: Bestimmen, welches Element in einem Listenfeld ausgewählt ist

 Dieses Beispiel steht zum Download auf der Website zum Buch zur Verfügung.

Mehrfachauswahlen bestimmen

Wenn Ihr Listenfeld so eingerichtet ist, dass der Benutzer mehrere Einträge auswählen kann, werden Sie feststellen, dass die ListIndex-Eigenschaft nur das *letzte* ausgewählte Element zurückgibt. Um alle ausgewählten Einträge zu erhalten, brauchen Sie die Selected-Eigenschaft, die ein Array enthält.

 Um Mehrfachauswahlen in einem Listenfeld zuzulassen, setzen Sie die MultiSelect-Eigenschaft auf 1 oder 2. Das machen Sie zur Entwurfszeit im Eigenschaftenfenster oder zur Laufzeit über eine VBA-Anweisung wie die folgende:

```
UserForm1.ListBox1.MultiSelect = 1
```

Die MultiSelect-Eigenschaft hat drei mögliche Einstellungen. Die drei Werte sind in Tabelle 18.1 aufgelistet.

Wert	VBA-Konstante	Bedeutung
0	fmMultiSelectSingle	Nur ein Element kann ausgewählt werden.
1	fmMultiSelectMulti	Durch Anklicken eines Elements oder Drücken der Leertaste wird ein Element in der Liste ausgewählt beziehungsweise die Auswahl wird aufgehoben.
2	fmMultiSelectExtende	Elemente werden der Auswahlmenge hinzugefügt oder daraus entfernt, indem sie bei gedrückter ⇧- oder Strg-Taste angeklickt werden.

Tabelle 18.1: Einstellungen für die MultiSelect-Eigenschaft

Die folgende Prozedur zeigt ein Meldungsfeld an, das alle in einem Listenfeld ausgewählten Elemente auflistet. Abbildung 18.5 zeigt ein Beispiel.

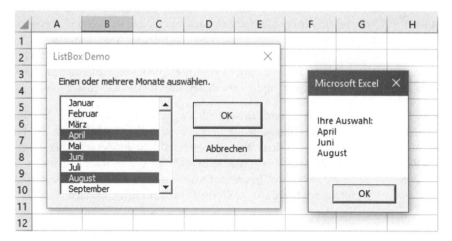

Abbildung 18.5: Bestimmung der ausgewählten Elemente in einem Listenfeld, das eine Mehrfachauswahl unterstützt

```
Private Sub OKButton_Click()
    Dim Msg As String
    Dim i As Integer
    Dim Counter As Integer
    Msg = "Sie haben ausgewählt:" & vbNewLine
    For i = 0 To ListBox1.ListCount - 1
        If ListBox1.Selected(i) Then
            Counter = Counter + 1
            Msg = Msg & ListBox1.List(i) & vbNewLine
        End If
    Next i
    If Counter = 0 Then Msg = Msg & "(nichts)"
    MsgBox Msg
    Unload UserForm1
End Sub
```

Diese Routine durchläuft in einer For-Next-Schleife alle Elemente des Listenfelds. Beachten Sie, dass die Schleife mit Element 0 (dem ersten Element) beginnt und mit dem letzten Element endet (bestimmt durch den Wert der ListCount-Eigenschaft minus 1). Wenn die Selected-Eigenschaft eines Elements True ist, wurde es ausgewählt. Der Code verwendet außerdem eine Variable (Counter), die aufzeichnet, wie viele Elemente ausgewählt wurden. Eine If-Then-Anweisung ändert die Meldung ab, wenn nichts ausgewählt wurde.

 Dieses Beispiel steht zum Download auf der Website zum Buch zur Verfügung.

Einen Bereich auswählen

Manchmal will man, dass der Benutzer einen Bereich auswählt, während ein Dialogfeld angezeigt wird. Ein Beispiel für eine solche Bereichsauswahl ist das Dialogfeld TABELLE ERSTELLEN, das angezeigt wird, wenn Sie START | EINFÜGEN | TABELLEN | TABELLE wählen. Das Dialogfeld TABELLE ERSTELLEN hat ein Steuerelement zur Bereichsauswahl, in dem Excel bereits Werte anzeigt, deren mögliche Verwendung es vermutet. Sie können mit diesem Steuerelement aber auch den Bereich ändern, indem Sie Zellen im Arbeitsblatt auswählen.

Um eine Bereichsauswahl in Ihrem Dialogfeld zu unterstützen, fügen Sie ihm ein `RefEdit`-Steuerelement hinzu. Das folgende Beispiel zeigt ein Dialogfeld an, in dem die Bereichsadresse des aktuellen Bereichs in einem `RefEdit`-Steuerelement angezeigt wird, wie in Abbildung 18.6 dargestellt. Der aktuelle Bereich ist der Block nicht leerer Zellen, in dem die aktive Zelle enthalten ist. Der Benutzer kann diesen Bereich akzeptieren oder ändern. Wenn der Benutzer auf OK klickt, stellt die Prozedur diesen Bereich fett dar.

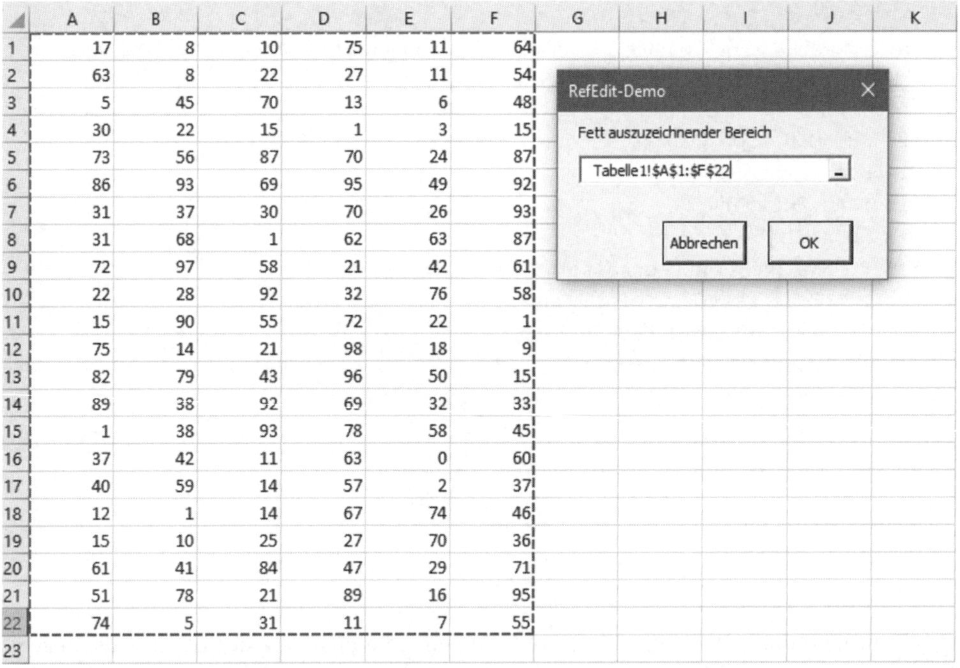

◢	A	B	C	D	E	F	G	H	I	J	K
1	17	8	10	75	11	64					
2	63	8	22	27	11	54					
3	5	45	70	13	6	48		RefEdit-Demo		✕	
4	30	22	15	1	3	15					
5	73	56	87	70	24	87		Fett auszuzeichnender Bereich			
6	86	93	69	95	49	92		Tabelle1!$A$1:$F$22			
7	31	37	30	70	26	93					
8	31	68	1	62	63	87					
9	72	97	58	21	42	61			Abbrechen	OK	
10	22	28	92	32	76	58					
11	15	90	55	72	22	1					
12	75	14	21	98	18	9					
13	82	79	43	96	50	15					
14	89	38	92	69	32	33					
15	1	38	93	78	58	45					
16	37	42	11	63	0	60					
17	40	59	14	57	2	37					
18	12	1	14	67	74	46					
19	15	10	25	27	70	36					
20	61	41	84	47	29	71					
21	51	78	21	89	16	95					
22	74	5	31	11	7	55					
23											

Abbildung 18.6: Dieses Dialogfeld ermöglicht dem Benutzer, einen Bereich auszuwählen.

Dieses Beispiel geht von Folgendem aus:

✔ Sie haben ein UserForm namens `UserForm1`.

✔ Das UserForm enthält eine Schaltfläche namens `OKButton`.

✔ Das UserForm enthält eine Schaltfläche namens `CancelButton`.

✔ Das UserForm enthält ein RefEdit-Steuerelement namens RefEdit1.

Der Code ist in einem VBA-Modul gespeichert und wird hier gezeigt. Dieser Code erledigt zwei Dinge: Er initialisiert das Dialogfeld, indem er dem RefEdit-Steuerelement die Adresse des aktuellen Bereichs zuweist, und er zeigt das UserForm an:

```
Sub BoldCells()
'   Beenden, wenn kein Arbeitsblatt aktiv ist
    If TypeName(ActiveSheet) <> "Worksheet" Then Exit Sub

'   Den aktuellen Bereich auswählen
    ActiveCell.CurrentRegion.Select

'   Das RefEdit-Steuerelement initialisieren
    UserForm1.RefEdit1.Text = Selection.Address

'   Show dialog
    UserForm1.Show
End Sub
```

Die folgende Prozedur wird ausgeführt, wenn die OK-Schaltfläche angeklickt wird. Sie führt eine einfache Fehlerüberprüfung durch, um sicherzustellen, dass der im RefEdit-Steuerelement angegebene Bereich gültig ist.

```
Private Sub OKButton_Click()
    On Error GoTo BadRange
    Range(RefEdit1.Text).Font.Bold = True
    Unload UserForm1
    Exit Sub
BadRange:
    MsgBox "Der angegebene Bereich ist ungültig."
End Sub
```

Wenn ein Fehler auftritt (wahrscheinlich eine fehlerhafte Bereichsangabe im RefEdit-Steuerelement), springt der Code zur Zeilenmarke BadRange und ein Meldungsfeld wird angezeigt. Das Dialogfeld bleibt offen, sodass der Benutzer einen anderen Bereich auswählen kann.

 Wenn die Bestimmung eines vom Benutzer ausgewählten Bereichs die einzige von Ihrem UserForm ausgeführte Funktion ist, können Sie das Ganze mit der Application InputBox-Methode vereinfachen, wie in Kapitel 15 beschrieben.

Mehrere Optionsfeldgruppen verwenden

Abbildung 18.7 zeigt ein benutzerdefiniertes Dialogfeld mit drei Optionsfeldgruppen. Wenn Ihr UserForm mehrere Optionsfeldgruppen enthält, achten Sie darauf, dass sich jede davon wie eine separate Gruppe verhält. Dazu gibt es zwei Möglichkeiten:

✔ Sie ordnen jede Optionsfeldgruppe innerhalb eines Rahmens an. Dieser Ansatz ist der unkomplizierteste. Außerdem sieht Ihr Dialogfeld damit aufgeräumt aus. Es ist am einfachsten, den Rahmen vor den Optionsfeldern hinzuzufügen. Sie können jedoch auch bereits vorhandene Optionsfelder in einen Rahmen ziehen.

✔ Jede Optionsfeldgruppe muss eine eindeutige GroupName-Eigenschaft haben (die im Eigenschaftenfenster angegeben wird). Wenn die Optionsfelder innerhalb eines Rahmens angeordnet sind, brauchen Sie sich um die GroupName-Eigenschaft nicht zu kümmern.

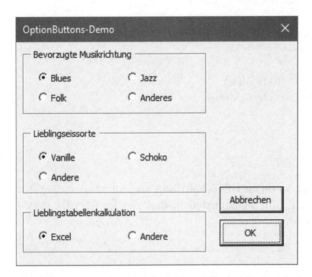

Abbildung 18.7: Dieses Dialogfeld enthält drei Optionsfeldgruppen.

 Nur ein Optionsfeld in einer Gruppe kann den Wert True haben. Um eine Standardoption für eine Optionsfeldgruppe vorzugeben, setzen Sie einfach die Value-Eigenschaft für das Standardelement auf True. Das können Sie direkt im Eigenschaftenfenster oder mit VBA-Code erledigen:

```
UserForm1.OptionButton1.Value = True
```

 Dieses Beispiel steht zum Download auf der Website zum Buch zur Verfügung. Es enthält auch Code, der die ausgewählten Optionen anzeigt, wenn der Benutzer auf OK klickt.

Ein Drehfeld und ein Textfeld verwenden

Ein Drehfeld gestattet dem Benutzer, eine Zahl einzugeben, die er durch Anklicken von Pfeilen einstellt. Dieses Steuerelement besteht nur aus Pfeilen (kein Text), deshalb braucht man in der Regel eine Methode, um die ausgewählte Zahl anzuzeigen. Eine Möglichkeit ist die Verwendung eines Bezeichnungsfelds, was jedoch einen Nachteil hat: Der Benutzer kann keinen Text in ein Bezeichnungsfeld eingeben. Eine bessere Auswahlmöglichkeit ist die Verwendung eines Textfelds.

Ein Drehfeld und ein Textfeld bilden ein natürliches Paar. In Excel wird diese Kombination häufig verwendet. Sehen Sie sich beispielsweise das Dialogfeld zur Seiteneinrichtung von Excel an. Dort finden Sie mehrere Beispiele dafür. Im Idealfall sind das Drehfeld und sein Textfeld immer synchron. Wenn der Benutzer auf das Drehfeld klickt, sollte dessen Wert im Textfeld angezeigt werden. Und wenn der Benutzer einen Wert direkt in das Textfeld eingibt, sollte das Drehfeld diesen Wert annehmen. Abbildung 18.8 zeigt ein benutzerdefiniertes Dialogfeld mit Drehfeld und Textfeld.

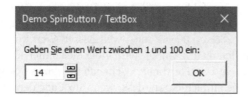

Abbildung 18.8: Ein UserForm mit Drehfeld und einem begleitenden Textfeld

Dieses UserForm enthält die folgenden Steuerelemente:

✔ Ein Drehfeld namens `SpinButton1`, dessen `Min`-Eigenschaft auf 1 und dessen `Max`-Eigenschaft auf 100 gesetzt sind

✔ Ein Textfeld namens `TextBox1`, das links vom Drehfeld angeordnet ist

✔ Eine Schaltfläche namens `OKButton`

Jetzt kommt die Prozedur für die Ereignisverarbeitung des Drehfelds. Diese Prozedur verarbeitet das `Change`-Ereignis, das ausgelöst wird, sobald der `SpinButton`-Wert geändert wird. Wenn sich der Wert des Drehfelds ändert (wenn es angeklickt wird), weist diese Prozedur dem Textfeld den Wert des Drehfelds zu. Um diese Prozedur zu erstellen, doppelklicken Sie auf das Drehfeld, um das Codefenster für das UserForm zu aktivieren. Anschließend geben Sie diesen Code ein:

```
Private Sub SpinButton1_Change()
    TextBox1.Text = SpinButton1.Value
End Sub
```

Die Ereignisverarbeitung für das Textfeld, die jetzt kommt, ist etwas komplizierter. Um diese Prozedur anzulegen, doppelklicken Sie auf das Textfeld, um das Codefenster für das UserForm zu aktivieren. Diese Prozedur wird ausgeführt, wenn der Benutzer den Text im Textfeld ändert.

```
Private Sub TextBox1_Change()
    Dim NewVal As Integer

    NewVal = Val(TextBox1.Text)
    If NewVal >= SpinButton1.Min And _
        NewVal <= SpinButton1.Max Then _
        SpinButton1.Value = NewVal
End Sub
```

Diese Prozedur verwendet eine Variable, in der der Text aus dem Textfeld gespeichert wird (mit der Val-Funktion in einen Wert umgewandelt). Anschließend überprüft sie, ob der Wert innerhalb des zulässigen Bereichs liegt. Ist dies der Fall, wird das Drehfeld auf den Wert des Textfelds gesetzt. Damit ist klar, dass der Wert des Drehfelds immer gleich dem Wert im Textfeld ist (vorausgesetzt, der Wert des Drehfelds liegt innerhalb des zulässigen Bereichs).

Wenn Sie den Code im Debugging-Modus mit F8 im Einzelschritt durchlaufen, erkennen Sie, dass bei der Ausführung der Zeile SpinButton1.Value = NewVal sofort das Change-Ereignis des Drehfelds ausgelöst wird. Das Ereignis SpinButton1_Change wiederum setzt den Wert von TextBox1. Glücklicherweise löst dies wiederum nicht das Ereignis TextBox1_Change aus, weil dessen Wert vom Ereignis SpinButton1_Change eigentlich nicht geändert wird. Aber Sie können sich vorstellen, dass dieser Effekt in Ihrem UserForm überraschende Ergebnisse verursachen kann. Verwirrend? Denken Sie einfach daran, dass, wenn Ihr Code den Wert eines Steuerelements ändert, das Change-Ereignis dieses Steuerelements ausgelöst wird.

Dieses Beispiel steht zum Download auf der Website zum Buch zur Verfügung. Es enthält außerdem noch ein paar andere Dinge, die Ihnen vielleicht nützlich erscheinen.

Ein UserForm als Fortschrittsanzeige verwenden

Wenn Sie ein Makro haben, dessen Ausführung sehr lange dauert, möchten Sie vielleicht eine Fortschrittsanzeige ausgeben, sodass die Benutzer nicht denken, Excel sei abgestürzt. Mit einem UserForm können Sie eine attraktive Fortschrittsanzeige erstellen, wie in Abbildung 18.9 gezeigt. Um Dialogfelder auf diese Weise nutzen zu können, benötigen Sie jedoch ein paar Tricks.

K	L	M	N	O	P	Q
226	500	717	884	110	692	855
535	743	723	907	171	373	474
692	478	149	987	112	259	936
190	537	561	237	155	999	354
650	374	659	369	726	631	679
768	205	855	962	655	970	527
527					51	257
642					17	301
267	Eingabe von Zufallszahlen…				63	737
950	65%				24	123
831					16	573
98	201	48	800	589	28	83
692	224	172	637	502	561	112
257	749	193	36	169	219	408
343	495	196	555	278	151	90
861	39	510	22	904	441	969

Abbildung 18.9: Dieses UserForm dient als Fortschrittsanzeige für ein langsames Makro.

Ein Dialogfeld als Fortschrittsanzeige einrichten

Im ersten Schritt legen Sie ein UserForm an. In diesem Beispiel zeigt das Dialogfeld den Fortschritt an, während ein Makro Zufallszahlen in 100 Spalten und 1000 Zeilen des aktiven Arbeitsblatts einfügt. Gehen Sie wie folgt vor:

1. **Aktivieren Sie den VBE und fügen Sie ein neues UserForm ein.**

2. **Setzen Sie die `Caption`-Eigenschaft des UserForms auf** *Fortschritt*.

3. **Fügen Sie ein Rahmen-Objekt ein und legen Sie die folgenden Eigenschaften dafür fest:**

Eigenschaft	Wert
Caption	0 %
Name	FrameProgress
SpecialEffect	2 – fmSpecialEffectSunken
Width	204
Height	28

4. **Fügen Sie ein Bezeichnungsfeld-Objekt ein und legen Sie die folgenden Eigenschaften dafür fest:**

Eigenschaft	Wert
Caption	(keine Beschriftung)
Name	LabelProgress
SpecialEffect	1 – fmSpecialEffectRaised
BackColor	&H000000FF& (Rot)
Width	20
Height	13
Top	5
Left	2

5. **Fügen Sie ein weiteres Bezeichnungsfeld oberhalb des Rahmens ein und ändern Sie seine Beschriftung auf** *Eintragen von Zufallszahlen...*

Das UserForm sollte jetzt aussehen, wie in Abbildung 18.10 gezeigt.

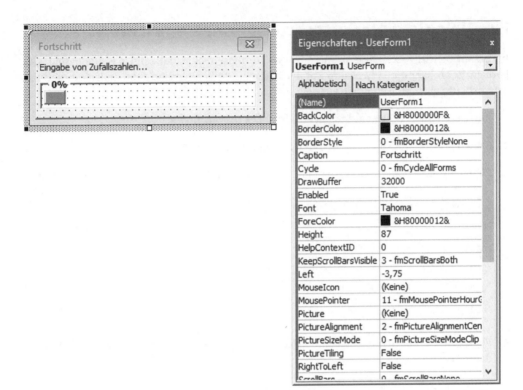

Abbildung 18.10: Das UserForm mit der Fortschrittsanzeige

Die Prozeduren

Dieses Beispiel verwendet zwei Prozeduren und eine Variable auf Modulebene.

✔ **Die Variable auf Modulebene.** Befindet sich in einem VBA-Modul. Die Variable enthält die Kopie des UserForms:

```
Dim ProgressIndicator as UserForm1
```

✔ **EnterRandomNumbers.** Diese Prozedur erledigt die gesamte Arbeit und wird ausgeführt, wenn das UserForm angezeigt wird. Beachten Sie, dass sie die Prozedur UpdateProgress aufruft, die die Fortschrittsanzeige im Dialogfeld aktualisiert:

```
Sub EnterRandomNumbers ()
'    Fügt Zufallszahlen in das aktive Arbeitsblatt ein
     Dim Counter As Long
     Dim RowMax As Long, ColMax As Long
     Dim r As Long, c As Long
     Dim PctDone As Single

'    Eine Kopie des Formulars in einer Variablen ablegen
     Set ProgressIndicator = New UserForm1
```

```
      '   ProgressIndicator im nicht modalen Status anzeigen
          ProgressIndicator.Show vbModeless
          If TypeName(ActiveSheet) <> "Worksheet" Then
              Unload ProgressIndicator
              Exit Sub
          End If

      '   Die Zufallszahlen einfügen
          Cells.Clear
          Counter = 1
          RowMax = 200
          ColMax = 50
          For r = 1 To RowMax
              For c = 1 To ColMax
                  Cells(r, c) = Int(Rnd * 1000)
                  Counter = Counter + 1
              Next c
              PctDone = Counter / (RowMax * ColMax)
              Call UpdateProgress(PctDone)
          Next r
          Unload ProgressIndicator
          Set ProgressIndicator = Nothing
      End Sub
```

✔ **UpdateProgress.** Diese Prozedur nimmt ein Argument entgegen und aktualisiert die Fortschrittsanzeige im Dialogfeld:

```
Sub UpdateProgress(pct)
    With ProgressIndicator
        .FrameProgress.Caption = Format(pct, "0%")
        .LabelProgress.Width = pct * (.FrameProgress _
            .Width - 10)
    End With
'   Die Anweisung DoEvents aktualisiert das Formular
    DoEvents
End Sub
```

Wie dieses Beispiel funktioniert

Wenn die Prozedur EnterRandomNumbers ausgeführt wird, lädt sie eine Kopie von UserForm1 in die Modulvariable ProgressIndicator. Anschließend setzt sie die Breite des Bezeichnungsfelds LabelProgress auf 0 und zeigt das UserForm im nicht modalen Status an (sodass der Code weiter ausgeführt wird).

Die Prozedur EnterRandomNumber überprüft das aktive Blatt. Handelt es sich nicht um ein Arbeitsblatt, wird das UserForm (ProgressIndicator) geschlossen und die Prozedur endet, ohne irgendeine Aktion ausgeführt zu haben. Ist das aktive Blatt ein Arbeitsblatt, erledigt die Prozedur Folgendes:

1. **Sie löscht alle Zellen im aktiven Arbeitsblatt.**

2. **Sie durchläuft die Zeilen und Spalten (vorgegeben durch die Variablen** RowMax **und** ColMax **) und fügt jeweils in jede Zelle eine Zufallszahl ein.**

3. **Sie inkrementiert die Zählervariable** Counter **und berechnet den fertigen Prozentsatz (der in der Variablen** PctDone **abgelegt wird).**

4. **Sie ruft die Prozedur** UpdateProgress **auf, die den fertigen Prozentsatz anzeigt, indem sie die Breite des Bezeichnungsfelds** LabelProgress **ändert und die Beschriftung des Rahmens aktualisiert.**

5. **Zum Schluss wird das UserForm aus dem Speicher entfernt.**

Mit einer Fortschrittsanzeige wird Ihr Makro natürlich etwas langsamer, weil der Code zusätzlich das UserForm aktualisieren muss. Wenn die Geschwindigkeit von absoluter Bedeutung ist, sollten Sie sich überlegen, ob Sie eine Fortschrittsanzeige verwenden wollen.

Wenn Sie diese Technik übernehmen, müssen Sie selbst herausfinden, wie Sie den Fortschritt des Makros bestimmen, was natürlich abhängig vom jeweiligen Makro variiert. Anschließend rufen Sie die Prozedur UpdateProgress in regelmäßigen Zeitabständen auf, während Ihr Makro ausgeführt wird.

Dieses Beispiel steht zum Download auf der Website zum Buch zur Verfügung.

Ein nicht modales Dialogfeld mit Registerkarten erstellen

Dialogfelder mit Registerkarten sind praktisch, weil Sie damit Informationen in kleinen durchdachten Abschnitten präsentieren können. Ein gutes Beispiel dafür ist das Excel-Dialogfeld ZELLEN FORMATIEREN (das angezeigt wird, wenn Sie mit der rechten Maustaste in eine Zelle klicken und ZELLEN FORMATIEREN auswählen). Das Dialogfeld in diesem Beispiel verwendet drei Registerkarten, um einige der Anzeigeoptionen von Excel zu organisieren.

Dank des Multiseiten-Steuerelements ist es ganz einfach, eigene Dialogfelder mit Registerkarten anzulegen. Abbildung 18.11 zeigt ein benutzerdefiniertes Dialogfeld, das ein Multiseiten-Steuerelement mit drei Registerkarten (also Seiten) verwendet. Wenn der Benutzer auf eine Registerkarte klickt, wird eine neue Seite aktiviert, und nur die Steuerelemente auf dieser Seite werden angezeigt.

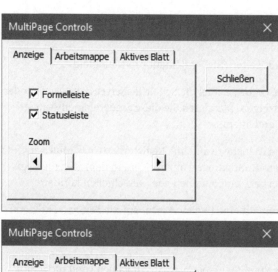

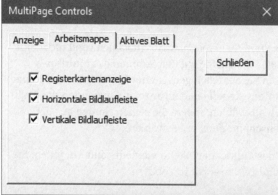

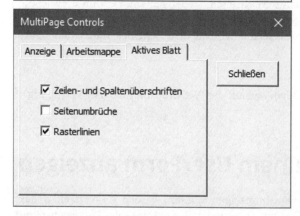

Abbildung 18.11: Die drei Registerkarten eines Multiseiten-Steuerelements

Beachten Sie, dass dies ein nicht modales Dialogfeld ist. Mit anderen Worten, der Benutzer kann es geöffnet lassen, während er weiterarbeitet. Jedes der Steuerelemente hat unmittelbare Wirkung, weshalb man keine OK-Schaltfläche benötigt. Hier die Prozedur, die das UserForm anzeigt, sodass es oben im Stapel bleibt:

```
Sub ShowDialog()
    UserForm1.Show vbModeless
End Sub
```

Beachten Sie Folgendes, wenn Sie mit dem Multiseiten-Steuerelement ein Dialogfeld mit Registerkarten anlegen:

✔ Verwenden Sie nur ein Multiseiten-Steuerelement pro Dialogfeld.

✔ Um einige Steuerelemente (zum Beispiel die Schaltflächen OK, ABBRECHEN oder SCHLIESSEN) jederzeit anzuzeigen, platzieren Sie diese Steuerelemente außerhalb des Multiseiten-Steuerelements.

✔ Klicken Sie mit der rechten Maustaste auf eine Registerkarte des Multiseiten-Steuerelements, um ein Kontextmenü anzuzeigen, in dem Sie eine Registerkarte hinzufügen, entfernen, umbenennen oder verschieben können.

✔ Klicken Sie zur Entwurfszeit auf eine Registerkarte, um die Seite zu aktivieren. Nachdem sie aktiviert wurde, fügen Sie der Seite unter Verwendung der üblichen Prozeduren weitere Steuerelemente hinzu.

✔ Um das eigentliche Multiseiten-Steuerelement auszuwählen (und nicht eine Seite in dem Steuerelement), klicken Sie auf den Rahmen des Multiseiten-Steuerelements. Achten Sie auf das Eigenschaftenfenster, das den Namen und den Typ des ausgewählten Steuerelements anzeigt. Sie können das Multiseiten-Steuerelement auch auswählen, indem Sie seinen Namen aus der Drop-down-Liste im Eigenschaftenfenster auswählen.

✔ Sie können das Aussehen des Multiseiten-Steuerelements ändern, indem Sie die Eigenschaften `Style` und `TabOrientation` ändern.

✔ Die `Value`-Eigenschaft eines Multiseiten-Steuerelements bestimmt, welche Seite angezeigt wird. Wenn Sie beispielsweise Code schreiben, um die `Value`-Eigenschaft auf 0 zu setzen, wird die erste Seite des Multiseiten-Steuerelements angezeigt.

Dieses Beispiel steht zum Download auf der Website zum Buch zur Verfügung.

Ein Diagramm in einem UserForm anzeigen

Wenn Sie ein Diagramm in einem UserForm anzeigen müssen, werden Sie feststellen, dass es in Excel keine direkte Methode dafür gibt. Sie müssen also kreativ sein. Dieser Abschnitt beschreibt eine Technik, mit der Sie ein oder mehrere Diagramme in einem UserForm anzeigen können.

Abbildung 18.12 zeigt ein Dialogfeld, das eigentlich aus drei Diagrammen besteht. Das UserForm enthält ein Bildfeld. Der Trick dabei ist, das Diagramm im VBA-Code als GIF-Datei zu speichern und diese Datei dann als `Picture`-Eigenschaft des Bildfelds einzutragen (damit wird das Bild von Ihrer Festplatte aus geladen). Die Schaltflächen ZURÜCK und WEITER schalten zwischen den Diagrammen um.

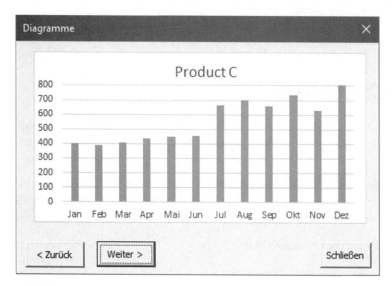

Abbildung 18.12: Anzeige eines Diagramms in einem UserForm

 Dieses Beispiel steht zum Download auf der Website zum Buch zur Verfügung.

Dieses Dialogfeld zeigt drei Diagramme auf einem Blatt namens Charts an. Die Schaltflächen ZURÜCK und WEITER bestimmen, welches Diagramm angezeigt werden soll, und diese Diagrammnummer wird als Public-Variable namens ChartNum gespeichert, die in allen Prozeduren zur Verfügung steht. Die folgende Prozedur UpdateChart erledigt die eigentliche Arbeit.

```
Private Sub UpdateChart()
    Dim CurrentChart As Chart
    Dim Fname As String

    Set CurrentChart = _
      Sheets("Charts").ChartObjects(ChartNum).Chart
    CurrentChart.Parent.Width = 300
    CurrentChart.Parent.Height = 150

'   Diagramm als GIF speichern
    Fname = ThisWorkbook.Path & "\temp.gif"
    CurrentChart.Export FileName:=Fname, FilterName:="GIF"

'   Das Diagramm anzeigen
    Image1.Picture = LoadPicture(Fname)
End Sub
```

Diese Prozedur bestimmt einen Namen für das gespeicherte Diagramm und verwendet dann die Export-Methode, um die GIF-Datei zu exportieren. Schließlich führt sie die

VBA-Funktion `LoadPicture` aus, um die `Picture`-Eigenschaft des Bildfeldobjekts zu spezifizieren.

Dialogfeld-Checkliste

Denken Sie daran, dass ein Dialogfeld im Prinzip Ihre einzige Möglichkeit darstellt, mit Ihrem Benutzer zu kommunizieren. Dialogfelder sind letztendlich Teil der Benutzeroberfläche.

Wenn Sie mit dem Entwurf eigener Benutzeroberflächen beginnen, sollten Sie diese Checkliste abarbeiten, um sicherzustellen, dass Sie Dialogfelder erstellen, die sowohl funktional als auch intuitiv zu bedienen sind:

✔ Sind alle Steuerelemente korrekt ausgerichtet?

✔ Haben alle ähnlichen Steuerelemente dieselbe Größe?

✔ Haben die Steuerelemente gleichmäßige Abstände?

✔ Hat das Dialogfeld einen geeigneten Titel?

✔ Ist das Dialogfeld überfrachtet? In diesem Fall sollten Sie mehrere Dialogfelder verwenden oder sie in einem Multiseiten-Steuerelement aufteilen.

✔ Kann der Benutzer auf jedes Steuerelement mit einem Tastenkürzel zugreifen?

✔ Gibt es doppelt vorhandene Tastenkürzel?

✔ Sind die Steuerelemente ihrer Funktion nach logisch gruppiert?

✔ Ist die Aktivierreihenfolge korrekt festgelegt? Der Benutzer muss in der Lage sein, sich mit der ⇆-Taste durch das Dialogfeld zu bewegen und nacheinander auf die Steuerelemente zuzugreifen.

✔ Wenn Sie vorhaben, das Dialogfeld in einem Add-In zu speichern, haben Sie es sorgfältig getestet, nachdem Sie das Add-In erstellt haben?

✔ Ergreift Ihr VBA-Code die richtigen Maßnahmen, wenn der Benutzer das Dialogfeld abbricht, die ⎋Esc⎖-Taste drückt oder auf die SCHLIESSEN-Schaltfläche klickt?

✔ Enthält der Text Schreibfehler? Leider wird die Rechtschreibprüfung von Excel nicht für UserForms ausgeführt, Sie müssen also selbst für die korrekte Schreibweise sorgen.

✔ Passt Ihr Dialogfeld bei der kleinsten verwendeten Auflösung (in der Regel 1024×768) auf den Bildschirm? Mit anderen Worten, wenn Sie Ihr Dialogfeld in einem höher auflösenden Grafikmodus entwickeln, kann es für einen Bildschirm mit geringerer Auflösung zu groß sein.

✔ Gibt es für alle Textfelder eine geeignete Überprüfung? Wenn Sie die `WordWrap`-Eigenschaft verwenden wollen, ist auch die `MultiLine`-Eigenschaft auf `True` gesetzt?

✔ Falls Sie vorhaben, die `WordWrap`-Eigenschaft zu verwenden, ist die `MultiLine`-Eigenschaft ebenfalls auf `True` gesetzt?

✔ Lassen alle Bildlaufleisten und Drehfelder nur gültige Werte zu?

✔ Ist für alle Listenfelder die `MultiSelect`-Eigenschaft korrekt eingestellt?

Beginnen Sie mit einfachen Dialogfeldern und experimentieren Sie mit den Steuerelementen und ihren Eigenschaften. Und vergessen Sie nicht das Hilfesystem! Es ist wirklich die beste Quelle für alle Details zu den Steuerelementen und ihren Eigenschaften.

Kapitel 19
Zugriff auf Ihre Makros über die Benutzeroberfläche

Vor Office 2007 gab es noch kein Menüband. Damals verwendete man Drop-down-Menüs und Symbolleisten. Heute ist das Menüband die Benutzeroberfläche für Microsoft Office. Und die Menübandmanie hat sich auch in andere Software fortgepflanzt, einschließlich Windows.

Vielleicht erwarten Sie, benutzerdefinierte Befehle für das Menüband mit VBA anlegen zu können. Leider können Sie das Menüband mit VBA nicht verändern. Aber Sie sind nicht ganz außen vor. Dieses Kapitel beschreibt einige der Methoden, wie Sie Einfluss auf die Benutzeroberfläche von Excel nehmen können.

Das Menüband anpassen

Dieser Abschnitt beschreibt Möglichkeiten, wie Sie das Menüband anpassen können. Sie können das Menüband manuell verändern, aber nicht mit VBA. Traurig, aber wahr. Wenn Sie beispielsweise eine Anwendung schreiben und dem Menüband ein paar neue Schaltflächen hinzufügen wollen, müssen Sie diese Änderungen außerhalb von Excel programmieren, mit dem Werkzeug RibbonX.

Das Menüband manuell anpassen

Manuell ist es ganz einfach, Änderungen am Menüband vorzunehmen, aber Sie brauchen dazu Excel 2010 oder höher. Wenn Sie Excel 2007 einsetzen, können Sie diesen Abschnitt überblättern, weil er nicht für Sie gilt.

Sie können das Menüband wie folgt anpassen:

✔ Registerkarten

- Eine neue benutzerdefinierte Registerkarte hinzufügen

- Benutzerdefinierte Registerkarten löschen

- Einer Registerkarte eine neue Gruppe hinzufügen

- Die Reihenfolge der Registerkarten ändern

- Den Namen einer Registerkarte ändern

- Eingebaute Registerkarten ausblenden

✔ Gruppen

- Neue benutzerdefinierte Gruppen hinzufügen

- Einer benutzerdefinierten Gruppe Befehle hinzufügen

- Befehle aus benutzerdefinierten Gruppen entfernen

- Gruppen von einer Registerkarte entfernen

- Eine Gruppe auf eine andere Registerkarte verschieben

- Die Reihenfolge der Gruppen auf einer Registerkarte ändern

- Den Namen einer Gruppe ändern

Das ist eine relativ umfangreiche Liste mit Anpassungsmöglichkeiten, aber es gibt einige Dinge, die Sie *nicht* machen können (egal, wie sehr Sie es versuchen):

✔ Eingebauten Registerkarten entfernen – aber Sie können sie *ausblenden*.

✔ Befehle aus eingebauten Gruppen entfernen

✔ Die Reihenfolge der Befehle in einer eingebauten Gruppe ändern

Manuell nehmen Sie Änderungen am Menüband im Feld MENÜBAND ANPASSEN im Dialogfeld EXCEL-OPTIONEN vor (siehe Abbildung 19.1). Am schnellsten zeigen Sie dieses Dialogfeld an, indem Sie mit der rechten Maustaste irgendwo in das Menüband klicken und den Befehl MENÜBAND ANPASSEN auswählen.

Die Anpassung des Menübands ist vergleichbar mit der Anpassung der Schnellzugriffsleiste, wie später in diesem Kapitel beschrieben. Der einzige Unterschied ist, dass Sie entscheiden müssen, wo der Befehl im Menüband abgelegt werden soll. Das allgemeine Verfahren sieht wie folgt aus:

1. **Zeigen Sie mithilfe der Drop-down-Liste auf der linken Seite (BEFEHLE AUSWÄHLEN AUS) verschiedene Befehlsgruppen an.**

2. **Suchen Sie den Befehl im Listenfeld auf der linken Seite und wählen Sie ihn aus.**

3. **Wählen Sie mithilfe der Drop-down-Liste auf der rechten Seite (MENÜBAND ANPASSEN) eine Gruppe Registerkarten aus.**

   Hauptregisterkarten sind immer sichtbar. Werkzeugregisterkarten beziehen sich auf die Kontextregisterkarten, die eingeblendet werden, wenn bestimmte Objekte ausgewählt sind.

4. **Wählen Sie im Listenfeld auf der rechten Seite die Registerkarte und die Gruppe aus, wo der Befehl angelegt werden soll.**

   Klicken Sie auf die Plussymbole, um die hierarchischen Listen aufzuklappen.

5. **Klicken Sie im mittleren Bereich auf die Schaltfläche HINZUFÜGEN, um den links ausgewählten Befehl der links ausgewählten Gruppe hinzuzufügen.**

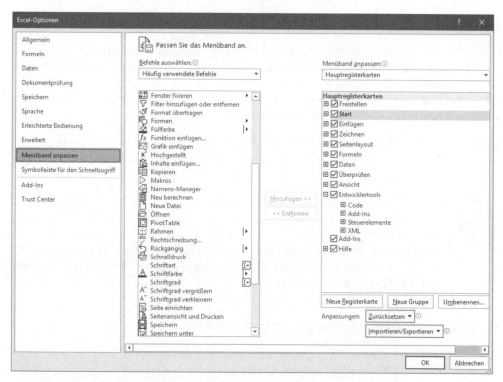

Abbildung 19.1: Die Registerkarte MENÜBAND ANPASSEN im Dialogfeld EXCEL-OPTIONEN

Beachten Sie, dass Sie mit der Schaltfläche NEUE REGISTERKARTE eine neue Registerkarte anlegen können und mit der Schaltfläche NEUE GRUPPE eine neue Gruppe auf einer Registerkarte. Neue Registerkarten und Gruppen erhalten generische Namen, die Sie in aussagekräftigere Bezeichnungen umbenennen sollten. Verwenden Sie dazu die Schaltfläche UMBENENNEN. Sie können auch eingebaute Registerkarten und Gruppen umbenennen.

Abbildung 19.2 zeigt eine benutzerdefinierte Gruppe (TEXT IN SPRACHE), die ich der Registerkarte ANSICHT hinzugefügt habe. Diese Gruppe enthält vier Befehle.

Abbildung 19.2: Die Registerkarte ANSICHT, nachdem ich die neue Gruppe TEXT IN SPRACHE angelegt habe

Sie können eingebaute Registerkarten zwar nicht entfernen, aber Sie können eine Registerkarte ausblenden, indem Sie auf der Registerkarte MENÜBAND ANPASSEN das Kontrollkästchen neben dem Namen deaktivieren.

Dem Menüband ein Makro hinzufügen

Glücklicherweise können Sie dem Menüband auch Makros hinzufügen. Folgen Sie den Anweisungen im vorigen Abschnitt, wählen Sie aber im ersten Schritt aus der Drop-down-Liste auf der linken Seite den Eintrag MAKROS. Alle aktuell verfügbaren Makros werden aufgelistet und können dem Menüband hinzugefügt werden. Sie müssen nur noch eine Registerkarte und eine Gruppe für das Makro festlegen.

Wenn Sie das Menüband anpassen und ein Makro einfügen, wird der Makro-Befehl im Menüband auch dann angezeigt, wenn die Arbeitsmappe, die das Makro enthält, nicht geöffnet ist. Wenn Sie den Befehl anklicken, wird die Arbeitsmappe mit dem Makro geöffnet.

 Wenn Sie dem Menüband eine Schaltfläche hinzufügen, mit der ein Makro ausgeführt wird, bezieht sich diese Änderung des Menübands nur auf Ihre Kopie von Excel. Die Änderungen des Menübands sind nicht Teil der Arbeitsmappe. Mit anderen Worten, wenn Sie Ihre Arbeitsmappe an einen Kollegen weitergeben, werden die von Ihnen vorgenommenen Änderungen am Menüband auf dem System dieses Kollegen *nicht* angezeigt.

Anpassung des Menübands mit XML

Manchmal will man, dass das Menüband automatisch angepasst wird, wenn eine Arbeitsmappe oder ein Add-In geöffnet werden. Damit ist es für den Benutzer einfacher, auf Ihr Makro zuzugreifen. Außerdem ist es dann nicht erforderlich, dass der Benutzer das Menüband manuell im Dialogfeld EXCEL-OPTIONEN anpasst.

Eine automatische Änderung des Menübands ist ab Excel 2007 und höher möglich, aber das ist nicht einfach. Um das Menüband zu ändern, müssen Sie XML-Code in einem Texteditor schreiben, diese XML-Datei in die Arbeitsmappendatei kopieren, mehrere XML-Dateien bearbeiten (die irgendwo im neuen Excel-Dateiformat versteckt sind, wobei es sich in Wirklichkeit um nichts weiter als einen gezippten Container mit Einzeldateien handelt) und dann VBA-Prozeduren schreiben, die das Anklicken der Steuerelemente verarbeiten, die Sie in der XML-Datei abgelegt haben.

Glücklicherweise gibt es Software, die Ihnen dabei hilft, das Menüband anzupassen. Sie müssen dafür aber trotzdem mit XML vertraut sein.

Die Software beschaffen

Wenn Sie das Beispiel mit der Anpassung des Menübands nachvollziehen möchten, müssen Sie ein kleines Programm herunterladen, den *Custom UI Editor for Microsoft Office*. Dieses kostenlose Programm vereinfacht die Anpassung des Menübands in Office-Anwendungen ganz wesentlich. Die Verwendung dieser Software bedeutet immer noch eine Menge Arbeit, aber die Vorgehensweise ist sehr viel einfacher als eine manuelle Anpassung.

Der Download-Speicherort ändert sich ab und zu, suchen Sie also am besten im Internet nach »Custom UI Editor für Microsoft Office«, um die Software zu finden. Der Download ist klein und kostenlos.

Im Rahmen dieses Buchs können nicht alle Details zur Anpassung des Menübands erklärt werden. Dennoch folgt noch ein kurzes Beispiel, das erklärt, wie Sie in die Registerkarte START eine neue Menüband-Gruppe einfügen. Die neue Menüband-Gruppe soll »Excel VBA für Dummies« heißen. Sie enthält eine Schaltfläche ANKLICKEN. Durch Anklicken dieser Schaltfläche wird das VBA-Makro ShowMessage ausgeführt.

 Von der Website zum Buch können Sie eine Beispieldatei herunterladen, die diese Anpassung enthält. Wenn Sie sie selbst erstellen möchten, gehen Sie wie folgt vor:

1. **Legen Sie eine neue Excel-Arbeitsmappe an.**

2. **Speichern Sie die Arbeitsmappe unter dem Namen** ribbon modification.xlsm.

3. **Schließen Sie die Arbeitsmappe.**

4. **Starten Sie den Custom UI Editor für Microsoft Office.**

   Falls Sie diese Software nicht haben, müssen Sie sie herunterladen und installieren. Weitere Informationen dazu im Kasten »Die Software beschaffen« in diesem Kapitel.

5. **Wählen Sie im Custom UI Editor für Microsoft Office** FILE | OPEN **und suchen Sie die in Schritt 2 gespeicherte Arbeitsmappe.**

6. **Wählen Sie** INSERT | OFFICE 2007 CUSTOM UI PART.

   Verwenden Sie diesen Befehl auch dann, wenn Sie Excel 2010 oder eine neuere Excel-Version einsetzen.

7. **Geben Sie den folgenden Code in das Codefenster ein (**`customUI.xml`**), das im Custom UI Editor angezeigt wird (siehe Abbildung 19.3):**

```
<customUI
xmlns='http://schemas.microsoft.com/office/2006/01/customui'>
<ribbon>
<tabs>
<tab idMso='TabHome'>
  <group  id='Group1' label='Excel VBA Für Dummies'>
    <button id='Button1'
        label='Klick mich'
        size='large'
        onAction='ShowMessage'
        imageMso='FileStartWorkflow'/>
    </group>
</tab>
</tabs>
</ribbon>
</customUI>
```

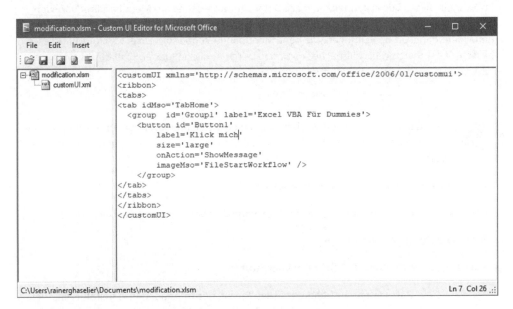

Abbildung 19.3: RibbonX-Code im Custom UI Editor

8. **Klicken Sie in der Symbolleiste auf die Schaltfläche** VALIDATE.

Wenn der Code Syntaxfehler enthält, erhalten Sie eine Meldung, die das Problem beschreibt. Falls Fehler angezeigt werden, müssen Sie diese korrigieren.

9. **Klicken Sie auf die Schaltfläche** GENERATE CALLBACK.

Der Custom UI Editor erzeugt eine VBA-Sub-Prozedur, die ausgeführt wird, wenn die Schaltfläche angeklickt wird (siehe Abbildung 19.4). Diese Prozedur wird nicht in die

Arbeitsmappe eingefügt, deshalb müssen Sie sie für die spätere Nutzung kopieren (oder sie sich merken, falls Sie ein gutes Gedächtnis haben).

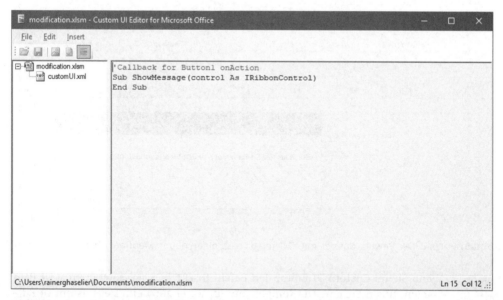

Abbildung 19.4: Die VBA-Callback-Prozedur, die durch Anklicken der Schaltfläche im Menüband ausgeführt wird

10. Gehen Sie zurück zum Modul `customUI.xml` und wählen Sie FILE | SAVE (oder klicken Sie auf das Symbol SPEICHERN in der Symbolleiste).

11. Schließen Sie die Datei mit dem Befehl FILE | CLOSE.

12. Öffnen Sie die Arbeitsmappe in Excel. Klicken Sie auf die Registerkarte START.

Jetzt sollten Sie eigentlich die neue Menüband-Gruppe und die Schaltfläche sehen. Sie funktioniert jedoch noch nicht.

13. Drücken Sie Alt + F11 , um den VBE zu aktivieren.

14. Fügen Sie ein neues VBA-Modul ein und tragen Sie die in Schritt 9 erstellte Callback-Prozedur ein. Fügen Sie eine `MsgBox`-Anweisung ein, sodass Sie erkennen können, ob die Prozedur wirklich ausgeführt wird.

Die Prozedur lautet:

```
Sub ShowMessage(control As IRibbonControl)
    MsgBox "Glückwunsch! Sie haben den neuen Menübandbefehl gefunden."
End Sub
```

15. Drücken Sie Alt + F11 , um zu Excel zurückzuspringen. Klicken Sie auf die neue Schaltfläche im Menüband.

Wenn alles funktioniert hat, sehen Sie die in Abbildung 19.5 gezeigte `MsgBox`.

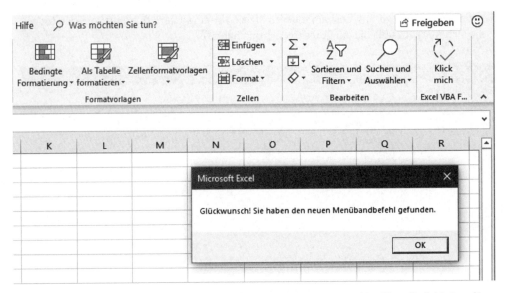

Abbildung 19.5: Der Beweis, dass es mit XML möglich ist, einen neuen Menübandbefehl einzufügen

 Wenn Sie im Custom UI Editor den Befehl INSERT | OFFICE 2007 CUSTOM UI PART wählen, fügen Sie eine UI-Komponente für Excel 2007 ein. Der Custom UI Editor bietet auch die Möglichkeit, eine UI-Komponente für Excel 2010 (die Software wurde für nachfolgende Office Versionen nicht aktualisiert) einzufügen. Um maximale Kompatibilität zu gewährleisten, verwenden Sie jedoch am besten OFFICE 2007 CUSTOM UI PART.

Vielleicht haben Sie schon erkannt, dass eine Menüband-Anpassung mit XML nicht ganz intuitiv ist. Selbst wenn Sie ein gutes Tool zur Verfügung haben (zum Beispiel den Custom UI Editor), müssen Sie immer noch XML beherrschen. Wenn Sie das als Herausforderung sehen, schauen Sie am besten im Internet nach oder kaufen ein Buch, das speziell der Anpassung der Menüband-Oberfläche in Microsoft Office gewidmet ist. Hier können diese Dinge nicht erklärt werden.

Diese XML-Dinge sind viel zu kompliziert für den VBA-Programmieranfänger, deshalb konzentriert sich das restliche Kapitel auf die Anpassung der Benutzeroberfläche nach der *alten* Verfahrensweise (nur VBA). Das Ganze ist nicht so schick wie das Menüband, aber sehr viel einfacher, und es wird auch ein schneller Zugriff auf Ihre Makros geboten.

Der Symbolleiste für den Schnellzugriff eine Schaltfläche hinzufügen

Wenn Sie ein Makro schreiben, das häufig verwendet wird, sollten Sie hierfür in die Symbolleiste für den Schnellzugriff eine neue Schaltfläche einfügen. Das ist ganz einfach, aber Sie müssen es manuell erledigen. Die Symbolleiste für den Schnellzugriff ist darauf ausgelegt, nur von den Endbenutzern angepasst zu werden, nicht durch Programmierer. Und das geht so:

1. Klicken Sie mit der rechten Maustaste in die Symbolleiste für den Schnellzugriff und wählen Sie den Befehl SYMBOLLEISTE FÜR DEN SCHNELLZUGRIFF ANPASSEN, um die Register-karte SYMBOLLEISTE FÜR DEN SCHNELLZUGRIFF ANPASSEN im Dialogfeld EXCEL-OPTIONEN anzu-zeigen.

2. Wählen Sie im Drop-down-Listenfeld BEFEHLE AUSWÄHLEN den Eintrag MAKROS aus.

3. Wählen Sie Ihr Makro aus der Liste aus.

4. Klicken Sie auf die Schaltfläche HINZUFÜGEN. Ihr Makro wird der Schnellzugriffsleiste auf der rechten Seite hinzugefügt.

5. Klicken Sie gegebenenfalls auf die Schaltfläche ÄNDERN, um das Symbol und (optional) den Anzeigenamen zu ändern.

Wenn Sie in der Schnellzugriffsleiste auf eine Makro-Schaltfläche klicken, wird die Arbeitsmap-pe geöffnet, die das Makro enthält (falls sie noch nicht geöffnet ist). Das Makro kann ausgeführt werden, wenn eine Arbeitsmappe geöffnet ist.

Sie finden auch die Option, dass die Schaltfläche auf der Schnellzugriffsleiste nur dann ange-zeigt werden soll, wenn eine bestimmte Arbeitsmappe offen ist. Bevor Sie das Makro hinzufü-gen, geben Sie mithilfe der Drop-down-Liste oben rechts im Dialogfeld EXCEL-OPTIONEN den Na-men der Arbeitsmappe an (statt FÜR ALLE DOKUMENTE (STANDARD)).

Wenn Sie Makros haben, die in vielen verschiedenen Arbeitsmappen eingesetzt werden kön-nen, sollten Sie sie in Ihrer persönlichen Makro-Arbeitsmappe speichern.

Kontextmenüs anpassen

Vor Excel 2007 haben VBA-Programmierer das `CommandBar`-Objekt verwendet, um benut-zerdefinierte Menüs, benutzerdefinierte Symbolleisten und benutzerdefinierte Kontextme-nüs zu erstellen.

Seit Excel 2007 ist das `CommandBar`-Objekt an eine eher eigenartige Position gerutscht. Wenn Sie Code schreiben, um ein Menü oder eine Symbolleiste anzupassen, fängt Excel diesen Code auf und ignoriert einen Großteil Ihrer Befehle. Statt Ihre wohldurchdachten Schnittstellenkorrekturen anzuzeigen, trägt Excel 2007 (ebenso wie spätere Versionen) Ihre angepassten Menüs und Symbolleisten einfach in eine allgemeine Menüband-Registerkar-te ADD-INS ein.

Die Anpassungen von Menüs und Symbolleisten enden in der Gruppe ADD-INS | MENÜBEFEH-LE oder ADD-INS | BENUTZERDEFINIERTE SYMBOLLEISTEN. Die Anpassung von Kontextmenüs (wofür ebenfalls das `CommandBar`-Objekt verwendet wird) funktioniert jedoch weiterhin – oder so gut wie. Lesen Sie dazu den Abschnitt »Was hat sich seit Excel 2007 geändert?« später in diesem Kapitel.

Fazit? Das `CommandBar`-Objekt ist nicht mehr sehr praktisch, aber es bleibt die einzige Möglichkeit, Kontextmenüs anzupassen.

Dem Kontextmenü Cell einen neuen Eintrag hinzufügen

Dieser Abschnitt enthält Beispielcode, der dem Kontextmenü, das angezeigt wird, wenn Sie mit der rechten Maustaste auf eine Zelle klicken, einen neuen Befehl hinzufügt. Alle technischen Details zu erörtern, würde den Rahmen dieses Buches sprengen. Dennoch können Sie diese Beispiele ganz einfach an Ihre Anforderungen anpassen.

In Kapitel 16 wird das kleine Tool ChangeCase vorgestellt. Sie können dieses Programm noch ein wenig erweitern, indem Sie es über das Kontextmenü für Zellen zur Verfügung stellen.

 Dieses Beispiel steht auf der Website zum Buch zum Download zur Verfügung.

Die Prozedur AddToShortcut fügt dem Kontextmenü Cell einen neuen Menüeintrag hinzu. Sie können ihn an Ihre eigenen Makros anpassen, indem Sie die Eigenschaften Caption und OnAction des Objekts NewControl entsprechend ändern.

```
Sub AddToShortCut()
    Dim Bar As CommandBar
    Dim NewControl As CommandBarButton
    DeleteFromShortcut
    Set Bar = Application.CommandBars("Cell")
    Set NewControl = Bar.Controls.Add _
        (Type:=msoControlButton, ID:=1, _
        temporary:=True)
    With NewControl
        .Caption = "&Groß-/Kleinschreibung ändern"
        .OnAction = "ChangeCase"
        .Style = msoButtonIconAndCaption
    End With
End Sub
```

 Wenn Sie ein Kontextmenü ändern, bleibt diese Änderung in Kraft, bis Sie Excel neu starten. Mit anderen Worten, geänderte Kontextmenüs werden nicht von selbst zurückgesetzt, wenn Sie die Arbeitsmappe schließen, in der der VBA-Code enthalten ist. Wenn Sie also Code schreiben, der ein Kontextmenü ändert, müssen Sie auch fast immer Code schreiben, der Ihre Änderung wieder rückgängig macht.

Die Prozedur DeleteFromShortcut entfernt den neuen Menüeintrag aus dem Kontextmenü Cell.

```
Sub DeleteFromShortcut()
    On Error Resume Next
    Application.CommandBars("Cell").Controls _
        ("&Groß-/Kleinschreibung ändern").Delete
End Sub
```

Abbildung 19.6 zeigt den neuen Menüeintrag nach Anklicken einer Zelle.

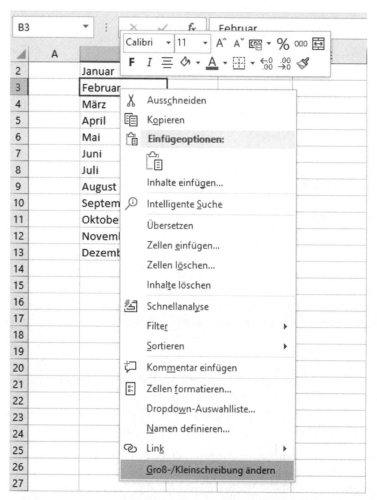

Abbildung 19.6: Das Kontextmenü Cell mit einem benutzerdefinierten Menüeintrag: Change Case

Der erste echte Befehl nach der Deklaration einiger Variablen ruft die Prozedur Delete-FromShortcut auf. Diese Anweisung sorgt dafür, dass nur ein Change Case-Menüeintrag im Kontextmenü Cell angezeigt wird. Versuchen Sie, diese Zeile auszukommentieren (schreiben Sie ein Apostroph-Zeichen an den Zeilenanfang), und führen Sie die Prozedur ein paar Mal aus. Klicken Sie mit der rechten Maustaste in eine Zelle. Jetzt sehen Sie mehrere Instanzen des Menüeintrags CHANGE CASE. Sie werden diese Einträge wieder los, indem Sie mehrmals DeleteFromShortcut ausführen (einmal für jeden überflüssigen Menüeintrag).

Und schließlich brauchen Sie noch eine Möglichkeit, den Kontextmenüeintrag hinzuzufügen, wenn die Arbeitsmappe geöffnet ist, und den Menüeintrag zu löschen, wenn die Arbeitsmappe geschlossen ist. Das ist ganz einfach (wenn Sie Kapitel 11 gelesen haben). Sie fügen dem Codemodul ThisWorkbook einfach die beiden folgenden Ereignisprozeduren hinzu:

```
Private Sub Workbook_Open()
    Call AddToShortCut
End Sub
Private Sub Workbook_BeforeClose(Cancel As Boolean)
    Call DeleteFromShortcut
End Sub
```

Die Prozedur Workbook_Open wird beim Öffnen der Arbeitsmappe ausgeführt, die Prozedur Workbook_BeforeClose vor dem Schließen der Arbeitsmappe gelöscht. Genau das, was Sie brauchen.

Was hat sich seit Excel 2007 geändert?

Wenn Sie in Excel 2007 oder früher VBA verwendet haben, um mit Kontextmenüs zu arbeiten, müssen Sie sich einer maßgeblichen Änderung bewusst sein.

Wenn Sie in der Vergangenheit mit Ihrem Code ein Kontextmenü geändert haben, war diese Änderung für alle Arbeitsmappen gültig. Wenn Sie beispielsweise einen neuen Befehl in das Kontextmenü Cell eingefügt haben, dann wurde dieser neue Befehl bei jedem Rechtsklick in jede Zelle in jeder Arbeitsmappe angezeigt (auch in Arbeitsmappen, die Sie später geöffnet haben). Mit anderen Worten, die Änderung des Kontextmenüs ist auf *Anwendungsebene* erfolgt.

Excel 2013 und neue Excel-Versionen verwenden ein SDI (Single Document Interface), was sich auch auf die Kontextmenüs auswirkt. Änderungen, die Sie für Kontextmenüs vornehmen, beziehen sich nur auf das Fenster mit der aktiven Arbeitsmappe. Wenn Sie den Code ausführen, der das Kontextmenü ändert, wird das Kontextmenü für die nicht aktiven Fenster nicht geändert. Das unterscheidet sich völlig von der ursprünglichen Systematik.

Und noch eine Revolution: Wenn der Benutzer eine Arbeitsmappe öffnet (oder eine neue Arbeitsmappe anlegt), während das aktive Fenster das geänderte Kontextmenü anzeigt, zeigt auch die neue Arbeitsmappe das geänderte Kontextmenü an. Mit anderen Worten, neue Fenster zeigen dieselben Kontextmenüs an wie das Fenster, das aktiv war, als die neuen Fenster geöffnet wurden.

Fazit: Wenn Sie in der Vergangenheit eine Arbeitsmappe oder ein Add-In geöffnet haben, in denen Kontextmenüs waren, konnten Sie sicher sein, dass diese geänderten Kontextmenüs in allen Arbeitsmappen zur Verfügung stehen. Das ist jetzt nicht mehr der Fall.

Teil V
Das große Ganze

Erkennen, wozu benutzerdefinierte Arbeitsblattfunktionen gut sind.

Benutzerdefinierte Funktionen so anpassen, dass sie sich wie die in Excel eingebauten Funktionen verhalten.

Excel Add-Ins kennenlernen.

Einfache Add-Ins erstellen.

Kapitel 20
Eigene Funktionen für Arbeitsblätter erstellen

Für viele Makro-Fans ist die Hauptattraktion von VBA, dass sie *benutzerdefinierte Arbeitsblattfunktionen* damit anlegen können. Das sind Funktionen, die genau wie die Funktionen aussehen und funktionieren, die Microsoft selbst in Excel eingebaut hat. Eine *benutzerdefinierte Funktion* bietet den zusätzlichen Vorteil, dass sie sich genauso verhält, wie Sie sich das vorstellen (schließlich haben Sie sie selbst geschrieben). Die benutzerdefinierten Funktionen wurden bereits in Kapitel 5 vorgestellt. In diesem Kapitel werden Sie tiefer in dieses Thema eintauchen und dabei nützliche und praktische Beispiele kennenlernen.

Wozu benutzerdefinierte Funktionen?

Bestimmt kennen Sie die Arbeitsblattfunktionen von Excel. Selbst Anfänger wissen, wie die allgemeinen Funktionen wie SUMME, MITTELWERT oder IF verwendet werden können. Excel enthält mehr als 450 vordefinierte Arbeitsblattfunktionen. Und wenn Ihnen das nicht reicht, können Sie mit VBA eigene Funktionen schaffen.

Angesichts all der Funktionen von Excel und VBA fragen Sie sich vielleicht, warum Sie überhaupt noch eigene Funktionen brauchen. Die Antwort: um sich die Arbeit zu erleichtern. Mit ein bisschen Planung sind benutzerdefinierte Funktionen sehr praktisch in Formeln auf Arbeitsblättern und VBA-Prozeduren. Häufig können Sie eine Formel wesentlich verkürzen, indem Sie eine benutzerdefinierte Funktion schreiben. Und kürzere Funktionen sind besser lesbar und einfacher zu bearbeiten.

Was benutzerdefinierte Arbeitsblattfunktionen nicht können

Wenn Sie benutzerdefinierte Funktionen für die Formeln auf Ihren Arbeitsblättern entwickeln, müssen Sie ein wesentliches Konzept verstehen. VBA-Funktionsprozeduren für Arbeitsblätter sind im Wesentlichen *passiv*. Beispielsweise kann Code in einer Funktionsprozedur keine Bereiche manipulieren, Formatierungen ändern oder andere Dinge erledigen, die mit einer Sub-Prozedur möglich sind. Ein Beispiel verschafft Ihnen sicher Klarheit.

Es könnte praktisch sein, eine Funktion zu erstellen, die die Farbe des Texts in einer Zelle abhängig vom Wert der Zelle ändert. Aber wie sehr Sie es auch versuchen, Sie können keine solche Funktion schreiben. Sie erhalten immer eine Fehlermeldung zurück.

Denken Sie einfach an Folgendes: Eine in einer Formel auf einem Arbeitsblatt verwendete Funktion gibt einen Wert zurück – sie führt keine Operationen für irgendwelche Objekte aus.

Es gibt allerdings ein paar Ausnahmen zu dieser Regel. Die folgende Funktionsprozedur etwa ändert den Text in einer Zelle zu einem Kommentar:

```
Function ChangeComment(cell, NewText)
    cell.Comment.Text NewText
End Function
```

Und hier eine Formel, die die Funktion verwendet. Sie funktioniert nur, wenn in Zelle A1 bereits ein Kommentar enthalten ist. Wenn die Formel berechnet wird, wird der Kommentar geändert.

```
=ChangeComment(A1;"Ich habe den Kommentar geändert!")
```

Es ist nicht ganz klar, ob dies ein Versehen oder ein Funktionsmerkmal ist. Auf alle Fälle ist es eines der seltenen Beispiele für eine VBA-Funktion, die etwas in einem Arbeitsblatt ändert.

Grundlagen der VBA-Funktionen

Eine VBA-Funktion ist eine Prozedur, die in einem VBA-Modul gespeichert ist. Sie können diese Funktionen in anderen VBA-Prozeduren oder in Ihren Arbeitsblattformeln verwenden. Benutzerdefinierte Funktionen können nicht mit dem Makro-Recorder aufgezeichnet werden, aber der Makro-Recorder kann Ihnen helfen, relevante Eigenschaften und Methoden zu erkennen.

Ein *Modul* kann beliebig viele Funktionen enthalten. Sie können eine benutzerdefinierte Funktion in einer Formel genauso nutzen wie eine eingebaute Funktion. Wenn die Funktion jedoch in einer anderen Arbeitsmappe gespeichert ist, müssen Sie dem Funktionsnamen den Arbeitsmappennamen voranstellen. Angenommen, Sie haben die Funktion DiscountPrice entwickelt (die ein Argument verarbeitet), und die Funktion ist in der Arbeitsmappe pricing.xlsm gespeichert.

Um diese Funktion in der Arbeitsmappe pricing.xlsm nutzen zu können, geben Sie beispielsweise die folgende Formel ein:

```
=DiscountPrice(A1)
```

Wenn Sie diese Funktion in einer *anderen* Arbeitsmappe nutzen wollen, müssen Sie eine andere Formel eingeben (und sicherstellen, dass die Datei pricing.xlsm geöffnet ist), beispielsweise:

```
=pricing.xlsm!discountprice(A1)
```

 Wenn die benutzerdefinierte Funktion in einem Add-In gespeichert ist, brauchen Sie der Funktion den Namen der Arbeitsmappe nicht voranzustellen. Um Add-Ins wird es in Kapitel 21 gehen.

Benutzerdefinierte Funktionen werden im Dialogfeld FUNKTION EINFÜGEN in der Kategorie BENUTZERDEFINIERT angezeigt. Mit ⇧+F3 zeigen Sie das Dialogfeld FUNKTION EINFÜGEN an.

Funktionen schreiben

Denken Sie daran, dass sich der Name einer Funktion wie eine Variable verhält. Der endgültige Wert dieser Variablen ist der Wert, der von der Funktion zurückgegeben wurde. Betrachten Sie beispielsweise die folgende Funktion, die den Vornamen des Benutzers zurückgibt:

```
Function FirstName()
    Dim FullName As String
    Dim FirstSpace As Integer
    FullName = Application.UserName
    FirstSpace = InStr(FullName, " ")
    If FirstSpace = 0 Then
        FirstName = FullName
    Else
        FirstName = Left(FullName, FirstSpace - 1)
    End If
End Function
```

Diese Funktion weist zunächst einer Variablen namens FullName die UserName-Eigenschaft des Application-Objekts zu. Anschließend ermittelt sie mit der VBA-Funktion InStr die Position des ersten Leerzeichens im Namen. Wenn es kein Leerzeichen gibt, ist FirstSpace gleich 0 und FirstName, also der Vorname, ist gleich dem ganzen Namen. Enthält FullName ein Leerzeichen, extrahiert die Funktion Left den Text links von diesem Leerzeichen und weist ihn FirstName zu.

Beachten Sie, dass `FirstName` der Name der Funktion ist und innerhalb der Funktion auch als Variablenname verwendet wird. Der endgültige Wert von `FirstName` ist der von der Funktion zurückgegebene Wert. Innerhalb der Funktion können verschiedene Zwischenschritte stattfinden, aber sie gibt immer den letzten Wert zurück, der der Variablen zugewiesen wird, die gleich dem Funktionsnamen ist.

 Alle Beispiele in diesem Kapitel stehen auf der Website zum Buch zum Download zur Verfügung.

Mit Funktionsargumenten arbeiten

Für die Arbeit mit Funktionen müssen Sie verstehen, wie man mit Argumenten umgeht. Ein Argument ist eine Information, die der Funktion übergeben wird, damit diese ihre Arbeit erledigen kann.

Die folgenden Punkte gelten für *Argumente* für Excel-Arbeitsblattfunktionen und benutzerdefinierte VBA-Funktionen:

✔ Argumente können Zellreferenzen, Variablen (auch Arrays), Konstanten, direkte Werte oder Ausdrücke sein.

✔ Einige Funktionen haben keine Argumente.

✔ Einige Funktionen haben eine feste Anzahl zwingend erforderlicher Argumente.

✔ Einige Funktionen verwenden eine Kombination aus zwingend erforderlichen und optionalen Argumenten.

Die Beispiele in diesem Abschnitt zeigen die Arbeit mit unterschiedlichen Argumenttypen.

Eine Funktion ohne Argumente

Einige Funktionen brauchen keine Argumente. Beispielsweise hat Excel ein paar eingebaute Arbeitsblattfunktionen, die keine Argumente verarbeiten, wie ZUFALLSZAHL, HEUTE oder JETZT.

Hier folgt ein Beispiel für eine benutzerdefinierte Funktion ohne Argumente. Die folgende Funktion gibt die `UserName`-Eigenschaft des `Application`-Objekts zurück. Dieser Name wird auf der Registerkarte ALLGEMEIN im Dialogfeld EXCEL-OPTIONEN angezeigt. Dieses einfache, aber nützliche Beispiel zeigt die einzige Methode, wie Sie den Namen des Benutzers in eine Zelle des Arbeitsblatts einfügen können:

```
Function User()
'   Gibt den Namen des aktuellen Benutzers zurück
    User = Application.UserName
End Function
```

Wenn Sie die folgende Formel in die Zelle auf einem Arbeitsblatt eingeben, zeigt die Zelle den Namen des aktuellen Benutzers an:

```
=User()
```

Wie bei den eingebauten Excel-Funktionen müssen Sie ein leeres Klammernpaar hinter die Funktion schreiben, wenn sie keine Argumente verarbeitet. Andernfalls versucht Excel, die Funktion als benannten Bereich zu interpretieren.

Eine Funktion mit einem Argument

Die Funktion mit einem Argument aus diesem Abschnitt könnte beispielsweise von Vertriebsleitern verwendet werden, die die Kommissionen ihrer Vertriebsmitarbeiter berechnen müssen. Die Kommissionsrate ist von dem monatlichen Verkaufsvolumen abhängig. Diejenigen, die mehr verkaufen, erhalten eine höhere Kommissionsrate. Die Funktion gibt den Kommissionsbetrag basierend auf den monatlichen Verkäufen zurück (das ist das einzige Argument der Funktion, das zwingend angegeben werden muss). Die Berechnungen in diesem Beispiel basieren auf Tabelle 20.1.

Monatliche Verkäufe	Kommissionsraten nach Verkäufen
0 – 9999	8,0 %
10000 – 19999	10,5 %
20000 – 39999	12,0 %
40000+	14,0 %

Tabelle 20.1: Kommissionsraten nach Verkäufen

Sie können die Kommissionen für Verkaufszahlen, die in ein Arbeitsblatt eingetragen wurden, auf mehrere Arten berechnen. Sie *könnten* eine lange Arbeitsblattformel wie die folgende schreiben:

```
=IF(AND(A1>=0,A1<=9999.99),A1*0.08,IF(AND(A1>=10000,
A1<=19999.99),A1*0.105,IF(AND(A1>=20000,A1<=39999.99),
A1*0.12,IF(A1>=40000,A1*0.14,0))))
```

Dieser Ansatz ist aus mehreren Gründen nicht der beste. Erstens ist die Formel extrem kompliziert. Zweitens sind die Werte direkt in die Formel eingetragen, sodass sie schwer zu ändern ist, wenn sich die Kommissionsstrukturen ändern.

Ein besserer Ansatz wäre es, eine Tabelle mit Kommissionswerten zu erstellen und die Kommissionen mithilfe einer SVERWEIS-Tabellenfunktion zu berechnen:

```
=SVERWEIS(A1; Tabelle; 2) *A1
```

Ein weiterer Ansatz, für den keine Kommissionstabelle erforderlich ist, ist eine benutzerdefinierte Funktion:

```
Function Commission(Sales)
'    Berechnet Verkaufskommissionen
    Const Tier1 As Double = 0.08
    Const Tier2 As Double = 0.105
    Const Tier3 As Double = 0.12
    Const Tier4 As Double = 0.14
    Select Case Sales
        Case 0 To 9999.99: Commission = Sales * Tier1
        Case 10000 To 19999.99: Commission = Sales * Tier2
        Case 20000 To 39999.99: Commission = Sales * Tier3
        Case Is >= 40000: Commission = Sales * Tier4
    End Select

    Commission = Round(Commission, 2)
End Function
```

Beachten Sie, dass die vier Kommissionsraten als Konstanten deklariert sind und nicht als direkte Werte in die Anweisungen eingetragen werden. Auf diese Weise ist es ganz einfach, die Funktion zu ändern, wenn sich die Kommissionsraten ändern.

Abbildung 20.1 zeigt ein Arbeitsblatt, das die Funktion Commission in Formeln in Spalte C verwendet.

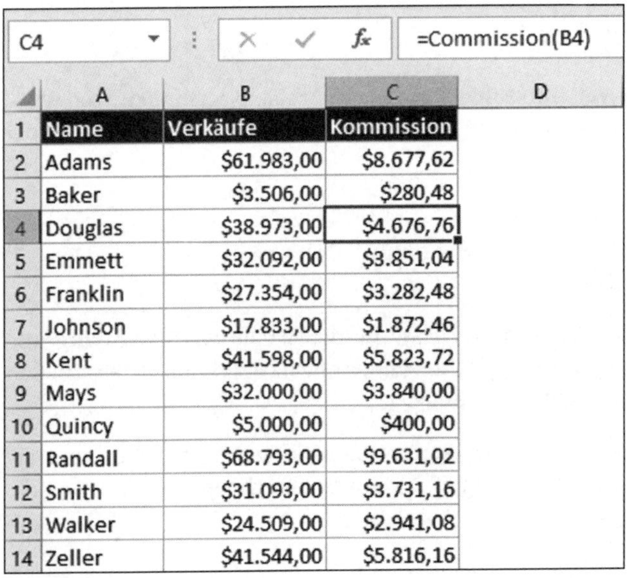

| C4 | ▼ | ⋮ | ✕ ✓ ƒx | =Commission(B4) |

◢	A	B	C	D
1	Name	Verkäufe	Kommission	
2	Adams	$61.983,00	$8.677,62	
3	Baker	$3.506,00	$280,48	
4	Douglas	$38.973,00	$4.676,76	
5	Emmett	$32.092,00	$3.851,04	
6	Franklin	$27.354,00	$3.282,48	
7	Johnson	$17.833,00	$1.872,46	
8	Kent	$41.598,00	$5.823,72	
9	Mays	$32.000,00	$3.840,00	
10	Quincy	$5.000,00	$400,00	
11	Randall	$68.793,00	$9.631,02	
12	Smith	$31.093,00	$3.731,16	
13	Walker	$24.509,00	$2.941,08	
14	Zeller	$41.544,00	$5.816,16	

Abbildung 20.1: Verwendung der Funktion Commission in einem Arbeitsblatt

Nachdem Sie diese Funktion im VBA-Modul definiert haben, können Sie sie in einer Arbeitsblattformel verwenden. Die Eingabe der folgenden Formel in eine Zelle erzeugt das Ergebnis 3000. Der Betrag 25000 qualifiziert für eine Kommissionsrate von zwölf Prozent:

```
=Commission(25000)
```

Eine Funktion mit zwei Argumenten

Das nächste Beispiel baut auf dem letzten Beispiel auf. Angenommen, der Vertriebsleiter implementiert eine neue Strategie, um Mitarbeiter zu belohnen, die schon lange im Unternehmen arbeiten. Die gezahlte Gesamtkommission steigt für jedes Jahr, das der Verkäufer bei dem Unternehmen beschäftigt ist, um ein Prozent.

Sie können die Funktion Commission (aus dem vorigen Abschnitt) so anpassen, dass sie zwei Argumente verwendet, die beide zwingend erforderlich angegeben werden müssen. Nennen Sie diese neue Funktion Commission2:

```
Function Commission2(Sales, Years)
'    Berechnet Verkaufskommissionen nach Zugehörigkeitsjahren
    Const Tier1 As Double = 0.08
    Const Tier2 As Double = 0.105
    Const Tier3 As Double = 0.12
    Const Tier4 As Double = 0.14
    Select Case Sales
        Case 0 To 9999.99: Commission2 = Sales * Tier1
        Case 10000 To 19999.99: Commission2 = Sales * Tier2
        Case 20000 To 39999.99: Commission2 = Sales * Tier3
        Case Is >= 40000: Commission2 = Sales * Tier4
    End Select
    Commission2 = Commission2 + (Commission2 * Years / 100)
    Commission2 = Round(Commission2, 2)
End Function
```

Diese Funktion besitzt ein zweites Argument (Years), ebenso wie eine zusätzliche Berechnung, die die Kommission anpasst, bevor die Funktion beendet wird. Die zusätzliche Berechnung multipliziert die ursprüngliche Kommission mit der Anzahl der Betriebszugehörigkeitsjahre, dividiert durch 100 und addiert das Ergebnis zu dem ursprünglich berechneten Wert.

Hier folgt ein Beispiel, wie Sie mit dieser Funktion eine Formel schreiben können. (Dabei wird vorausgesetzt, dass der Verkaufsbetrag in Zelle A1 steht; Zelle B1 enthält die Anzahl der Betriebszugehörigkeitsjahre.)

```
=Commission2(A1; B1)
```

Abbildung 20.2 zeigt ein Arbeitsblatt, das die Funktion Commission2 verwendet.

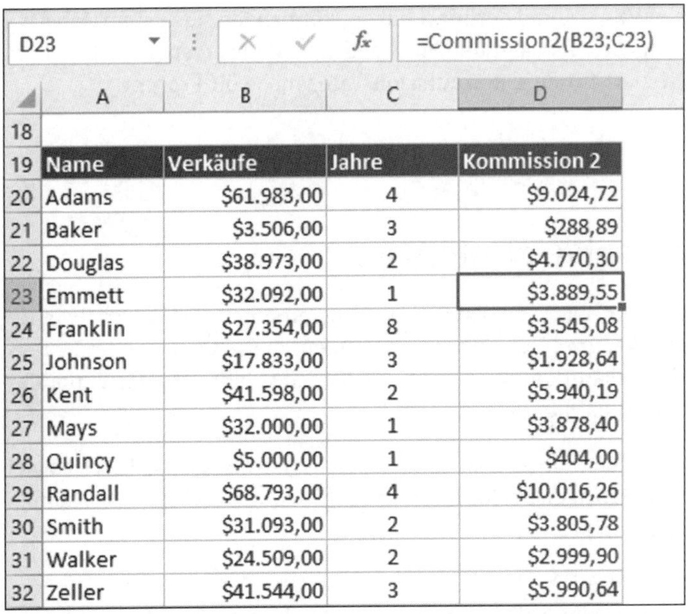

| D23 | ▼ | : | ✕ | ✓ | *fx* | =Commission2(B23;C23) |

◢	A	B	C	D
18				
19	**Name**	**Verkäufe**	**Jahre**	**Kommission 2**
20	Adams	$61.983,00	4	$9.024,72
21	Baker	$3.506,00	3	$288,89
22	Douglas	$38.973,00	2	$4.770,30
23	Emmett	$32.092,00	1	$3.889,55
24	Franklin	$27.354,00	8	$3.545,08
25	Johnson	$17.833,00	3	$1.928,64
26	Kent	$41.598,00	2	$5.940,19
27	Mays	$32.000,00	1	$3.878,40
28	Quincy	$5.000,00	1	$404,00
29	Randall	$68.793,00	4	$10.016,26
30	Smith	$31.093,00	2	$3.805,78
31	Walker	$24.509,00	2	$2.999,90
32	Zeller	$41.544,00	3	$5.990,64

Abbildung 20.2: Verwendung der Funktion Commission2, die zwei Argumente entgegennimmt

Eine Funktion mit einem Bereichsargument

Es ist überhaupt nicht schwierig, einen Bereich auf einem Arbeitsblatt als Argument zu verwenden. Excel kümmert sich um die Details hinter den Kulissen.

Hier folgt eine einfache, aber praktische Funktion, die die Inhalte eines Bereichs konkateniert. Sie nimmt zwei Argumente entgegen: InRange (den Bereich des Arbeitsblatts, der konkateniert werden soll) und Delim (ein oder mehrere Trennzeichen, die zwischen den Zellen eingefügt werden).

```
Function JoinText(InRange, Delim)
    Dim Cell As Range
    For Each Cell In InRange
        JoinText = JoinText & Cell.Value & Delim
    Next Cell
    JoinText = Left(JoinText, Len(JoinText) - Len(Delim))
End Function
```

Die Funktion verwendet ein For-Each-Next-Konstrukt, um die Zellen im Bereich zu durchlaufen. Sie konkateniert die Zellinhalte, gefolgt von den Delim-Zeichen. Die letzte Anweisung entfernt das letzte Trennzeichen.

Abbildung 20.3 zeigt ein Beispiel. Das zweite Argument ist eine zwei Zeichen lange Zeichenfolge (ein Komma, gefolgt von einem Leerzeichen).

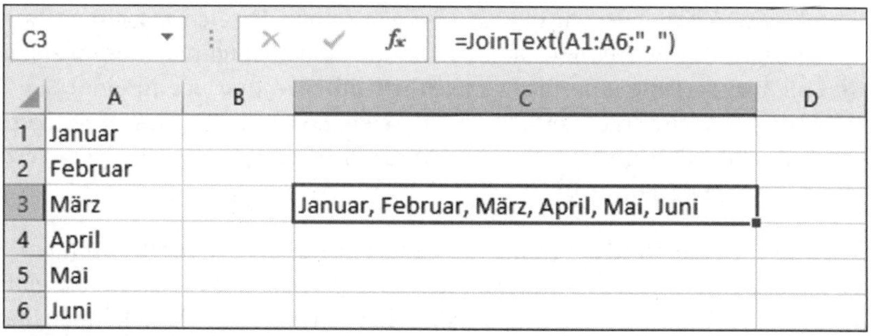

C3	▼	⋮	×	✓	*fx*	=JoinText(A1:A6;", ")	

◢	A	B	C	D
1	Januar			
2	Februar			
3	März		Januar, Februar, März, April, Mai, Juni	
4	April			
5	Mai			
6	Juni			

Abbildung 20.3: Mit der Funktion JoinText wird der Text aus mehreren Zellen miteinander verkettet.

Hier folgt ein weiteres Beispiel für eine Funktion, die ein Bereichsargument verwendet. Angenommen, Sie wollen den Durchschnitt der fünf größten Werte im Bereich Data berechnen. Excel hat keine entsprechende Funktion, deshalb könnten Sie eine Formel schreiben:

```
=(KGRÖSSTE(Data;1)+KGRÖSSTE(Data;2)+KGRÖSSTE(Data;3)+
KGRÖSSTE(Data;4)+KGRÖSSTE(Data;5))/5
```

Diese Funktion verwendet die Excel-Funktion KGRÖSSTE, die den N-größten Wert in einem Bereich zurückgibt. Die Formel addiert die fünf größten Werte im Bereich Data und dividiert das Ergebnis durch 5. Die Formel funktioniert problemlos, ist aber unhandlich. Und was machen Sie, wenn Sie plötzlich den Durchschnitt der größten sechs Werte berechnen wollen? Sie müssten die Formel neu schreiben – und damit alle Kopien, die Sie davon verwenden.

Wäre es nicht einfacher, wenn es in Excel dafür eine Formel gäbe, zum Beispiel TopAvg? Sie können dann den Durchschnitt mithilfe der folgenden (nicht vorhandenen) Funktion berechnen:

```
=TopAvg(Data; 5)
```

Dieses Beispiel zeigt, wie Ihnen eine benutzerdefinierte Funktion das Leben wesentlich vereinfachen kann. Die folgende benutzerdefinierte VBA-Funktion TopAvg gibt den Durchschnitt der N-größten Werte in einem Bereich zurück. Large ist die VBA-Funktion, die äquivalent zum Excel-Befehl KGRÖSSTE ist:

```
Function TopAvg(InRange, N)
'   Gibt den Durchschnitt der N höchsten Werte in InRange zurück
    Dim Sum As Double
    Dim i As Long
    Sum = 0
    For i = 1 To N
      Sum = Sum + WorksheetFunction.Large(InRange, i)
    Next i
    TopAvg = Sum / N
End Function
```

Diese Funktion nimmt zwei Argumente entgegen: InRange (einen Bereich auf einem Arbeitsblatt) und N (die Anzahl der Werte, über die der Durchschnitt berechnet werden soll). Zunächst initialisiert sie die Variable Sum mit 0. Anschließend berechnet sie in einer For-Next-Schleife die Summe der N-größten Werte in dem Bereich. Beachten Sie, dass innerhalb der Schleife die Excel-Funktion Large verwendet wird. Schließlich wird TopAvg der Wert von Sum dividiert durch N zugewiesen.

Sie können alle Arbeitsblattfunktionen von Excel in Ihren VBA-Prozeduren verwenden, außer denjenigen, die ein Äquivalent in VBA haben. Beispielsweise gibt es in VBA eine Rnd-Funktion, die eine Zufallszahl zurückgibt. Deshalb können Sie in einer VBA-Prozedur die Excel-Funktion RND nicht verwenden.

Eine Funktion mit einem optionalen Argument

Viele in Excel eingebaute Arbeitsblattfunktionen verwenden optionale Argumente. Ein Beispiel dafür ist die Funktion LINKS, die Zeichen von der linken Seite einer Zeichenfolge zurückgibt. Die offizielle Funktion sieht wie folgt aus:

```
LINKS(text[;zeichenzahl])
```

Das erste Argument ist zwingend erforderlich, aber das zweite (in eckigen Klammern) ist optional. Wenn Sie das optionale Argument weglassen, geht Excel von einem Wert von 1 dafür aus. Die folgenden Formeln geben also dasselbe Ergebnis zurück:

```
=LINKS(A1; 1)
=LINKS(A1)
```

Die benutzerdefinierten Funktionen, die Sie in VBA entwickeln, können ebenfalls optionale Argumente haben. Sie spezifizieren ein optionales Argument, indem Sie dem Namen des Arguments das Schlüsselwort Optional voranstellen. Dem Namen des Arguments folgen ein Gleichheitszeichen und der Standardwert. Wird das optionale Argument beim Funktionsaufruf nicht angegeben, verwendet der Code den Standardwert.

Eine Warnung: Wenn Sie optionale Argumente verwenden, müssen diese in der Argumenteliste immer nach allen erforderlichen Argumenten stehen.

Das folgende Beispiel zeigt eine benutzerdefinierte Funktion, die ein optionales Argument verwendet:

```
Function DrawOne(InRange, Optional Recalc = 0)
'    Wählt eine zufällige Zelle aus einem Bereich aus

    Randomize
'    Funktion Volatile machen, wenn Recalc gleich 1 ist
    If Recalc = 1 Then Application.Volatile True

'    Zufällige Zelle bestimmen
    DrawOne = InRange(Int((InRange.Count) * Rnd + 1))
End Function
```

Diese Funktion wählt zufällig eine Zelle aus einem Eingabebereich aus. Der als Argument übergebene Bereich ist eigentlich ein Array (siehe Kapitel 7), und die Funktion wählt zufällig ein Element aus dem Array aus. Ist das zweite Argument gleich 1, ändert sich der ausgewählte Wert, wenn das Arbeitsblatt neu berechnet wird. (Die Funktion wird *volatile* (also flüchtig) gemacht.) Ist das zweite Argument gleich 0 (oder wird es weggelassen), wird die Funktion nicht neu berechnet, es sei denn, eine der Zellen im Eingabebereich wird verändert.

Die Anweisung Randomize stellt sicher, dass bei jedem Öffnen der Arbeitsmappe eine andere Zufallszahl ausgewählt wird. Ohne diese Anweisung wird bei jedem Öffnen der Arbeitsmappe dieselbe Zufallszahl gewählt.

Sie können diese Funktion verwenden, um Lotteriezahlen zu bestimmen, einen Gewinner aus einer Namensliste auszuwählen und so weiter.

Debugging benutzerdefinierter Funktionen

Das Debugging einer Funktionsprozedur kann etwas schwieriger sein als das Debugging einer Sub-Prozedur. Wenn Sie eine Funktion für den Einsatz in Arbeitsblattformeln entwickeln, werden Sie feststellen, dass ein Fehler in der Funktionsprozedur einfach dazu führt, dass in der Formelzelle ein Fehler angezeigt wird (in der Regel #WERT!). Mit anderen Worten, Sie erhalten keine normalen Laufzeitfehlermeldungen, die Ihnen helfen, eine problematische Anweisung zu erkennen.

Es gibt drei Methoden, benutzerdefinierte Funktionen zu debuggen:

✔ Sie schreiben MsgBox-Funktionen an strategischen Stellen, um den Wert bestimmter Variablen zu überwachen. Glücklicherweise erscheinen Meldungsfelder in Funktionsprozeduren, wenn Sie die Prozedur ausführen. Sorgen Sie dafür, dass nur eine Formel auf dem Arbeitsblatt Ihre Funktion verwendet, sonst werden die Meldungsfelder für alle Formeln angezeigt, die ausgewertet werden – was sehr ermüdend sein kann.

✔ Testen Sie die Prozedur, indem Sie sie von einer Sub-Prozedur aus aufrufen. Laufzeitfehler werden normalerweise in einem Pop-up-Fenster angezeigt, und Sie können das Problem entweder direkt korrigieren (wenn Sie es erkannt haben) oder direkt den Debugger aufrufen.

✔ Sie setzen einen Haltepunkt in der Funktion und führen dann den Excel-Debugger aus, um die Funktion zu durchlaufen. Anschließend können Sie die üblichen Debugging-Tools verwenden. Weitere Informationen über den Debugger finden Sie in Kapitel 13.

Wrapper-Funktionen

Dieser Abschnitt enthält einige relativ einfache benutzerdefinierte Wrapper-Funktionen, die ebenfalls sehr praktisch sind. »Wrapper«-Funktionen bestehen aus Code, der sich um eingebaute VBA-Elemente legt. Mit anderen Worten, sie gestatten Ihnen, VBA-Funktionen in Arbeitsblattformeln zu verwenden.

Im Abschnitt »Eine Funktion ohne Argumente« weiter vorne in diesem Kapitel haben Sie bereits eine Wrapper-Funktion gesehen:

```
Function User()
'   Gibt den Namen des aktuellen Benutzers zurück
    User = Application.UserName
End Function
```

Diese Funktion gestattet Ihren Formeln, auf die `UserName`-Eigenschaft des `Application`-Objekts zuzugreifen.

Der restliche Abschnitt enthält einige zusätzliche Beispiele für Wrapper-Funktionen.

Die NumberFormat-Funktion

Diese Funktion zeigt einfach das Zahlenformat für eine Zelle an. Das kann praktisch sein, wenn Sie überprüfen möchten, ob alle Zellen einer Zellengruppe dasselbe Zellenformat besitzen.

```
Function NumberFormat(Cell)
    NumberFormat = Cell(1).NumberFormat
End Function
```

Beachten Sie die Verwendung von `Cell(1)`. Wenn ein Bereich mit mehreren Zellen als Argument verwendet wird, wird nur die erste Zelle angesprochen.

Sie können ähnliche Funktionen schreiben, die die Textfarbe, die Hintergrundfarbe, die Schriftart und so weiter einer Zelle zurückgeben.

Die ExtractElement-Funktion

Diese Wrapper-Funktion gibt eine Teilzeichenfolge aus einer Zeichenfolge zurück, die mehrere Elemente enthält, durch ein Trennzeichen voneinander abgetrennt. Beispielsweise gibt diese Formel *Kuh* zurück, das dritte Element in einer Zeichenfolge, die ein Leerzeichen als Trennzeichen verwendet. Die Argumente könnten natürlich Zellreferenzen sein.

```
=ExtractElement("Hund Pferd Kuh Katze"; 3; " ")
```

Hier der Code, der als Wrapper für die `Split`-Funktion von VBA dient:

```
Function ExtractElement(Txt, n, Sep)
'   Gibt das n-te Element einer Zeichenfolge zurück,
'   deren Elemente durch ein vorgegebenes Trennzeichen
'   getrennt sind
    ExtractElement = Split(Application.Trim(Txt), Sep)(n - 1)
End Function
```

Abbildung 20.4 zeigt die `ExtractElement`-Funktion beim Einsatz in Arbeitsblattformeln.

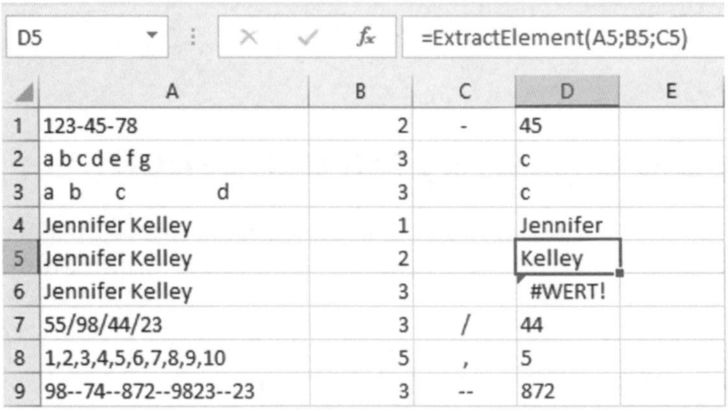

| D5 | ▼ | : | × | ✓ | *fx* | =ExtractElement(A5;B5;C5) |

◢	A	B	C	D	E
1	123-45-78	2	-	45	
2	a b c d e f g	3		c	
3	a b c d	3		c	
4	Jennifer Kelley	1		Jennifer	
5	Jennifer Kelley	2		Kelley	
6	Jennifer Kelley	3		#WERT!	
7	55/98/44/23	3	/	44	
8	1,2,3,4,5,6,7,8,9,10	5	,	5	
9	98--74--872--9823--23	3	--	872	

Abbildung 20.4: Verwendung der ExtractElement-Funktion, um ein Element aus einer Zeichenfolge zurückzugeben

Die SayIt-Funktion

Diese einfache Funktion ist ein Wrapper für die Speak-Methode des Application.Speech-Objekts. Sie verwendet eine synthetisierte Sprache, um das Argument »auszusprechen«.

```
Function SayIt (txt)
'    Spricht das Argument aus
     Application.Speech.Speak txt, True
End Function
```

Hier ein Beispiel:

```
=IF(C10>10000;SayIt("Über dem Budget");"OK")
```

Die Formel überprüft Zelle C10. Wenn der Wert größer als 10000 ist, spricht die Funktion den Text »Über dem Budget«. Ist der Wert kleiner als 10000, zeigt die Funktion den Text OK an (und sagt nichts).

Setzen Sie diese Vorgehensweise sparsam ein. Wenn Sie die Funktion mehrfach verwenden, kann das sehr verwirrend sein. Denken Sie außerdem daran, dass diese Funktion bei jeder Berechnung des Arbeitsblatts ausgewertet wird, sodass die Sprachausgabe sehr ermüdend sein kann, wenn Sie viele Änderungen vornehmen. Diese Funktion ist wahrscheinlich besser für Unterhaltungszwecke geeignet.

Die IsLike-Funktion

Der Like-Operator von VBA ist sehr flexibel für den Vergleich von Zeichenfolgen einzusetzen. Sehen Sie ihn sich im Hilfesystem von VBA genauer an. Diese Funktion verschafft Ihren Arbeitsblattformeln diese Leistung:

```
Function IsLike (text, pattern)
'    Gibt True zurück, wenn das erste Argument gleich
```

```
'   dem zweiten ist
    IsLike = text Like pattern
End Function
```

Funktionen, die ein Array zurückgeben

Array-Formeln gehören zu den leistungsfähigsten Funktionen von Excel. Wenn Sie mit Array-Formeln vertraut sind, werden Sie froh sein zu hören, dass Sie VBA-Funktionen schreiben können, die ein Array zurückgeben.

Ein Array mit Monatsnamen zurückgeben

Ein einfaches Beispiel für eine Funktion, die ein Array verwendet, ist die Funktion Month-Names. Sie gibt ein zwölfelementiges Array zurück, das – wie nicht anders erwartet – Monatsnamen enthält.

```
Function MonthNames()
    MonthNames = Array("Januar", "Februar", "März", _
       "April", "Mai", "Juni", "Juli", "August", _
       "September", "Oktober", "November", "Dezember")
End Function
```

Um die Funktion MonthNames in einem Arbeitsblatt verwenden zu können, müssen Sie sie als Formel für ein zwölfzelliges Array eingeben. Wählen Sie beispielsweise den Bereich A1:L1 aus und geben Sie =MonthNames() ein. Anschließend geben Sie die Array-Formel mit ⎡Strg⎤ +⎡⇧⎤+⎡↵⎤ in alle zwölf ausgewählten Zellen ein. Abbildung 20.5 zeigt das Ergebnis.

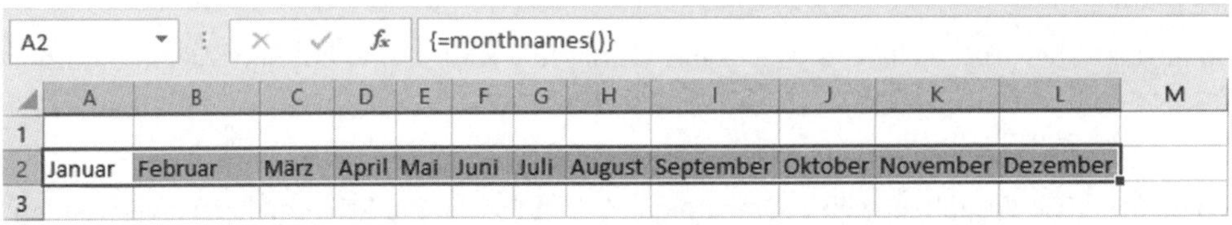

Abbildung 20.5: Verwendung der Funktion MonthNames, um ein zwölfelementiges Array zurückzugeben

Wenn die Monatsnamen in einer Spalte angezeigt werden sollen, wählen Sie zwölf Zellen in einer Spalte aus und wenden diese Array-Formel an (vergessen Sie nicht, sie mit ⎡Strg⎤+⎡⇧⎤ +⎡↵⎤ einzugeben):

```
=MTRANS(MonthNames())
```

Sie können auch einen einzelnen Monat aus dem Array auswählen. Hier die Formel (keine Array-Formel), die das vierte Element des Arrays anzeigt – April.

```
=INDEX(MonthNames();4)
```

Eine sortierte Liste zurückgeben

Angenommen, Sie haben eine Namensliste, die Sie sortiert in einen anderen Zellenbereich einfügen wollen. Wäre es nicht praktisch, eine Arbeitsblattfunktion dafür zu haben?

Die benutzerdefinierte Funktion in diesem Abschnitt erledigt genau das für Sie: Sie nimmt einen einspaltigen Zellenbereich als Argument entgegen und gibt dann ein Array zurück, in dem diese Zellen sortiert enthalten sind. Abbildung 20.6 zeigt, wie das funktioniert. Der Bereich A2:A13 enthält Namen. Der Bereich C2:C13 enthält diese Formel für ein mehrzelliges Array. (Denken Sie daran, dass die Formel mit ⌨Strg+⇧+⏎ eingegeben werden muss.)

```
=Sorted(A2:A13)
```

Hier der Code für die Funktion Sorted:

```
Function Sorted(Rng As Range)
    Dim SortedData() As Variant
    Dim Cell As Range
    Dim Temp As Variant, i As Long, j As Long
    Dim NonEmpty As Long

'   Daten in SortedData übertragen
    For Each Cell In Rng
        If Not IsEmpty(Cell) Then
            NonEmpty = NonEmpty + 1
            ReDim Preserve SortedData(1 To NonEmpty)
            SortedData(NonEmpty) = Cell.Value
        End If
    Next Cell

'   Das Array sortieren
    For i = 1 To NonEmpty
        For j = i + 1 To NonEmpty
            If SortedData(i) > SortedData(j) Then
                Temp = SortedData(j)
                SortedData(j) = SortedData(i)
                SortedData(i) = Temp
            End If
        Next j
    Next i

'   Das Array transponieren und zurückgeben
    Sorted = Application.Transpose(SortedData)
End Function
```

Die Funktion Sorted erzeugt zunächst ein Array namens SortedData. Dieses Array enthält alle nicht leeren Werte aus dem Argumentbereich. Anschließend wird das Array SortedData sortiert. Dazu verwendet die Funktion einen Bubble-Sort-Algorithmus. Das Array muss vor der Rückgabe durch die Funktion umgeformt werden, weil es sich um ein horizontales Array handelt.

| C2 | ▼ | : | × | ✓ | fx | {=sorted(A2:A13)} |

◢	A	B	C	D	E
1	Unsortiert		Sortiert		
2	Keith		Abigail		
3	Frank		Ann		
4	Jackie		Darren		
5	Gomer		Frank		
6	Ann		Gomer		
7	Louise		Jackie		
8	Zola		Keith		
9	Opie		Louise		
10	Ralph		Mary		
11	Mary		Opie		
12	Abigail		Ralph		
13	Darren		Zola		

Abbildung 20.6: Verwendung einer benutzerdefinierten Funktion, um einen sortierten Bereich zurückzugeben

Die Funktion `Sorted` kann Bereiche beliebiger Größe verarbeiten, solange diese über eine einzige Spalte oder Zeile verlaufen. Befinden sich die unsortierten Daten in einer Zeile, muss Ihre Formel die Excel-Funktion `MTRANS` verwenden, um die sortierten Daten horizontal anzuzeigen, zum Beispiel:

```
=MTRANS(Sorted(A16:L16))
```

Das Dialogfeld Funktion einfügen verwenden

Das Excel-Dialogfeld FUNKTION EINFÜGEN ist ein sehr praktisches Werkzeug, mit dem Sie eine Arbeitsblattfunktion aus einer Liste auswählen können und das Sie auffordert, die Argumente für die Funktion einzugeben. Wie bereits an früherer Stelle in diesem Kapitel gezeigt, werden auch Ihre benutzerdefinierten Arbeitsblattfunktionen im Dialogfeld FUNKTION EINFÜGEN aufgelistet. Benutzerdefinierte Funktionen werden unter der Kategorie BENUTZERDEFINIERT aufgeführt.

 Funktionsprozeduren, die mit dem Schlüsselwort `Private` definiert sind, werden nicht im Dialogfeld FUNKTION EINFÜGEN aufgelistet. Wenn Sie also eine Funktionsprozedur schreiben, die nur von anderen VBA-Prozeduren verwendet werden soll (aber nicht in Formeln), sollten Sie die Funktion als `Private` deklarieren.

Die Funktionsbeschreibung anzeigen

Das Dialogfeld FUNKTION EINFÜGEN zeigt eine Beschreibung aller eingebauten Funktionen an. Wie Sie in Abbildung 20.7 sehen, zeigt eine benutzerdefinierte Funktion den folgenden Text als ihre Beschreibung an: Keine Hilfe verfügbar.

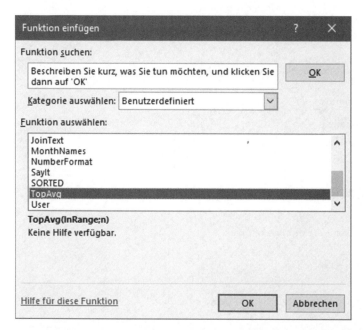

Abbildung 20.7: Standardmäßig enthält das Dialogfeld FUNKTION EINFÜGEN keine Beschreibung für benutzerdefinierte Funktionen.

Um eine aussagekräftige Beschreibung Ihrer benutzerdefinierten Funktion im Dialogfeld FUNKTION EINFÜGEN anzuzeigen, führen Sie ein paar weitere (nicht intuitive) Schritte aus:

1. **Aktivieren Sie ein Arbeitsblatt in der Arbeitsmappe, die die benutzerdefinierte Funktion enthält.**

2. **Wählen Sie ENTWICKLERTOOLS | CODE | MAKROS (oder drücken Sie Alt + F8).**

   Das Dialogfeld MAKRO wird angezeigt.

3. **Geben Sie in das Feld MAKRONAME den Funktionsnamen ein.**

   Beachten Sie, dass die Funktion nicht in der Makro-Liste aufgeführt ist. Sie müssen den Namen eingeben.

4. **Klicken Sie auf die Schaltfläche OPTIONEN.**

   Das Dialogfeld MAKROOPTIONEN wird angezeigt.

5. **Geben Sie in das Feld BESCHREIBUNG eine Beschreibung der Funktion ein.**

6. **Klicken Sie auf OK.**

7. **Klicken Sie auf ABBRECHEN.**

Jetzt zeigt das Dialogfeld FUNKTION EINFÜGEN die Beschreibung Ihrer Funktion an, siehe Abbildung 20.8.

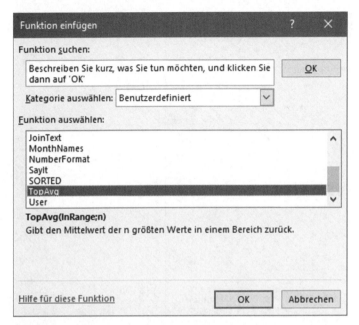

Abbildung 20.8: Jetzt zeigt das Dialogfeld für die benutzerdefinierte Funktion eine Beschreibung an.

 Benutzerdefinierte Funktionen werden standardmäßig in der Kategorie BENUTZERDEFINIERT aufgelistet. Um eine Funktion einer anderen Kategorie hinzuzufügen, brauchen Sie VBA. Die folgende Anweisung fügt die Funktion TopAvg der Kategorie MATHEMATIK & TRIGONOMETRIE hinzu (Kategorie 3):

```
Application.MacroOptions Macro:="TopAvg", Category:=3
```

Weitere Informationen über andere Kategorienummern finden Sie im Hilfesystem.

 Denken Sie daran, dass Sie diese Anweisung nur einmal ausführen müssen. Nachdem Sie sie ausgeführt (und die Arbeitsmappe gespeichert) haben, ist die Kategorienummer der Funktion dauerhaft zugeordnet.

Argumentbeschreibungen

Wenn Sie über das Dialogfeld FUNKTION EINFÜGEN auf eine eingebaute Funktion zugreifen, zeigt das Dialogfeld FUNKTIONSARGUMENTE eine Beschreibung jedes Arguments an, siehe Abbildung 20.9.

In der Vergangenheit war es nicht möglich, Argumentbeschreibungen einzufügen. Seit Excel 2010 hat Microsoft diese Funktion jedoch endlich implementiert. Sie stellen die Argumentbeschreibungen über die Methode MacroOptions zu. Hier folgt ein Beispiel, das Beschreibungen für die von der Funktion TopAvg verwendeten Argumente einfügt:

```
Sub AddArgumentDescriptions()
    Application.MacroOptions Macro:="TopAvg", _
        ArgumentDescriptions:= _
```

```
        Array("Bereich, der die Werte enthält", _
        "Anzahl der Werte, deren Mittelwert berechnet werden soll")
End Sub
```

Sie müssen diese Prozedur nur einmal ausführen. Nachdem Sie sie ausgeführt haben, sind die Argumentbeschreibungen im Makro gespeichert und werden der Funktion zugeordnet.

Beachten Sie, dass die Argumentbeschreibungen als Argumente für die Array-Funktion angezeigt werden. Sie müssen die Array-Funktion auch dann verwenden, wenn Sie eine Beschreibung für eine Funktion mit nur einem Argument zuweisen.

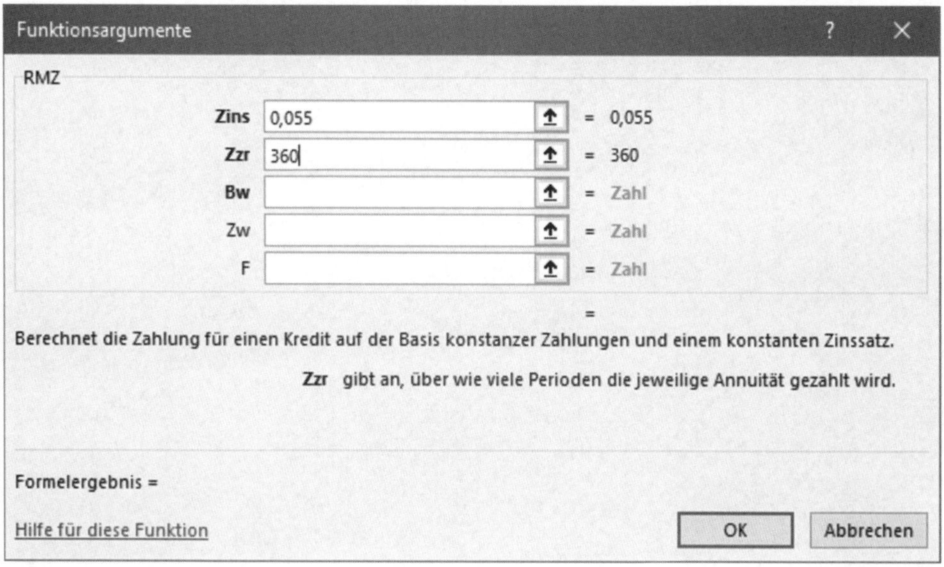

Abbildung 20.9: Standardmäßig zeigt das Dialogfeld Funktionsargumente nur Beschreibungen von Funktionsargumenten für eingebaute Funktionen an.

Dieses Kapitel enthält viele Informationen über die Entwicklung benutzerdefinierter Arbeitsblattfunktionen. Verwenden Sie diese Beispiele als Vorlagen für eigene Funktionen. Wie üblich finden Sie in der Hilfe wichtige Informationen. Wenn Sie erfahren wollen, wie Sie Ihre benutzerdefinierten Funktionen zugänglicher machen können, indem Sie sie in einem Add-In speichern, lesen Sie Kapitel 21.

Kapitel 21
Add-Ins in Excel erstellen

Eines der elegantesten Features von Excel ist die Möglichkeit, Add-Ins zu erstellen. Excel Add-Ins erlauben es Ihnen, Ihre VBA-Prozeduren so zu verpacken, dass sie Teil der Excel-Benutzeroberfläche werden. Das Beste ist, dass Sie diese Packages weitergeben können, damit auch andere in den Genuss Ihrer Excel-Künste kommen.

Dieses Kapitel erläutert, wie Sie mit den in Excel integrierten Werkzeugen Add-Ins erstellen.

Und was ist ein Add-In?

Gut, dass Sie fragen. Ein Excel Add-In ist etwas, womit Sie die Funktionalität von Excel erweitern. Einige Add-Ins bieten neue Arbeitsblattfunktionen, die Sie in Formeln verwenden können. Andere Add-Ins enthalten neue Befehle oder Utilities. Wenn das Add-In korrekt angelegt ist, fügen sich die neuen Funktionen problemlos in die ursprüngliche Schnittstelle ein, sodass sie Teil des Programms zu sein scheinen.

 Excel wird mit mehreren Add-Ins ausgeliefert, unter anderem dem Analysis ToolPak und Solver. Außerdem gibt es Excel Add-Ins von Drittanbietern oder als Shareware.

Ein eingeweihter Benutzer kann Add-Ins erstellen, aber dafür braucht er VBA-Programmierkenntnisse. Ein Excel Add-In ist eine grundlegende Form einer XLSM-Arbeitsmappendatei. Insbesondere ist ein Add-In eine normale XLSM-Arbeitsmappe, mit den folgenden Unterschieden:

✔ Die IsAddIn-Eigenschaft des Workbook-Objekts ist True.

✔ Das Arbeitsmappenfenster ist verborgen und kann mit dem Befehl ANSICHT | FENSTER | EINBLENDEN nicht eingeblendet werden.

✔ Die Arbeitsmappe ist nicht Element der `Workbooks`-Collection. Stattdessen befindet sie sich in der `AddIns`-Collection.

Sie können jede Arbeitsmappendatei in ein Add-In umwandeln, aber nicht alle Arbeitsmappen eignen sich uneingeschränkt dafür. Add-Ins sind immer ausgeblendet, deshalb können Sie keine Arbeitsblätter oder Diagrammblätter anzeigen, die in einem Add-In enthalten sind. Sie können jedoch auf die VBA-Sub- und Funktionsprozeduren eines Add-Ins zugreifen und die in UserForms enthaltenen Dialogfelder anzeigen.

Excel Add-Ins haben normalerweise die Dateinamenerweiterung XLAM, durch die sie sich von XLSM-Arbeitsblattdateien unterscheiden. Excel-Versionen vor 2007 haben die Dateinamenerweiterung XLA für Add-Ins verwendet.

Wozu legt man Add-Ins an?

Die folgenden Gründe sprechen dafür, Ihre Excel-Anwendung in ein Add-In umzuwandeln:

✔ **Es ist schwieriger, auf Ihren Code zuzugreifen**: Wenn Sie eine Anwendung als Add-In weitergeben (und Ihr VBA-Projekt somit schützen), können die Durchschnittsbenutzer die Tabellenblätter der Arbeitsmappe nicht einsehen. Wenn Sie in Ihrem VBA-Code ganz eigene Techniken verwenden, machen Sie es damit anderen schwerer, Ihren Code zu kopieren. Die Schutzmechanismen von Excel sind jedoch nicht perfekt und es gibt Möglichkeiten, die Passwörter zu knacken.

✔ **Sie vermeiden Verwirrung.** Wenn ein Benutzer Ihre Anwendung als Add-In lädt, ist die Datei unsichtbar und wird Neulinge nicht verwirren oder irgendwie im Weg sein. Anders als eine ausgeblendete Arbeitsmappe kann der Inhalt eines Add-Ins nicht offengelegt werden.

✔ **Vereinfachter Zugriff auf Arbeitsblattfunktionen**: Benutzerdefinierte Arbeitsblattfunktionen, die Sie in einem Add-In speichern, benötigen keine Angabe des Arbeitsmappennamens. Wenn Sie beispielsweise eine benutzerdefinierte Funktion namens `MOVAG` in einer Arbeitsmappe `NEWFUNC.XLSM` speichern, müssen Sie eine Syntax wie die folgende verwenden, um diese Funktion innerhalb einer anderen Arbeitsmappe anzuwenden:

```
=NEWFUNC.XLSM!MOVAVG(A1:A50=)
```

✔ Ist diese Funktion jedoch in einer geöffneten Add-In-Datei gespeichert, können Sie eine sehr viel einfachere Syntax verwenden, weil Sie die Dateireferenz nicht angeben müssen:

```
=MOVAVG(A1:A50)
```

✔ **Einfacherer Zugriff für Benutzer**: Nachdem Sie die Position Ihres Add-Ins identifiziert haben, wird es im Dialogfeld ADD-INS angezeigt, mit einem benutzerfreundlichen Namen und einer Beschreibung seiner Arbeitsweise. Der Benutzer kann Ihr Add-In ganz einfach aktivieren oder deaktivieren.

✔ **Bessere Kontrolle über das Laden**: Add-Ins können automatisch geöffnet werden, wenn Excel gestartet wird, unabhängig davon, in welchem Verzeichnis sie gespeichert sind.

✔ **Die Anzeige von Eingabeaufforderungen beim Entladen wird vermieden**: Wenn ein Add-In geschlossen wird, wird dem Benutzer nie ein Dialogfeld mit einer Frage angezeigt, ob er Änderungen in der Datei speichern will.

Die Arbeit mit Add-Ins

Add-Ins werden im Dialogfeld ADD-INS geladen und entladen. Sie zeigen dieses Dialogfeld mit dem Befehl DATEI | OPTIONEN | ADD-INS an. Anschließend wählen Sie in der Drop-down-Liste unten in diesem Dialogfeld den Eintrag EXCEL ADD-INS aus und klicken auf GEHE ZU. Sie können auch eine Abkürzung nehmen und ENTWICKLERTOOLS | ADD-INS | ADD-INS wählen.

Jede dieser Methoden zeigt das in Abbildung 21.1 dargestellte Dialogfeld ADD-INS an. Das Listenfeld enthält die Namen aller Add-Ins, die Excel kennt. In dieser Liste sind alle aktuell geöffneten Add-Ins mit Häkchen gekennzeichnet. Sie können Add-Ins vom Dialogfeld ADD-INS aus öffnen und schließen, indem Sie die Kontrollkästchen markieren beziehungsweise die Markierung daraus entfernen.

Um der Liste ein neues Add-In hinzuzufügen, klicken Sie auf DURCHSUCHEN und suchen dann nach der entsprechenden XLAM-Datei.

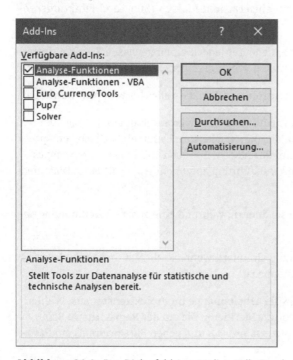

Abbildung 21.1: Das Dialogfeld ADD-INS listet alle Excel bekannten Add-Ins auf.

Die meisten Add-In-Dateien können Sie (genau wie Arbeitsmappendateien) auch mit dem Befehl DATEI | ÖFFNEN öffnen. Ein auf diese Weise geöffnetes Add-In wird nicht im Dialogfeld ADD-INS angezeigt. Außerdem können Sie ein mit dem Befehl ÖFFNEN geöffnetes Add-In nicht mit dem Befehl DATEI | SCHLIESSEN schließen. Sie können das Add-In nur entfernen, indem Sie Excel beenden und neu starten oder indem Sie ein Makro schreiben, das das Add-In schließt.

Wenn Sie ein Add-In öffnen, kann es sein, dass Ihnen überhaupt nichts auffällt. Häufig ändert sich jedoch das Menüband auf irgendeine Weise: Excel zeigt entweder eine neue Registerkarte oder eine oder mehrere neue Gruppen auf einer vorhandenen Registerkarte an. Wenn Sie beispielsweise das Add-In ANALYSEFUNKTIONEN öffnen, wird ein neues Element auf der Registerkarte DATEN angezeigt: ANALYSE | DATENANALYSE. Falls das Add-In nur benutzerdefinierte Arbeitsblattfunktionen enthält, werden die neuen Funktionen im Dialogfeld FUNKTION EINFÜGEN angezeigt, und Sie erkennen keine Veränderung auf der Benutzeroberfläche von Excel.

Add-In-Grundlagen

Sie können zwar jede Arbeitsmappe in ein Add-In umwandeln, aber nicht jede Arbeitsmappe profitiert davon. Eine Arbeitsmappe ohne Makros ist ein völlig nutzloses Add-In. Eigentlich ist nur die Umwandlung von Arbeitsmappen mit Makros in ein Add-In sinnvoll. Beispielsweise ist eine Arbeitsmappe mit allgemein einsetzbaren Makros (Sub- und Funktionsprozeduren) ein ideales Add-In.

Ein Add-In anzulegen, ist nicht schwierig, bedeutet jedoch einen gewissen Zusatzaufwand. Gehen Sie wie folgt vor, um aus einer normalen Arbeitsmappendatei ein Add-In zu machen:

1. **Entwickeln Sie Ihre Anwendung und kontrollieren Sie, dass alles korrekt funktioniert.**

    Vergessen Sie nicht, eine Methode zur Ausführung der Makros aufzunehmen. Sie könnten beispielsweise eine Tastenkombination definieren oder Ihre Benutzeroberfläche entsprechend anpassen (siehe Kapitel 19). Wenn das Add-In nur aus Funktionen besteht, ist es nicht erforderlich, eine Methode für ihre Ausführung aufzunehmen, weil sie im Dialogfeld FUNKTION EINFÜGEN angezeigt werden.

2. **Testen Sie die Anwendung, indem Sie sie ändern, während eine *andere* Arbeitsmappe aktiv ist.**

    Damit wird das Verhalten der Anwendung simuliert, wenn sie als Add-In verwendet wird, weil ein Add-In nie die aktive Arbeitsmappe ist.

3. **Aktivieren Sie den VBE und wählen Sie die Arbeitsmappe im Projektfenster aus. Wählen Sie EXTRAS | EIGENSCHAFTEN VON VBAPROJECT. Markieren Sie auf der Registerkarte SCHUTZ das Kontrollkästchen PROJEKT FÜR DIE ANZEIGE SPERREN und geben Sie (zweimal) ein Passwort ein. Klicken Sie auf OK.**

    Dieser Schritt ist nur dann erforderlich, wenn Sie verhindern wollen, dass andere Ihre Makros oder UserForms anzeigen oder ändern.

4. **Wählen Sie in Excel** Datei | Informationen **und klicken Sie dann unten rechts auf** Alle Eigenschaften anzeigen.

Excel erweitert die Liste der angezeigten Eigenschaften.

5. **Geben Sie im Feld** Titel **einen kurzen aussagekräftigen Titel und eine längere Beschreibung in das Feld** Kommentare **ein.**

Die Schritte 4 und 5 sind nicht zwingend erforderlich, aber sie machen das Add-In benutzerfreundlicher, weil die eingegebenen Beschreibungen im Dialogfeld Add-Ins angezeigt werden, wenn Ihr Add-In ausgewählt wird.

6. **Verbleiben Sie in der Backstage-Ansicht und klicken Sie im Bereich links auf** Speichern unter.

7. **Klicken Sie im Fenster** Speichern unter **auf** Durchsuchen. **Wählen Sie im Dialogfeld** Speichern unter **in der Drop-down-Liste** Dateityp **den Eintrag** Excel-Add-In (*.xlam) **aus.**

8. **Wählen Sie den Ordner aus, in dem das Add-In gespeichert werden soll.**

Excel schlägt einen Standardordner für Add-Ins (mit dem Namen Addins) vor, aber Sie können die Datei in jedem beliebigen Ordner speichern.

9. Klicken Sie auf Speichern.

Eine Kopie Ihrer Arbeitsmappe wird in ein Add-In umgewandelt und mit der Dateinamenerweiterung XLAM gespeichert. Ihre ursprüngliche Arbeitsmappe bleibt geöffnet.

Ein Add-In-Beispiel

In diesem Abschnitt lernen Sie die grundlegenden Schritte zur Erstellung eines Add-Ins an einem praktisches Beispiel kennen. Das Beispiel basiert auf dem einfachen Makro zur Textumwandlung Change Case aus Kapitel 16.

Die XLSM-Version dieses Beispiels steht auf der Website zum Buch zur Verfügung. Aus dieser Arbeitsmappe können Sie ein Add-In erstellen.

Einrichtung der Arbeitsmappe

Die Arbeitsmappe besteht aus einem leeren Arbeitsblatt, einem VBA-Modul und einem UserForm. In Kapitel 19 ist beschrieben, wie Sie den Code erstellen, der im Kontextmenü Zelle einen neuen Menüeintrag einfügt.

Die Originalversion dieses Dienstprogramms hat Optionen für Großbuchstaben, Kleinbuchstaben und eine gemischte Darstellung angeboten. Die Add-In-Version stellt im UserForm zwei neue Optionen zur Verfügung, sodass es dieselben Optionen unterstützt wie das in Microsoft Word eingebaute Tool:

✔ **Satzanfang groß**: Macht den ersten Buchstaben zu einem Großbuchstaben, alle anderen zu Kleinbuchstaben.

✔ **Umkehren**: Alle Großbuchstaben werden in Kleinbuchstaben umgewandelt und umgekehrt.

Abbildung 21.2 zeigt UserForm1. Die fünf Optionsfelder befinden sich innerhalb eines Rahmens. Darüber hinaus hat das UserForm eine ABBRECHEN-Schaltfläche (mit dem Namen `CancelButton`) und eine OK-Schaltfläche (mit dem Namen `OKButton`).

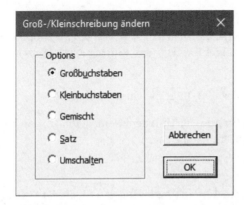

Abbildung 21.2: Das UserForm für das Add-In Change Case

Der Code, der beim Anklicken der ABBRECHEN-Schaltfläche ausgeführt wird, ist sehr einfach. Diese Prozedur entlädt das UserForm, ohne dass eine andere Maßnahme ausgeführt wird:

```
Private Sub CancelButton_Click()
    Unload UserForm1
End Sub
```

Hier folgt der Code, der beim Anklicken der OK-Schaltfläche ausgeführt wird. Dieser Code erledigt die gesamte Arbeit:

```
Private Sub OKButton_Click()
    Dim TextCells As Range
    Dim cell As Range
    Dim Text As String
    Dim i As Long

'   Ein Objekt nur mit Textkonstanten anlegen
    On Error Resume Next
    Set TextCells = Selection.SpecialCells(xlConstants, xlTextValues)

'   Bildschirmaktualisierung deaktivieren
    Application.ScreenUpdating = False
```

```
'   Die Zellen durchlaufen
    For Each cell In TextCells
        Text = cell.Value
        Select Case True
        Case OptionLower 'kleinbuchstaben
            cell.Value = LCase(cell.Value)
        Case OptionUpper 'GROSSBUCHSTABEN
            cell.Value = UCase(cell.Value)
        Case OptionProper 'Gemischt
            cell.Value = WorksheetFunction.Proper(cell.Value)
        Case OptionSentence 'Erstes Zeichen groß
            Text = UCase(Left(cell.Value, 1))
            Text = Text & LCase(Mid(cell.Value, 2, Len(cell.Value)))
            cell.Value = Text
        Case OptionToggle 'uMKEHREN
            For i = 1 To Len(Text)
                If Mid(Text, i, 1) Like "[A-Z]" Then
                    Mid(Text, i, 1) = LCase(Mid(Text, i, 1))
                Else
                    Mid(Text, i, 1) = UCase(Mid(Text, i, 1))
                End If
            Next i
            cell.Value = Text
        End Select
    Next

'   Dialogfeld entladen
    Unload UserForm1
End Sub
```

Neben den beiden neuen Optionen unterscheidet sich diese Version von Change Case auf zweierlei Arten von der Version aus Kapitel 16:

✔ Die Methode SpecialCells erstellt eine Objektvariable, die aus den Zellen der Auswahl besteht, die eine Textkonstante (keine Formel) enthalten. Diese Technik macht die Ausführung etwas schneller, wenn die Auswahl viele Formelzellen enthält. Weitere Informationen zu dieser Technik finden Sie in Kapitel 14.

✔ Da dem Kontextmenü für Zeile und Spalte der Menüeintrag GROSS-/KLEINSCHREIBUNG ÄNDERN hinzugefügt wurde, kann die Routine jetzt ausgeführt werden, indem mit der rechten Maustaste auf eine Bereichsauswahl, eine vollständig ausgewählte Zeile oder eine vollständig ausgewählte Spalte geklickt wird.

Die Arbeitsmappe testen

Testen Sie das Add-In, bevor Sie diese Arbeitsmappe umwandeln. Um zu simulieren, was passiert, wenn die Arbeitsmappe zum Add-In geworden ist, sollten Sie die Arbeitsmappe testen, während eine andere Arbeitsmappe aktiv ist. Denken Sie daran, dass ein Add-In nie das aktive Arbeitsblatt oder die aktive Arbeitsmappe ist. Wenn Sie also testen, während eine andere Arbeitsmappe geöffnet ist, können Sie einige potenzielle Fehler identifizieren.

1. **Öffnen Sie eine neue Arbeitsmappe und tragen Sie Daten in ein paar Zellen ein.**

   Zu Testzwecken sollten Sie unterschiedliche Datenarten eintragen, unter anderem Text, Werte und Formeln. Sie können aber auch einfach eine vorhandene Arbeitsmappe öffnen und diese zum Testen verwenden. Denken Sie jedoch daran, dass Änderungen an der Arbeitsmappe nicht rückgängig gemacht werden können (vielleicht sollten Sie eine Kopie anlegen).

2. **Wählen Sie eine oder mehrere Zellen aus (oder ganze Zeilen oder Spalten).**

3. **Führen Sie das Makro** ChangeCase **aus, indem Sie den neuen Befehl GROSS-/KLEINSCHREI-BUNG ÄNDERN in Ihrem Kontextmenü für die Zelle (oder Zeile oder Spalte) auswählen.**

 Wenn der Befehl GROSS-/KLEINSCHREIBUNG ÄNDERN in Ihrem Kontextmenü nicht angezeigt wird, haben Sie sehr wahrscheinlich beim Öffnen der Arbeitsmappe change case.xlsm die Makros nicht aktiviert. Schließen Sie die Arbeitsmappe und öffnen Sie sie erneut. Achten Sie darauf, dass Sie die Makros aktivieren.

Beschreibende Informationen hinzufügen

Es ist zwar nicht zwingend erforderlich, eine Beschreibung Ihres Add-Ins einzutragen, jedoch sollten Sie dies, gerade im Hinblick auf andere Anwender, die Ihr Add-In benutzen, tun. Führen Sie die folgenden Schritte durch, um eine Beschreibung zu ergänzen:

1. **Aktivieren Sie die Arbeitsmappe** change case.xlsm.

2. **Wählen Sie** DATEI | INFORMATIONEN **und klicken Sie rechts unten auf** ALLE EIGENSCHAFTEN ANZEIGEN.

   Excel erweitert die Eigenschaftenliste.

3. **Geben Sie einen Titel für das Add-In in das Feld** TITEL **ein.**

   Dieser Text wird in der Liste der Add-Ins im Dialogfeld ADD-INS angezeigt. Geben Sie für dieses Beispiel **Change Case** ein.

4. **Geben Sie in das Feld** KOMMENTARE **eine Beschreibung ein.**

   Diese Information wird unten im Dialogfeld ADD-INS angezeigt, wenn das Add-In ausgewählt wird. Geben Sie einen Text ein, der erklärt, dass das Add-In die Groß-/Kleinschreibung der ausgewählten Zellen ändert. Der Zugriff auf dieses Utility erfolgt über das Kontextmenü.

5. **Klicken Sie rechts oben im Dokumentbereich auf die** SCHLIESSEN-**Schaltfläche (X).**

Abbildung 21.3: Im Dokumentbereich können Sie eine Beschreibung für Ihr Add-In eingeben.

Den VBA-Code schützen

Gehen Sie wie folgt vor, um ein Passwort einzuführen, das andere daran hindert, Ihren VBA-Code anzusehen:

1. **Aktivieren Sie den VBE und wählen Sie im Projektfenster die Arbeitsmappe** change case.xlsm **aus.**

2. **Wählen Sie** Extras | Eigenschaften von VBAProject **und klicken Sie in dem angezeigten Dialogfeld auf die Registerkarte** Schutz**.**

3. **Markieren Sie das Kontrollkästchen** Projekt für die Anzeige sperren **und geben Sie (zweimal) ein Passwort ein.**

4. **Klicken Sie auf OK.**

5. **Speichern Sie die Arbeitsmappe durch Auswahl von** Datei | Speichern unter **im Menü des VBE oder indem Sie zurück in das Excel-Fenster gehen und** Datei | Speichern **auswählen.**

Das Add-In anlegen

Jetzt haben Sie die Datei change case.xlsm getestet, und sie funktioniert einwandfrei. Im nächsten Schritt legen Sie das Add-In an.

1. **Aktivieren Sie Excel, falls noch nicht geschehen.**

2. **Aktivieren Sie die Arbeitsmappe** change case.xlsm **und wählen Sie** Datei | Speichern unter | Dieser PC**.**

   Excel zeigt das Dialogfeld Speichern unter an.

3. **Wählen Sie im Drop-down-Menü DATEITYP den Eintrag ADD-IN (*.xlam) aus.**

4. **Geben Sie den Speicherort an und klicken Sie auf SPEICHERN.**

   Eine neue Add-In-Datei (mit der Dateinamenerweiterung XLAM) wird angelegt. Die XLSM-Ausgangsversion bleibt geöffnet.

Das Add-In öffnen

Um Verwechslungen zu vermeiden, schließen Sie die XLSM-Arbeitsmappe, bevor Sie das Add-In öffnen, das Sie aus dieser Arbeitsmappe erstellt haben.

Öffnen Sie das Add-In wie folgt:

1. **Wählen Sie ENTWICKLERTOOLS | ADD-INS | ADD-INS.**

   Excel zeigt das Dialogfeld ADD-INS an.

2. **Klicken Sie auf die Schaltfläche DURCHSUCHEN.**

3. **Suchen Sie das soeben erstellte Add-In und wählen Sie es aus.**

4. **Klicken Sie auf OK, um das Dialogfeld DURCHSUCHEN zu schließen.**

   Nachdem Sie Ihr neues Add-In auf diese Weise ausgewählt haben, wird es im Dialogfeld ADD-INS angezeigt. Wie in Abbildung 21.4 dargestellt, zeigt das Dialogfeld ADD-INS auch die Beschreibung an, die Sie im Bereich DOKUMENTEIGENSCHAFTEN eingegeben haben.

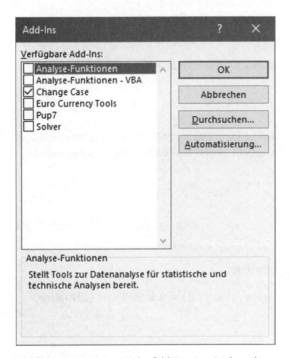

Abbildung 21.4: Das Dialogfeld ADD-INS, in dem das neue Add-In ausgewählt ist

5. **Markieren Sie Ihr neues Add-In im Dialogfeld** ADD-INS.

6. **Klicken Sie auf OK, um das Dialogfeld zu schließen.**

Excel öffnet das Add-In, und Sie können es in allen Ihren Arbeitsmappen verwenden. Solange es im Dialogfeld ADD-INS markiert ist, wird es immer zusammen mit Excel geöffnet.

Das Add-In weitergeben

Wenn Sie gerade großzügiger Stimmung sind, können Sie dieses Add-In an andere Excel-Benutzer weitergeben, indem Sie ihnen einfach eine Kopie der XLAM-Datei bereitstellen (sie brauchen die XLSM-Version nicht). Wenn sie das Add-In öffnen, wird der neue Befehl CHANGE CASE im Kontextmenü angezeigt, wenn sie einen Bereich, eine oder mehrere Zeilen oder eine oder mehrere Spalten auswählen. Wenn Sie das VBA-Projekt mit einem Passwort gesperrt haben, können andere Ihren Makro-Code nicht anzeigen (es sei denn, sie kennen das Passwort).

Das Add-In ändern

Ein Add-In kann wie jede andere Arbeitsmappe bearbeitet werden. Sie können die XLAM-Datei direkt ändern (Sie brauchen nicht die XLSM-Originalversion dafür):

1. **Öffnen Sie Ihre XLAM-Datei, falls sie noch nicht geöffnet ist.**

2. **Aktivieren Sie den VBE.**

3. **Doppelklicken Sie im Projektfenster auf den Projektnamen.**

Falls Sie den Code geschützt haben, werden Sie nach dem Passwort gefragt.

4. **Geben Sie Ihr Passwort ein und klicken Sie auf OK.**

5. **Nehmen Sie die Änderungen an Ihrem Code vor.**

6. **Speichern Sie die Datei im VBE mit** DATEI | SPEICHERN.

Falls Sie ein Add-In erstellen, das Daten in einer Arbeitsmappe speichert, müssen Sie die `IsAddIn`-Eigenschaft der Arbeitsmappe auf `False` setzen, um die Arbeitsmappe anzuzeigen. Dazu verwenden Sie das Eigenschaftenfenster, wenn das Objekt `DieseArbeitsmappe` ausgewählt ist. Dieses können Sie in der Abbildung 21.5 sehen, welche auf der nächsten Seite zu finden ist. Nachdem Sie Ihre Änderungen an der Arbeitsmappe vorgenommen haben, setzen Sie die `IsAddIn`-Eigenschaft wieder auf `True`, bevor Sie die Datei speichern.

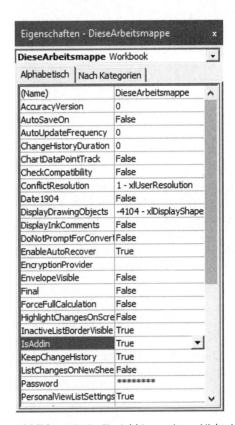

Abbildung 21.5: Ein Add-In zu einem Nicht-Add-In machen

Teil VI
Der Top-Ten-Teil

Besuchen Sie uns doch auch einmal auf
http://www.facebook.de/fuerdummies!

IN DIESEM TEIL ...

Sehen Sie sich ein paar Tipps an, mit denen Sie den Visual Basic Editor effizienter verwenden können.

Lernen Sie Online-Ressourcen kennen, mit denen Sie Ihr Makro-Wissen erweitern können.

Erfahren Sie, was Sie in Excel VBA unbedingt beherzigen oder vermeiden sollten.

Kapitel 22
Zehn nützliche Tipps für den Visual Basic Editor

Wo Sie nun doch einige Zeit mit der Erstellung von Makros im Visual Basic Editor verbringen, warum nutzen Sie dann nicht die Vorteile von einigen eingebauten Werkzeugen, mit denen Sie sich das Leben erleichtern können. Gleichgültig, ob Sie ein Datenanalyst sind, der neu in die Makro-Programmierung einsteigt, oder ob Sie bereits Erfahrungen mit Excel-Makros haben: Diese Tipps können Ihnen das Leben als Makro-Programmierer erheblich vereinfachen.

Kommentarblöcke verwenden

Wenn Sie am Anfang einer Codezeile ein Hochkomma eingeben, erstellen Sie eine Kommentarzeile und weisen Excel an, diese Zeile bei der Codeausführung zu überspringen. Diese Technik wird *Code auskommentieren* genannt. Die meisten Programmierer verwenden das Hochkomma, um im Code Kommentare oder Notizen einzugeben, wie es Abbildung 22.1 zeigt.

Manchmal ist es nützlich, in einem Rutsch mehrere Codezeilen auszukommentieren. Sie können so bestimmte Codezeilen testen und Excel gleichzeitig anweisen, die auskommentierten Zeilen zu ignorieren.

```
'Schritt 1:  Deklarieren Sie Ihre Variablen
    Dim ws As Worksheet

'Schritt 2: Fehlermeldung unterdrücken, falls keine Formeln gefunden wurden
    On Error Resume Next

'Schritt 3:  Die einzelnen Tabellenblätter in einer Schleife durchlaufen
    For Each ws In ActiveWorkbook.Worksheets

'Schritt 4:  Zellen mit Formeln markieren und hervorheben
    With ws.Cells.SpecialCells(xlCellTypeFormulas)
    .Interior.ColorIndex = 36
    End With

'Schritt 5: Nächstes Tabellenblatt holen
    Next ws
```

Abbildung 22.1: Ein Hochkomma am Anfang einer Zeile wandelt diese Zeile in einem Kommentar um.

Anstatt jede Zeile einzeln mit einem Hochkomma zu versehen, können Sie auch die Symbolleiste BEARBEITEN verwenden, um einen ganzen Codeblock auszukommentieren.

Um die Symbolleiste BEARBEITEN einzublenden, wählen Sie im Menü von VBE den Befehl AN-SICHT|SYMBOLLEISTEN|BEARBEITEN. Markieren Sie die Zeilen, die Sie auskommentieren wollen, und klicken Sie dann auf der Symbolleiste BEARBEITEN auf BLOCK AUSKOMMENTIEREN (siehe Abbildung 22.2).

 Sie können sicherstellen, dass die Symbolleiste BEARBEITEN immer sichtbar ist, indem Sie sie Richtung VBE-Menü ziehen. Die Symbolleiste verankert sich dann an der von Ihnen gewählten Stelle.

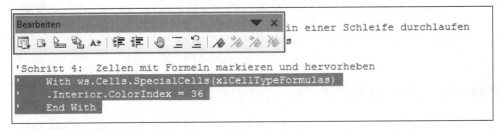

Abbildung 22.2: Verwenden Sie die Symbolleiste »Bearbeiten«, wenn Sie einen Block auskommentieren wollen.

Mehrere Codezeilen kopieren

Sie können ganze Codeblöcke kopieren, indem Sie die gewünschten Zeilen markieren und die [Strg]-Taste drücken, während Sie den Block ziehen. Dieser alte Windows-Trick funktioniert auch dann, wenn Sie den markierten Code in ein anderes Modul ziehen.

Wenn sich neben dem Mauszeiger ein Plussymbol befindet, können Sie erkennen, dass durch das Ziehen eine Kopie erstellt wird (siehe Abbildung 22.3).

```
'Schritt 3: Den Bereich in einer Schleife rückwärts durchlaufen.
    For iCounter = MyRange.Columns.Count To 1 Step -1

'Schritt 4: Wenn die aktuelle Spalte komplett leer ist, diese Spalte löschen.
    If Application.CountA(Columns(iCounter).EntireColumn) = 0 Then
        Columns(iCounter).Delete
    End If


'Schritt 5: Den Schleifenzähler dekrementieren
    Next iCounter
```

Abbildung 22.3: Wenn Sie beim Ziehen die [Strg]-Taste gedrückt halten, erstellen Sie eine Kopie.

Zwischen Modulen und Prozeduren springen

Wenn der Umfang Ihrer Codesammlung immer größer wird, ist es etwas umständlich, schnell zwischen Modulen und Prozeduren zu wechseln. Ein paar Tastenkombinationen machen Ihnen das Leben leichter.

✔ Drücken Sie [Strg]+[⇆], um schnell zwischen Modulen zu wechseln.

✔ Drücken Sie [Strg]+[Bild ⬆] und [Strg]+[Bild ⬇], um zwischen den Prozeduren eines Moduls zu wechseln.

Beamen Sie sich zu Ihren Funktionen

Während Sie an einem Makro arbeiten, treffen Sie auf den Namen einer Variablen oder einer Funktion, die auf ein anderes Stück Code zeigt. Anstatt alle Module zu durchsuchen, um die Stelle zu finden, an der die Funktion oder Variable definiert ist, können Sie auch einfach den Mauszeiger auf den Namen der Funktion oder Variablen setzen und dann [⇧]+[F2] drücken.

Wie Abbildung 22.4 zeigt, werden Sie automatisch an den Ursprung der Funktion beziehungsweise Variablen gebeamt. Drücken Sie [⇧]+[Strg]+[F2], um zur Ausgangsstelle zurückzukehren.

```
Error GoTo ServerFail
ets("ReferenceTables").Visible = tue
 . = "SELECT Version FROM RefVersionCheck"
ordset.Open MySql, MyConnection, adOpenstatic, adlock



st MyConnection As String = "Provider=seqoledb; " & _
  "Data Source=prdss2kic004,1433; " & _
  "database=sops;" & _
  "User ID=sopsuser;" & _
  "Password=myPassword;"
```

Abbildung 22.4: Drücken Sie ⬦ + F2 , wenn der Cursor auf dem Namen einer Variablen oder Funktion steht, um zu der Stelle zu gelangen, an der sie definiert ist.

In der richtigen Prozedur bleiben

Wenn Ihre Module zahlreiche Prozeduren enthalten, kann es schwierig werden, durch eine bestimmte Prozedur zu scrollen, ohne dabei versehentlich in den Code einer anderen Prozedur zu navigieren. Hierbei werden Sie vermutlich oft nach oben oder nach unten scrollen, während Sie versuchen, das richtige Stück Code zu finden.

Damit dies nicht passiert, klicken Sie unten links im Editorfenster auf die Schaltfläche PROZEDURANSICHT, wie es Abbildung 22.5 zeigt. Nach diesem Klick wird der Bildlauf auf die aktuelle Prozedur eingeschränkt.

```
'Schritt 4: Wenn die aktuelle Spalte komplett leer ist, diese
         If Application.CountA(Columns(iCounter).EntireColumn)
         Columns(iCounter).Delete
         End If

'Schritt 5: Den Schleifenzähler dekrementieren
    Next iCounter

End Sub
```

Abbildung 22.5: Beschränken Sie den Bildlauf auf die aktive Prozedur.

Den Code schrittweise ausführen

Der Visual Basic Editor enthält einige Werkzeuge, mit denen Sie Ihren Code debuggen können. Bei der Programmierung bedeutet Debugging das Finden und Beseitigen von Fehlern in Ihrem Code.

Eines der nützlichsten Werkzeuge beim Debugging ist die Möglichkeit, den Code zeilenweise ausführen zu lassen. Bei der zeilenweisen Ausführung können Sie genau sehen, was passiert, nachdem eine bestimmte Codezeile ausgeführt wurde.

Um den Code schrittweise ausführen zu lassen, müssen Sie zuerst den Debug-Modus für das Makro aktivieren. Hierzu setzen Sie die Einfügemarke an eine beliebige Stelle im Makro und drücken dann F8 .

Die erste Codezeile des Makros wird hervorgehoben und in der Markierungsleiste an der linken Seite des Editorfensters wird ein gelber Pfeil angezeigt, wie Sie es in Abbildung 10.6 sehen. Drücken Sie erneut F8 , um die hervorgehobene Codezeile auszuführen; danach wird die nächste Codezeile markiert. Drücken Sie so oft F8 , bis Sie an der letzten Codezeile des Makros angekommen sind.

```
'Schritt 1: Deklarieren Sie Ihre Variablen.
    Dim MyRange As Range
    Dim iCounter As Long

'Schritt 2: Definieren Sie den Zielbereich.
    Set MyRange = ActiveSheet.UsedRange

'Schritt 3: Den Bereich in einer Schleife rückwärts durchlaufen.
    For iCounter = MyRange.Columns.Count To 1 Step -1
        iCounter = 4
'Schritt 4: Wenn die aktuelle Spalte komplett leer ist, diese Spalte löschen.
⇨        If Application.CountA(Columns(iCounter).EntireColumn) = 0 Then
            Columns(iCounter).Delete
        End If

'Schritt 5: Den Schleifenzähler dekrementieren
    Next iCounter
```

Abbildung 22.6: Drücken Sie F8 , um Ihr Makro schrittweise ausführen zu lassen.

 Während Sie den Code schrittweise ausführen lassen, können Sie den Mauszeiger auf den Namen einer String- oder Integer-Variablen bewegen, damit der aktuelle Wert dieser Variablen angezeigt wird.

Um den Debug-Modus zu beenden, wählen Sie im Menü von VBE DEBUGGEN | PROZEDUR ABSCHLIESSEN.

Zu einer bestimmten Codezeile springen

Im vorigen Beispiel haben Sie gesehen, wie Sie Ihren Code schrittweise ausführen lassen können: Setzen Sie die Einfügemarke an eine beliebige Stelle im Code und drücken Sie F8 . Der Debug-Modus wird aktiviert. Die erste Codezeile wird hervorgehoben und an der linken Seite des Codefensters wird ein kleiner Pfeil angezeigt.

Das ist prima, was aber, wenn die schrittweise Codeausführung an einer anderen Stelle beginnen soll? Auch das ist ganz einfach: Ziehen Sie dazu den Pfeil einfach vor die gewünschte Codezeile.

Wenn im Debug-Modus eine Codezeile hervorgehoben wird, können Sie den Pfeil in der Randspalte nach oben oder unten ziehen und so festlegen, welche Zeile als nächstes ausgeführt werden soll (siehe Abbildung 22.7).

```
' Die gespeicherte Prozedur für jede Zeile in MyRange
    For Each MyCell In MyRange
        MyCmd.Parameters("@Acctid") = MyAccount
➾       MyCmd.Parameters("@FType") = MyCell.Offse
        MyCmd.Parameters("@SKey") = MyCell.Offset
        MyCmd.Parameters("@Pd4") = MyCell.Offset
        MyCmd.Parameters("@Pd5") = MyCell.Offset
        MyCmd.Parameters("@Pd6") = MyCell.Offset
```

Abbildung 22.7: Ziehen Sie den Pfeil, während Ihr Code schrittweise ausgeführt wird.

Die Codeausführung an einer bestimmten Stelle unterbrechen

Ein weiteres nützliches Debug-Werkzeug sind die Haltepunkte. Wenn Sie einen Haltepunkt definieren wird Ihr Code solange normal ausgeführt, bis die Codeausführung an der Zeile ankommt, die Sie als Haltepunkt definiert haben.

Diese Debugging-Technik ist nützlich, wenn Sie nur lediglich kleinere Codefragmente testen und untersuchen wollen. Angenommen, Sie haben ein Makro, bei dem Sie vermuten, dass sich an irgendeiner Stelle ein Fehler eingeschlichen hat und bei dem der größte Teil des Makros fehlerfrei abläuft. Sie können dann an der Codestelle, an der Sie den Fehler vermuten, einen Haltepunkt setzen und das Makro starten. Wenn die Makroausführung den Haltepunkt erreicht, wird die Ausführung unterbrochen und Sie können das Makro durch Drücken von F8 ab dieser Stelle schrittweise ausführen lassen.

Um einen Haltepunkt festzulegen, setzen Sie die Einfügemarke in die gewünschte Codezeile und drücken dann F9 . Wie Abbildung 22.8 zeigt, wird in der Randspalte des Editorfensters ein roter Punkt angezeigt und die Codezeile selbst dunkelrot unterlegt.

```
'Schritt 1: Deklarieren Sie Ihre Variablen.
    Dim MyRange As Range
    Dim iCounter As Long

'Schritt 2: Definieren Sie den Zielbereich.
    Set MyRange = ActiveSheet.UsedRange

'Schritt 3: Den Bereich in einer Schleife rückwärts durchlaufen.
    For iCounter = MyRange.Columns.Count To 1 Step -1

'Schritt 4: Wenn die aktuelle Spalte komplett leer ist, diese Spalte löschen.
●       If Application.CountA(Columns(iCounter).EntireColumn) = 0 Then
            Columns(iCounter).Delete
        End If

'Schritt 5: Den Schleifenzähler dekrementieren
    Next iCounter
```

Abbildung 22.8: Ein Haltepunkt wird durch einen roten Punkt und dunkelrot unterlegten Text symbolisiert.

Wenn die Makro-Ausführung auf einen Haltepunkt trifft, wird automatisch der Debug-Modus aktiviert. Um den Debug-Modus zu beenden wählen Sie im Menü von VBE DEBUGGEN | PROZEDUR ABSCHLIESSEN.

Den Anfang und das Ende des Variablenwertes anzeigen

Wenn Sie im Visual Basic Editor auf den Namen einer Variablen des Typs `String` oder `Integer` zeigen, während der Debug-Modus aktiv ist, wird der Wert der Variablen in einer QuickInfo angezeigt. Hierdurch können Sie sich Änderungen am Wert einer Variablen ansehen und so Ihren Makro-Code einfacher debuggen.

Die Länge des Textes in einer QuickInfo ist jedoch auf 77 Zeichen begrenzt; dies schließt den angezeigten Namen der Variablen ein. Falls der Wert der Variablen länger ist, wird er abgeschnitten. Falls Sie mehr als die ersten 77 Zeichen sehen wollen, drücken Sie die (Strg)-Taste, während Sie auf den Variablennamen zeigen.

Abbildung 22.9 zeigt, wie die QuickInfo aussieht, während Sie bei aktivem Debug-Modus auf den Namen einer Variablen zeigen.

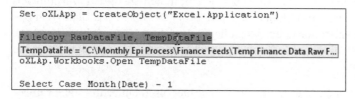

Abbildung 22.9: Anzeige der ersten und der letzten Zeichen einer String-Variablen

Die automatische Syntaxüberprüfung ausschalten

Während Sie an Ihrem Code arbeiten, kommt es immer wieder vor, dass Sie zu einer anderen Zeile gehen müssen, um dort irgendetwas zu kopieren. Die aktuelle Codezeile ist noch nicht fertig; Sie müssen sie für einen Moment einfach so lassen, wie sie gerade ist. Der Visual Basic Editor hält Sie jedoch von Ihrem Vorgehen ab und zeigt eine Warnung ähnlich wie die in Abbildung 22.10 an; jedoch wissen Sie bereits, dass die Zeile noch nicht komplett ist.

Dieser Warnhinweis führt zu einer Zwangspause, da Sie erst dann weitermachen können, nachdem Sie das Dialogfeld mit OK bestätigt haben. Wenn Sie diese Warnhinweise einen halben Tag lang über sich haben ergehen lassen, kann es passieren, dass Sie so genervt sind, dass Sie Ihren Computer am liebsten gegen die nächste Wand werfen wollen.

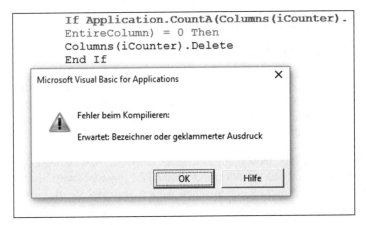

Abbildung 22.10: Eine unvollendete Codezeile führt zu diesem irritierenden Warnhinweis.

Sie können Ihren Computer und auch Ihre Nerven schonen, indem Sie diesen Warnhinweis abschalten. Wählen Sie im Menü von VBE den Befehl EXTRAS | OPTIONEN. Das Dialogfeld OP-TIONEN wird angezeigt; die Registerkarte EDITOR ist bereits geöffnet (siehe Abbildung 22.11). Schalten Sie das Kontrollkästchen AUTOMATISCHE SYNTAXÜBERPRÜFUNG aus und die nervenden Warnhinweise verschwinden.

Sie brauchen sich keine Sorgen darüber zu machen, dass hierdurch ein echter Fehler uner-kannt bleibt. Ihr Code wird auch weiterhin rot eingefärbt, falls der Editor irgendwo ein Pro-blem erkennt.

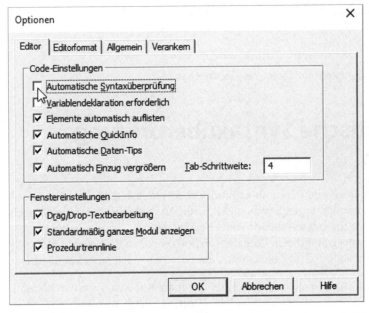

Abbildung 22.11: Unterdrücken Sie während der Programmierung die Warnhinweise.

Kapitel 23
Zehn Orte, an denen Sie Hilfe zu Makros erhalten

Niemand wird über Nacht zum Makro-Experten. VBA zu erlernen, braucht Zeit und Übung. Die gute Nachricht ist, dass es zahlreiche Ressourcen gibt, die Sie auf diesem Weg unterstützen. In diesem Kapitel stelle ich zehn nützliche Orte vor, an die Sie sich wenden können, wenn Sie einen kleinen Schubs in die richtige Richtung benötigen.

Lassen Sie Excel die Makros für Sie schreiben

Eine der besten Stellen, um Hilfe zu Makros zu erhalten, ist der Makro-Recorder von Excel. Wenn Sie in Excel ein Makro aufzeichnen, übersetzt der Makro-Recorder die einzelnen Schritte in den zugrunde liegenden VBA-Code. Nach der Aufzeichnung können Sie sich den erzeugten Code ansehen und ihn so bearbeiten, dass er genau zu Ihren Anforderungen passt.

Angenommen, Sie benötigen ein Makro, das alle PivotTables Ihrer Arbeitsmappe aktualisiert und das in jeder PivotTable alle Filter zurücksetzt. Dieses Makro komplett neu zu schreiben, ist vielleicht eine Aufgabe, vor der Sie zurückschrecken. Stattdessen können Sie den Makro-Recorder starten und die Aktualisierung aller PivotTable-Berichte und das Zurücksetzen aller Filter aufzeichnen. Beenden Sie die Makro-Aufzeichnung, schauen Sie sich das Makro an und nehmen dann die Änderungen vor, die Sie für notwendig erachten.

 Brauchen Sie eine kleine Auffrischung zur Verwendung des Makro-Recorders von Excel? Werfen Sie dann einen Blick in Kapitel 6, in dem Sie detaillierte Informationen finden.

Verwenden Sie die VBA-Hilfedateien

Für neue Excel-Anwender wirkt das Hilfesystem wie ein klobiges Add-on, das eine verwirrende Liste mit Themen liefert, die nichts mit dem Thema zu tun hat, nach dem gesucht wurde. Wenn Sie lernen, das Excel-Hilfesystem optimal zu nutzen, ist es oft der einfachste und schnellste Weg, um Hilfe zu einem bestimmten Thema zu erhalten.

Wichtig ist, sich die zwei Eckpfeiler des Excel-Hilfesystems vor Augen zu halten:

✔ **Es ist wichtig, von wo aus Sie die Hilfe verwenden.** Excel stellt zwei Hilfesysteme zur Verfügung. Das eine Hilfesystem liefert Hilfe zu den Excel-Features und das andere enthält Hilfe zu VBA-Programmierthemen. Nachdem Sie Ihre Suchbegriffe eingegeben haben, schickt Excel eine Suchanfrage an das Hilfesystem des Programms, in dem Sie sich befinden. Falls Sie sich also in Excel selbst befinden, erhalten Sie Hilfe zu den Excel-Features. Um Hilfe zu Makros und zur VBA-Programmierung zu erhalten, verwenden Sie das Hilfe-Menü (symbolisiert durch das Fragezeichen) im Visual Basic Editor. Oder drücken Sie im Code-Editor des Visual Basic Editors auf ⌐F1⌐, um Hilfe zu dem VBA-Schlüsselwort zu erhalten, in dem sich derzeit die Einfügemarke befindet.

✔ **Onlinehilfe ist besser als Offlinehilfe.** Wenn Sie im Hilfesystem nach einem Thema suchen, prüft Excel, ob Sie mit dem Internet verbunden sind. Kann Excel eine Internetverbindung erkennen, erhalten Sie eine Liste mit Hilfethemen, die auf den Onlineinhalten der Microsoft-Website basiert. Wenn keine Internetverbindung besteht, verwendet Excel die Hilfedateien, die auf Ihrem Computer gespeichert sind und die mit Microsoft Office installiert werden. Ein Weg, um die beste Hilfe von Excel zu erhalten, besteht in der Verwendung der Onlinehilfe. Die Onlinehilfe ist in den meisten Fällen besser als die Offlinehilfe, da die Inhalte der Onlinehilfe meistens mehr Detailinformationen liefern, weil die Informationen aktueller sind und weil Sie dort Links zu anderen weiterführenden Ressourcen erhalten, die offline nicht zur Verfügung stehen.

Stibitzen Sie Code im Internet

Das schmutzige Geheimnis bei der Programmierung im Internetzeitalter ist, dass es kaum noch originalen Code gibt. Jegliche Makro-Syntax, die irgendjemand jemals benötigt, ist irgendwo im Internet dokumentiert. Dies führt dazu, dass es beim Programmieren weniger um den Code geht, den jemand komplett neu erstellt, sondern vielmehr darum, bereits vorhandenen Code zu nehmen und diesen kreativ an die eigenen spezifischen Anforderungen anzupassen.

Wenn Sie beim Erstellen eines Makros für eine bestimmte Aufgabe nicht mehr weiterkommen, starten Sie Ihre bevorzugte Suchmaschine und beschreiben Sie die Aufgabe, die Sie lösen wollen. Um gute Suchergebnisse zu erhalten, geben Sie vor der Aufgabenbeschreibung zusätzlich die Suchbegriffe *Excel VBA* ein.

Angenommen, Sie wollen ein Makro erstellen, das alle leere Zeilen eines Tabellenblatts löscht. Suchen Sie dann nach *Excel VBA leere Zeilen löschen*. Sie können Gift darauf nehmen, dass sich irgendjemand im Netz dieser Aufgabe bereits gestellt hat und Sie Beispielcode finden, der genau die Informationsbrocken enthält, mit denen Sie Ihr eigenes Makro erstellen können.

Userforen optimal nutzen

Falls Sie einmal in der Klemme stecken und nicht mehr weiterwissen, können Sie Ihre Fragen in einem Forum posten und so maßgeschneiderte Beratung erhalten. Userforen sind Online-Communities, die sich einem bestimmten Thema widmen. In diesen Foren können Sie Ihre Fragen loswerden und Sie erhalten Tipps von Experten. Die Leute, die Ihre Fragen beantworten, machen dies meist ehrenamtlich und verbringen einen Teil ihrer Zeit damit, andere Forumuser zu unterstützen und Probleme aus dem echten Leben zu lösen.

Es gibt zahlreiche Foren, die sich mit allen Fragen rund um Excel befassen. Geben Sie in Ihre bevorzugte Suchmaschine *Excel Forum* ein, um Foren zu finden.

Hier ein paar Tipps, wie Sie das Meiste aus den Excel-Foren herausholen:

✔ **Lesen und befolgen Sie die Forumregeln, bevor Sie loslegen.** Die Forumregeln enthalten häufig Ratschläge zum Posten von Fragen und Richtlinien zu den Umgangsformen im Forum.

✔ **Verwenden Sie für Ihre Frage einen präzisen und akkuraten Betreff.** Erstellen Sie keine Fragen mit vagen Titeln wie *Brauche Tipp* oder *Hilfe!!!*

✔ **Grenzen Sie Ihre Frage genau ein.** Stellen Sie keine Fragen wie »Wie erstelle ich mit Excel ein Rechnungsmakro?«.

✔ **Haben Sie Geduld.** Denken Sie daran, dass die Leute, die Ihre Fragen beantworten, dies ehrenamtlich tun und in der Regel einem normalen Job nachgehen. Lassen Sie der Community mit der Beantwortung Ihrer Frage ein wenig Zeit.

✔ **Schauen Sie oft nach.** Nachdem Sie Ihre Frage gestellt haben, kann es sein, dass Sie Nachfragen erhalten und gebeten werden, weitere Details zu liefern oder das Einsatzszenario genauer zu beschreiben. Tun Sie sich und anderen den Gefallen, und schauen Sie regelmäßig nach, ob es Antworten zu Ihrer Frage gibt oder ob es Folgefragen gibt.

✔ **Bedanken Sie sich bei dem Experten, der Ihre Frage beantwortet hat.** Nehmen Sie sich einen Moment Zeit und posten Sie ein Dankeschön für den Experten, der Ihnen weitergeholfen hat.

Besuchen Sie Experten-Blogs

Es gibt zahlreiche Excel-Gurus und -Experten, die ihr Wissen in Blogs mit anderen teilen. Oft sind diese Blogs wahre Schatztruhen voller Tipps und Tricks, die Ihnen helfen, Ihr Können zu verbessern. Das Beste ist: Sie sind auch noch kostenlos.

Auch wenn die Blogs nicht immer direkt zu Ihrem konkreten Problem passen, so finden Sie dort zahlreiche Artikel, mit denen Sie Ihr Wissen über Excel erweitern können. Außerdem finden Sie dort zahlreiche Tipps dazu, wie sich Excel optimal in Unternehmen einsetzen lässt.

Hier folgt eine Auswahl der besten Excel-Blogs, die Sie derzeit im Internet finden können.

- ✔ **ExcelGuru:** Ken Puls ist ein Microsoft Excel MVP (Most Valuable Professional), der sein Wissen auf seinem Blog mit anderen teilt (`www.excelguru.ca/blog`). Neben den Artikeln im Blog finden Sie dort weitere Ressourcen für das E-Learning, wie beispielsweise Videotrainings, mit denen Sie Ihr Excel-Wissen weiter vertiefen können.

- ✔ **Chandoo.org**: Purna »Chandoo« Duggirala ist ein Microsoft Excel MVP aus Indien, dessen Blog seit 2007 aktiv ist. Sie finden in diesem innovativen Blog (`www.chandoo.org`) zahlreiche Vorlagen und Artikel, die das Ziel haben, mit Excel großartige Dinge zu machen.

- ✔ **Contextures**: Debra Dalgleish ist ebenfalls ein Microsoft Excel MVP und Inhaberin der beliebten Excel-Site `www.contextures.com`. Sie finden dort eine alphabetische Liste mit mehr als 350 Excel-Themen, unter denen bestimmt auch für Sie etwas Interessantes dabei ist.

- ✔ **DailyDose**: Dick Kusleika ist der Inhaber des am längsten bestehenden Excel-Blogs (`dailydoseofexcel.com`). Er ist so etwas wie der König unter den Excel-VBA-Bloggern. Auf seiner Site finden Sie seine Sammlung von Artikeln und Beispielen, die er in den zehn Jahren seit der Gründung des Blogs geschrieben hat.

- ✔ **MrExcel**: Bill Jelen ist ein legendärer Excel-Botschafter. Er ist schon lange ein Microsoft Excel MVP und stellt auf seiner Website (`mrexcel.com`) Tausende kostenloser Videos und eine riesige Bibliothek mit Schulungsmaterial bereit.

- ✔ **ThehosBlog**: Andreas Thehos ist IT-Consultant und betreibt seinen deutschsprachigen Office-Blog seit dem Jahre 2013. Excel ist eines seiner Schwerpunktthemen; Sie finden in seinem Blog (`thehosblog.com`) mehr als 880 Videos, in denen neben Anwenderthemen zu Excel auch Fragen zur VBA-Programmierung beantwortet werden.

Suchen Sie auf YouTube nach Schulungsvideos

Einige von uns lernen besser, wenn sie die zur Lösung einer bestimmten Aufgabe erforderlichen Schritte sehen. Falls auch Sie Schulungsvideos besser aufnehmen können als Online-Artikel, können Sie YouTube zurate ziehen. Sie werden erstaunt sein, wie viele qualitativ hochwertige und dazu noch kostenlose Video-Tutorials Sie dort finden können, die von tollen Leuten produziert wurden, die ihr Wissen mit Ihnen teilen.

Gehen Sie zu www.YouTube.com und geben Sie als Suchbegriffe **Excel VBA** ein.

Nehmen Sie an Online-Kursen teil

Online-Kurse stellen eine hervorragende Möglichkeit dar, sich neues Wissen anzueignen. Im englischsprachigen Raum gibt es auch Kurse, bei denen Sie direkten Kontakt mit einem Trainer haben und bei denen Sie im Kontakt und Austausch mit anderen »Schülern« neue Ideen und Tipps erhalten können.

Hier sind ein paar Links zu englisch- und deutschsprachigen Websites, auf denen Sie Online-Kurse zu Excel und zu VBA finden:

✔ **Excel Hero Academy:** http://academy.excelhero.com/excel-hero-academy-tuition

✔ **Chandoo.org:** http://chandoo.org/wp/vba-classes

✔ **ExcelJet:** https://exceljet.net

✔ **Video2Brain:** Video2Brain hat sich auf Videotrainings zu allen möglichen Themen spezialisiert. Besuchen Sie die Website unter www.video2brain.com und suchen Sie dort nach Excel VBA, um die Trainings zu finden, die sich mit der VBA-Programmierung in Excel beschäftigen.

✔ **Excel-Training:** Sie finden auf dieser Website (www.excel-training.de) Lektionen zu Anwenderthemen für Excel-Benutzer wie auch einen VBA-Kurs.

Vom Office Dev Center lernen

Das *Microsoft Office Dev Center* hat sich zum Ziel gesetzt, neue Entwickler beim Einstieg in die Programmierung der Office-Produkte zu unterstützen. Sie finden den Excel-Bereich dieser Website unter der folgenden Adresse: https://msdn.microsoft.com/de-de/library/office/fp179694.aspx.

Auch wenn die Navigation in der Website ein wenig umständlich ist, lohnt sich ein Besuch. Sie finden dort viel kostenloses Material, einschließlich Beispielcode, Werkzeugen und Schritt-für-Schritt-Anleitungen.

Analysieren Sie andere Excel-Dateien in Ihrem Unternehmen

Die Excel-Dateien in Ihrem Unternehmen beziehungsweise in Ihrer Organisation können auch Schätze enthalten, die sich zu bergen lohnen. Öffnen Sie die Excel-Dateien, die Makros enthalten, und analysieren Sie, welche Aufgaben von Kollegen mit Makros wie erledigt wurden. Schauen Sie sich die Makros genau an und prüfen Sie, ob Sie dort neue Tipps und Techniken erkennen, die auch für Sie relevant sind.

Sie können so auf neue Tricks stoßen, an die Sie bisher noch nicht gedacht haben. Falls Ihre Suche optimal verläuft, finden Sie so vielleicht komplette Codefragmente, die Sie kopieren und dann in Ihren eigenen Arbeitsmappen implementieren können.

Fragen Sie die Excel-Experten vor Ort

Gibt es in Ihrer Firma, Ihrer Abteilung oder Ihrer Organisation ein Excel-Genie? Freunden Sie sich noch heute mit dieser Person an. Ihnen steht dann Ihr privates Excel-Forum zur Verfügung.

Viele Excel-Experten lieben es, ihr Wissen mit anderen zu teilen. Haben Sie daher keine Scheu, Ihren Excel-Experten vor Ort zu fragen oder ihn um Tipps zu bitten, wie Sie bestimmte Makro-Probleme lösen können.

Kapitel 24
Zehn Dinge, die Sie beherzigen oder vermeiden sollten

Wenn Sie bei diesem letzten Kapitel angelangt sind, haben Sie wahrscheinlich den Inhalt dieses Buchs größtenteils gelesen und kennen sich mit Excel VBA bereits aus. Vielleicht haben Sie aber auch einfach nur bis zum Ende geblättert, um ein bisschen zu spionieren.

In diesem Kapitel finden Sie Hinweise, die Sie bei der Entwicklung Ihrer eigenen VBA-Lösungen beachten sollten. Dies ist noch keine Garantie, dass Sie bei der Programmierung nicht auf Probleme stoßen, aber Sie können damit einige Fallstricke vermeiden, über die andere bereits schon gestolpert sind.

Deklarieren Sie alle Variablen

Es könnte alles so einfach sein. Sie schreiben einfach Ihren VBA-Code, ohne mühselig alle Variablen deklarieren zu müssen, die Sie irgendwann verwenden. Excel erlaubt die Verwendung nicht deklarierter Variablen, aber damit sind die Probleme quasi vorprogrammiert.

Das erste Gebot der VBA-Programmierung lautet:

Du sollst jede Variable deklarieren.

Falls Sie nicht genügend Selbstdisziplin besitzen, fügen Sie oben in Ihren Modulen den Befehl `Option Explicit` ein. Damit wird Ihr Code nicht einmal ausgeführt, wenn er undeklarierte Variablen enthält. Nicht alle Variablen zu deklarieren, hat nur einen Vorteil: Sie sparen sich ein paar Sekunden Zeit. Aber irgendwann bekommen Sie die nicht deklarierten Variablen zu spüren. Und Sie können sicher sein, dass Sie dann mehr als ein paar Sekunden brauchen, um das Problem zu beheben.

Verwechseln Sie Passwörter nicht mit Sicherheit

Sie haben Monate darauf aufgewendet, eine geniale Excel-App zu entwickeln, die einige phänomenale Makros enthält. Jetzt können Sie sie der Welt zeigen, aber Sie wollen natürlich nicht, dass andere Ihre unglaubliche Makro-Programmierung sehen können. Sie schützen also das VBA-Projekt mit einem Passwort, und alles ist gut. Leider nicht.

Die Verwendung eines VBA-Passworts hält die meisten Durchschnittsbenutzer davon ab, Ihren Code einzusehen. Wenn ihn aber jemand wirklich sehen will, *wird* er eine Möglichkeit finden, das Passwort zu knacken.

Fazit? Wenn Sie Ihren Code unbedingt geheim halten müssen, ist Excel nicht die Entwicklungsplattform der Wahl.

Bereinigen Sie Ihren Code

Nachdem Ihre App zufriedenstellend arbeitet, sollten Sie sie bereinigen. Zu den Aufräumarbeiten im Code gehört unter anderem Folgendes:

✔ Deklarieren Sie alle Variablen.

✔ Rücken Sie alle Zeilen korrekt ein, damit die Codestruktur offensichtlich wird.

✔ Entfernen Sie alle Debugging-Hilfen wie beispielsweise `MsgBox`- oder `Debug.Print`-Anweisungen.

✔ Benennen Sie alle unzureichend benannten Variablen um. Wenn Sie beispielsweise die Variable `MeineVariable` verwenden, sollten Sie ihr einen etwas aussagekräftigeren Namen geben. Sie werden später dankbar dafür sein.

✔ Vielleicht verwenden Sie »Testprozeduren«, die Sie geschrieben haben, um etwas in Ihrem Code auszuprobieren. Sie haben ihren Zweck getan und sollten jetzt gelöscht werden.

✔ Fügen Sie Kommentare ein, um den Code auch noch zu verstehen, wenn Sie in einem halben Jahr etwas daran ändern müssen.

✔ Achten Sie darauf, dass alles korrekt geschrieben ist, insbesondere Text in UserForms und Meldungsfeldern.

✔ Überprüfen Sie, ob es redundanten Code gibt. Wenn Sie zwei oder mehr Prozeduren mit identischen Codeblöcken haben, denken Sie darüber nach, eine neue Prozedur dafür zu erstellen, die die anderen Prozeduren aufrufen können.

Schreiben Sie nicht alles in eine Prozedur

Möchten Sie ein unverständliches Programm schreiben? Dann schreiben Sie am besten Ihren gesamten Code in eine hübsche, große Prozedur. Wenn Sie dieses Programm je anpassen müssen, werden Sie unweigerlich Fehler machen und ein paar hübsche neue Bugs einführen.

Haben Sie verstanden, worum es geht? Die Lösung ist modularer Code. Splitten Sie Ihr Programm in kleinere Abschnitte auf, wobei jeder Abschnitt eine spezielle Aufgabe übernimmt. Wenn Sie sich diese Vorgehensweise angewöhnen, werden Sie feststellen, dass es völlig einfach ist, fehlerfreien Code zu schreiben.

Denken Sie daran, dass es noch andere Software gibt

Excel ist ein äußerst flexibles Programm, aber es ist nicht für jeden Zweck geeignet. Wenn Sie ein neues Projekt vorhaben, sollten Sie überlegen, welche Möglichkeiten Ihnen zur Verfügung stehen. Seien auch Sie flexibel!

Gehen Sie nicht davon aus, dass alle Benutzer Makros aktivieren

Wie Sie wissen, können Sie in Excel eine Arbeitsmappe mit deaktivierten Makros öffnen. Es sieht fast so aus, als hätten die Entwickler früherer Excel-Versionen *gewollt*, dass die Benutzer Makros deaktivieren.

Natürlich ist nicht zu empfehlen, Makros in Arbeitsmappen aus unbekannter Quelle zu aktivieren. Sie müssen Ihre Benutzer also kennen. In einigen Unternehmen sind alle Microsoft-Office-Makros deaktiviert und der Benutzer hat gar keine andere Möglichkeit.

Sie sollten den Arbeitsmappen, die Sie an andere Benutzer weitergeben, unbedingt eine digitale Signatur hinzufügen. Auf diese Weise können die Benutzer sicher sein, dass sie tatsächlich von Ihnen stammen und dass sie nicht verändert wurden. Weitere Informationen über digitale Signaturen finden Sie im Hilfesystem.

Gewöhnen Sie sich an, zu experimentieren

Wenn Sie an sehr großen Excel-Projekten arbeiten, sollten Sie auch Zeit damit verbringen, kleine »VBA-Experimente« zu schreiben. Wenn Sie beispielsweise versuchen, mehr über ein neues Objekt, eine Methode oder eine Eigenschaft zu erfahren, schreiben Sie einfach eine kleine Sub-Prozedur, mit der Sie solange experimentieren können, bis Sie verstanden habe, wie das Ganze funktioniert und welche Probleme auftreten könnten.

Die Einrichtung eines einfachen Experiments ist meistens sehr viel effizienter, als neue Ideen sofort in vorhandenen Code zu implementieren, ohne die Ergebnisse dieser Experimente zu kennen.

Gehen Sie nicht davon aus, dass Ihr Code in anderen Excel-Versionen funktioniert

Wenn Sie eine Excel-App erstellen, kann niemand garantieren, dass sie auch in älteren Excel-Versionen oder auch in neueren reibungslos ausgeführt werden kann. Manchmal sind die Inkompatibilitäten offensichtlich. Zum Beispiel, wenn Ihr Code ein neues Feature aus Excel 2019 verwendet, wissen Sie, dass er in älteren Excel-Versionen nicht funktioniert. Sie werden aber auch feststellen, dass Dinge, die mit einer früheren Version funktionieren sollten, dies letztlich doch nicht tun.

Excel enthält eine praktische Kompatibilitätsprüfung (wählen Sie DATEI | INFORMATIONEN | AUF PROBLEME ÜBERPRÜFEN | KOMPATIBILITÄT PRÜFEN). Dabei wird allerdings nur die Arbeitsmappe geprüft, nicht der VBA-Code. Die einzige Möglichkeit, wie Sie feststellen können, dass Ihre Anwendung in früheren Versionen funktioniert, ist, sie dort zu testen.

Denken Sie immer an Ihre Benutzer

Excel-Apps können in zwei Hauptkategorien unterteilt werden: diejenigen, die Sie für sich selbst entwickeln, und diejenigen, die Sie für andere entwickeln. Wenn Sie Apps für andere entwickeln, haben Sie es viel schwerer, weil Sie nicht dieselben Voraussetzungen annehmen können. Beispielsweise können Sie in der Fehlerverarbeitung viel lockerer sein, wenn Sie selbst der einzige Benutzer sind. Wenn ein Fehler auftaucht, wissen Sie ziemlich genau, worauf Sie achten müssen, um ihn zu beheben. Wenn ein anderer Benutzer Ihre Anwendung ausführt und denselben Fehler erhält, hat er meistens Pech. Und wenn Sie mit Ihren eigenen Anwendungen arbeiten, kommen Sie in der Regel ohne eine Anleitung dazu aus.

Sie müssen den Wissensstand der Anwender kennen, die Ihre Arbeitsmappen verwenden werden, und überlegen, welche Probleme auftreten könnten. Versuchen Sie, in die Rolle eines neuen Benutzers Ihrer Anwendung zu schlüpfen und Bereiche zu erkennen, in denen Verwirrung oder Probleme auftreten könnten.

Vergessen Sie die Sicherung nicht!

Nichts ist schlimmer, als wenn die Festplatte kaputtgeht und man keine Datensicherung gemacht hat. Wenn Sie an einem wichtigen Projekt arbeiten, müssen Sie sich eine einfache Frage stellen: Was verliere ich, wenn mein Computer heute Nacht kaputtgeht? Wenn das mehr als ein paar Stunden Arbeit sind, sollten Sie Ihr Projekt in Ihre regelmäßige Datensicherung aufnehmen. Sie führen doch eine regelmäßige Datensicherung durch?

Stichwortverzeichnis